과학성으로 수업의 기본을 다지고 예술성으로 꽃 피우기

58개의 탐구 과제로 풀어 가는 교실 수업 실천 전략

박태호 지음

학지사

머리말

좋은 수업이란 무엇인가? 이 질문은 지난 20여 년간 교원의 수업 전문성 신장 연구에 몰두하며 줄곧 품어 온 화두였다. 수업 현장을 오랜 시간 관찰하고 분석하면서, 하나의 분명한 사실을 확인하게 되었다. 동일한 교육 내용을 다루더라도 교사에 따라 수업의 전개 방식은 크게 달라지고, 그에 따른 학습 결과 역시 현저히 달라진다는 점이다. 그렇다면 이러한 차이는 어디에서 비롯되는가? 어떤 수업이 '좋은 수업'으로 인식되고, 학생에게 의미 있는 배움으로 이어지는가? 이와 같은 물음은 내 연구의 출발점이자, 교실을 바라보는 핵심 관점으로 자리 잡고 있다.

좋은 수업을 떠올릴 때면, 어느 순간부터 요리가 함께 연상되곤 한다. 누구나 따라 할 수 있는 보편적인 레시피가 있듯이, 수업에도 과학적으로 검증된 원리와 구조가 존재한다. 그것이 수업의 과학성이다. 그러나 같은 레시피를 사용하더라도 모든 음식이 똑같은 맛을 내지는 않는다. 어떤 집은 손맛과 분위기, 따뜻한 응대가 어우러져 유독 기억에 남는 맛을 선사한다. 수업도 마찬가지다. 교사의 감각과 성찰, 그리고 학생과의 관계 속에서 빚어지는 '개성 있는 수업'이 있다. 그것이 수업의 예술성이다.

수업에 대해 오랫동안 고민한 끝에, 이렇게 정리하고 싶어졌다. '과학성으로 수업의 기본을 다지고, 예술성으로 꽃피우기.' 수업의 과학성은 모든 교사가 공유할 수 있는 원리와 구조를 통해 기초를 단단히 세우는 일이다. 반면, 예술성은 교사 한 사람 한 사람의 고유한 맥락과 감각, 학생과의 관계 속에서 살아 숨 쉬는 실천이다. 교사들은 이 두 축 사이에서 균형을 모색하며 각자의 교실에서 자신만의 수업을 조심스럽게 빛어 간다. 완벽한 수업은 없지만, 더 나은 수업을 만들고자 하는 과정 자체가 이미 전문적인 실천이며 그 노력은 깊이 존중받아야 한다.

이 책은 이러한 문제의식에서 출발하였다. 수업을 교육의 중심에 놓고, 교사로서의 성찰과 성장의 여정을 함께 나누고자 하였다. 책에 담긴 58개의 탐구 과제는 교실에서 실제로 마주하는 질문에서 출발하였으며, 탐구 과제마다 수업을 관찰하고 성찰할 수 있는 실천적 도구와 전략을 담고 있다. 이 책은 단순한 수업 매뉴얼이 아니다. 오히려 "수업을 더 잘하고 싶다."라는 간절한 마음을 품은 교사들의 여정에 함께하고자 하는 안내서이자 동반자이다.

이 책은 다음과 같이 네 개의 부로 구성되어 있다.

제1부 '수업 혁신과 리더십'에서는 수업 혁신의 방향과 과제, 수업 리더의 역량과 역할, 수업 리더의 자율 장학 실천 전략을 다룬다. 수업 혁신이 학교 현장 안에서 지속되기 위해 무엇이 필요하고 그것이 어떻게 실현될 수 있는지를 함께 성찰하도록 구성하였다.

제2부 '수업의 과학성과 예술성 그리고 배움과 성장'에서는 점진적 책임 이양(GRR) 모형, ZPD와 Scaffolding, 학습 격차 해소 방안, 성장 마인드셋과 학습력 향상, 다니엘슨(Danielson)의 교사 수업평가(TEF) 등을 토대로 교사의 수업 전문성을 진단하고 성찰하는 다양한 도구와 피드백 사례를 제시한다. 이 부에서는 관찰과 성찰, 교사의 배움과 성장을 토대로 수업 전문성을 길러 가는 과정과 전략을 함께 탐구한다.

제3부 '학생 주도의 질문과 토론 수업'에서는 블룸(Bloom)의 여섯 가지 질문, DOK(Depth of Knowledge), 개념 탐구학습 질문, 5E(Engage, Explore, Explain, Elaborate, Evaluate) 질문 전략 등을 구체적으로 다룬다. 질문은 학생의 사고의 폭을 넓히고 주도성을 키우는 배움의 촉진제다. 이 부에서는 2022 개정 교육과정이 지향하는 학생 주도 수업의 방향에 맞춰 질문이 살아 있는 수업을 어떻게 구현할 것인지, 교사의 질문 설계와 수업 전문성을 어떻게 확장해 갈 것인지 함께 탐구한다.

부록에서는 그동안의 연구와 실천 사례 중 현장 교사에게 실제로 도움이 될 수 있는 논문을 선별해 소개한다. 여기서는 교육 현장의 주요 관심 주제인 소크라틱 세미나를 중심으로 학습공동체의 활성화와 교사 전문성 신장을 돕고자 한다.

이 책이 수업의 길 위에 선 당신에게 작은 등불이 되기를 바란다. 혼자 고민하던 질문, 부족하다고 느꼈던 순간들, 아이들을 더 잘 가르치고 싶다는 간절한 마음, 그 모든 진심을 이 책이 이해하고 위로하며 함께 걸어가기를 소망한다.

끝으로, 이 책이 세상에 나오기까지 기꺼이 손을 보태 주신 학지사 출판사의 김진환 사장님, 성스러움 과장님, 송새롬 대리님께 감사의 마음을 전한다. 이분들의 정성과 헌신이 없었다면 이 책은 지금의 모습으로 세상에 나올 수 없었을 것이다.

2025년 9월

박태호

차례

SCHOOL

제 1 부

수업 혁신과 리더십

탐구 과제 1: 수업 혁신의 유형과 방향

일부에서는 수업 혁신을 재건축 관점에서만 바라보며, 최신 이론을 가장 이상적인 이론으로 여기는 경향이 있다. 이들은 혁신교육의 출발점을 기존 수업 이론과의 단절로 파악하여 새로운 수업 이론만이 교실 수업 개선을 위한 유일한 도구라는 주장을 한다. 이러한 관점에 따르면, 기존의 수업 이론은 혁신의 대상이 되고 최신 수업 이론을 교실 현장에 적용하는 교사만이 수업 리더가 된다. 이러한 문제를 해결하려면 어떻게 해야 할까?

1. 수업 혁신의 유형

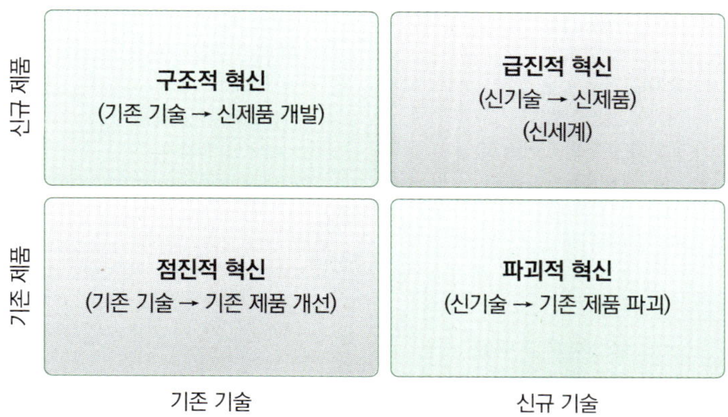

[그림 1-1] 4가지 혁신 유형

출처: Rothaermel (2015).

프랭크 로사에르멜(Frank Rothaermel, 2015)은 혁신(革新) 유형을 점진적 혁신(Incremental Innovation), 구조적 혁신 (Architectural Innovation), 급진적 혁신(Radical Innovation), 파괴적 혁신(Disruptive Innovation)의 네 가지로 제안한다.

첫째, 점진적 혁신은 기존 지식과 기술을 바탕으로 제품이나 서비스를 지속적으로 개선하고 발전시키는 혁신이다. 스마트폰의 카메라 기능을 연속적으로 개선시키는 것이나 의료 기기의 정확도를 조금씩 향상시키는 것 등이 여기에 해당한다. 둘째, 구조적 혁신은 기존의 기술로 기존 제품이나 서비스 구조를 새로운 방식으로 개선하고 발전시키는 혁신이다. 내연 기관 자동차의 구조를 개선한 하이브리드 자동차가 구조적 혁신에 해당한다. 셋째, 파괴적 혁신은 새로운 기술로 기존 시장을 완전히 뒤흔들어 새로운 시장을 창출하는 혁신이다. 넷플릭스는 DVD 대여라는 기존 방식을 벗어나 온라인 스트리밍 서비스를 도입하며 콘텐츠 소비 방식 자체를 변화시켰다. 이것은 기존의 시장을 파괴적으로 변화시킨 파괴적 혁신 사례에 해당한다. 넷째, 급진적 혁신은 새로운 기술로 새로운 제품을 만드는 혁신이다. 자율주행 자동차나 전기

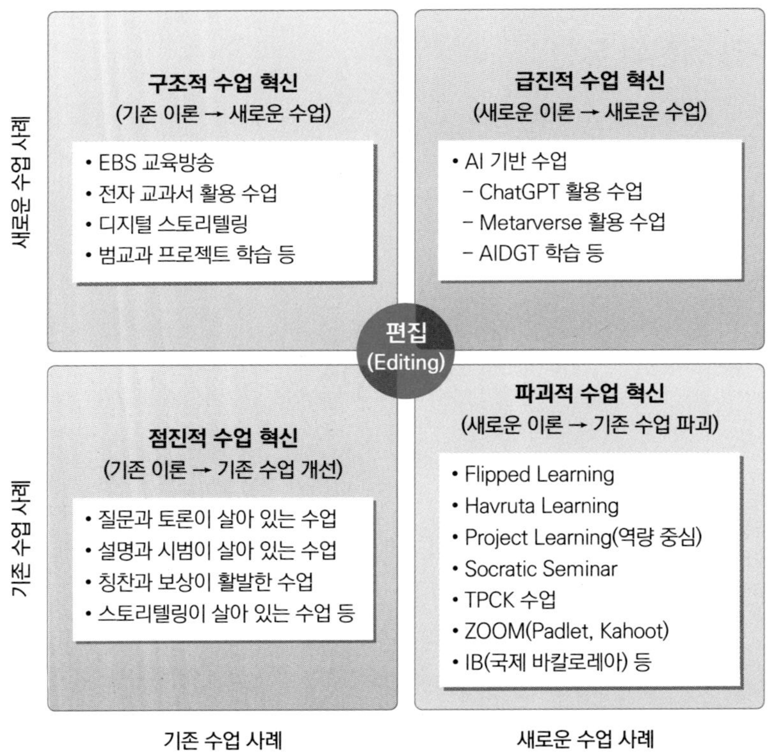

[그림 1-2] 4가지 수업 혁신 유형

출처: Frank Rothaermel (2015).

자동차의 등장이 급진적 혁신 사례에 해당한다.

프랭크 로사에르멜의 네 가지 혁신 유형을 교실 수업에 적용하면, 점진적 수업 혁신, 구조적 수업 혁신, 파괴적 수업 혁신, 급진적 수업 혁신으로 분류할 수 있다.

첫째, 점진적 수업 혁신은 기존의 수업 이론으로 기존 수업 구조와 사례를 조금씩 개선하고 발전시키는 것이다. 여기에는 질문과 토론 수업, 스토리텔링 수업, 설명과 시범 수업, 칭찬과 보상이 활발한 수업 등이 해당된다. 예로부터 질문은 교육활동의 중요한 요소 중의 하나였다. 최근에는 4차 산업혁명 이후에 창의융합형 미래 인재가 갖추어야 할 핵심역량이 강조되면서 질문이 살아 있는 수업이 강조되고 있다.

둘째, 구조적 수업 혁신은 기존의 교수 이론과 교육 도구를 활용하면서도, 수업의 구조와 환경을 새롭게 재설계하여 학습 효과를 향상시키는 접근 방식이다. 이러한 혁신은 학습 공간의 유연한 구성을 통해 다양한 개별 학습과 소집단 활동을 지원하는 것을 포함한다. 예를 들어, 교실의 물리적 배치를 조정하여 협동 학습을 촉진하거나, 전자 교과서와 EBS 교육 방송과 같은 디지털 매체를 적극적으로 활용하여 학습 자료에 대한 접근성을 높이는 것이 이에 해당한다. 이러한 변화를 통해 학습자는 다양한 학습 자원에 보다 쉽게 접근할 수 있으며, 교사는 수업의 질을 향상시킬 수 있다. 따라서 구조적 수업 혁신은 기존의 교육 내용을 유지하면서도 수업의 운영 방식과 환경을 개선하여 학습자의 참여와 학습 효과를 증대시키는 데 중점을 둔다.

셋째, 파괴적 수업 혁신은 새로운 수업 이론으로 기존의 교실 수업 사례를 완전히 뒤집는 것이다. 교실에서 강의를 듣고 교실 밖에서 과제를 하였던 전통적인 수업 구조를 완전히 뒤집은 거꾸로 학습(Flipped Learning)이 여기에 해당한다. 거꾸로 학습은 교실 수업의 역할을 재정의하고 학습의 주도권을 학생에게 이양한 새로운 교실 수업 사례를 제시했다. 더불어 학생 개개인의 학습 속도와 선호도에 맞춘 온라인 학습 플랫폼도 파괴적 수업 혁신 사례에 해당한다. 더불어 국제적 역량 신장에 초점을 맞춘 역량 중심의 범교과 교육인 국제 바칼로레아(IB), 학생 주도의 질문과 토론을 중시하는 하브루타(Havruta) 및 Socratic Seminar 학습, Khan Academy와 같은 플랫폼은 전통적인 교실 수업의 구조를 재정립한 한 파괴적 수업 혁신 사례에 해당한다.

넷째, 급진적 수업 혁신은 기존의 교육 시스템과는 완전히 다른 접근 방식을 취하여 학습 환경을 근본적으로 변화시키고 교육의 미래를 재정의하는 것이다. 예를 들면, 가상 현실(VR)과 증강 현실(AR)을 활용한 학습, 게임 기반 학습(Game-Based Learning), ChatGPT를 활용한 대화형 수업, AI를 활용한 학생 맞춤형 학습 활동이나 평가 및 오류 교정, 메타버스를 활용한 가상공간에서의 학습 활동 등이 급진적 수업 혁신 사례에 해당한다.

2. 바람직한 수업 혁신의 방향

수업 혁신을 기존 수업과의 단절로 이해하는 관점은 주로 파괴적 혁신에 해당한다. 수업 리더가 이러한 관점을 따를 경우, 수업 혁신을 지나치게 표준화하거나 일반화하는 오류에 빠질 수 있다. 예를 들어, 거꾸로 학습, 하브루타 학습, 프로젝트 학습, 토의 · 토론 학습만을 혁신 사례로 인정하고 점진적 및 구조적 수업 혁신은 간과하는 것이다. 또한 급진적 혁신만을 추구하면 얼리 어답터의 오류에 빠질 위험이 있다. 이 경우, 메타버스나 ChatGPT, AI 기반 학습 활동만을 유일한 혁신 사례로 간주하고 거꾸로 학습이나 하브루타와 같은 기존의 혁신적 수업 방식을 배제하는 우를 범하게 된다. 이러한 편향된 접근은 교육 현장의 다양성을 무시하고, 수업 혁신의 본질을 왜곡할 수 있다.

전문가 대부분은 혁신의 성공률을 20% 미만으로 추정한다. 그렇다면 20%의 가능성만을 좇아 80%에 해당하는 현재의 성과를 부정해서는 안 된다. 프랭크 로사에르멜 또한 혁신의 각 요소가 상호 균형과 보완을 이룰 때 지속성과 진정성을 확보할 수 있다고 강조했다. 결국 진정한 수업 혁신은 특정 방식에 국한되지 않으며 교육의 본질과 맥락에 따른 다양한 접근을 허용하고 이것이 상호 균형과 조화를 이룰 때에 실현된다고 할 수 있다. 더불어 수업 혁신은 한 방향으로만 나아가는 것이 아니라 과거와 현재 그리고 미래의 성과를 아우르며 지속적으로 진화하는 과정이다.

3. 수업 혁신은 편집이다

혁신은 반드시 새로운 것을 만들어 내는 일이 아니다. 기존의 요소를 새로운 방식으로 조합하고 재구성하여 새로운 가치를 창출하는 것도 혁신이다. 아이폰이 그 대표적 사례다. 말콤 글래드웰은 『아웃라이어』에서 스티브 잡스의 혁신 능력이 '편집(Editing)'에서 비롯되었다고 말한다. 아이폰은 기존에 있던 기능들, 즉 휴대전화, 디지털카메라, MP3, 인터넷을 하나의 기기에 통합한 결과였다. 당시 개별 기능은 이미 다른 기업들이 최고 수준으로 구현하고 있었다. 그런데도 아이폰은 '조합의 방식'을 달리하여 혁신의 상징이 되었다.

김정운 박사 역시 『에디톨로지』에서 "창조는 곧 편집이다."라고 한다. 이에 따르면, 수업 혁신도 완전히 새로운 방식을 도입하는 것이 아니라, 기존의 수업 이론과 전략을 교육 맥락에 맞게 조정하고 재구성하는 과정이다. 교사는 그 과정에서 수업 내용을 새롭게 배열하고 연결하면서 혁신을 실현한다.

우치다 타츠루는 교육개혁을 '고장 난 자동차를 운전하며 수리하는 일종의 곡예'라고 표현했다. 실제 교육현장을 멈추지 않은 채, 동시에 개선을 시도해야 한다는 뜻이다. 교실을 비우고 시작하는 개혁은 현실적이지 않다. 현장의 맥락을 유지하면서 바꿔야 할 요소를 하나씩 점검하고 개선하는 것이 진정한 수업 혁신이다.

[그림 1-3] 혁신의 대명사

수업 혁신 유형	☐ 점진적 수업 혁신 ☐ 파괴적 수업 혁신	☐ 구조적 수업 혁신 ☐ 급진적 수업 혁신

- 내가 추구하는 수업 혁신의 유형은 무엇이고 이유는 무엇인가?
- 함께 나누며 더 배우고 싶은 수업 혁신 유형은 무엇인가?

TIP

나는 늘 변화와 혁신을 강조하며, 전통적인 교수법을 고수하는 동료 교사들을 자주 비판해 왔다. 교실의 변화를 위해서는 새로운 방법이 필요하다고 믿었고 거꾸로 학습이나 프로젝트 기반 학습(PBL)과 같은 교수법만이 혁신의 정답이라고 여겼다. 그 과정에서 기존의 전통적이고 안정적인 교수법을 낡은 것으로 치부하며 이를 고집하는 교사들을 소극적이고 시대에 뒤처진 사람들로 생각했다.

어느 날, 우연한 기회에 한 동료 교사와 이야기를 나누게 되었다. 평소처럼 혁신 교수법의 필요성을 열정적으로 설명하자, 잠시 침묵하던 동료 교사가 조심스럽게 나에게 말하였다. 선생님이 말하는 그 혁신이 누군가에게는 상처가 될 수도 있다는 점을 생각해 본 적 있느냐는 것이었다.

순간 망치에 한 대 맞은 것처럼 머릿속이 띵했다. 나는 지금까지 나의 혁신적인 교수법을 마치 절대적인 선인 양 여기며 그것을 따르지 않는 사람들을 무의식적으로 배제하고 있었다. 또한 내 생각에 동의하지 않는 교사들을 이해하지 못한 채 그들의 교육적 진정성을 의심하고 평가절하했던 나 자신을 돌아보게 되었다.

그제야 비로소 깨달았다. 진정한 혁신은 단순히 새로운 방법을 도입하는 데서 시작되는 것이 아니라, 서로의 가치를 존중하고 이해하는 데서 출발한다는 사실을 말이다. 각자의 방식으로 학생들을 위해 헌신하고 있는 동료 교사들의 진심과 노력을 인정하지 못한 나 자신이 너무나 부끄러웠다.

이제 나는 변화와 혁신을 이야기할 때, 먼저 상대방의 이야기를 경청하고 그들의 가치를 존중하는 태도를 갖기로 했다. 변화는 결국 모두가 함께할 때 진정한 힘을 발휘하기 때문이다.

참고문헌

Rothaermel, F. T. (2015). *Strategic management* (2nd ed.). McGraw-Hill Education.

탐구 과제 2: 구글의 산소 프로젝트와 수업 리더십

세계 기업 역사에서 유래를 찾을 수 없을 정도로 단기간에 급성장한 기업 중의 하나가 구글이다. 글로벌 거대 공룡 기업으로 성장한 구글은 자신들의 성장 원동력으로 '혁신 리더십'을 들고 있다. 이들에 따르면, 각 부서의 팀장들이 조직의 혁신을 이끌었고 이것이 오늘날 구글의 성장 원동력이 되었다는 것이다. 구글은 팀장급 혁신 리더들이 마치 산소처럼 조직의 혁신을 이끌었고 그것이 구글의 성장 원동력이 되었다는 믿음을 입증하기 위해 '산소 프로젝트'를 실시했다. 그리고 그 결과를 바탕으로 8가지 혁신 리더십을 발표하였다.

수업 리더 역시 교육현장에서 자율 수업 장학을 성공적으로 정착시키고 확산시키는 역할을 해야 한다. 이것이 바로 수업 리더에게 요구되는 산소 리더십이다. 그렇다면 수업 리더가 교육현장에서 자율 장학을 효과적으로 실천하기 위한 산소 리더십의 요소는 무엇일까?

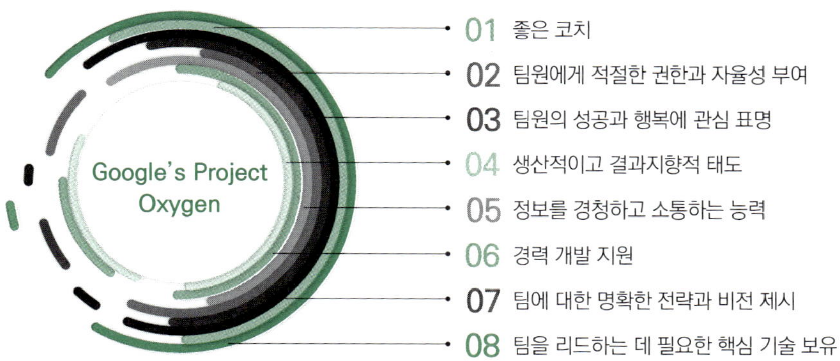

[그림 2-1] 산소 프로젝트(Project Oxygen, 2008)

1998년에 뛰어난 컴퓨터 공학자였던 세르게이 브린과 래리 페이지는 "기술은 기술자만이 이해할 수 있다."라는 신념 아래 구글을 설립했다. 설립 초기에 두 사람은 이 신념에 따라 세계 유수 대학에서 우수한 성적을 거둔 컴퓨터 공학 전공자들만 채용했다. 이후에는 채용 범위를 STEM(과학, 기술, 공학, 수학) 전공자 전반으로 확대했고 이러한 전략은 구글 성장에 큰 힘이 되었다.

구글의 최고 경영진은 STEM 전공자 중심의 인재 채용이 회사 발전의 핵심 동력이라고 굳게 믿었다. 이들은 자신들의 믿음을 검증하기 위해 '산소 프로젝트(Project Oxygen)'를 실시했다. 이 프로젝트는 STEM 역량을 갖춘 팀장들이 조직 내에서 '산소' 처럼 핵심적인 역할을 수행하고 있는지를 분석하고 나아가 과연 최고의 기술자들이 뛰어난 리더가 될 수 있는지를 검토하는 데 목적이 있었다.

산소 프로젝트의 초기 연구진은 구글 내부 데이터를 정밀하게 분석하며 유능한 리더의 특성을 밝혀내고자 했다. 연구팀은 성과가 우수한 팀과 그렇지 않은 팀을 비교하면서 직원 만족도와 생산성을 높이는 요소들을 조사했다. 처음에는 '기술력'이 리더십의 핵심일 것이라 예상했지만, 실제 결과는 전혀 달랐다. 가장 성과가 뛰어난 관리자들은 기술적 전문성보다는 팀원과의 관계 형성, 신뢰 구축, 명확한 의사소통, 경력 개발 지원 등의 측면에서 탁월한 역량을 보였다.

구글은 프로젝트를 통해서 훌륭한 리더가 갖추어야 할 8가지 리더십을 정리했다. ① 좋은 코치가 되어 팀원들을 적극적으로 지원하고 성장하도록 돕는 능력, ② 직원에게 적절한 권한과 자율성을 부여하되 과도한 간섭은 피하는 자세, ③ 직원의 성공과 복지를 진심으로 챙기는 태도, ④ 업무를 체계적으로 추진하면서 결과를 중시하는 성과 중심 사고, ⑤ 정보를 경청하고 효과적으로 소통하는 능력, ⑥ 직원의 경력 개발을 지속적으로 지원하는 자세, ⑦ 팀이 나아갈 방향을 명확히 제시하는 비전 제시 능력, ⑧ 필요한 전문적 조언을 제공하고 협력적인 팀 분위기를 조성하는 역량이다.

이러한 원칙들은 구글 내부에만 머물지 않고, 다양한 조직에서 리더십 개발의 기준으로 채택되었다. 특히 효과적인 팀 운영과 건강한 조직 문화 형성에 긍정적인 영향을 미치며 리더들이 더 나은 성과를 내도록 돕는 중요한 기반이 되었다. 산소 프로젝트의 핵심 메시지는 명확하다. 리더는 기술적 역량뿐 아니라 인간적인 측면에서도 탁월해야 한다. 구성원과 신뢰를 쌓고 성장을 지원하는 리더십이야말로 조직의 지속 가능성과 창의적인 문화를 이끄는 핵심 요소이다.

이러한 통찰은 교육 현장에도 큰 시사점을 준다. 수업 리더가 교사의 배움과 성장을 지속적으로 지원하려면 수업에 대한 전문성뿐 아니라 관계 형성, 소통 역량, 비전 제시 등의 리더십 요소를 갖추어야 한다. 이것을 기반으로 수업 리더가 갖추어야 할 8가지 산소 리더십을 제시하면 다음과 같다.

순위	수업 리더를 위한 8가지 산소 리더십	점검		
		자주	가끔	전혀
1	수업 **코치**의 역할을 한다(잠재적 가능성 발견 및 계발, output).			
2	수업에 대한 **자율성**을 존중한다.			
3	수업에 대한 **열정**을 자극하고 도전하게 한다.			
4	수업에 대한 **배움**과 **성장**을 촉진한다(목표/성취 지향적-수업의 과학성).			
5	수업에 대해 **공감**하고 **소통**하며 격려한다.			
6	수업 **전문성**을 **계발**하고 지원한다(연수 및 학습공동체 참여).			
7	수업에 대한 **비전**과 **전략**을 제공한다.			
8	수업 **전문성**을 구비한다(수업 설계-실행-관찰 및 성찰).			
(성찰)	• 동료의 공감과 지지를 받고 싶은 부분은? • 함께 나누면서 성장하고 싶은 부분은?			

TIP

수업 리더로서 수업 안에서 동료의 배움과 성장을 자연스럽게 이끌어 낼 수 있는 역할을 하고 싶다. 수업의 효과를 높이기 위해 동료들과 함께 구체적인 목표를 설정하고 실행하며 경험을 나누는 과정을 더욱 활성화하고자 한다. 특히 학생들이 수업에 적극적으로 참여하고 학습 활동에 몰입할 수 있도록 돕는 피드백 제공에 집중하고 싶다. 이러한 실천을 통해 수업 속에서 협력의 가치가 드러날 수 있다고 믿는다.

수업 리더로서 함께 성장하고 싶은 부분은 수업 전문성을 지속적으로 개발하고 실천하는 것이다. 연수나 학습공동체의 중요성을 잘 알고 있지만, 이를 꾸준히 이어 가는 데에는 어려움이 따른다. 동료들과 협력하며 서로의 강점을 나누고 배우는 기회를 적극적으로 활용한다면 함께 성장할 수 있을 것이다. 개인적인 성찰을 넘어서 수업 개선으로 자연스럽게 이어질 수 있도록 지속적으로 노력하겠다.

참고문헌

Google. (n.d.). *Project Oxygen*: 8 habits of highly effective managers [Infographic]. Retrieved from https://www.slideshare.net (or actual URL if known)

7 Reasons Google Invests So Much in People Analytics.

탐구 과제 3: TAPS 모델과 수업 리더의 역할

최근 교육 현장에서 '수업 멘토링, 수업 컨설팅, 수업 코칭, 수업 카운슬링' 등의 용어가 다양하게 사용되고 있다. 교사의 수업 전문성 신장, 교실 수업 개선을 위한 노력의 산물이라는 점에서는 긍정적인 신호로 해석할 수 있다. 그러나 명확한 개념 규정이나 관계 설정 없이 사용자의 편리에 따라 다양하게 사용되어 교육 현장의 혼란을 초래하는 것 또한 사실이다. 그렇다면 교사 유형별 맞춤형 수업 전문성 신장을 위한 수업 리더의 역할은 무엇이고 교사의 수업 전문성 지원 방안은 무엇일까?

TAPS 모델은 수업 멘토링, 수업 컨설팅, 수업 카운슬링, 수업 코칭의 네 가지 유형을 설명하는 모형이다. 이 모형은 문제(Problem)와 해결(Solution), 질문(Ask)과 지시(Tell)라는 두 개의 축을 기준으로 구분되며, 교사의 필요에 따라 적절한 지원 방식을 선택하도록 돕는다. 이 모델에서 수업 카운슬링과 코칭은 질문(Ask)을 중심으로 교사가 스스로 문제를 해결하도록 유도하는 반면, 수업 컨설팅과 멘토링은 지시(Tell)

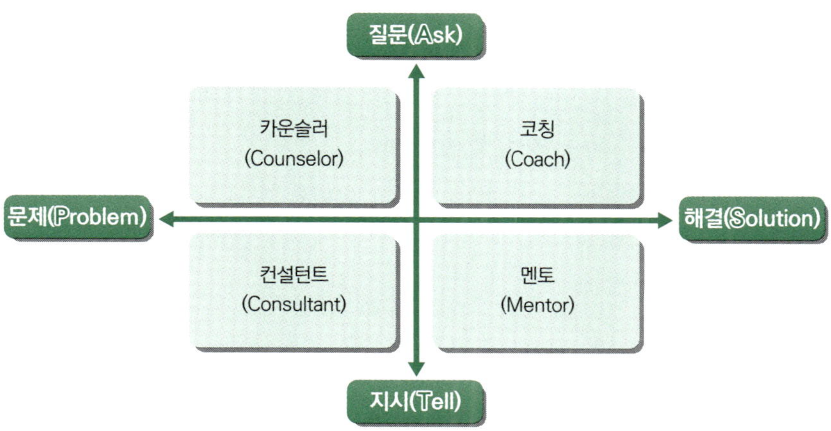

[그림 3-1] TAPS 모델

를 통해 전문가가 해결책을 제시하는 방식으로 진행된다. 또한 수업 카운슬링과 컨설팅은 문제(Problem)에 초점을 맞추고 있으며, 수업 코칭과 멘토링은 해결(Solution) 과정에서 교사의 성장을 지원하는 데 집중한다. TAPS 모델을 활용하면 교사들은 자신의 상황과 필요에 맞는 적절한 지원을 받을 수 있고 문제 해결뿐만 아니라 지속적인 성장과 발전을 위한 다양한 접근 방식을 선택할 수 있다.

1. 수업 코칭

수업 코칭(Instructional Coaching)은 교사가 수업을 주체적으로 되돌아보고 개선 방향을 스스로 설계할 수 있도록 돕는 전문적이고 협력적인 과정이다. 이 과정에서 수업 코치는 교사의 말을 주의 깊게 경청하고 탐구적인 질문을 통해 교사의 깊은 성찰을 유도한다. 코치는 일방적인 지시나 조언을 제공하기보다는 대화를 통해 교사의 사고를 확장시키며 교사가 자신의 수업을 다양한 관점에서 재해석하고 문제를 자각하도록 돕는다. 교사는 이러한 상호작용을 통해 수업의 문제 상황을 인식하고 그 해결 방안을 자율적으로 탐색함으로써 전문성을 지속적으로 신장시킨다.

파밀라 로빈스(Pamela Robbins, 1991)는 수업 코칭을 "교사들이 수업 실행 장면에 대해 상호 피드백을 주고받으며 새로운 교수 전략을 탐색하고 문제 해결을 위해 공동으로 협력하는 과정"으로 정의하였다(이재덕, 2008에서 재인용). 이 정의에 따르면, 수업 코칭은 상호작용과 협력을 중시하고 교사 주도의 문제 해결력과 적극적인 참여를 강조한다. 특히 수업 코치의 질문은 교사로 하여금 문제의 본질을 탐구하게 하고 교사는 그 과정에서 배움과 성장이 일어난다.

김소현과 이규철(2013)은 수업 코칭의 핵심 원리로 공감, 의문, 직면의 세 가지를 제시하였다. 공감은 교사의 경험과 감정을 존중하며 경청하는 태도이다. 의문은 교사의 사고를 자극하는 탐구적 질문으로 수업에 대한 깊은 성찰을 유도한다. 직면은 회피하고 싶은 문제 상황을 직시하도록 하여 교사가 근본적인 해결책을 모색하게 돕는다. 이러한 원리들은 모두 코치와 교사 간의 대화적 상호작용을 통해 교사의 자율성과 성장을 촉진한다는 점에서 수업 코칭의 핵심 철학을 잘 보여 준다.

수업 코치는 교사의 언어와 정서를 민감하게 수용하고 도전적이고 탐색적인 질문을 바탕으로 교사의 수업 인식을 확장한다. 단순한 기술 습득을 넘어 교사가 자신의 수업을 재구성하고 스스로 변화의 주체가 되도록 지원한다. 궁극적으로 수업 코칭은 교사가 자신의 전문성을 지속적으로 심화시키고 교육적 판단과 실행에 대한 책임을 능동적으로 감당할 수 있도록 돕는 전문적 대화의 과정이다.

2. 수업 컨설팅

수업 컨설팅(Instructional Consulting)은 교사의 요청에 따라 전문가(컨설턴트)가 교사의 수업 개선을 위해 전문적인 조언을 제공하는 과정이다. 이 과정은 교실 수업에서 드러난 문제를 진단하고, 그에 대한 해결 방안을 명확하게 제시하는 데 초점을 둔다(진동섭, 2005). 컨설턴트는 교사의 수업을 분석하여 문제의 원인을 진단하고 이에 대한 적절한 처방과 개선책을 직접적으로 제안하는 역할을 수행한다. 교사는 컨설턴트가 제공한 분석과 피드백을 바탕으로 수업의 문제를 인식하고 이를 해결하는 데 주력한다.

그러나 수업 컨설팅은 주로 전문가가 문제 해결 방안을 제시하고 교사가 이를 수용하는 방식으로 이루어지기 때문에 교사와 컨설턴트 간의 관계가 수직적이고 일방적으로 형성될 가능성이 있다(김소현, 이규철, 2013). 이러한 구조는 교사의 자율성과 능동적 참여를 제한할 위험이 있다. 따라서 교사의 수업 역량을 실질적으로 향상시키기 위해서는 일방적인 조언 제공을 넘어, 교사와 컨설턴트가 상호 협력과 소통을 통해 문제 해결 방안을 함께 모색하는 접근이 요구된다. 이는 교사의 자율성을 존중하고 수업 개선 과정에 교사가 보다 능동적이고 주도적으로 참여할 수 있도록 돕는 데 효과적이다.

3. 수업 멘토링

수업 멘토링(Teaching Mentoring)은 초보 교사의 수업 전문성 향상과 학교 현장 적응을 지원하기 위해 경력 교사가 역할 모델이 되어 전문적 조언과 실천적 지원을 제공하는 체계적 과정이다. 멘토는 자신의 풍부한 수업 경험과 축적된 실천적 지식을 바탕으로 멘티에게 설명, 시범, 조언, 상담 등 다양한 방식으로 수업 전략을 안내하고 후원한다(Jonson, 2010). 이 과정은 단순한 정보 전달을 넘어, 멘토가 직접 자신의 수업을 보여 주거나 구체적인 수업 설계와 운영 전략을 제시함으로써 멘티의 문제 해결 역량과 수업 실행 능력을 실질적으로 향상시키는 데 중점을 둔다.

수업 멘토링의 가장 큰 특징은 멘토가 전문가로서 비전문가인 멘티에게 전문적 기준과 수업 실행의 모범을 직접 보여 주며 역할 모델이 되는 것이다. 이러한 점에서 수업 멘토링은 단순한 조언 이상의 의미를 지니며 멘토가 추구하는 수업 전문성의 방향을 실천을 통해 제시하고 이끌어 간다는 데에 의의가 있다. 다만 멘토링이 멘토 중심의 일방적 지시나 지식 전달에만 머물 경우, 멘토-멘티 관계가 수직적으로 고착될 수 있으며 멘티의 자율성과 수업에 대한 주체적 성찰이 위축될 우려가 있다. 따라서 효과적인 수업 멘토링은 멘티의 자발적 참여와 주도성을 존중하는 상호작용적 관계 속에서 이루어져야 하며 멘토는 멘티의 발달 단계와 수업 목표에 부합하는 맞춤형 지원을 제공해야 한다.

궁극적으로 수업 멘토링은 멘토만이 주도적으로 이끄는 일방적 관계가 아니라, 멘티의 성장 가능성과 주체성을 존중하며 이를 뒷받침하는 전문가로서의 동반자적 지원이어야 한다. 멘토는 멘티가 스스로 수업의 문제를 자각하고 해결 방안을 탐색하며 수업 전문성을 내면화할 수 있도록 신뢰와 존중을 바탕으로 한 지속적 조력을 제공해야 한다.

4. 수업 카운슬링

수업 카운슬링(Teaching Counseling)은 교사의 심리적 · 정서적 측면을 지원하는 전문적인 상담 과정으로, 수업과 관련된 문제뿐만 아니라 교사의 개인적 고민, 스트레스, 정서적 어려움 등을 통합적으로 다룬다. 이 과정은 교수 방법이나 수업 기술 자체보다는 교사의 심리적 안정과 정서적 균형을 회복하고 유지하는 데 초점을 둔다. 수업 카운슬링 과정에서 카운슬러는 교사가 자신의 정서적 상태를 깊이 성찰하고 이해할 수 있도록 돕는다. 이를 통해 교사는 내적 동기와 자신감을 회복하고 긍정적인 자아 개념을 형성할 수 있다. 나아가 교사가 학생과의 관계를 원만하게 유지하며 전반적인 교육 활동을 효과적으로 수행할 수 있도록 정서적 역량을 강화하는 데에도 중요한 역할을 한다.

구체적으로 수업 카운슬링은 교사의 과거 경험, 반복되는 행동 양식, 정서적 반응 등을 분석하여 교사가 자신의 문제를 명확히 인식하고 이를 극복할 수 있도록 유도한다. 이 과정에서 카운슬러는 상황에 따라 지시적 접근을 통해 구체적인 해결 방안을 제시하거나 비지시적 접근을 통해 교사가 스스로 해결책을 발견하도록 돕는 방식 모두를 적절히 활용할 수 있다.

수업 카운슬링은 수업 운영 전략과 전문성 개발을 중심으로 하는 수업 코칭, 컨설팅, 멘토링과는 달리, 교사의 심리적 회복과 정서적 안정을 우선하는 점에서 뚜렷한 차별성을 지닌다. 이러한 특성을 바탕으로 수업 카운슬링은 교사의 전인적 성장과 건강한 교직 생활을 위한 정서적 기반을 마련하는 데 기여한다. 궁극적으로 수업 카운슬링은 교사가 장기적으로 안정적이고 지속 가능한 전문성을 발휘할 수 있도록 지원하는 필수적인 정서 지원 과정으로 이해할 수 있다.

지금까지의 내용을 목적, 관계, 방법, 초점을 기준으로 정리하면 다음과 같다.

	수업 멘토링	수업 컨설팅	수업 카운슬링	수업 코칭
목적	초보 교사의 문제를 전문가인 멘토가 역할 모델이 되어 인도	컨설팅을 요청한 교사의 문제를 컨설턴트가 진단하고 해결	상담을 요청한 교사의 문제를 카운슬러가 지시적 혹은 비지시적으로 해결	교사가 자신의 문제를 성찰하고 해결할 수 있도록 코치가 지원
관계	경력자/초보자 (전문가/비전문가)	전문가/비전문가	전문가/비전문가	동료/동료
	멘토 리딩 (설명/시범/지원 등)	컨설턴트 리딩 (진단과 처방)	카운슬러 리딩 (질문, 조언, 도전 등)	교사 리딩 (코치는 탐구와 도전)
방법	역할 시범과 지원 (후원/상담/조언 등)	진단과 처방	직면과 극복	탐구의 질문과 경청 및 대화

〈계속〉

초점	멘토가 추구하는 전문성 시범과 지원	문제 진단 및 컨설턴트가 추구하는 해결 방안 제시	반복되는 과거의 행동 유형 진단 및 회복 지원	교사가 추구하는 전문성 지원
질문	• 내가 멘토로부터 배우고 싶은 수업 전문성은? • 내가 요청하는 멘토의 지원 방안은? • 내가 멘토링을 통해 가장 성장하고 싶은 부분은?	• 내가 컨설팅을 요청한 구체적 문제는? • 컨설턴트의 처방 중 가장 실천 가능한 해결 방안은? • 컨설팅을 통해 가장 시급히 해결하고 싶은 부분은?	• 내가 반복적으로 겪는 정서적 어려움은? • 내가 극복하고 싶은 내면적 고민이나 스트레스는? • 카운슬링을 통해 얻고자 하는 정서적 지원은?	• 내가 추구하는 수업 전문성 신장 방향은? • 코치의 공감과 지지를 받고 싶은 부분은? • 수업 코치와 함께 나누며 성장하고 싶은 부분은?
(성찰)	• 내가 추구하는 수업 전문성 신장 방향은? • 동료의 공감과 지지를 받고 싶은 부분은? • 함께 나누면서 성장하고 싶은 부분은?			

TIP

나는 지금까지 '수업 코칭'에 집중하며 동료 교사들의 전문성 향상을 지원해 왔다. 이는 자신의 수업을 성찰하고 그 과정을 통해 성장의 방향을 주도적으로 모색하는 일이 교사 전문성 신장에 있어 가장 핵심적인 요소라고 믿었기 때문이다. 특히 탐구 기반 수업 코칭의 철학에 따라 정답을 제시하기보다는 탐구 과제에 대해 질문을 던지고 교사가 스스로 답을 찾아가도록 기다리는 방식을 실천해 왔다.

그러나 최근, 이러한 접근이 모든 교사에게 동일한 효과를 발휘하는 것은 아니라는 사실을 절실히 깨달았다. 교사의 성향, 성장 단계, 당면 과제에 따라 요구하는 지원의 형태가 매우 다양하다는 것을 경험을 통해 알게 된 것이다. 예를 들어, 어떤 교사는 구체적이고 실천 가능한 해결책을 제공받는 멘토링을 원하고, 또 다른 교사는 자신의 관심 분야에 대한 객관적 분석과 전략을 제시받는 수업 컨설팅을 선호한다. 한편, 심리적 안정과 정서적 공감을 통해 자신의 교육 활동에 대한 동기와 자긍심을 회복하고자 하는 교사도 있다. 이처럼 교사들은 저마다 다른 방식으로 지지받고 성장하기를 원한다.

이러한 경험은 나에게 교사에 대한 지원 방식이 획일적이어서는 안 되며, 교사 한 사람 한 사람의 필요와 상황을 고려한 맞춤형 접근이어야 한다는 사실을 자각하게 했다. 이에 따라 나는 앞으로 수업 코칭에만 국한되지 않고 수업 멘토링, 수업 컨설팅, 수업 카운슬링을 유연하게 결합하며 실천하는 수업 리더로 성장하고자 한다. 이는 단지 전략적 전환에 그치는 것이 아니라, 교사의 목소리에 진심으로 귀 기울이고 교육 여정을 함께 걸어가려는 나의 교육적 신념을 더욱 확장하는 일이기도 하다.

참고문헌

김소현, 이규철(2013). 수업 코칭의 실제. 학지사.

이재덕(2008). 수업 코칭의 이론과 실제. 원미사.

진동섭(2005). 수업 컨설팅의 이론과 실제. 교육과학사.

Jonson, K. F. (2010). *Being an effective mentor: How to help beginning teachers succeed*, Thousand Oaks, CA: Corwin Press.

Robbins, P. (1991). *How to Plan and Implement a Peer Coaching Program*. Alexandria, VA: Association for Supervision and Curriculum Development (ASCD).

탐구 과제 4: 수업 리더의 맞춤형 지원 방안

수업에 대한 전문성은 높지만, 열정이 저하된 교사에게 단순히 수업 기술만 강조한다면, 오히려 반감이나 무기력을 유발할 수 있다. 이들에게는 과거의 부정적인 경험이나 현재의 동기 저하 원인을 함께 탐색하며, 교사로서의 의미와 보람을 다시 발견할 수 있도록 정서적 공감과 긍정적인 경험을 제공하는 것이 중요하다. 반대로, 교수에 대한 열정은 높지만 수업 설계나 운영 기술이 부족한 교사는 열정만으로 성장의 한계를 넘기 어렵다. 이 경우에는 명확한 수업 전략과 실질적인 교수 기술 그리고 체계적인 피드백을 제공해 그 열정을 역량으로 전환하는 것이 필요하다.

수업 리더의 역할은 바로 이러한 맞춤형 지원을 통해 교사 스스로 성장의 방향을 찾고 자기 주도적인 변화를 이끌 수 있도록 돕는 데 있다. 그렇다면 교사의 배움과 성장을 효과적으로 지원하는 방법은 무엇일까?

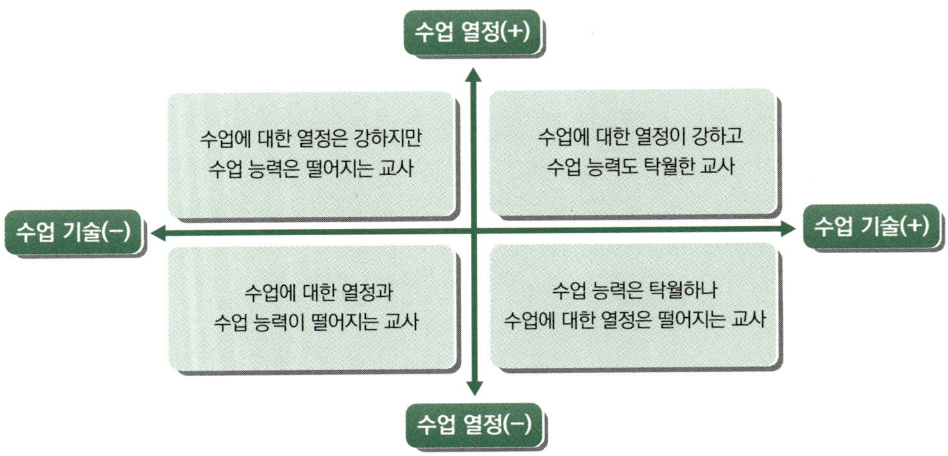

[그림 4-1] 수업 열정과 수업 기술에 따른 교사 특성 유형

1. 교사 유형별 특성(Jackson, 2013을 부분 수정)

수업 열정과 능력의 측면에서 보면 교사 유형을 네 가지로 구분할 수 있다. 첫째는 수업에 대한 열정이 강하고 능력도 탁월한 교사이다. 둘째는 수업에 대한 열정은 강하지만 능력은 떨어지는 교사이다. 셋째는 수업 능력은 탁월하지만, 열정은 떨어지는 교사이다. 넷째는 수업에 대한 열정과 능력 모두 떨어지는 교사이다.

① 교수법이 우수하고 열정이 넘치는 교사

이 유형의 교사들은 학습 공동체를 이끌어 가는 수업 리더들로 탁월한 교수법과 교육에 대한 열정을 겸비하고 있다. 경험이 풍부한 수석 또는 베테랑 교사에 속하는 이들은 혁신적인 수업 이론과 전략을 효과적으로 적용하고 동료의 피드백을 적극적으로 받아들인다. 교육 현장의 어려움에도 불구하고 학습공동체에서 주도적인 역할을 하며 끊임없이 최선을 다하는 모습을 보여 준다.

② 교수법은 우수하나 열정이 부족한 교사

이 유형의 교사들은 교수법은 탁월하지만, 교육에 대한 열정이 상대적으로 부족한 편이다. 수업에 대한 과도한 자신감 때문에 동료의 피드백을 쉽게 받아들이지 않고 교실 수업 개선을 위한 새로운 시도에 저항하는 경향이 있다. 때로는 과거의 부정적인 경험으로 인해 마음의 상처를 안고 변화를 거부하는 때도 있다.

③ 교수법은 부족하나 열정이 넘치는 교사

주로 새내기 교사에 해당하는 이 유형의 교사들은 교육에 대한 열정은 높지만, 교수법에 대한 전문성은 떨어진다. 이들은 교실 수업을 개선하고자 하는 강한 열망을 가지고 다양한 수업 전략과 아이디어를 모색한다. 그러나 열정에 비해 수업의 효율성과 일관성이 떨어질 수 있으므로 전문적인 지원을 받아야 한다.

④ 교수법이 부족하고 열정도 떨어지는 교사

이 유형의 교사들은 교육에 대한 열정과 교수법이 모두 부족하고 대부분 이직이나 퇴직을 고려하는 경우가 많다. 이들은 교육을 진정한 소명이 아닌 단순한 직업으로 여기며 학습공동체 참여를 기피하고 조직 내에서 최대한 주목받지 않으려고 노력한다.

지금까지의 내용을 간단히 정리하면 다음 표와 같다. 이 표를 활용하면, 자신이 어떤 유형의 교사에 속하는지를 점검할 수 있고 그것을 바탕으로 자신의 수업을 성찰할 수 있으며 성장의 계기로 삼을 수 있다.

나는 어느 유형의 교사인가?

유형	특성
수업 기술(+) 수업 열정(+)	• 수업에 대한 열정이 높고 수업 기술이 우수 – 수석교사, 베테랑 교사 • 새로운 수업 이론 및 전략을 교실 수업에 효과적으로 적용 • 동료 피드백을 열린 마음으로 수용 • 학습공동체에서 주도적 역할을 하고 적극적으로 기여 • 열악한 환경에서도 최선을 다함
수업 기술(+) 수업 열정(–)	• 수업 기술은 우수하지만 열정은 부족 – 최선을 다하여 가르치지 않음 • 수업에 대한 과도한 자신감으로 동료 피드백 거부 • 교실 수업 개선을 위한 시도에 강력히 저항 • 마음의 상처가 있고 교실 수업 개선을 위한 새로운 시도에 소극적 저항
수업 기술(–) 수업 열정(+)	• 수업에 대한 열정은 높지만 수업 기술은 부족 – 새내기 교사(이상과 현실의 부조화) • 교실 수업 개선에 대한 열망이 강함(각종 수업 전략 및 아이디어를 집중 탐구/수업 전문성 신장 연수에 적극 참여) • 열정에 비해 수업의 효율성과 일관성은 부족(전문적/체계적 지원 필요)
수업 기술(–) 수업 열정(–)	• 수업에 대한 열정이 낮고 수업 기술도 부족 – 이직 및 퇴직 예정자(수업을 소명이나 가르침이 아닌 직장 업무로 파악) • 학습공동체 소극적 참여(조직 생활에서 투명 인간처럼 생활이 목표)
성찰	• 나는 어느 유형의 교사에 속하는가? • 내가 공감과 지지 및 격려받고 싶은 부분은 무엇인가? • 내가 더 배우면서 성장하고 싶은 부분은 무엇인가?

TIP

예전에는 수업이 즐거웠다. 새로운 교수법을 배우는 일이 설렜고, 교실에서 직접 적용하는 것도 즐거웠다. 낯선 시도에 대한 두려움보다는 그것이 수업에 미칠 변화에 대한 기대가 더 컸다. 마치 매 수업이 나를 성장시키는 기회처럼 느껴졌다.

학습동아리 활동에도 열정적으로 참여했다. 동료들과 수업 이야기를 나누며 아이디어를 주고받는 시간이 즐거웠다. 나의 경험이 누군가에게 도움이 된다는 사실에 보람을 느꼈고, 그런 순간들이 교사로서 나의 자긍심을 키워 주었다. 하지만 어느 순간부터 달라지기 시작했다. 학생과의 사소한 갈등이 오해로 번졌고, 학부모의 부정적인 반응까지 겹치면서 마음에 상처가 생겼다. 아무리 설명해도 진심이 전달되지 않았다. 도리어 왜곡되어 돌아오는 일이 반복되면서 지쳐 갔다. 수업에 대한 열정도 점점 식어 갔고 허탈함과 무력감이 마음을 채웠다.

이제는 새로운 교수법을 배우는 것이 부담스럽다. 실험하거나 도전하는 일이 두렵다. 피드백도 성장을 위한 디딤돌이 아닌 압박처럼 느껴진다. 그래서 요즘은 익숙한 방식대로 수업하고 싶다. 그래도 나름 괜찮은 수업을 하고 있다고 생각하기 때문이다. 다만 예전처럼 더 성장하고 싶은 마음은 희미해졌다. 다시 열정을 되찾을 수 있을지 자신이 없다.

수업 나눔 자리에서도 한 걸음 물러서게 된다. 동료들의 이야기를 들으며 고개는 끄덕이지만, 마음은 뒤에 있다. 여전히 열정적인 교사로 보일지도 모르지만, 나는 안다. 내 안의 열정이 예전만큼 뜨겁지 않다는 걸. 그래도 아이들에게 좋은 교사로 기억되고 싶은 마음은 남아 있다. 다만 지금의 나를 그대로 받아들여도 괜찮을지, 그 물음 앞에 자주 멈추어 선다.

2. 수업 열정과 수업 기술 점검 요소

다음은 교사의 수업 열정(예술성)과 수업 기술(과학성)을 통합적으로 점검하고 평가할 수 있는 도구에 관한 설명이다. 이 도구는 교사의 수업 실행에 내재된 정서적 태도와 전문적 역량을 균형 있게 파악하여 교사의 수업 역량을 보다 심층적으로 이해하는 데 목적이 있다. 특히 수업의 질을 구성하는 두 축인 과학성과 예술성을 동시에 반영하여 교사 전문성의 다면적 성장을 지원하고자 한다.

수업의 과학성은 교사의 교수법에 초점을 둔다. 이는 학습자의 주의 집중을 유도하고 학습 동기를 유발하기 위한 전략, 학생 주도의 질문 생성과 토론을 장려하는 수업 운영 능력, 구성원 간의 상호작용을 촉진하는 소집단 협력학습 설계 및 실행 능력, 그리고 에듀테크 기반의 수업 도구와 플랫폼을 효과적으로 활용하는 능력 등을 포함한다. 이와 같은 과학적 접근은 수업의 구조화, 목표 지향성, 학습 성과의 명료화를 가능하게 하며, 교사의 수업 실행력을 객관적으로 진단하는 근거가 된다.

반면, 수업의 예술성은 교사의 수업에 대한 태도와 열정, 즉 수업을 대하는 정서적 · 철학적 자세에 중점을 둔다. 구체적으로는 교실 수업을 지속적으로 개선하려는 교사의 주도적 태도, 전문적 학습공동체의 일원으로서 수업에 관한 교육적 담론과 공동 탐구에 참여하려는 성찰적 자세, 동료 교사 및 외부 전문가의 피드백을 열린 태도로 수용하려는 수용성, 그리고 교사 자신과 학생에 대한 긍정적 기대 수준이 이에 해당한다. 나아가 학생의 학습 및 정서적 문제를 민감하게 인식하고 이를 적극적으로 지원하려는 노력 또한 수업의 예술성에 포함된다. 이러한 정서적 · 태도적 역량은 수업의 생명력을 불어넣는 요소로 작용하며, 교사와 학생 간의 신뢰 형성 및 수업 몰입도를 결정짓는 중요한 기준이 된다.

이처럼 수업의 과학성과 예술성을 함께 고려한 교사의 수업 역량 평가 척도는, 단순한 기술적 평가를 넘어 교사의 전문성과 내면의식 전반을 성찰하도록 돕는 도구로서 기능을 한다. 이는 교사의 수업 실행을 다면적으로 조망하고 체계적인 관찰과 반성 그리고 지속적인 전문성 신장을 유도하는 데 기여할 수 있다. 따라서 이 평가 도구는 교육 현장에서 교사의 성장 경로를 진단하고 지원하는 실천적 장치로서 활용할 수 있다.

수업 기술(Skill, 과학성)

수업 능력이 부족한 교사	점검 (∨)	수업 능력이 탁월한 교사	점검 (∨)
• 핵심 내용을 잘 알지 못하고 가끔 부정확한 내용을 전달하기도 하며 학생의 난개념 및 오개념을 예측하지 못한다.		• 핵심 내용을 정확히 파악하고 학생이 지닌 난개념 및 오개념을 예측하여 학습에 도움을 준다.	
• 수업을 효과적으로 운영하지 못한다. 학생들은 기본학습 훈련이 부족하고 산만하며 학습 과제와 관계가 없는 활동을 자주 한다.		• 수업을 효과적으로 운영한다. 학생들은 기본 학습 훈련이 잘 되어 있고 학습 활동에 적극 참여한다.	
• 학생 발달 특성 및 학습 속도를 고려한 교육과정의 해석 및 적용 능력이 부족하다.		• 학생 발달 특성 및 학습 속도를 고려한 교육과정의 해석 및 적용 능력이 우수하다.	
• 코칭과 멘토링에 기반한 교실 수업 개선 의지가 거의 없다.		• 코칭과 멘토링에 기반한 교실 수업 개선 의지가 아주 강하다.	
• 학습 활동에 어려움을 겪는 학생에게 도움을 줄 전략이나 의지 자체가 없고 특정 교수 유형만 고집한다.		• 학생의 발달 특성과 학습 욕구를 정확히 이해하고 그에 알맞은 도움을 제공하며 다양한 교수 유형을 사용한다.	
• 수업 설계를 하지 않았거나 엉성하고 학생에 대한 기대 수준이 낮으며 학생과 상호작용을 거의 하지 않는다.		• 수업을 체계적으로 설계하고 학생에 대한 기대 수준이 높으며 학생과 다양한 유형의 상호작용을 하기 위해 노력한다.	
• 교육과정(교과서 및 지도서)을 그대로 가르친다.		• 학생의 관심사와 요구 사항을 반영하여 교육과정(교과서 및 지도서)을 재구성하여 가르친다.	
• 학생 주도의 학습 활동을 가끔 한다.		• 학생 주도의 학습 활동을 자주 한다.	

수업 열정(Will, 예술성)

교실 수업 개선을 위한 열정이 부족한 교사	점검 (∨)	교실 수업 개선을 위한 열정이 넘치는 교사	점검 (∨)
• 수업 전문성 신장 및 교실 수업 개선에는 관심이 없고 학습공동체 활동에 참여할 의지도 없으며 오직 현 상태의 유지에만 초점을 맞춘다(소극적/방어적/부정적/무기력 등).		• 수업 전문성 신장 및 교실 수업 개선에 관심이 많아 각종 연수 및 학습공동체 활동에 적극적으로 참여한다(적극적/개방적/의욕적/도전적 등).	
• 학생과 동료 및 외부 전문가의 피드백을 거부한다.		• 학생과 동료 및 외부 전문가의 피드백을 적극 경청하고 수용하여 교실 수업 개선에 활용한다.	

〈계속〉

• 자신과 학생에 대한 기대 수준이 아주 낮고 스스로 동기부여를 하지 않는다.		• 자신과 학생에 대한 기대 수준이 높고 스스로 동기부여를 한다.	
• 학생 문제에 대해서 관심이 없고 관계 개선을 위해 노력하지 않는다.		• 인내심을 가지고 학생 문제에 대해 공감하고 소통하면서 문제를 해결한다.	
• 학생의 학습 목표 도달에 필요한 학습 활동에 거의 개입하지 않는다.		• 학생의 학습 목표 도달에 필요한 학습 활동에 적극 개입한다.	
• 학급 운영 규칙, 과제 제출 기한 등을 엄격하게 적용하고 경직된 분위기를 조성한다.		• 학급 운영 규칙, 과제 제출 기한 등을 융통성 있게 적용하고 긍정적이고 편안한 분위기를 조성한다.	
• 능력 중심의 교육관을 바탕으로 학생의 장점보다는 단점에 초점을 맞춘다.		• 배움과 성장 중심의 교육관을 바탕으로 학생들의 장점에 초점을 맞추고 도전을 장려한다.	

3. 새내기 교사 적용 사례

다음은 어느 한 새내기 교사[1]가 자신의 수업을 과학성과 예술성의 측면에서 점검하고 성찰한 내용이다.

수업 기술(Skill, 과학성)

수업 능력이 부족한 교사	점검 (V)	수업 능력이 탁월한 교사	점검 (V)
• 핵심 내용을 잘 알지 못하고 가끔 부정확한 내용을 전달하기도 하며 학생의 난개념 및 오개념을 예측하지 못한다.	V	• 핵심 내용을 정확히 파악하고 학생이 지닌 난개념 및 오개념을 예측하여 학습에 도움을 준다.	
• 수업을 효과적으로 운영하지 못한다. 학생들은 기본학습 훈련이 부족하고 산만하며 학습 과제와 관계가 없는 활동을 자주 한다.		• 수업을 효과적으로 운영한다. 학생들은 기본학습 훈련이 잘 되어 있고 학습 활동에 적극 참여한다.	V
• 학생 발달 특성 및 학습 속도를 고려한 교육과정의 해석 및 적용 능력이 부족하다.	V	• 학생 발달 특성 및 학습 속도를 고려한 교육과정의 해석 및 적용 능력이 우수하다.	

〈계속〉

1) 충남교육청 근무(2024년 3월 1일자 신규 임용).

• 코칭과 멘토링에 기반한 교실 수업 개선 의지가 거의 없다.		• 코칭과 멘토링에 기반한 교실 수업 개선 의지가 아주 강하다.	V
• 학습 활동에 어려움을 겪는 학생에게 도움을 줄 전략이나 의지 자체가 없고 특정 교수 유형만 고집한다.	V	• 학생의 발달 특성과 학습 욕구를 정확히 이해하고 그에 알맞은 도움을 제공하며 다양한 교수 유형을 사용한다.	
• 수업 설계를 하지 않았거나 엉성하고 학생에 대한 기대 수준이 낮으며 학생과 상호작용을 거의 하지 않는다.	V	• 수업을 체계적으로 설계하고 학생에 대한 기대 수준이 높으며 학생과 다양한 유형의 상호작용을 하기 위해 노력한다.	
• 교육과정(교과서 및 지도서)을 그대로 가르친다.	V	• 학생의 관심사와 요구 사항을 반영하여 교육과정(교과서 및 지도서)을 재구성하여 가르친다.	
• 학생 주도의 학습 활동을 가끔 한다.	V	• 학생 주도의 학습 활동을 자주 한다.	

TIP

나는 아직 부족한 교사다. 더 나은 수업을 하고 싶지만, 학생들의 난개념이나 오개념을 예측하는 일이 어렵다. 수업을 준비하며 대비한다고 생각해도 수업 중에 미처 예상치 못한 학생들의 반응을 접할 때마다 자신감이 떨어진다. 무엇보다 학습에 어려움을 겪는 학생들을 돕고 싶지만, 효과적인 전략을 찾지 못할 때가 많다. 새로운 교수법을 실제 수업에서 제대로 적용하지 못하고 결국 익숙한 방식에 머무르는 나 자신이 답답하다. 그래서 바뀌어야 한다. 학생들이 어려워하는 부분을 더 깊이 고민하고 그에 맞는 수업 설계를 연습해야 한다. 연수나 코칭도 배운 것을 내 방식으로 소화하고 실제 수업에서 시도해야 의미가 있다. 작은 변화라도 쌓이면 나도 수업도 달라질 수 있을 것이다.

수업 열정(Will, 예술성)

교실 수업 개선을 위한 열정이 부족한 교사	점검(∨)	교실 수업 개선을 위한 열정이 넘치는 교사	점검(∨)
• 수업 전문성 신장 및 교실 수업 개선에는 관심이 없고 학습공동체 활동에 참여할 의지도 없으며 오직 현 상태의 유지에만 초점을 맞춘다(소극적/방어적/부정적/무기력 등).		• 수업 전문성 신장 및 교실 수업 개선에 관심이 많아 각종 연수 및 학습공동체 활동에 적극적으로 참여한다(적극적/개방적/의욕적/도전적 등).	∨
• 학생과 동료 및 외부 전문가의 피드백을 거부한다.		• 학생과 동료 및 외부 전문가의 피드백을 적극 경청하고 수용하여 교실 수업 개선에 활용한다.	∨
• 자신과 학생에 대한 기대 수준이 아주 낮고 스스로 동기부여를 하지 않는다.		• 자신과 학생에 대한 기대 수준이 높고 스스로 동기부여를 한다.	∨
• 학생 문제에 대해서 관심이 없고 관계 개선을 위해 노력하지 않는다.		• 인내심을 가지고 학생 문제에 대해 공감하고 소통하면서 문제를 해결한다.	∨
• 학생의 학습 목표 도달에 필요한 학습 활동에 거의 개입하지 않는다.		• 학생의 학습 목표 도달에 필요한 학습 활동에 적극 개입한다.	∨
• 학급 운영 규칙, 과제 제출 기한 등을 엄격하게 적용하고 경직된 분위기를 조성한다.		• 학급 운영 규칙, 과제 제출 기한 등을 융통성 있게 적용하고 긍정적이고 편안한 분위기를 조성한다.	∨
• 능력 중심의 교육관을 바탕으로 학생의 장점보다는 단점에 초점을 맞춘다.		• 배움과 성장 중심의 교육관을 바탕으로 학생들의 장점에 초점을 맞추고 도전을 장려한다.	∨

TIP

나는 교실 수업 개선에 대한 열정이 넘치는 교사다. 학생들의 어려움에 공감하며 문제 해결을 위해 노력하고 다양한 연수와 학습공동체 활동에 적극 참여한다. 새로운 수업 방식을 시도하고 최신 학습 이론을 적용하지만, 수업의 효율성과 일관성이 부족하다는 점이 고민이다. 수업을 더 잘하고 싶지만, 기대한 만큼의 결과가 나오지 않을 때 무력감을 느끼기도 한다.

나는 열정은 높지만, 수업 기술이 부족한 교사다. 더 나은 교사가 되려면 단순히 새로운 방법을 시도하는 것을 넘어, 수업 코칭 연수와 학습공동체 활동을 통해 전문성을 키워야 한다. 무엇보다 자기 수업을 관찰하고 성찰하는 과정이 필수적이다. 스스로 문제점을 확인하고 개선할 때 비로소 효과적인 수업 개선이 이루어질 것이다.

참고문헌

Jackson, R. R. (2013). *Never underestimate your teachers: Instructional Leadership for excellence in every classroom*. ASCD.

탐구 과제 5: 수업 리더의 전문성 평가

수업 리더(교장, 교감, 수석 교사 포함)가 생각하는 자신의 수업 전문성과 교사가 생각하는 수업 리더의 수업 전문성이 서로 일치하면 얼마나 좋을까? 자율 수업 장학을 실시할 때 갈등은 바로 이러한 생각의 차이에서 시작된다.

피터 드윗(Peter DeWitt, 2019)은 수업 리더와 교사 각 100명에게 수업 리더의 수업 전문성에 대한 설문을 4단계 척도('매우, 약간, 보통, 미흡')로 조사하였다. 그 결과, 수업 리더의 67%는 자신들의 수업 전문성이 보통 이상이라고 생각하는 반면, 교사의 62%는 수업 리더의 전문성이 보통 이하라고 생각한다. 이러한 상황에서 과연 학교 단위의 자율 수업 장학이 온전히 이루어질 수 있을까?

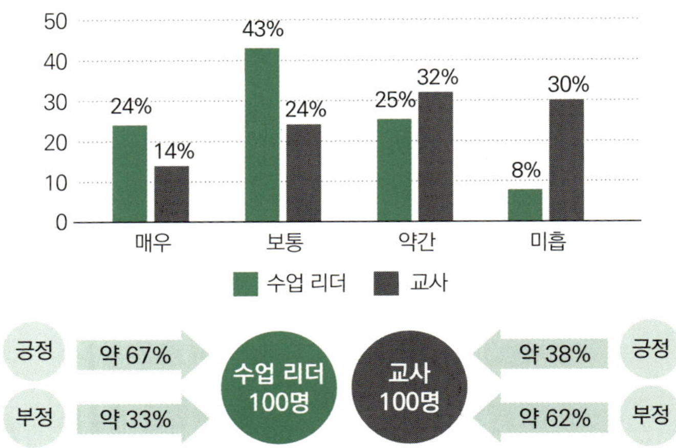

[그림 5-1] 수업 리더의 전문성에 대한 수업 리더와 교사의 반응

수업 리더(교장, 교감, 수석교사 포함)가 수업 전문성을 충분히 갖추지 못하면, 교사의 수업 역량을 효과적으로 지원할 수 없다. 나아가 교사의 자율성과 전문성 발달을 방해하는 결과로 이어질 수 있다. 수업 리더가 교수 · 학습에 대한 깊이 있는 이해나 실천적 경험 없이 수업에 개입하면, 교사들은 수업 리더들이 피드백을 신뢰하지 않

으며 수업 지원 자체를 형식적인 절차로 받아들인다.

이러한 문제는 단순한 기술적 한계를 넘어서 조직 내 신뢰와 협력의 기반을 약화시키는 구조적 요인이 된다. 특히 수업 리더가 스스로 인식하는 전문성과 교사들이 인식하는 전문성 간에 차이가 클수록 수업 지원 과정에서 갈등과 저항을 불러일으키기 쉽다.

피터 드윗(DeWitt, 2019)은 수업 리더와 교사 각각 100명을 대상으로 수업 리더의 전문성에 대한 인식을 4단계 척도(매우, 보통, 약간, 미흡)로 조사하였다. 그 결과, 수업 리더의 68%가 자신의 전문성을 '보통 이상'으로 평가한 반면, 교사의 62%는 수업 리더의 전문성을 '보통 이하'로 응답하였다. 특히 교사 중 30%는 수업 리더의 전문성을 '미흡하다'라고 평가한다. 이는 수업 리더의 전문성에 대한 교사의 신뢰 수준이 낮다는 것을 의미한다.

수업 리더가 전문성을 충분히 갖추지 못한 상태에서 수업 피드백이나 지원을 시도하면 다음과 같은 부정적 결과가 나타날 수 있다.

첫째, 피드백의 실효성을 떨어뜨릴 수 있다. 수업 리더가 교실 맥락을 충분히 이해하지 못하고 단편적인 지식이나 추상적인 언어로 피드백을 제시하면, 교사는 이를 실제 수업에 적용하기 어렵다. 이러한 피드백은 구체성, 타당성, 실행 가능성이라는 핵심 요건을 충족하지 못하기에 교사의 반성적 실천을 유도하기보다는 형식적인 수용에 머무르게 만든다. 이로 인해 수업 개선에 대한 교사의 내적 동기가 약화되고 효과도 떨어진다.

둘째, 감시나 통제로 오해받을 수 있다. 수업 리더가 전문성에 기반하지 않은 방식으로 일방적인 조언을 제공하면, 교사는 이를 교육적 지원이 아닌 평가로 받아들이고 방어적인 태도를 취하게 된다. 이 과정은 정서적 저항을 유발하고 교사와 수업 리더 간의 심리적 거리를 더 멀어지게 하고 협력학습 문화 형성의 장애가 된다.

셋째, 실제 교수·학습 상황과 괴리된 조언을 할 수 있다. 수업 전문성이 부족한 수업 리더는 수업의 실제 맥락을 충분히 고려하지 못하기 때문에 현장과 밀접히 연계된 조언을 하기가 어렵다. 이 경우에 교사들은 수업 리더의 조언을 비현실적인 이상론으로 간주하고 수업 리더를 학습공동체의 일원이 아닌 외부자로 인식한다. 그 결과, 신뢰와 협력에 기반한 수업 전문성 신장이 점점 어려워진다.

이러한 문제를 예방하고 수업 리더가 실질적인 수업 개선의 안내자, 촉진자, 조력자로 기능하려면 다음과 같은 제도 개선을 위한 노력이 필요하다.

첫째, 교육부 및 각 시도교육청은 수업 리더의 전문성을 체계적으로 개발하고 자격을 인증하는 제도를 마련해야 한다. 단발성 연수에 그치지 말고 실제 수업 사례 분석, 교사 협의, 수업 나눔 등을 포함한 실천 중심의 지속 가능한 전문성 개발 체계를 운영해야 한다. 더불어 일정 기준을 충족한 수업 리더에 대한 공신력 있는 자격을 부여함으로써 교사의 신뢰를 확보해야 한다.

둘째, 수업 리더는 교사와 수평적 관계에서 소통해야 한다. 피드백은 일방적으로 전달되는 지시가 아니라 상호 존중과 이해를 바탕으로 수업을 함께 진단하고 개선 방향을 협의하는 과정이 되어야 한다. 교사를 수업 개선의 공동 주체로 인식하고 심리적 안정감이 형성된 조직 문화 속에서 신뢰 기반의 수업 지원 문화를 정착시켜야 한다.

TIP

설문조사 결과를 마주하며 수업 리더로서 나의 조언과 피드백이 교사들에게 어떻게 받아들여졌는지를 돌아보았다. 내가 의도한 전문성은 때때로 교사들에게는 거리감으로 다가갔고 도움보다는 간섭처럼 느껴졌을 수도 있다. 이러한 인식의 차이는 단순한 오해를 넘어, 수업 개선을 위한 협력 자체를 어렵게 만들 수 있다는 점에서 무겁게 다가온다.

나는 그동안 수업에 도움이 되고자 하는 마음으로 다양한 제안을 해 왔다. 하지만 이번 결과를 통해서 그 제안들이 현장의 맥락을 충분히 반영했는지, 교사의 입장에서 진정성을 느낄 수 있었는지를 자문하였다. 교사들이 '미흡하다'라고 응답한 비율이 높다는 것은 수업 리더가 교사들의 기대를 온전히 충족시키지 못한 것을 의미한다. 그래서 나는 몇 가지를 새롭게 고민하였다. 무엇보다도, 전문성은 스스로 확신이 아니라 교사들의 신뢰 속에서 증명된다는 사실을 깨달았다. 자격이나 직책보다 더 중요한 것은 교사의 수업 맥락을 깊이 이해하고 공감하는 태도라고 생각한다. 또한 내가 제안하는 피드백을 교사들이 '함께 고민하는 조언'으로 수용하게 하려면, 먼저 교사의 언어와 시선으로 수업을 바라보아야 한다. 그런 관계 안에서야 비로소 진정한 협력이 가능하기 때문이다. 그리고 무엇보다 중요한 건, 교사와 수업 리더가 '평등한 동료'로 만나는 경험을 늘려야 한다. 일방적인 전달보다 함께 이야기하고 함께 답을 찾는 과정이 필요하기 때문이다. 이번 설문은 수업 리더로서 나를 돌아보게 한 동시에 교사들과 함께 나아갈 방향을 다시 그려 보게 했다. 나는 교사들의 현실을 이해하려 노력하고 더 가까운 조력자로 다가가고자 한다. 그 작은 변화에서부터 신뢰가 자라고 협력을 시작할 수 있다고 믿기 때문이다.

참고문헌

DeWitt, P. (2019). *Instructional leadership: Creating practice out of theory*. NY: Teachers College Press.

탐구 과제 6: 수업 리더의 핵심역량

수업 리더는 단순히 조언을 제공하는 수준에 머무르지 않고, 동료 교사들이 효과적인 수업을 설계하고 실행할 수 있도록 지원하는 촉진자(facilitator)의 역할을 해야 한다. 수업 리더는 모범적인 수업 사례를 직접 시연함으로써 우수한 교수 전략을 공유하고 수업 관찰과 성찰을 통해 수업의 강점과 개선점을 함께 탐색해야 한다. 또한 동료 교사의 수업 특성과 필요에 맞춘 개별화된 피드백을 제공하고 협력적 학습공동체를 조성함으로써 교사의 전문성이 지속적으로 성장할 수 있는 환경을 마련해야 한다. 그렇다면 잭슨(Jackson, 2013)과 모란(Moran, 2017)이 제시하는 수업 리더의 핵심역량은 무엇일까?

[그림 6-1] 잭슨(Jackson, 2013)과 모란(Moran, 2017)의 수업 리더 핵심역량

1. 시범 보이기(Modeling)와 관찰하기(Observation)

수업 리더는 학문공동체에서 검증된 이론과 전략을 바탕으로 동료 교사에게 자신의 수업을 직접 참관하게 하거나 수업 장면이 담긴 동영상을 관찰하게 할 수 있다. 동료 교사는 시범 수업을 참관하거나 수업 영상을 분석하면서 효과적인 수업 운영 방식과 교수 기법을 탐색하고 이를 자신의 수업에 적용할 수 있다. 예를 들어, 수업 리더가 학생들의 적극적인 참여를 유도하는 질문 기법을 시연할 경우, 동료 교사는 수업 리더와 협의하여 구체적인 적용 방안을 논의할 수 있다. 이러한 과정은 단순한 모방을 넘어 수업 전문성 신장을 가능하게 한다.

2. 보완하기(Elaboration)

동료 교사는 수업 리더의 수업을 관찰한 뒤 그 내용을 바탕으로 수업의 보완점을 찾는다. 이 과정에서 수업 리더와 동료 교사는 상호 평등한 관계에서 수업 개선 방향을 논의해야 한다. 수업 리더는 자신의 수업에 대한 동료 교사의 피드백을 열린 마음으로 수용하고 이를 통해 보다 효과적인 교수 전략을 탐색할 수 있는 기회를 갖는다. 예를 들어, 수업 리더의 수업에 나타난 교사 질문에 대한 학생 반응과 그에 따른 후속 질문 유형을 분석하면서 학생 주도의 질문과 토론 수업 방안을 함께 모색할 수 있다. 이러한 상호작용은 교실 수업 관찰과 나눔을 넘어서 교사의 수업 전문성을 함께 성장시키는 협력적 성찰의 기제로 작용한다.

3. 적용하기(Practice & Application)

동료 교사는 수업 리더의 수업을 관찰하고 이를 바탕으로 자신의 수업을 보완하며, 수업 리더는 그 과정을 점검하고 피드백을 제공한다. 동료 교사는 수업 전략을 실제 수업에 적용해 보며 반복적인 연습을 통해 교수 역량을 강화할 수 있으며 학생들의 반응을 바탕으로 수업을 재구성하는 경험을 쌓게 된다. 이때 연습 과정에서 발생하는 어려움을 수업 리더와 함께 논의하고 해결하는 과정이 중요하다. 예를 들어, 새로운 교수법을 적용했을 때 학생들의 이해가 충분하지 않은 경우, 수업 리더와의 협의를 통해 대안을 마련하고 교수 전략을 보완할 수 있다. 이러한 협력적 실천과 성찰은 교수학습의 질 향상에 핵심적 역할을 한다.

4. 코칭하기(Coaching)

수업 리더는 먼저 동료 교사의 강점을 명확히 파악한다. 그런 다음에 동료 교사의 잠재적 능력을 효과적으로 발현할 수 있는 방안을 함께 탐색한다. 또한 개선이 필요한 부분에 대해서는 "어떤 순간에 학생과의 상호작용이 가장 효과적이었습니까?" "그 경험이 수업의 흐름에 어떤 영향을 주었나요?"와 같은 탐구 질문을 활용하여 동료 교사의 성찰을 유도한다. 동료 교사는 이러한 탐구 질문을 통해 스스로 수업의 의미를 재구성하게 한다. 이때 탐구 질문은 수업자의 내면을 자극하며 변화의 필요성을 자발적으로 인식하게 하는 기제로 작용한다.

수업 코칭은 지시가 아닌 대화 중심의 실천이다. 수업 리더는 동료 교사의 학습 여정에 동반자로 참여하며 지속적인 전문성 신장을 지원한다. 수업 리더의 탐구 질문, 마음을 담은 경청, 그리고 의미 있는 대화는 동료 교사의 배움과 성장을 이끄는 핵심 전략이다. 이러한 코칭은 동료 교사의 자율성과 전문성을 동시에 강화하는 교육적 실천기제로 작용한다.

5. 협력하기(Collaboration)

수업 리더와 동료 교사는 상호 신뢰와 존중을 바탕으로 협력적 관계를 형성하고, 수업을 함께 설계하고 실행하며 성찰하는 과정을 통해 수업 전문성을 지속적으로 심화시킨다. 이러한 협력은 단순한 역할 분담을 넘어서, 교육적 가치와 교수 전략, 학습자 이해에 대한 관점을 공유하고 조율하는 전문적 실천의 과정이다. 이를 위해 협력적 주도성(collaborative agency)에 기반한 공동 설계(Co-Planning), 공동 교수(Co-

Teaching), 공동 성찰(Co-Reflection)을 체계적으로 운영할 필요가 있다.

공동 설계는 수업의 목표와 흐름을 함께 구상하고 정교화하는 과정으로 단지 활동을 나누는 수준을 넘어 학습자의 특성과 수업 맥락을 종합적으로 고려하는 작업이다. 수업 리더와 동료 교사는 학생의 발달 수준과 학습 양상을 분석하여 학습 난이도를 조정하고, 학습 과정에서 흔히 나타나는 오개념이나 난개념을 사전에 진단해 이를 예방하거나 교정할 수 있는 전략을 함께 마련한다. 예컨대, 국어 수업에서 서사 구조를 다룰 때 학생들이 이야기의 전개, 절정, 결말을 혼동하는 경향이 있다면, 이를 보완하기 위한 시각 자료나 발문 자료를 공동으로 개발하여 학습의 명확성과 깊이를 높인다. 또한 학생의 이해를 도울 수 있는 활동지, 질문 카드, 그래픽 조직자 등 수업 자료를 협의하여 구성하고, 개별 학습 수준에 맞춘 평가 도구(예: 자기 평가, 동료 평가, 관찰용 루브릭 등)를 함께 설계함으로써 평가 또한 학습의 일부로 기능하도록 한다. 이러한 공동 설계는 수업의 정합성을 높이는 동시에 수업 리더와 동료 교사 간의 전문적 대화와 성찰을 촉진하는 기반이 된다.

공동 교수는 공동으로 설계한 수업을 실제 교실 현장에서 함께 실행하며, 수업 중 발생하는 다양한 상황에 유연하고 효과적으로 대응하는 협력적 실천이다. 예를 들어, 동료 교사가 주요 개념을 설명하는 동안 수업 리더는 학생들의 반응을 관찰하거나 개별 지도를 통해 학습을 지원할 수 있다. 또한 동료 교사와 수업 리더가 번갈아 발문을 주고받거나 학습 활동을 함께 안내하면서 수업의 몰입도와 상호작용을 높일 수 있다. 예컨대, 수학 수업에서 '분수의 덧셈'을 지도할 경우, 동료 교사가 시각 자료를 활용해 개념을 설명하고, 수업 리더는 소그룹 활동을 통해 학습 수준에 따른 맞춤형 피드백을 제공함으로써 학습 효과를 극대화할 수 있다.

공동 성찰은 수업 실행 이후, 수업 리더와 동료 교사가 수업 장면에 대한 전문적 대화를 나누며 수업의 강점과 개선점을 분석하고 다음 수업의 방향을 함께 모색하는 과정이다. 이때 단순한 평가나 지적을 넘어서, 학생의 반응, 수업 흐름, 발문의 적절성 등 수업을 구성하는 다양한 요소를 다각도로 검토한다. 예컨대, "학생들이 교사의 질문에 즉각적으로 반응하지 못했던 이유는 무엇일까?"와 같은 성찰적 질문을 중심으로, 질문의 명확성, 수업 분위기, 학생의 사전 경험 등을 함께 점검하고, 이후 수업에서 이를 어떻게 조정할지 논의함으로써 수업의 질적 향상을 도모한다. 이러한 성찰 과정은 교사의 수업 신념과 실천을 돌아보게 하며, 전문성의 내면화와 성장을 이끄는 촉매가 된다.

이처럼 공동 설계, 공동 교수, 공동 성찰의 유기적 순환은 교사의 수업 전문성을 심화시키는 실질적이고 지속 가능한 전략으로서 작동한다. 이는 교실 수업의 질을 높이고 전문적 학습공동체로서의 수업 문화를 형성하며 교육의 공동 책임성과 전문성의 동반 성장을 가능하게 하는 핵심적 역할을 한다.

6. 평가하고 피드백 주기(Evaluation & Feedback)

수업 리더는 사전에 공유된 관찰 도구를 활용하여 동료 교사의 수업을 면밀히 관찰하고 관련 내용을 정량적 · 정성적으로 정리하여 객관적인 근거를 제공한다. 동료 교사는 구체적 데이터를 바탕으로 자신의 수업을 성찰하여 장점은 더욱 발전시키고 부족한 부분은 개선한다. 수업 리더 역시 동료 교사의 평가 결과와 피드백을 반영하여 자신의 리더십을 되돌아본다. 특히 수업 리더의 수업 전문성 지원, 공감 및 대화와 소통, 피드백 방식 등에 대한 강점과 개선 방향을 도출한다.

피드백은 단순한 조언이 아닌 성장 중심의 대화로 진행한다. 수업 리더는 동료 교사의 우수한 실천 사례를 구체적으로 언급하며 강점을 강화하고 개선이 필요한 부분은 실천 가능한 대안을 제시한다. 이러한 평가와 피드백의 순환은 교사의 수업 역량을 심화시키고, 협력적 전문 학습 공동체의 문화를 구축하는 토대가 된다.

7. 점진적 책임이양하기(Gradual Release of Responsibility)

수업 리더는 초기에 교수 전략을 제시하면서 동료 교사의 배움과 성장을 지원하지만, 점차적으로 수업자의 자율성과 독립성을 확대해야 한다. 이를 위해 수업의 주도성을 리더 주도(시범 수업 및 협의), 상호 주도(공동 설계 및 협력 실행), 수업자 주도(실제 적용 및 성찰)로 점진적으로 이행하고 이를 통해 교사의 수업 전문성을 기를 수 있다. 또한 수업자의 자기 주도적 학습 역량을 키우기 위해서는 정기적인 피드백과 성찰의 기회를 지속해서 제공해야 한다. 예를 들어, 초기에는 수업 리더가 교수 전략을 함께 탐색하고 방향을 제안하지만, 점차 동료 교사가 스스로 수업을 설계하고 운영하며 성찰할 수 있도록 돕는 방향으로 전환된다. 이와 같은 단계적 접근은 수업 리더와 교사 간의 신뢰에 기반한 협력 관계를 형성하고 교사 스스로 전문성을 강화하는 데 긍정적인 역할을 한다.

수업 리더의 핵심역량 점검표

항목		자주	가끔	전혀
• 나는 동료 교사가 내 수업을 참관하고 효과적인 교수법을 배울 수 있도록 지원하는가?				
• 나는 동료 교사와 함께 수업의 장점과 개선점을 함께 의논하는가?				
• 나는 동료 교사가 새로운 교수법을 적용한 후에 학생 반응을 분석하여 피드백하는가?				
• 나는 동료 교사에게 구체적인 피드백을 제공하여 교수법 개선을 지원하는가?				
• 나는 상호협력(Co-Plan, Co-Teach, Co-Reflect)을 기반으로 동료 교사의 수업 전문성 신장을 지원하는가?				
• 나는 동료 교사가 학생 반응을 기록하고 교수법의 효과를 평가할 수 있도록 지원하는가?				
• 나는 점진적 책임이양을 통해 동료 교사의 수업 전문성을 신장시키고 자율성을 강화하는가?				
(성찰)	• 공감과 지지 및 격려를 받고 싶은 부분은? • 함께 나누며 더 성장하고 싶은 부분은?			

TIP

나는 수업 리더로서 동료 교사들의 성장을 돕기 위해 노력하고 있다. 수업을 함께 보면서 피드백을 주고 교수 전략을 함께 고민하다 보면 때로는 뿌듯한 마음이 든다. 동시에, 지금 내가 건넨 조언이 정말 도움이 되었는지, 혹시 부담스럽게 느껴지지는 않았는지 스스로에게 묻는다.

나는 피드백이 평가가 아닌 격려와 동기의 언어이길 바란다. 함께 더 나은 수업을 고민하는 동료로서, 내가 건네는 말이 상대에게 무게가 아닌 지지가 되었으면 한다. 그래서 때때로 나 역시 공감과 지지가 필요하다고 느낀다. 내가 전한 작은 피드백이 누군가에게 긍정적인 변화를 가져왔다는 이야기를 들을 때, 나 역시 다시 용기와 열정을 얻는다. "선생님 덕분에 수업이 훨씬 나아졌어요."라는 한마디는 나에게도 큰 울림과 격려가 된다.

나는 완벽한 답을 가진 수업 리더가 아니다. 현장의 수업은 언제나 예측할 수 없고, 교사마다 고민의 깊이도 다르다. 동료 교사가 새로운 교수법을 시도하다 어려움을 겪는 모습을 볼 때면, 나도 함께 마음이 무거워진다. 하지만 그런 순간일수록 더욱 묻게 된다. "지금, 이 상황에서는 어떤 접근이 가장 적절할까?" 정답은 없더라도, 함께 대화를 나누고 경험을 공유하는 과정에서 우리는 분명 새로운 길을 찾을 수 있다.

그래서 나는 더 많은 이야기를 듣고 싶다. 내가 겪은 성공과 실패, 동료가 마주한 난관과 배움의 순간들을 함께 나누고 싶다. 교실의 문제는 어느 한 사람의 몫이 아니라, 함께 풀어가야 할 공동의 과제라고 믿기 때문이다. 우리는 혼자가 아니다. 교실 안에서 느끼는 막막함과 성취와 좌절의 모든 순간 속에 우리는 연결되어 있다. 함께 고민하고 실천할 때, 우리는 더 나은 수업을 더 건강한 교육 문화를 만들어 갈 수 있다. 나는 그 길을 동료들과 함께 걷고 싶다.

참고문헌

Jackson, R. R. (2013). *Never underestimate your teachers: Instructional Leadership for excellence in every classroom*. ASCD.

Moran, M. J. (2017). Teaching expertise in action: The complexity of teacher decision-making, in J. Loughran & M. L. Hamiltonceds, *International Handbook of Teacher Education* (vol. 2, pp. 745-766). Singapore: Springer.

탐구 과제 7: 수업 리더십 유형

수업 리더십은 교사의 성장과 학생들의 학업 성취를 동시에 이끄는 핵심 요소이다. 변혁적 수업 리더십은 교사가 교육 혁신을 주도하며 학습 동기를 불어넣는 역할을 한다. 반면, 분산적 수업 리더십은 교사 간 협력을 통해 학습 공동체의 역량을 극대화하고 전문가 수업 리더십은 효과적인 교수법을 연구 · 실천하여 교육의 질을 높인다. 그렇다면 이 세 가지 리더십을 어떻게 운영해야 교사의 수업 전문성을 신장시킬 수 있을까?

바바라 B. 레빈(Barbara B. Levin)과 린 쉬럼(Lynne Schrum, 2017)은 수업 리더십을 변혁적 수업 리더십, 분산적 수업 리더십, 전문가 수업 리더십의 세 유형으로 제시하며 각 유형은 고유한 방식으로 교실 수업 개선과 학습 환경 혁신에 기여한다고 설명하였다.

1. 변혁적 수업 리더십

변혁적 수업 리더십은 수업 리더가 교육적 비전과 방향을 제시하고 내적 동기를 자극하여 자율적인 수업 변화를 이끌어 내는 리더십이다. 이는 교사가 기존의 수업 신념과 방식을 성찰하고 전문성을 주도적으로 확장할 수 있도록 지원하는 데 중점을 둔다.

예를 들어, 수업 리더가 교사 주도의 전달 수업을 탈피하기 위해서 프로젝트 학습을 시범적으로 실시한 후에 그 결과를 동료 교사들과 공유하고 실천 방안을 함께 논의하였다면, 그것은 변혁적 수업 리더십의 사례에 해당한다. 이러한 변혁적 수업 리더십은 상호 신뢰와 공동 비전을 기반으로 한 수업 문화 개선 및 수업 전문성 강화에 기여를 한다. 변혁적 수업 리더십은 교사들의 변화를 촉진하는 핵심 동력인 동시에 지속 가능한 수업 혁신의 토대가 된다.

2. 분산적 수업 리더십

분산적 수업 리더십은 수업 리더와 교사 간의 수평적 협력 관계를 기반으로 한다. 이들은 공동으로 수업을 설계하고 실행하며 성찰을 통해 지속적인 변화를 도모하는 접근 방식을 취한다. 분산적 수업 리더십은 특정 교사에게만 리더십을 허용하지 않는다. 구성원 모두가 수업 리더가 되어 수업 전문성을 공유하면서 협력적 주도성을 바탕으로 수업의 질을 향상시키는 것이 목표다. 분산적 수업 리더십은 학습 공동체 구성들이 주체적으로 참여하면서 교육의 민주성과 전문성을 동시에 기른다.

예를 들어, STEM 프로젝트 학습에서 수학 교사가 데이터 분석을, 과학 교사가 실험 중심 수업을, 국어 교사가 논리적 글쓰기 지도를 담당하는 방식으로 교과 간 협력 수업을 운영한다면 이는 분산적 수업 리더십의 실천적 사례로 볼 수 있다. 이와 같은 협업 구조는 교사 간 공동 책임 의식을 고양하고 학생에게는 자기 주도적이고 통합적인 학습 경험을 제공한다. 결과적으로, 분산적 수업 리더십은 학교 조직 내 집단 지성을 강화하고 지속 가능한 변화의 기반을 형성하는 데 효과적인 리더십 모델이다.

3. 전문가 수업 리더십

전문가 수업 리더십은 수업 리더가 효과적인 교수법을 연구하고 실천하고, 이를 바탕으로 동료 교사의 수업 개선을 지원하는 리더십 유형이다. 전문가 수업 리더는 다양한 교수 전략을 탐색하고 학습자 중심의 수업을 설계하며 학습 평가 자료를 분석하여 수업의 질을 지속적으로 높여 나간다.

예를 들어, 수업 리더가 협력 학습, 시각 자료, 디지털 도구 등을 활용하여 수학 수업을 설계하고 실행하는 경우, 이는 전문가 수업 리더십의 대표적인 실천 사례로 볼 수 있다. 나아가 동료와 함께 교수 전략을 공동 연구하고 수업 개선을 위한 연수 및 피드백 활동에 적극적으로 참여한다면 이는 학교 전체의 교수 · 학습 역량을 향상시키는 데 크게 기여할 수 있다.

이처럼 변혁적 수업 리더십, 분산적 수업 리더십, 전문가 수업 리더십은 서로 다른 관점과 방식으로 교사 성장과 수업 전문성 향상을 지원하며 학교의 학습 환경을 개선하는 데 중요한 역할을 한다. 특히 이 세 가지 리더십 유형은 학교 현장의 맥락에 따라 상호 보완적으로 통합될 때, 더욱 강력한 교육적 효과를 창출할 수 있다.

수업 리더십 유형 ☐ 변혁적 수업 리더십 ☐ 분산적 수업 리더십 ☐ 전문가 수업 리더십

- 내가 선호하는 리더십 유형
- 함께 나누며 더 배우고 성장하고 싶은 리더십 유형은?

참고문헌

Levin, B. B., & Schrum, L. (2017). *Every teacher a leader: Developing the needed dispositions, knowledge, and skills for teacher leadership*. Corwin Press.

탐구 과제 8: 수업 리더를 위한 성찰 도구

교사마다 교수 철학과 스타일이 다를 뿐만 아니라 성향도 다르다. 수업 리더 역시 마찬가지이다. 수업 리더와 교사 간에 소통과 협력이 원활하게 이루어지기도 하지만 때로는 의견 차이로 인한 갈등이나 대결 구도가 형성되기도 한다. 특히 교사들은 새로운 교수법을 도입하는 과정에서 부담을 느낄 수 있으며, 이에 대한 피드백을 부담스럽게 여기거나 때론 방어적인 태도를 취하기도 한다. 반면, 수업 리더는 교사들의 수업 전문성 신장을 위해 노력하지만 교사의 기대와 방식을 충족시키지 못할 경우 신뢰가 깨지면서 문제가 발생하기도 한다. 이럴 때 수업 리더는 어떻게 해야 할까?

1. 수업 리더의 성향

• 개방성	• 긍정적	• 수용성
• 유연성	• 적응성	• 융통성
• 창의성	• 도전 정신	• 용감함
• 자신감	• 열정적	• 낙관적
• 결단력	• 끈기	• 활력
• 존중	• 겸손	• 용기
• 헌신	• 열정	• 참여
• 설득적	• 성실성	• 인내심
• 동료애	• 대화와 타협	• 경청
• 신뢰성	• 윤리성	• 소통과 공감
• 집중력	• 준비성	• 조직력
• 자료 활용 능력	• 평생학습 역량	• 학생 중심

- 수업 리더로서 나의 성향은?
- 동료의 공감과 격려 및 지지를 받고 싶은 부분은?
- 더 배우며 성장하고 싶은 부분은?

2. 수업 리더들의 반응

1) 소통과 공감 중시

"솔직히 저는 '소통과 공감'이 가장 중요하다고 생각합니다. 수업 코칭을 하다 보면, 선생님마다 각기 다른 교육 철학과 고민을 가지고 있다는 것을 절실히 느끼게 됩니다. 그런데 때때로 '내 조언이 제대로 전달되고 있을까?' '이 선생님이 내 피드백을 진심으로 받아들이고 계실까?' 하는 의문이 들곤 합니다. 개선점을 함께 찾아보자는 마음으로 조심스럽게 말을 꺼냈는데, 선생님이 방어적으로 반응하실 때면 '혹시 내가 너무 직설적으로 말한 것은 아닐까?' 하고 걱정도 됩니다. 저 역시 공감을 받고 싶습니다. 제 코칭이 단순한 지적이 아니라 진정한 배움과 성장을 위한 제안으로 전해지길 바랍니다. 선생님과 더 깊이 소통하며 신뢰를 쌓고, 함께 더 나은 수업을 만들어 가고 싶습니다. 결국 교육은 관계 속에서 이루어지는 일이니까요."

2) 창의성 중시

"저는 '창의성'이 강점이라고 생각해요. 교사들이 수업을 개선하려고 할 때, 기존의 방식만 고집하는 게 아니라 새로운 접근을 시도할 수 있도록 돕는 걸 좋아해요. 예를 들어, 학생들이 수동적으로 듣기만 하는 수업을 바꾸고 싶어 하는 교사가 있다면, 직접 학생들에게 질문을 던지고 그들의 의견을 반영하는 수업 구조를 함께 고민해요. 꼭 정답을 찾지 않더라도 다양한 방식으로 수업을 열어 갈 수 있도록 방향을 제시해 주는 거죠. 교사들에게 '한 가지 방법만이 정답은 아니다.'라는 걸 자연스럽게 체험하게 해 주는 게 제 역할이라고 생각해요."

3) 끈기 부족

"솔직히 말씀드리면, 저는 아직 '끈기'가 좀 부족한 것 같아요. 코칭을 하다 보면 어떤 선생님은 피드백을 적극적으로 수용하고 빠르게 변화하시는데, 어떤 선생님은 처음부터 방어적인 태도를 보이거나 변화에 소극적인 모습을 보이기도 해요. 이런 상황이 반복되면 '내가 계속 시도하는 게 과연 의미가 있을까?' 하는 생각이 들 때도 있습니다. 하지만 변화는 단번에 이루어지는 게 아니고, 선생님들도 각자의 속도와 방식으로 성장하신다는 걸 점점 더 느끼고 있어요. 그래서 저도 조급해하지 않고, 꾸준히 신뢰를 쌓아 가면서 조금씩 변화를 이끌어 낼 수 있도록 노력할 것입니다."

4) 적응성과 유연성 중시

"수업 리더가 얼마나 '적응성'과 '유연성'을 가지고 있느냐에 따라 선생님들의 태도가 달라진다고 생각합니다. 모든 선생님이 같은 방식으로 피드백을 받아들이는 것은 아니에요. 어떤 분은 구체적인 사례 중심의 조언을 원하고, 또 어떤 분은 스스로 답을 찾을 시간을 필요로 하시죠. 그런데 제가 하나의 방식만 고수한다면, 어떤 선생님에게는 제 조언이 부담스럽거나 받아들이기 어려울 수 있다고 느껴요. 각 선생님의 특성과 속도를 존중하며 변화에 자연스럽게 다가설 수 있도록 돕는 것이 중요하다고 생각합니다."

5) 신뢰성 중시

"저는 '신뢰성'이 가장 중요하다고 생각합니다. 선생님들이 제 말을 신뢰하지 않는다면, 아무리 좋은 피드백을 드려도 변화를 이끌어 내기 어렵겠죠. 신뢰가 없다면 '이건 그냥 행정적인 절차일 뿐이야.'라고 생각하며 형식적으로 받아들이는 경우도 많습니다. 하지만 '이 리더는 진심으로 내 수업을 돕고 싶어 하는구나.' '내 고민을 이해하고 있구나.'라는 믿음이 생기면 선생님들도 마음을 열고 변화를 시도해 보시더라고요. 결국 신뢰가 바탕이 되어야 의미 있는 대화가 가능하고, 수업 개선도 실제로 이루어질 수 있다고 믿습니다."

6) 대화와 타협 중시

"'대화와 타협'이 코칭에서 가장 중요한 요소라고 생각해요. 수업 리더로서 교사에게 변화를 요청하는 입장이지만, 그렇다고 무조건 제 방식이 정답이라고 주장할 수는 없어요. 교사마다 교육 철학과 경험이 다르고, 수업을 운영하는 방식도 제각각이니까요. 저는 코칭을 할 때 '이렇게 바꾸세요.'가 아니라 '이런 접근을 시도해 보면 어떨까요?'라고 질문하는 방식을 선호해요. 교사들이 스스로 변화의 필요성을 느끼고 선택할 수 있도록 돕는 거죠. 우리도 학생들에게 '자기 주도 학습'을 강조하잖아요. 교사들에게도 같은 원리가 적용되어야 한다고 생각해요."

3. 교사들의 반응

1) 공감과 인정 중시

"수업하다 보면 누구나 저마다의 고민이 있고, 저도 제 자리에서 최선을 다하고 있습니다. 그런데 때때로 피드백을 받을 때, 제 수업이 충분히 존중받고 있다는 느낌이 들지 않을 때가 있어요. '이 부분은 정말 좋네요.' 같은 따뜻한 한마디가 먼저 전해지면 훨씬 큰 힘이 나거든요. 결국 피드백도 신뢰를 바탕으로 이루어져야 한다고 생각합니다. 신뢰가 쌓이면, 저도 제 부족한 점을 더 솔직하게 말할 수 있고 변화에 대한 의지도 더 강해져요. 단순한 지적이 아니라 함께 고민하고 성장해 나가는 과정이라는 것이 느껴졌으면 좋겠습니다. 그런 피드백이라면, 진심 어린 경청과 존중, 겸손한 태도가 담겨 있을 거라 믿어요. 그리고 그런 대화 속에서 진정한 소통과 공감이 가능하다고 생각합니다."

2) 현실적 조언 중시

"좋은 수업을 만들고 싶고, 더 나아지고 싶다는 마음은 누구나 있어요. 하지만 현실적인 제약도 무시할 수 없어요. 학급당 학생 수도 많고, 학교 업무까지 병행하다 보면 새로운 교수법을 적용하는 게 쉽지 않거든요. 저는 수업 리더가 이런 현실을 충분히 이해하면서 유연하게 접근해 주었으면 해요. 예를 들어, 새로운 교수법을 제안할 때, '이론적으로 이렇게 하면 좋아요.'보다는 '현재 여건에서 이런 작은 변화부터 시도해 보면 어떨까요?' 같은 실질적인 조언이 훨씬 더 와닿아요. 제 환경에 맞춰 적응할 수 있도록 융통성 있게 피드백해 주신다면 변화를 더 적극적으로 받아들일 수 있을 것 같아요."

3) 자율성 중시

"수업을 개선하는 과정이 꼭 필요하다는 건 동의해요. 그런데 저는 단순히 정해진 방식대로 따라가기보다는, 제 수업 스타일을 살리면서 변화하고 싶어요. 가끔은 수업 리더가 '이 방법이 정답이에요.'라고 단정 지을 때가 있는데, 모든 교사가 똑같이 가르칠 필요는 없다고 생각해요. 저는 제 강점을 활용하면서, 수업을 저만의 방식으로 발전시키고 싶거든요. 수업 리더가 다양한 선택지를 제시해 주고, '이 중에서 어떤 방식이 선생님께 가장 잘 맞을까요?'라고 물어봐 준다면, 훨씬 더 자율성을 가지고 도전해 볼 수 있을 것 같아요."

4) 관계 속 협력 중시

"저는 수업 리더가 '가르치는 전문가'이기보다는 '같이 고민하는 동료'로 다가왔으면 좋겠어요. 교사와 리더가 수직적인 관계가 아니라, 같은 목표를 향해 나아가는 협력적 관계라는 느낌이 들면, 피드백도 훨씬 더 자연스럽게 받아들일 수 있을 것 같아요. 수업 개선은 교사 혼자 해결할 문제가 아니고, 학교 전체가 함께 고민해야 하는 일이잖아요. 그런데 가끔은 피드백이 일방적으로 전달될 때가 있어서, 마치 평가받는 느낌이 들기도 해요. '이걸 고쳐야 해요'보다는 '이 부분을 함께 개선해 보면 어떨까요?'라는 태도로 접근하면, 훨씬 더 열린 마음으로 대화할 수 있을 것 같아요. 저는 동료애와 신뢰가 쌓이는 과정에서, 진짜 의미 있는 변화가 이루어진다고 생각해요."

5) 지속적인 배움과 성장 중시

"가끔은 새로운 교수법이나 교육 트렌드를 접할 기회가 부족하다고 느껴져요. 수업 리더가 단순히 피드백만 주는 게 아니라, 함께 연구하고 배울 수 있는 기회를 제공해 준다면 더 좋겠어요. 새로운 교수법을 적용하려 해도, 충분한 자료나 지원이 없다면 실천하기 어렵잖아요? 교사가 계속 배우고 성장할 수 있도록, 평생학습의 관점에서 접근해 주었으면 해요."

6) 학생 배움에 초점을 맞추는 수업 전문성 신장 요구

"수업 코칭에서 가장 중요한 건 결국 학생입니다. 하지만 때때로 '이 교수법이 더 낫다.' '이 방식이 더 효과적이다.'처럼 교수법 자체에만 초점이 맞춰질 때가 있어요. 물론 좋은 교수법은 중요하지만, 저는 그것이 실제로 학생들의 배움에 어떤 영향을 주는지가 더 중요하다고 생각해요. 수업 리더들도 피드백을 줄 때, 단순히 방법론만을 논하기보다는 '이 변화가 학생들의 학습에 어떤 의미가 있을까?'라는 관점에서 접근해 주시면 좋겠어요. 교수법에만 집중하기보다는 학생의 배움에 초점을 맞출 때 오히려 선생님 입장에서도 수업의 방향이 더 명확해지고 동기부여도 잘 되는 것 같아요. 수업의 중심은 언제나 학생이어야 하고 그에 대한 고민과 헌신이야말로 교육의 윤리를 지키는 길이라고 믿습니다."

4. 수업 리더십 점검표

수업 리더십 점검표는 수업 리더로서 교사들의 수업 전문성을 신장시키기 위한 자신의 역할을 돌아보고 강점과 개선할 점을 발견하는 데 도움을 준다. 각 질문에 대해 자유롭게 생각하고 자신의 수업 리더십을 성찰할 수 있다. 또한 설문 문항의 결과를 바탕으로 다른 수업 리더나 동료 교사와 소통하고 공감할 수 있다.

번호	성찰 요소	성찰 문항	척도표		
			자주	가끔	전혀
1	개방성 수용성	나는 다양한 관점과 아이디어를 열린 마음으로 수용하는가?			
2	긍정적	나는 교사에게 긍정적인 언어와 태도로 공감하고 소통하려고 노력하는가?			
3	유연성 융통성	나는 예기치 않은 상황에서도 유연하고 융통성 있게 대응하는가?			
4	도전 정신 창의성	나는 새로운 시도나 교수법을 제안하는 데 주저하지 않는 편인가?			
5	진실 성실	나는 피드백을 솔직하게 하는 편인가?			
6	자신감 결단력	나는 교사의 강점과 변화 가능성에 대해 자신감을 갖고 접근하는가?			

〈계속〉

8	존중 겸손	나는 교사의 입장을 존중하고 그들의 수업 철학을 겸허히 수용하는가?			
9	대화 타협 경청	나는 코칭이 일방적 전달이 아니라, 상호작용임을 인식하고 실천하는가?			
10	신뢰성 윤리성	나는 교사와 신뢰를 형성하고 유지하기 위해 노력하는가?			
11	학생 중심	나는 수업 개선이 학생에게 어떤 의미가 있는지 함께 고민하는가?			
12	끈기 인내심	나는 교사가 배우고 성장할 수 있도록 기다리고 지속적으로 지원하는가?			
13	조직적 준비성	나는 평소 수업 리더로서 자료를 잘 준비하고 조직적으로 도움을 주는가?			
14	자료 활용	나는 필요한 자료를 탐색하고 적절히 활용하여 교사와 공유하는가?			
15	평생학습 역량	나는 수업 리더로서 지속적으로 배우고 성장하기 위해 노력하는가?			

탐구 과제 9: 수업 리더십 환경 평가

바바라 B. 레빈(Barbara B. Levin)과 린 쉬럼(Lynne Schrum, 2016)에 따르면, 수업 리더십은 학습 공동체 내 협업을 촉진하고 수업 문화를 긍정적으로 변화시키는 역할을 한다. 그러나 효과적인 수업 리더십 환경이 조성되지 않으면 교사 간 의사소통의 단절, 역할의 모호성, 비효율적인 의사 결정 등의 문제가 발생할 수 있다. 그렇다면 수업 리더십 환경을 체계적으로 점검하고 평가하는 데 필요한 요소는 무엇일까?

이 설문지는 학교 조직 내 수업 리더십 환경을 다차원적으로 진단하고, 수업 중심 학교 문화를 조성하기 위한 기초 자료로 활용할 수 있다. 수업 리더십은 관리자, 교사, 직원, 학부모 등 다양한 주체 간의 상호작용과 협력을 통해 형성된다. 설문은 다음의 다섯 영역을 중심으로 구성된다.

- **소통**: 정보 교류와 의사소통의 질을 진단한다.
- **관계**: 신뢰와 정서적 유대의 수준을 평가한다.
- **협력**: 공동 목표를 위한 협업 정도를 파악한다.
- **지식**: 수업 리더십에 대한 인식과 이해를 측정한다.
- **지원**: 제도적 · 정서적 지원의 수준을 점검한다.

각 문항은 교육 주체 간 관계의 질과 기능을 구체적으로 진단할 수 있도록 설계되었다. 응답자는 '낮음(1점)' '보통(2점)' '높음(3점)' 중 하나를 선택한다. 총점 및 영역별 점수를 기준으로 수업 리더십 환경 수준을 다음과 같이 구분한다.

- 50~60점: 강함
- 30~49점: 보통
- 30점 미만: 취약함

설문 결과는 학교 조직의 강점과 개선이 필요한 영역을 명확히 보여 준다. 예를 들어, 소통이 부족하면 원활한 소통 체계를 구축하고 협력이 미흡하면 수평적 협업 문화를 강화하며, 학부모 인식이 낮으면 동반자 관계 형성을 위한 전략을 수립할 수 있다.

학교는 정기적인 진단과 환류 과정을 통해 수업 리더십을 중심으로 조직 문화를 개선할 수 있다. 효과적인 소통과 협력, 신뢰 관계가 형성되면 수업의 질이 높아진다. 반대로, 이러한 구조가 미비하면 의사소통 단절, 협력 부족, 지원 결핍으로 이어질 수 있다. 다음은 수업 리더십 환경 평가 설문 문항이다.

영역	수업 리더십 환경 평가 설문	낮음 (1)	보통 (2)	높음 (3)
소통	학교 관리자와 교사들 간의 의사소통은 원활한가?	1	2	3
	교사와 직원들 간의 의사소통은 원활한가?	1	2	3
	교사와 교사들 간의 의사소통은 원활한가?	1	2	3
	학교와 학부모와의 의사소통은 원활한가?	1	2	3
관계	학교 관리자와 교사들 간의 관계는 원만한가?	1	2	3
	교사와 직원들 간의 관계는 원만한가?	1	2	3
	교사와 교사들 간의 관계는 원만한가?	1	2	3
	학교와 학부모와의 관계는 원만한가?	1	2	3
협력	학교 관리자와 교사들 간의 협력은 잘 이루어지나?	1	2	3
	교사와 직원들 간의 협력은 잘 이루어지나?	1	2	3
	교사와 교사들 간의 협력은 잘 이루어지나?	1	2	3
	학교와 학부모와의 협력은 잘 이루어지나?	1	2	3
지식	수업 리더에 대한 학교 관리자의 인식 수준은?	1	2	3
	수업 리더에 대한 직원들의 인식 수준은?	1	2	3
	수업 리더에 대한 교사들의 인식 수준은?	1	2	3
	수업 리더에 대한 학부모의 인식 수준은?	1	2	3

〈계속〉

지원	수업 리더에 대한 학교 관리자들의 지원 수준은?	1	2	3
	수업 리더에 대한 직원들의 지원 수준?	1	2	3
	수업 리더에 대한 교사들의 지원 수준은?	1	2	3
	수업 리더에 대한 학부모의 지원 수준은?	1	2	3
소계				
총점				
평가	50~60(강한 리더십)	30~49(보통 리더십)	30점 미만(약한 리더십)	

참고문헌

Levin, B. B., & Schrum, L. (2016). *Every teacher a leader: Developing the needed dispositions, knowledge, and skills for teacher leadership*. Corwin Press.

탐구 과제 10: 수업 리더의 코칭 대화 유형

수업을 효과적으로 개선하려면 교사의 성찰과 이를 돕는 코칭 대화가 필수적이다. 하지만 교사가 자신의 수업을 객관적으로 바라보거나 문제 해결의 실마리를 찾는 것은 쉽지 않다. 이러한 점에서 수업 리더는 적절한 코칭 대화를 활용하여 교사가 자신의 강점을 발견하고 새로운 접근법을 탐색할 수 있도록 도와야 한다. 특히 촉진적 코칭 대화와 지시적 코칭 대화를 상황에 맞게 적용하면 교사의 자율적 성찰을 유도하거나 구체적인 해결책을 효과적으로 제시할 수 있다. 그렇다면 수업 리더가 갖추어야 할 코칭 대화 유형은 무엇일까?

1. 코칭 대화 유형

코칭 대화는 교사의 성장과 변화를 지원하기 위한 중요한 소통 방식이며 그 접근 방식에 따라 촉진적 코칭과 지시적 코칭으로 나눌 수 있다(Aguilar, 2013). 촉진적 코칭은 교사가 스스로 문제를 해결할 수 있도록 돕는 접근 방식이다. 촉진적 코칭 유형에는 다음의 세 가지가 있다. 첫째, 감정 탐색형(Cathartic Coaching)은 교사가 느끼는 감정을 충분히 표현하고 탐색할 수 있도록 도와 심리적 장벽을 해소할 수 있도록 유도한다. 이를 통해 교사는 감정적으로 안정된 상태에서 문제를 바라볼 수 있다. 둘째, 사고 촉진형(Catalytic Coaching)은 질문이나 대화를 통해 교사가 스스로 사고를 확장하고 문제 해결 방안을 모색할 수 있도록 유도한다. 셋째, 지지형(Supportive Coaching)은 교사의 강점과 가능성을 바탕으로 자신감을 회복하고 스스로 해결책을 찾을 수 있도록 돕는다.

반면, 지시적 코칭은 교사에게 구체적인 정보나 방향을 제시하는 접근 방식이다. 이는 교사가 명확한 해결책이나 실행 전략을 필요로 할 때 효과적일 수 있다. 지시적 코칭 유형에는 다음의 세 가지가 있다. 첫째, 정보 제공형(Informative Coaching)

은 교사에게 필요한 정보를 제공하여 실질적인 도움을 준다. 둘째, 방향 제시형(Prescriptive Coaching)은 실천해야 할 방향이나 방법을 구체적으로 안내하여 교사가 혼란 없이 행동할 수 있도록 돕는다. 셋째, 도전형(Confrontational Coaching)은 교사가 기존에 가지고 있던 신념이나 가정을 점검하도록 유도하여 새로운 시각으로 문제를 바라볼 수 있게 한다.

이처럼 코칭 대화는 교사의 상황과 필요에 따라 다양한 방식으로 이루어지고 촉진적 코칭과 지시적 코칭을 상황에 맞게 적절히 활용함으로써 교사의 성장을 효과적으로 지원할 수 있다.

2. 코칭 대화 예시

1) 감정 탐색형

선생님: 학생들이 수업에 집중을 잘 하지 못하는 것 같아요.

수업 리더(감정 탐색형): 그렇게 느끼시는 데는 특별한 이유가 있을까요?

선생님: 질문을 던지면 반응이 거의 없어요.

수업 리더(감정 탐색형): 그럴 때 선생님께선 어떤 기분이 드셨나요?

선생님: 좀 답답했고 내가 뭘 잘못하고 있는 건가 하는 생각도 들었어요.

수업 리더(감정 탐색형): 그런 감정을 인정하고 들여다보는 게 중요하죠. 앞으로 비슷한 상황이 생기면 어떻게 하실 건가요?

2) 사고 촉진형

선생님: 학생들이 과제를 제대로 안 해 와요.

수업 리더(사고 촉진형): 학생들이 과제를 잘 해 왔던 때는 언제였나요?

선생님: 예전에 개별 피드백을 줄 땐 훨씬 잘 해 왔어요.

수업 리더(사고 촉진형): 그럼 이번에도 개별 피드백을 주는 방식으로 한번 시도해 보시는 건 어떨까요?

3) 지지형

선생님: 이번 수업이 학생들에게 별로 효과적이지 않았던 것 같아요.

수업 리더(지지형): 그래도 선생님께서 질문을 했을 때 일부 학생들은 적극적으로 반응했어요.

선생님: 맞아요. 몇몇은 잘 반응했죠.

수업 리더(지지형): 그 학생들의 반응을 보면서, 어떤 부분을 더 적극적으로 활용하면 어떨까요?

선생님: 음……. 질문을 좀 더 다양하게 제시해야겠어요.

4) 정보 제공형

선생님: 이 개념을 학생들에게 좀 더 효과적으로 설명할 방법이 있을까요?

수업 리더(정보 제공형): 이럴 땐 시각 자료를 함께 써 보는 것도 좋아요. 예를 들어, 이런 자료들이 있어요.

선생님: 그걸 쓰면 학생들에게 어떤 도움이 될까요?

수업 리더(정보 제공형): 시각 자료를 활용하면 학생들이 개념을 더 쉽게 이해하는 경우가 많거든요. 한번 적용해 보는 것이 어떨까요?

5) 방향 제시형

선생님: 학생들이 수업에 너무 소극적이에요.

수업 리더(방향 제시형): 역할극을 활용하여 학생 참여를 유도하면 어떨까요?

선생님: 한 번도 해 본 적이 없는데 잘할 수 있을지 모르겠네요.

수업 리더(방향 제시형): 다른 선생님들도 효과를 봤던 방식이에요. 부담 없이 한번 시도해 보시고 반응을 살펴보면 좋을 것 같아요.

6) 도전형

선생님: 저는 조용한 수업이 가장 효과적이라고 생각해요.

수업 리더(도전형): 조용한 분위기에서 편안함을 느낄 수는 있겠지만, 학생들에게는 말하고 참여할 기회가 충분했을까요?

선생님: 그건 잘 모르겠네요.

수업 리더(도전형): 말 없는 참여가 진짜 참여라고 볼 수 있을까요? 이번 주에 한 시간만 이라도 학생들끼리 짝을 지어 토론하게 해 보면 어떨까요? 그 결과가 지금과 어떻게 다른지 직접 비교해 보는 것도 좋은 실험이 될 수 있습니다.

코칭 대화 유형	촉진적 코칭 대화	☐ 감정 탐색형 ☐ 사고 촉진형 ☐ 지지형
	지시적 코칭 대화	☐ 정보제공형 ☐ 방향 제시형 ☐ 도전형

- 내가 지지하는 코칭 대화 유형은?
- 함께 나누며 더 배우고 성장하고 싶은 부분은?

참고문헌

Aguilar, E. (2013). *The Art of Coaching: Effective Strategies for School Transformation*. Jossey-Bass.

탐구 과제 11: 수업 리더의 학생 중심 수업 나눔 전략

학생 중심 수업 나눔은 교사의 방어적 태도를 완화하고 피드백에 대한 부담을 줄이면서도 수업의 본질에 집중할 수 있도록 돕는다. 나아가 수업의 질을 높이고 협력적인 수업 문화를 정착시키는 데 중요한 역할을 한다. 교사는 자신의 수업을 객관적인 시선에서 돌아보고, 학생의 반응과 참여를 중심으로 수업을 성찰함으로써 수업 개선의 실질적인 단서를 발견할 수 있다. 이러한 나눔은 단순한 정보 교환을 넘어, 교육적 가치와 철학을 공유하고 실천적 지혜를 나누는 협력적 성장의 장이 된다. 그렇다면 학생 중심 수업 성찰과 나눔은 어떻게 해야 할까?

수업 나눔은 수업을 성찰하고 개선하기 위한 과정이다. 그러나 전통적인 교사 중심 수업 나눔은 몇 가지 한계를 드러낸다. 교사가 평가받는 입장에 놓이면서 심리적 부담을 느끼거나 부정적인 피드백에 방어적으로 반응할 가능성이 있다. 또한 수업 개선보다는 교사의 역량을 평가하는 방향으로 흐를 위험도 존재한다. 이러한 한계를 극복하려면 수업 나눔의 관점을 교사 중심에서 학생 중심으로 전환해야 한다. 수업의 본질은 교사의 가르침이 아니라 학생의 배움과 성장에 있기 때문이다. 예를 들어, "학생이 가장 적극적으로 참여한 부분은 어디였을까?" "학생의 학습 과정에서 어떤 점이 두드러졌는가?"와 같은 질문은 학생의 배움과 성장에 초점을 맞춘 수업 성찰을 유도한다(Cheliotes & Reilly, 2012).

수업코칭 대화

교사에 초점	학생에 초점
• 오늘 수업에 대한 소감은 무엇인가요?	• 오늘 수업에서 학생의 배움과 성장이 일어난 부분은 어디인가요?
• 오늘 수업에서 아쉬웠던 부분은 어디인가요?	• 오늘 수업에서 학생의 배움과 성장을 지원하기 위해 무엇을 어떻게 하였나요?

〈계속〉

• 오늘 수업에서 가장 좋았던 부분은 무엇인가요?	• 학생의 참여와 배움의 열기가 느껴졌던 부분은 어디인가요? (주의집중 및 학습동기 유발, 발표, 질문과 토론, 소집단 활동 등)
• 선생님의 장점은 무엇인가요?	• 학생 개개인의 장점은 무엇이고 그것을 기반으로 한 맞춤형 학습 활동은 무엇인가요?

다음은 로버트 마자노(Robert Marzano, 2017)의 '학생의 눈으로 본 수업 관찰표' 중에서 일부를 교사 중심과 학생 중심의 수업 나눔으로 구분하여 재구성한 것이다. 교사 중심 문항은 교수 전략과 실행을 성찰하도록 돕고, 학생 중심 문항은 학습자의 학습 활동과 실행을 성찰하도록 돕는다. 이를 통해 수업에 대한 다각적인 이해와 전문적 성찰을 지원할 수 있다. 학습 목표와 피드백, 학습 내용, 학습 활동, 학습 분위기 중에서 학습 활동을 예로 제시하면 다음과 같다.

• **또래 교수 · 학습**

교사 중심 교사는 학생 간 상호작용을 촉진하기 위해 또래 교수학습 집단을 어떻게 구조화하고 운영하였는가?

학생 중심 학생이 친구와 상호작용을 하면서 배움과 성장이 일어난 부분은 어디인가?

• **반복 연습**

교사 중심 교사는 학생의 학습 목표 도달을 위해 반복 연습의 기회를 어떻게 제공하였는가?

학생 중심 학생이 반복 연습을 하면서 자신감을 가지고 학습 활동에 적극적으로 참여하거나 주도한 때는 언제인가?

- **개별 속도에 따른 활동 선택**

교사 중심 교사는 학생 개개인의 학습 속도와 수준을 반영한 학습 선택의 기회를 언제, 어떻게 제공하였는가?

학생 중심 학생이 자신의 수준과 흥미에 맞는 활동을 선택하고 주도적으로 수행한 사례는 무엇인가?

- **오개념 재설명**

교사 중심 교사는 학생의 오개념을 파악하고 이를 재구조화하기 위해 어떤 질문이나 설명을 활용하였는가?

학생 중심 학생이 교사의 질문과 설명을 통해 오개념을 인식하고 스스로 수정해 나간 장면은 무엇인가?

- **새로운 상황에 적용**

교사 중심 교사는 학습한 개념이 실제 상황이나 새로운 문제에 전이되도록 어떻게 안내하고 지원하였는가?

학생 중심 학생이 전시학습 내용(지식/기능/태도)을 새로운 상황에 언제, 어디에서 적용하였나?

- **흥미 유발 이야기 활용**

교사 중심 교사는 학습 동기를 높이기 위해 어떤 이야기나 사례를 도입하고 연결하였는가?

학생 중심 학생이 이야기나 사례에 흥미를 느끼고 학습 활동에 적극적으로 참여한 장면은 무엇이었는가?

TIP

처음에는 교사 중심 코칭을 통해 교수법에 대한 피드백을 제공했다. 하지만 시간이 지날수록 교사들이 점점 방어적인 태도를 보였다. 마치 평가받는 학생처럼 부담스러워하면서 수업의 문제점을 외부 요인의 탓으로 돌리는 모습도 보였다. 이런 방식으로는 자발적인 교실 수업 변화를 이끌어 내기가 어려웠다.

그래서 코칭의 방향을 바꾸었다. 이번에는 교사 개인의 교수법보다 학생들의 학습 경험에 초점을 맞추었다. 예를 들어, 수업 중 학생들이 배움을 경험한 순간이 언제였는지, 가장 집중했던 순간은 무엇이었는지, 또는 학생 개개인의 장점이 드러난 장면이 있었는지를 함께 되돌아보며 대화를 나누었다. 이러한 질문들은 교사로 하여금 자신의 수업을 평가하는 것이 아니라, 학생의 배움이라는 측면에서 수업을 성찰하도록 도와주었다. 그 결과, 교사들의 태도에도 변화가 생겼다.

한 교사는 평소 조용하던 학생이 발표할 때 확신에 찬 목소리를 냈던 순간을 떠올렸고, 또 다른 교사는 소집단 토론 중 학생들이 몰입하던 장면을 이야기했다. 교사들은 이처럼 학생들의 반응을 바탕으로 수업이 학생들의 배움과 성장 과정을 자연스럽게 성찰하고 개선점을 고민하게 되었다.

이 경험을 통해 나는 교사 중심의 코칭은 교사에게 부담을 줄 수 있지만, 학생 중심 코칭은 오히려 교사에게 성찰과 동기를 부여한다는 것을 깨달았다. 앞으로도 학생들의 배움이 빛날 수 있도록 이 접근을 꾸준히 실천해 나가고 싶다.

참고문헌

Cheliotes, L. G., & Reilly, M. F. (2018). *Coaching Conversations: Transforming Your School One Conversation at a Time* (2nd ed.). Thousand Oaks, CA: Corwin.

탐구 과제 12: 수업 리더의 성찰적 피드백 유형

성찰적 피드백은 단순한 지적이나 조언을 넘어, 피드백을 받는 이가 스스로 사고하고 성장할 수 있도록 돕는 질문 방식이다. 성찰적 피드백은 명료화 질문, 가치 진술 질문, 가능성 탐색 질문의 세 가지 유형으로 구분할 수 있다(Craig Randle, 2020). 교육 현장에서 성찰적 피드백은 교사의 성장을 지원하고 학생의 학습 경험을 개선하는 데 중요한 역할을 한다. 그렇다면 성찰적 피드백을 효과적으로 실천하기 위해 우리는 어떤 접근이 필요할까?

1. 명료화 질문

명료화 질문(Clarifying Questions)은 피드백을 받는 사람이 자신의 사고를 정리하고 상황을 객관적으로 바라보게 만드는 질문이다. 예를 들어, 수업을 마친 교사에게 수업 리더가 "오늘 수업에서 학생들은 어떤 반응을 보였나요?"라고 물으면, 교사는 자연스럽게 수업 장면을 떠올리며 학생들의 반응을 되짚어 보게 된다. 이어서 "학생들이 이 활동을 통해 배운 핵심 개념은 무엇이라고 생각하시나요?"라고 덧붙이면, 교사는 학생들의 학습 내용을 중심으로 수업을 평가하고 반성하는 기회를 갖는다. 명료화 질문은 교사가 자신의 수업 장면을 구체적으로 회상하고 정리하면서 막연했던 생각을 명확하게 정리하고 성찰할 수 있도록 유도하는 역할을 한다.

2. 가치 표현 질문

가치 표현 질문(Value Expression Questions)은 피드백을 받는 사람이 자신의 강점과 노력을 인식하고 긍정적인 자기 평가를 바탕으로 성장할 수 있도록 돕는 질문이다. 예를 들어, 수업 리더가 "학생 참여를 높이기 위해 다양한 전략을 시도하셨던데요. 그중에서 가장 효과적이었다고 느낀 방법은 무엇인가요?"라고 묻는다면, 교사는 자신의 수업 설계 및 실행 중에 자신이 내렸던 선택을 되짚으며 의미를 되새기게 된다. 그런 다음에 "개별학습을 할 때에는 조용하던 아이들이 서로 이야기하면서 훨씬 적극적으로 참여하더군요."라고 답하며 자신이 사용한 전략의 효과를 재확인하게 된다. 이처럼 구체적인 질문은 교사가 자신의 시도를 긍정적으로 바라보고 다음 수업에 대한 동기와 자신감을 높일 수 있게 유도한다.

3. 가능성 탐색 질문

가능성 탐색 질문(Possibility Questions)은 사고의 폭을 넓히고 새로운 시도나 해결 방안을 스스로 찾아낼 수 있게 돕는 질문이다. 수업 리더가 "오늘 수업에 적용한 소집단 활동을 다른 수업에도 적용해 볼 수 있을까요?"라고 질문했을 때, 교사는 기존 방식을 확장할 가능성을 자연스럽게 떠올리게 된다. 이어서 교사는 잠시 생각에 잠긴 뒤 "사회 시간에 토론 수업할 때 활용하면 좋을 것 같아요. 주제별로 역할을 나누면 아이들이 더 적극적으로 참여할 수 있겠네요."라고 말하며 실천 방안을 스스로 구상하게 된다. 이러한 질문은 교사에게 직접적인 해답을 주기보다는 스스로 경험과 판단을 바탕으로 더 나은 방법을 탐색할 수 있도록 자극한다는 점에서 효과적이다.

4. 성찰적 피드백 질문 유형과 내용

지금까지의 내용을 바탕으로 수업 리더의 성찰적 피드백 질문 유형과 내용을 살펴보면 다음과 같다.

질문 유형	질문 의도	질문 내용
명료화	수업 목표 인식	오늘 수업에서 가장 핵심적으로 다룬 내용은 무엇이었나요?
	학생 반응 관찰	학생들이 수업에서 가장 집중했던 활동은 무엇이었나요?
	수업 의도 명료화	수업 설계에서 가장 중점을 둔 부분은 무엇이었나요?
	수업 효과 분석	학생들이 적극적으로 참여한 부분과 그렇지 못한 부분은 무엇이었나요?
	수업 실행 탐색	오늘 수업에서 계획과 달랐던 부분은 무엇인가요?
가치 표현	강점 인식	오늘 수업에서 가장 만족스러웠던 장면은 무엇인가요?
	교육 철학 반영	오늘 수업을 통해 학생들에게 전달하고 싶었던 교육적 메시지는 무엇이었나요?
	교사의 노력	수업 준비 과정에서 가장 심혈을 기울인 부분은 어디였나요?
	학생 반응	학생의 반응 중에서 가장 기억에 남는 긍정적 장면은 무엇인가요?
	자기 효능감	이번 수업을 통해 스스로 성장했다고 느낀 점이 있다면 무엇인가요?
가능성 탐색	확장 가능성	오늘 적용한 학습전략을 다른 단원이나 교과에 적용할 계획인가요?
	수업 혁신	오늘 수업 방식에 변화를 준다면 가장 먼저 바꿔 보고 싶은 부분은 무엇인가요?
	맞춤형 수업	학생 개인차를 반영한 맞춤형 수업 전략에는 무엇이 있을까요?
	협업 수업	다른 교사와 협력 수업을 한다면 어떤 방식이 가장 효과적일까요?
	학생 중심 수업	학생의 자율성을 강화하고 참여도를 높이려면 어떻게 해야 할까요?

참고문헌

Randall, C. (2020). *Trust-Based Observations: Maximizing Teaching and Learning Growth*. Rowman & Littlefield Publishers.

탐구 과제 13: 수업 리더의 경청 능력 점검표

수업 코칭에서 경청이 부족하면 교사와 리더 간에 신뢰가 깨지고, 교사는 리더의 피드백을 일방적 지시로 받아들일 수 있다. 예를 들어, 교사가 고민을 이야기하는데 리더가 자기 경험만 강조하거나 중간에 말을 끊으면, 교사는 자신의 의견이 존중받지 못한다고 느껴 대화에 소극적으로 반응할 가능성이 높다. 이는 피드백의 효과를 떨어뜨리고, 교사의 배움과 성장에 필요한 공감과 소통 환경 조성에도 부정적 영향을 미친다. 따라서 수업 리더가 단순한 청취를 넘어 교사의 생각과 감정을 깊이 이해하고 공감하는 경청 능력을 기르려면 어떻게 해야 할까?

수업 리더의 경청 능력은 효과적인 코칭 대화를 촉진하고 신뢰 기반의 교육 리더십을 구축하는 데 핵심적인 역할을 한다. 이때 경청은 단순한 듣기 능력을 넘어, 상호 이해와 존중을 실현하는 본질적인 요소로 작용한다. 경청 능력을 점검하는 일은 자신의 강점과 약점을 객관적으로 인식하고 이를 바탕으로 지속적인 성장을 도모하는 출발점이 된다. 특히 점검표를 활용하면 자신의 경청 습관을 구체적으로 분석하고 보완할 수 있다. 이는 상대방의 의도와 관점을 존중하는 태도로 이어지며 코칭 대화의 질을 높이고 더욱 의미 있는 관계 형성을 가능하게 한다.

이 과정에서 비언어적 요소는 경청의 진정성을 보여 주는 핵심 수단이다. 연구에 따르면, 대화의 상당 부분은 말보다는 표정, 몸짓, 목소리 톤과 같은 비언어적 신호를 통해 전달된다. 경청 점검표를 활용하면 눈 맞춤, 몸짓, 감정 반영 등 비언어적 표현을 점검하고 개선하여 신뢰 기반의 긍정적 관계를 형성할 수 있다. 결국 수업 리더를 위한 경청 능력 점검표는 단순한 자기 평가 도구를 넘어, 효과적인 소통과 협력을 촉진하는 전략적 수단이 될 수 있다. 수업 리더는 정기적인 점검과 실천을 통해 자신의 경청 태도를 성찰하고 신뢰받는 교육적 리더십을 지속적으로 강화해 나갈 수 있다. 린다 케리오테스(Linda Cheliotes)와 마르세타 F. 라일리(Marceta F. Reilly, 2018)는 수업 리더의 경청 능력 점검표를 다음과 같이 제시하였다.

번호	문항	매우 자주	자주	가끔	전혀
1	동의하지 않는 내용이나 듣고 싶지 않은 내용일 경우에는 듣지 않으려고 하나요?				
2	관심이 없는 내용이라도 상대의 말에 집중하려고 하나요?				
3	이미 알고 있는 내용이거나 특별히 새로운 내용이 아니면, 더 이상 듣지를 않나요?				
4	상대의 의도를 정확하게 파악하기 위해 말한 내용을 간단하게 정리하여 물어보나요?				
5	내 생각과 다르더라도 상대의 의도를 이해하려고 노력하나요?				
6	대화 상대에게서 무언가를 배우려 노력하나요?				
7	낯선 표현이나 단어의 뜻을 이해하려고 노력하나요?				
8	상대의 말을 들으면서 반박할 내용부터 떠올리나요?				
9	상대가 말할 때 관심 없는 척하거나 무표정하게 듣지 않나요?				
10	상대의 말에 들으면서 다른 생각을 하지 않나요?				
11	상대가 말하는 내용뿐 아니라 표정, 몸짓, 말투도 함께 살펴보나요?				
12	같은 단어라도 상황에 따라 다르게 해석할 수 있다는 것을 아나요?				
13	듣고 싶은 말만 듣고 나머지는 무시하지 않나요?				
14	말하는 사람의 표정과 몸짓에도 관심을 기울이나요?				
15	말하는 사람의 겉모습보다 의도와 내용에 집중하나요?				
16	상대의 반응을 유발하는 낱말이나 표현을 알고 있나요?				
17	소통 목적을 생각하며 상대의 말을 듣나요?				
18	하고 싶은 말을 잘 전달할 수 있도록 사전에 치밀하게 계획하나요?				
19	내가 하는 말에 상대가 어떤 반응을 보일지 예상하나요?				
20	상황에 맞는 소통 방법(글, 말, 메모 등)을 적절히 선택하나요?				
21	지금 대화하는 사람의 감정 상태나 태도를 고려하나요?				
22	상대가 말하는 도중에 끼어들면서 말하지 않나요?				
23	상대가 이미 알고 있을 것이라고 생각하나요?				
24	상대가 부정적인 감정을 표현해도 받아들이려고 하나요?				
25	상대의 말을 더 잘 듣기 위해 규칙적으로 연습하거나 훈련한 적이 있나요?				

〈계속〉

26	기억해야 할 중요한 내용은 메모하면서 듣나요?				
27	주변이 시끄러워도 흔들리지 않고 대화에 집중하나요?				
28	상대의 말을 판단하거나 비난하지 않고 열린 마음으로 듣나요?				
29	상대의 가르침이나 전달 내용을 정확히 이해했는지 확인하려고 요점을 다시 정리하나요?				
30	말하는 사람이 느끼는 감정을 부연해서 설명하나요?				

총점

	매우 자주	자주	가끔	전혀		매우 자주	자주	가끔	전혀
1	1	2	3	4	16	4	3	2	1
2	4	3	2	1	17	4	3	2	1
3	1	2	3	4	18	4	3	2	1
4	4	3	2	1	19	4	3	2	1
5	4	3	2	1	20	4	3	2	1
6	4	3	2	1	21	4	3	2	1
7	4	3	2	1	22	1	2	3	4
8	1	2	3	4	23	1	2	3	4
9	1	2	3	4	24	4	3	2	1
10	1	2	3	4	25	4	3	2	1
11	4	3	2	1	26	4	3	2	1
12	4	3	2	1	27	4	3	2	1
13	1	2	3	4	28	4	3	2	1
14	4	3	2	1	29	4	3	2	1
15	4	3	2	1	30	4	3	2	1
해석	탁월(110~120) 우수(99~109) 보통(88~98) 미흡(77~87)								

참고문헌

Cheliotes, L. G., & Reilly, M. F. (2018). *Coaching conversations: Transforming your school one conversation at a time* (2nd ed.). Corwin.

탐구 과제 14: 기분 점검 설문과 해석

기분 점검 설문은 개인의 정서 상태를 체계적으로 평가하고 감정의 흐름을 분석하는 데 활용할 수 있다. 응답자는 자신의 감정을 객관적으로 인식하고 정기적인 점검을 통해 감정 변화의 패턴을 파악할 수 있다. 정기적인 기분 점검은 감정의 경향성과 반응 양식을 이해하는 데 도움을 주며 스트레스 상황에서 정서적 반응을 조절하는 능력을 키울 수 있다.

기분 점검표는 개인의 감정을 수동적으로 받아들이는 것이 아니라 능동적으로 관리하고 조절하는 도구이다. 이 도구를 활용해서 지금의 감정이 어디에서 비롯되었는지 어떤 방향으로 흘러가고 있는지를 성찰하는 것이 자기 이해의 출발점이 아닐까?

1. 기분 점검표의 필요성

교사는 자신의 정서 상태가 수업 분위기와 학생의 반응에 어떤 영향을 미치는지 인식해야 한다. 기분 점검 설문은 감정적으로 안정된 상태에서 수업하는 데 필요한 기초 자료를 제공한다. 이 설문은 단순한 감정 점검 도구가 아니다. 교사는 이를 통해 자신의 감정을 돌아보고 조절하는 구체적인 방법을 찾을 수 있다. 감정에 대한 인식과 조절은 수업의 질을 높이는 데 직접적으로 기여한다. 기분 점검 설문은 교사의 정서적 건강 유지 및 안정적인 교수 · 학습 환경 점검에 필수적인 도구이다.

2. 기분 점검표

질문 번호	질문 내용	매우 그렇다 (6)	그렇다 (5)	대체로 그렇다 (4)	대체로 아니다 (3)	아니다 (2)	전혀 아니다 (1)
1	나는 매일 아침에 학생들과 즐겁게 공부할 생각을 하며 출근하는가?						
2	나는 학생들이 수업 시간에 긍정적인 감정을 경험하고 공유하도록 유도하는가?						
3	나는 학생들의 노력과 성취를 인정하고 격려하는가?						
4	나는 학생들이 스트레스를 받을 때마다 이를 쉽게 극복할 수 있도록 지원하는가?						
5	나는 학생들에게 도전적이고 자극적인 학습 경험을 제공하는가?						
6	나는 학생들이 학습에서 성취감을 느낄 수 있도록 공정한 평가를 수행하는가?						
7	나는 학생들이 타인의 성공을 긍정적으로 받아들이고 도전하도록 동기부여를 하는가?						
8	나는 학생들이 자신의 학습 태도와 행동을 스스로 점검할 수 있도록 지원하는가?						
9	나는 학생들이 자신의 성장 가능성을 긍정적으로 인식하고 도전하도록 지원하는가?						
10	나는 학생들이 문제 해결 능력을 키우고 과제를 끝까지 수행하도록 지원하는가?						
11	나는 학생들이 익숙한 환경뿐만 아니라 새로운 환경에서도 학습할 수 있도록 지원하는가?						
12	나는 수업 전문성 신장을 위해 학습공동체 활동에 적극 참여하는가?						

3. 기분 점검 평가표

• **51~72점**

일상의 학교생활 및 수업에 대해 긍정적으로 생각하는 편이다. 학생들과의 관계나 수업 활동에서 즐거움과 보람을 자주 느끼고 주어진 상황을 낙관적으로 해석하려는 경향이 강하다. 다만, 기대한 만큼 일이 풀리지 않을 때 실망하거나 위축될 수 있으므로 상황을 유연하게 받아들이고, 감정을 조절할 수 있는 전략을 함께 마련할 필요가 있다.

• **26~50점**

긍정적인 성향과 부정적인 성향 사이에 위치하는 경향이 있다. 어떤 날은 활기찬 모습으로 수업을 하지만, 또 어떤 날은 피곤한 모습이나 부정적인 감정으로 학생을 가르치기도 한다. 그러므로 긍정적인 반응을 보이는 특정 상황(관계, 소통, 공감, 수업 등)을 분석하고 그것을 점점 강화할 수 있는 방법을 찾는 것이 좋다. 그런 다음에 이것을 바탕으로 자신의 긍정적 감정 반응 패턴을 찾아내고 점검하면 정서적 안정과 회복을 추구해야 한다.

• **12~25점**

상황을 비관적이고 부정적으로 바라보는 경향이 강하다. 부정적 성향이 강하여 자신이 원하는 대로 풀리지 않을 것이라고 미리 걱정하고 작은 일에도 쉽게 짜증을 내거나 예민한 반응을 보이기도 한다. 이러한 태도는 동료 · 학생과의 관계에도 부정적인 영향을 미칠 수 있다. 따라서 부정적인 시각을 긍정적인 시각으로 바꾸는 '생각 전환(reframing)'을 시도하고 매일 짧은 시간이라도 마음을 진정시킬 수 있는 명상 시간을 갖는 것이 정서적 안정과 회복에 도움이 된다.

탐구 과제 15: 교사의 사일로(고립성, 폐쇄성) 현상 점검

학교에서 사일로 현상이 발생하면 교사들은 고립된 환경에서 교육 활동을 하게 된다. 이로 인해 동료 교사들과 각종 교육활동 정보(상담, 관계, 효과적인 교수법과 교육 자료 등)를 공유하고 협력하는 기회가 제한된다. 이는 교사 개인의 전문성 발전을 저해할 뿐만 아니라 학생들에게 제공되는 교육의 질을 떨어뜨릴 위험성도 있다. 특히 교사들이 서로의 수업 방식과 교육적 고민을 함께 나누지 못하면 교육 현장에서 직면하는 문제를 홀로 해결해야 하는 부담이 커지고, 이는 교육에 대한 의욕상실로 이어질 수 있다. 이러한 악순환을 방지하고 교육의 질을 높이려면 어떻게 해야 할까?

사일로는 원래 곡식을 저장하던 굴뚝 모양의 창고를 이르는 말이다. 조직의 구성원들이 외부와 담을 쌓고 내부 구성원들 간에 교류와 협력 없이 고립된 상태를 지칭한다.

[그림 15-1] 사일로 현상

1. 사일로(Silo) 현상이란?

사일로(Silo) 현상은 조직 내 부서나 팀이 고립적으로 운영되며 정보 공유와 협력이 단절되는 구조적 문제를 의미한다. 이 용어는 곡물을 저장하는 사일로처럼 각 부서가 외부와 차단된 채 독립적으로만 움직이는 폐쇄적 구조를 비유적으로 설명한 것이다. 일반 조직에서 사일로 구조는 부서 간 의사소통 부족, 협업 저해, 업무 중복 및 비효율성 등 다양한 문제로 이어질 수 있다. 각 부서가 자신만의 목표와 성과에만 집중할 경우, 조직 전체의 응집력과 소통력이 약화되면서 현안을 신속하고 유연하게 해결할 능력이 떨어진다.

이와 관련한 대표 사례로는 2001년에 발생한 미국 9 · 11 테러가 자주 언급된다. 9 · 11 조사위원회 보고서에 따르면, CIA, FBI, NSA 등 주요 정보기관이 관련 정보를 보유하고 있었음에도 이를 공유하지 못해 테러를 사전에 막을 기회를 놓쳤다고 한다. 이는 사일로 구조가 국가적 재난을 막기 위한 대응 능력조차 무력화시킬 수 있음을 보여 주는 사례로 평가된다. 또한 글로벌 기업 노키아(Nokia)는 내부 부서 간 기술 협력이 원활하지 않아 급변하는 스마트폰 시장에 효과적으로 대응하지 못했고, 결국 시장 지배력을 잃는 결과를 초래하였다. 마찬가지로, 제너럴 모터스(GM)는 품질관리 부서와 생산 부서 간의 소통 부족으로 인해 차량 점화장치 결함 문제가 발생하자 이에 제대로 대응하지 못했고 결국 대규모 리콜 사태 발생 및 법적 책임으로 이어졌다.

이러한 사례는 사일로 구조가 단순한 내부 문제를 넘어, 조직의 생존과 사회적 책임 수행에 이르기까지 치명적인 영향을 미칠 수 있음을 시사한다. 따라서 사일 현상의 문제를 인식하고 이를 해소하기 위한 통합적 운영 전략과 협업 기반의 문화 형성을 위해 노력해야 한다.

2. 교육 조직에서의 사일로 현상

사일로 현상은 학교에서도 유사한 방식으로 나타난다. 학교는 본래 협업을 통해 교육의 질을 높이는 전문 공동체를 지향하지만, 실제 운영 과정에서는 학교 관리자와 교사 간 협력 부족, 교과 간 협력 부족, 학년 간 연계 부족, 교사와 행정직 간 소통 미비 등 다양한 형태의 사일로 현상이 존재한다. 미즈타(Mizuta, 2022)는 학교 내 사일로 현상이 교사와 행정 조직 간 협력을 저해하고 교육 자료 공유를 방해한다고 지적했다. 또한 헤더 카포니(Heather Caponi, 2022)는 사일로 현상이 교사의 고립감과 정서적 피로감을 증가시키며 이는 교육 혁신을 방해하는 주요 원인으로 작용한다는 것도 밝혀내었다. 이처럼 학교에서 사일로 현상을 방치하면, 교사의 직무 만족도 저하, 전문성 정체, 교육적 열정의 약화로 이어질 수 있다. 또한 장기적으로는 조직 내 불신과 성과 저하로 이어져서 학교 전체의 역량을 약화시킨다.

따라서 학교 내 사일로 현상을 해소하기 위해서는 교사 간의 소통과 협업을 제도적 · 문화적으로 뒷받침하는 환경을 조성해야 한다. 학년 및 교과 간 공동 수업 설계, 수업 공개와 피드백 문화 정착, 멘토링 및 코칭 체계 구축 등을 통해 지식과 경험이 순환하는 개방적 교육 환경을 구축할 필요가 있다.

3. 사일로 성향 점검

다음은 수업 방식, 동료 교사와의 소통 및 협력, 교육활동에 대한 개방성 등에 대한 교사의 사일로 성향 점검표이다. 점검표의 각 문항은 교사가 변화에 대해 얼마나 개방적인지, 동료 교사들과의 관계에서 얼마나 적극적인지, 그리고 전문성 신장을 위한 멘토링이나 코칭에 대한 태도는 어떠한지를 스스로 점검하도록 문항을 구성하였다. 이러한 사일로 성향 점검표는 교육 현장에서의 고립을 예방하고, 교육 공동체 구성원 간의 협력적 문화 구축에 도움이 될 것이다.

교사의 사일로 성향 점검표

질문	예	아니요
나는 현재의 내 수업 방식이 마음에 들며 바꾸고 싶지 않다.		
나는 동료의 사생활이나 업무에 관심이 없고 관여하고 싶지도 않다.		
나는 교실에서 특별한 문제가 발생하지 않는 한 동료들과 학생 지도에 대해서 적극적으로 소통하고 싶지 않다.		
나는 동료들과 학급경영 아이디어를 교환하지 않는다.		
나는 학생을 가르치기 위해 학교에 출근하는 것이지 동료들과 공감하고 소통하기 위해 출근하는 것이 아니다.		
나는 동료 교사의 교육활동에 크게 영향을 받지 않는다.		
나는 교육활동에 대한 동료 교사의 피드백을 원하지 않는다.		
나는 동료 교사의 전문성 신장을 위한 멘토나 코치의 역할을 원하지 않는다.		
나는 교직원 회의, 학년회의, 친목 활동 시에만 동료들을 만나는 편이다.		

TIP

나는 교실에서 학생들을 최선을 다해 가르쳐 왔다. 수업을 철저히 준비했고, 학급 운영에도 성실하게 임했다. 그러나 동료 교사들과의 협력에는 소극적이었다는 점을 부정할 수 없다. 수업 방식에 대한 확신이 커질수록 동료들과 소통하려는 의지는 점차 줄어들었고, 결국 나만의 방식이 가장 효과적이라는 착각에 머물렀다.

그러나 교육은 결코 혼자만의 노력으로 완성되지 않는다. 동료 교사와 대화를 나누고 수업과 학급 운영의 경험을 공유할 때, 비로소 수업의 깊이는 더해지고 시야는 확장된다. 내가 놓친 부분을 동료가 짚어 주고, 동료의 경험이 나에게 새로운 시각을 열어 준다. 협력 없는 태도는 수업을 점점 경직되게 만들고, 학생들에게는 창의적이고 능동적인 학습 기회를 제한할 수 있다. 강물이 여러 갈래로 흘러가야 비로소 생태계가 풍요로워지듯, 교사 또한 다양한 의견과 시선을 수용하며 함께 성장해야 한다.

이제 나는 나만의 성에서 벗어나려 한다. 동료 교사의 이야기에 귀 기울이고, 교육적 고민을 함께 나누며, 보다 의미 있는 교실을 함께 만들어 가고자 한다.

참고문헌

Bento, F., Tagliabue, M., & Lorenzo, F. (2020). *Organizational silos*: A scoping review informed by a behavioral perspective on systems and networks. MDPI, DOI: 10.3390/soc10030056.

Caponi, H. (2022). *Understanding Teacher Resistance to Change*: Breaking Down the Walls of the Classroom Silo with Social Capital. Retrieved from ProQuest.

Mizuta, M. S. (2022). *Silos in Higher Education Institutions*: Shifting from Organizational Phenomena to a Practical Framework for Equitable Decision-making. Retrieved from ProQuest.

탐구 과제 16: 자율 장학 근거

'교사의 생명은 수업'이라는 신념에 충실한 박태호 교장(감) 선생님은 교사의 수업 전문성 신장 지원을 학교 경영의 최우선 과제로 삼는다. 이를 위해 수업 공개 및 나눔 활동을 적극적으로 추진한다. 이때 연구부장은 요즘 멋진 교장 선생님은 공개수업을 참관하지 않는다는 말로 넌지시 만류하는가 하면, 자칫 갑질로 비출 수 있으니 조심해야 한다는 동료 교장의 걱정하는 말도 들린다. 이러한 상황에서 박태호 교장 선생님의 고민은 점점 깊어 간다. 어떻게 해야 할까?

1. 자율 장학 지원의 법적 근거

초 · 중등학교의 학교 운영은 교장과 교감의 역할에 따라 체계적으로 이루어진다. 「초 · 중등교육법」 제20조에 따르면, 교장은 학교의 교무를 총괄하며 민원에 대한 최종 책임을 지고 소속 교직원을 지도 · 감독하며 학생 교육의 전반을 책임지는 학교 운영의 최고 책임자이다. 교감은 이러한 교장의 업무를 보좌하며 교무 관리와 학생 교육을 함께 수행한다. 또한 교장이 부득이한 사유로 직무를 수행할 수 없을 때는 교감이, 교감이 없는 경우에는 교장이 미리 지명한 교사(수석교사를 포함)가 그 직무를 대행할 수 있도록 법적으로 명시되어 있다. 이러한 법적 규정은 학교의 안정적 운영과 교육활동의 연속성을 보장하는 중요한 근거가 된다.

「초중등교육법」 제20조(교직원의 임무)

① 교장은 교무를 총괄하고, 민원처리를 책임지며, 소속 교직원을 지도 · 감독하고, 학생을 교육한다. 〈개정 2021. 3. 23., 2023. 9. 27.〉

② 교감은 교장을 보좌하여 교무를 관리하고 학생을 교육하며, 교장이 부득이한 사

유로 직무를 수행할 수 없을 때에는 교장의 직무를 대행한다. 다만, 교감이 없는 학교에서는 교장이 미리 지명한 교사(수석교사를 포함한다.)가 교장의 직무를 대행한다.

2. 미래형 자율 장학 시스템

미래형 장학 시스템은 도교육청, 교육지원청, 학교 간 협력을 통해 지속 가능한 교육 발전을 추구한다. 이를 위해 각 장학 주체의 역할을 명확히 하고, 교육정책과 교육과정을 체계적으로 운영하며, 교사와 학교를 지원하는 다양한 장학 활동을 수행한다. 이 자율 장학 시스템의 핵심은 미래지향적 장학 역량을 강화하는 것이다. 장학 역량은 기본 역량과 전문 역량으로 구분하며, 기본 역량은 삶과 인성 역량, 4C 학습 역량, 디지털 역량으로 구성하여 21세기 인재를 양성하는 데 중점을 둔다. 전문 역량은 수업, 교육과정, 교육 경영, 교육정책으로 세분화하여 보다 체계적으로 운영한다.

장학 활동의 주체는 도교육청, 교육지원청, 학교 및 학교 간 협력으로 나눈다. 도교육청은 교육과정과 수업 혁신을 위한 정책을 수립하고 장학 사업을 기획하며 교육청과 교육지원청 간 연계를 조정하는 역할을 수행한다. 또한 교육정책 연구를 통해 지역 교육 발전을 지원하는 기능을 담당한다.

교육지원청은 도교육청의 정책을 바탕으로 지역 내 교육과정을 운영하고 수업 개선을 지원한다. 현장 중심의 장학을 수행하며 교사 연수와 연구 활동을 지원하여 전문성을 높이고 학교 경영을 효과적으로 관리할 수 있도록 돕는다.

학교와 학교 간 협력은 교사 간 협업을 중심으로 운영한다. 교사들은 전문적 학습공동체를 통해 교수법을 공유하고 발전시키며 연구회를 운영하여 수업의 질을 높이고 학교 간 네트워크를 구축하여 공동 연구와 협력 수업을 진행한다.

미래형 장학 시스템은 법적 근거를 바탕으로 운영한다. 「초·중등교육법」 제7조에서는 교육부와 교육청이 각급 학교의 운영을 지도·감독할 수 있도록 규정하고 있으며, 이에 따라 교육청과 교육지원청이 학교 현장에서 장학 활동을 수행할 법적 권한을 가진다.

「초 · 중등교육법」 제8조에서는 교원의 자질 향상을 위해 연수와 지도 활동을 수행해야 한다고 명시하고 있으며, 이를 통해 교사의 교수 · 학습 역량을 체계적으로 높일 수 있게 지원한다. 「초 · 중등교육법」 제20조에서는 학교장이 교직원을 지도 · 감독하고 학생을 교육하는 역할을 수행해야 함을 규정하고 있다. 이를 통해 학교장이 단순한 행정 관리자를 넘어 교사의 교육 활동을 지원하고 학습 환경을 조성하는 역할을 맡도록 한다. 「초 · 중등교육법 시행령」 제48조에서는 학교장이 교원의 교수 · 학습 능력을 높이기 위한 장학 및 연수를 지도하고 지원해야 한다고 명시한다. 이에 따라 학교장은 교사의 수업 개선을 위한 연구와 연수 기회를 제공하고, 자율 장학을 운영하여 교사의 교수 역량을 지속적으로 향상시킨다.

유아교육 장학과 관련된 법적 근거도 명확하게 제시되어 있다. 「유아교육법」 제18조에서는 국가와 지방자치단체가 유아교육의 질적 향상을 위해 장학지도를 실시할 수 있도록 규정하고 있으며, 이를 통해 교육청과 교육지원청이 유아교육기관을 대상으로 장학 활동을 수행할 법적 권한을 갖는다. 「유아교육법 시행령」 제19조에서는 교육부 장관과 교육감이 유아교육기관의 교육과정 운영과 수업 개선을 위해 장학을 지도할 수 있도록 규정하고 있다. 이를 통해 유아교육기관에서도 효과적인 교육 운영과 질 높은 수업이 이루어질 수 있도록 한다.

이처럼 미래형 장학 시스템은 법적 근거를 바탕으로 체계적으로 운영하며, 장학 주체 간 협력을 통한 교육 발전을 도모한다. 이를 통해 교사와 학교가 지속적으로 성장하고 미래 사회에 필요한 인재를 양성하도록 지원한다.

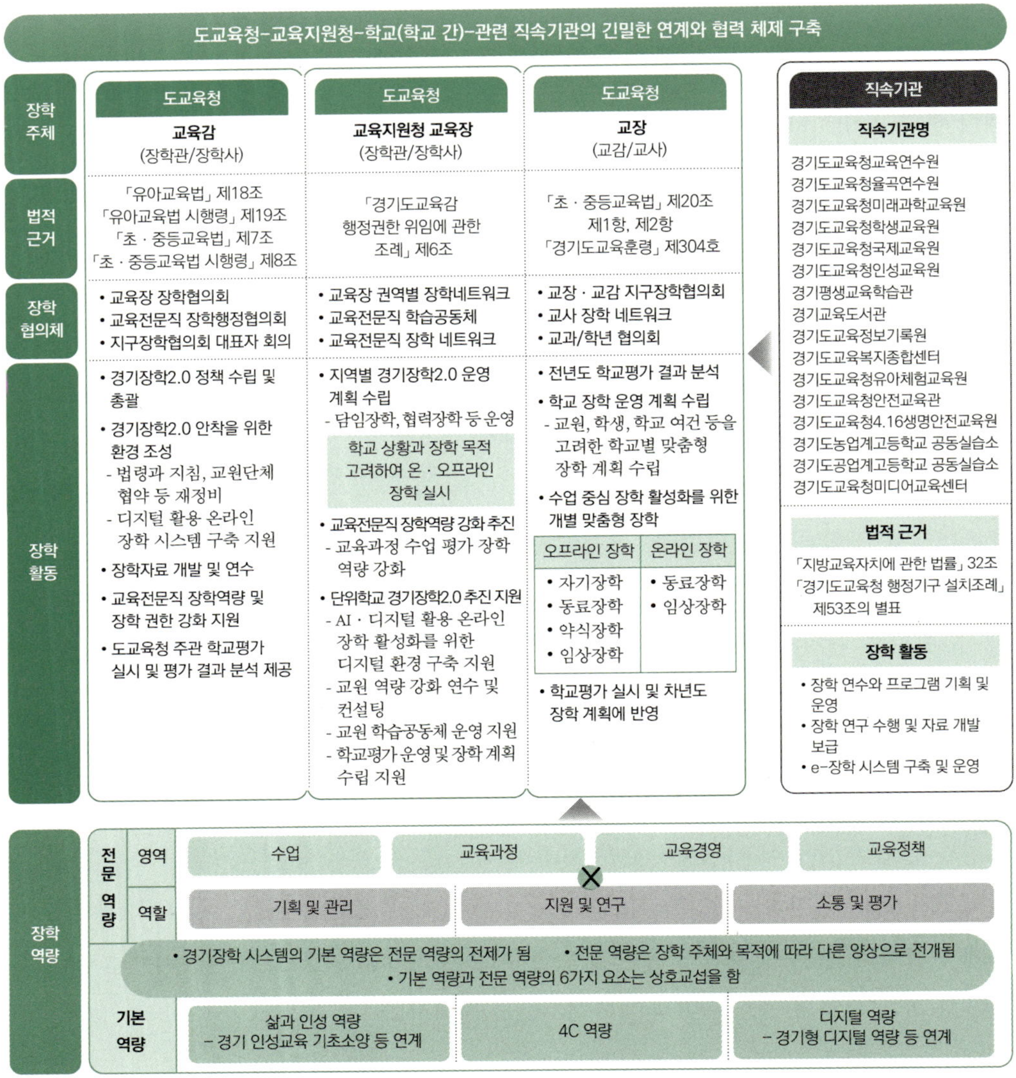

[그림 16-1] 경기 장학 시스템 2.0

출처: 박태호 외(2024).

참고문헌

박태호 외(2024). 미래교육과정 지원 강화를 위한 장학 시스템 구축: 경기장학시스템 2.0을 중심으로, 경기도교육청.

탐구 과제 17: 학교 관리자의 리더십

학교의 성공은 우수한 교육과정, 유능한 교사, 그리고 효과적인 학교 운영에 달려 있다. 이 요소들이 조화를 이룰 때 학생의 학업성취도는 극대화된다. 이를 가능하게 하는 핵심적인 역할을 수행하는 사람이 바로 교장이다. 리더십이 탁월한 교장은 단순한 관리자가 아니다. 교육적 비전을 제시하고, 교사의 교수 · 학습을 지원하며, 학생 중심의 학습 환경을 조성하는 전략가이다. 또한 학교 문화를 혁신하고, 교직원 · 학부모 · 지역사회와 협력하여 지속적인 발전을 이끄는 리더이다. 그렇다면, 학교를 성공적으로 경영하는 교장의 리더십은 무엇일까?

케네스 리스우드(Kenneth Leithwood, 2004), 로버트 마자노(Robert Marzano, 2005), 마이클 풀런(Michael Fullan, 2001)의 연구에 따르면, 리더십이 뛰어난 교장은 수업 중심의 리더십을 발휘하고, 학교 분위기를 조성하며, 교사의 전문성 개발에 힘쓴다. 또한 윤리적이고 공정한 리더십을 실천하며, 학생 성장을 위한 전략을 실행한다. 이어지는 부분에서는 수업 리더로서 교장의 역할에 중점을 두고 효과적인 학교 운영을 위한 8가지 핵심 특성을 살펴보고자 한다.

1. 수업 리더십을 발휘한다

교장은 교사의 수업 성장을 함께 고민하는 교육 파트너여야 한다. 단순한 학교 관리자가 아니라 교육과정과 교수법에 대한 이해를 바탕으로 수업을 지원하고 개선 방향을 제시하는 존재다. 수업 참관 후 실질적인 피드백을 제공하고 교사와 함께 학생 평가 자료를 분석하며 실제 수업에 적용 가능한 전략을 함께 고민해야 한다. 더불어 무한한 신뢰와 지속적인 대화를 바탕으로 교사의 배움과 성장을 지원해야 한다.

2. 긍정적인 학교 분위기를 조성한다

교장이 만들어 가는 학교 분위기는 교사의 수업 태도와 학생의 학습 몰입에 직접적인 영향을 미친다. 존중과 신뢰가 바탕이 되는 분위기 속에서 교사는 더 나은 수업을 고민하고 도전할 수 있는 용기를 얻는다. 교장은 학교의 비전과 목표를 분명히 제시하고 모든 구성원이 그 방향에 공감할 수 있도록 소통해야 한다. 특히 교사 간 협력을 장려하고 서로 배우고 성장할 수 있는 조직 문화를 조성해야 한다.

3. 교사의 전문성 개발을 체계적으로 지원한다

교사의 배움과 성장은 곧 학생의 배움과 성장으로 이어진다. 교장은 교사가 끊임없이 배우고 도전할 수 있도록 배움과 성장의 기회를 제공해야 한다. 동료 코칭, 수업 연구, 연수 기회 등을 통해 실질적인 전문성 향상을 도모하고 신임 교사를 위한 멘토링 시스템을 운영해 안정적인 적응을 도와야 한다. 중요한 것은 교사가 '지원받고 있다'는 경험을 통해 자기 성찰과 수업 개선에 자연스럽게 몰입할 수 있도록 하는 것이다.

4. 실질적인 수업 피드백과 협력 기회를 제공한다

교장은 수업을 동반 성장의 관점에서 파악해야 한다. 정기적인 수업 참관과 함께 수업 나눔 대화를 기반으로 교사의 수업 성찰 및 개선에 도움을 주어야 한다. 또한 동료 교사 간의 협력 수업과 연구 활동을 장려하여 실제 수업에 도움이 되는 전략을 함께 개발할 수 있는 수업 문화를 조성해야 한다.

5. 행정은 단순하게, 교육은 집중적으로

교장이 학교를 효율적으로 운영하면 교사는 교육에 더 집중할 수 있다. 복잡한 행정 업무는 간소화하고, 협업이 가능한 시간표와 구조를 설계하여 교사의 업무 부담을 줄이는 것이 중요하다. 교육 본연의 업무에 집중할 수 있도록 지원하는 것이 바로 수업 리더십의 핵심이다.

6. 소통과 지역사회 협력을 강화한다

학교는 지역사회와의 연결 속에서 살아 숨 쉰다. 교장은 학부모 및 지역사회와의 소통을 통해 다양한 교육 자원을 확보하고, 학생들에게 실제적인 학습 기회를 제공해야 한다. 교사는 이러한 연계 활동 속에서 학생에게 더 풍부한 교육 경험을 제공할 수 있다.

7. 윤리적 리더십을 실천한다

공정하고 일관된 리더십은 교사의 신뢰로 이어진다. 교장은 원칙과 기준을 지키며 모든 구성원에게 동일한 기준으로 의사 결정을 내려야 한다. 또한 스스로도 배우는 자세를 기반으로 변화하는 교육 환경에 맞춰 끊임없이 성장해야 한다.

8. 학생 성장을 중심에 둔다

학교의 모든 활동은 결국 학생의 성장으로 귀결되어야 한다. 교장이 학업성취도를 높이기 위한 전략을 세우고, 교사와 함께 데이터를 분석하며 학생 맞춤형 지도를 실현할 수 있도록 지원하는 것이 중요하다. 교사가 학생의 변화를 체감하고 보람을 느낄 수 있도록, 교장의 리더십은 항상 '학생 중심'이어야 한다.

9. 교장 리더십 점검표

번호	설문 문항	자주	가끔	전혀
1	나는 선생님들과 수업 철학과 비전을 공유하고 이를 바탕으로 함께 협의하는가?			
2	나는 선생님들의 수업 개선을 위해 정기적으로 수업을 참관하고 실질적인 피드백을 제공하는가?			
3	나는 학생 평가 결과를 분석하여 선생님들과 함께 수업 전략을 구체적으로 설계하는가?			
4	나는 선생님들과 학생의 의견을 수렴하여 교육 환경에 실질적으로 반영하는가?			
5	나는 선생님들에게 동료 코칭, 수업 연구, 연수 등 전문성 향상 기회를 체계적으로 제공하는가?			
6	나는 선생님들이 새로운 교수법이나 수업 이론을 탐구하고 적용할 수 있도록 장려하는가?			
7	나는 선생님들이 상호협력 수업 및 연구 문화를 조성하고 공유와 나눔을 촉진하는가?			
8	나는 학부모와 지역사회와 협력하여 학생 교육에 필요한 자원과 기회를 확보하는가?			
9	나는 선생님들이 학생 맞춤형 수업을 실현할 수 있는 여건을 조성하는가?			
10	나는 원칙과 기준에 따라 공정하고 투명하게 의사 결정을 내리는가?			

• 등료의 공감과 지지 및 격려를 받고 싶은 부분은?
• 함께 나누며 더 배우고 성장하고 싶은 부분은?

참고문헌

Fullan, M. (2001). *Leading in a Culture of Change*. San Francisco, CA: Jossey-Bass.

Leithwood, K., Louis, K. S., Anderson, S., & Wahlstrom, K. (2004). *How Leadership Influences Student Learning*. New York, NY: The Wallace Foundation.

Marzano, R. J., Waters, T., & McNulty, B. A. (2005). *School Leadership That Works: From Research to Results*. Alexandria, VA: ASCD.

탐구 과제 18: 학교 관리자의 핵심역량

학교 관리자의 역량은 보편성과 특수성으로 구분할 수 있다. 보편성은 관리자라면 누구나 갖추어야 할 기본 역량이다. 구글의 혁신 리더십에 따르면, 코칭 능력, 공감과 소통 능력, 비전 제시 능력, 성과 지향적 협의 능력 등이 이에 해당한다. 학교 관리자 역시 이러한 보편적 리더십 역량을 갖추어야 한다.

그러나 학교는 다른 조직과는 다른 특수성을 지닌다. 대표적인 것이 교육행정, 학교 경영, 교육과정, 수업이다. 이 중에서도 교육과정과 수업은 학교 관리자에게 필수적인 교육 전문성의 핵심 역량이다. 만약 이 두 요소를 배제한다면, 교사(교감) 출신만이 교장이 될 수 있는 현행 승진 체계는 정당성을 잃게 되며 일반 행정가나 외부 조직의 리더들도 학교장으로 진출할 수 있는 근거가 형성될 수 있다. 그렇다면 학교 관리자가 갖추어야 할 핵심 역량은 무엇일까?

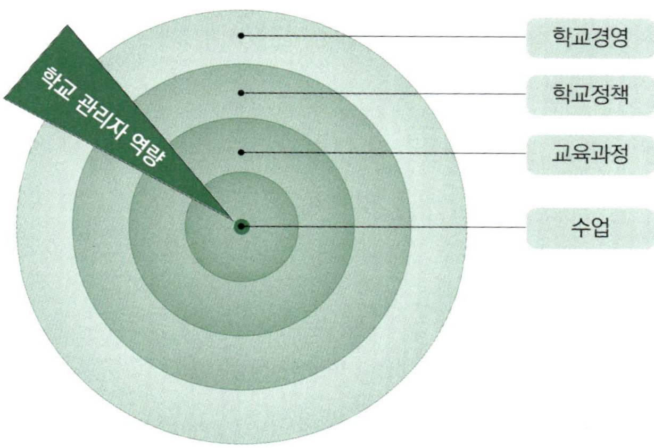

[그림 18-1] 교사 출신 교장(감)의 존재 이유

1. 교사 출신 교장이 필요한 이유

학교 운영의 궁극적인 목표는 학생들의 학습 효과를 극대화하는 데 있다. 이를 실현하는 핵심 요소는 '수업'이다. 수업은 단순한 지식 전달을 넘어서, 학생들의 사고력과 창의성을 키우고 미래 사회에 필요한 핵심 역량을 기르는 과정이다. 따라서 학교 관리자는 수업의 질 향상에 학교 경영 역량을 집중해야 한다. 학교 정책과 경영은 단순한 행정 절차가 아니다. 학생들에게 더 나은 교육을 제공하기 위한 수단이며 교육의 본질을 실현하는 도구이다. 이때 학교장은 단순한 행정가가 아니라, 교육과 수업의 본질을 깊이 이해하고 실천하는 교육 리더가 되어야 한다. 이를 가능하게 하는 가장 현실적이고 효과적인 방법은 교사 출신 교장이 학교를 경영하는 것이다.

1) 교사의 경험을 바탕으로 한 공감과 지원

교사는 매일 수업 현장에서 학생들과 직접 마주하며 다양한 교육적 상황과 고민을 직접 경험한다. 교사 출신 교장은 이러한 경험을 바탕으로 동료 교사들의 어려움에 공감하고 보다 현실적인 조언과 지원을 제공할 수 있다. 교사 출신 교장은 교사들이 수업을 연구하고 개선할 수 있도록 이끌고 실질적인 피드백을 제공하며 교수 · 학습 수준을 높이는 데 주도적인 역할을 수행한다. 반면, 교사 경험이 없는 교장은 교사들이 처한 실제 상황을 깊이 이해하기 어렵고 실질적인 도움을 주는 데 한계를 가질 수밖에 없다.

2) 교육과정과 수업 역량 지원의 전문성

학교의 행정 업무나 재정 관리는 행정 전문가가 수행할 수 있다. 그러나 교육과정 재구성 및 교사의 수업 역량 지원은 교직 경험이 있는 사람만이 가능하다. 교육과정은 단순한 문서가 아니라 학생의 발달과 학습 특성을 고려한 교수 전략 그 자체이다. 이를 제대로 운영하려면 교사의 수업 경험, 학생 이해, 교수 · 학습 원리에 대한 깊은 통찰이 필요하다. 교직 경험이 없는 경우에는 이러한 본질을 간과하거나 표면적인 접근에 그칠 위험이 크다.

3) 학교의 교육적 비전을 실현하는 리더

학교 운영의 중심에는 언제나 '수업'이 있다. 수업의 질을 높이고 교사를 적극적으로 지원하며 교육 공동체가 함께 성장하도록 이끄는 역할은 교사 출신 교장이 가장 효과적으로 수행할 수 있다. 교장은 단순히 조직을 관리하는 사람이 아니라, 교사와 협력하며 교육적 방향을 함께 설정해 나가는 전문가이다. 교사의 언어와 감정을 이해하고 교육 현장의 복잡성과 역동성을 피부로 체험한 리더야말로 학교를 건강하게 성장시킬 수 있다.

2. 교장의 핵심역량

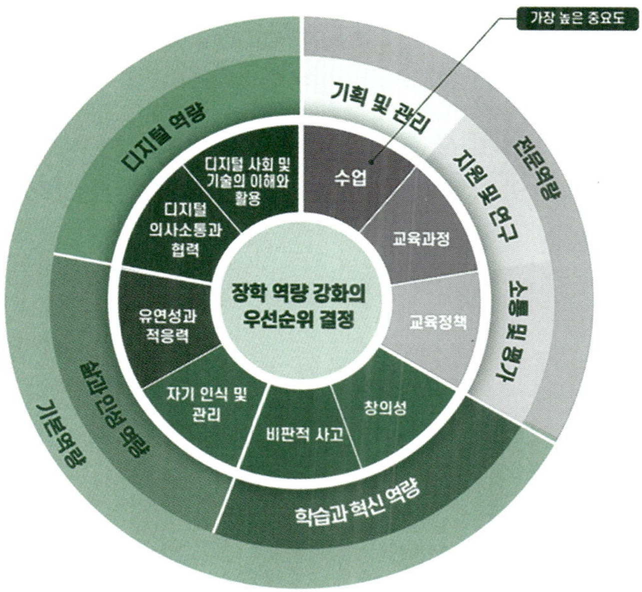

[그림 18-2] 교육전문직원이 갖추어야 할 핵심역량에 대한 설문조사 결과(박태호 외, 2024)

[그림 18-2]는 교육전문직원이 갖추어야 할 핵심역량에 대한 설문조사 결과를 그림으로 제시한 것이다. 설문조사에서는 교육전문직원을 대상으로 그들이 수행하는

역할에 대한 역량을 분석하고 그 중요도를 평가하는 방식으로 이루어졌다. 교육전문직원의 역량을 기본 역량과 전문 역량으로 구분하여 설문조사를 하였다. 기본 역량에는, ① 디지털 역량, ② 삶과 인성 역량, ③ 학습과 혁신 역량이 포함되었고 이는 교육 분야뿐만 아니라 일반 조직에서도 보편적으로 요구되는 역량이다. 반면, 전문 역량은 수업과 교육과정, 교육경영 및 교육정책에 대한, ① 기획 및 관리, ② 지원 및 연구, ③ 소통 및 평가로 구성된다. 이는 교육전문직원만이 수행할 수 있는 특수한 역량이다. 설문 조사 결과, 교육전문직원들은 교육정책 및 교육경영보다 수업 및 교육과정에 대한 전문성 신장을 가장 필요하고 시급한 요소로 꼽았다.

앞의 설문조사 결과 역시 교장의 역량과도 밀접한 연관성이 있다. 교장은 단순한 관리자가 아니라 학교 교육의 방향을 설정하고, 교사와 학생이 최적의 학습 환경에서 성장할 수 있도록 지원하는 교육 리더여야 한다. 교사들은 교장의 교육과정과 수업 운영에 대한 이해도를 신뢰의 기준으로 삼는다. 교장이 수업 운영과 교육과정에 대해 깊이 이해할 때, 교사들은 교장의 조언을 신뢰하고 협력할 수 있다. 반면, 교장이 수업과 교육과정에 대한 전문성이 부족하면, 교사들과의 협력이 원활하지 않을 뿐만 아니라 학교 교육의 방향성이 흐려질 위험이 크다. 학교 운영의 최종 목표는 학생들의 학습 성취도를 높이는 것이다. 이를 위해서는 교육과정과 수업의 질이 가장 중요한 요소이며, 교장은 이를 효과적으로 관리하고 개선할 수 있는 능력을 갖추어야 한다.

탐구 과제 19: 학교 관리자의 자율 수업 장학 지원 방향

교장(감)의 자율 수업 장학 지원에 대한 교육현장의 의견이 분분하다. 교장의 자율 수업 장학 지원은 전통적 장학의 산물이므로 배제하자는 주장이 있는가 하면, 교장(감)의 자율 수업 장학 지원은 교육법에 제시된 교장의 책무성에 해당되므로 의사 집단이나 법률가 집단처럼 수업 전문성을 인정받은 교장(감)을 중심으로 신뢰 및 소통과 공감에 기반한 자율 수업 장학을 지원해야 한다는 주장도 있다. 그렇다면 교사의 배움과 성장을 지원하는 최적의 자율 수업 장학 지원 모델은 무엇일까?

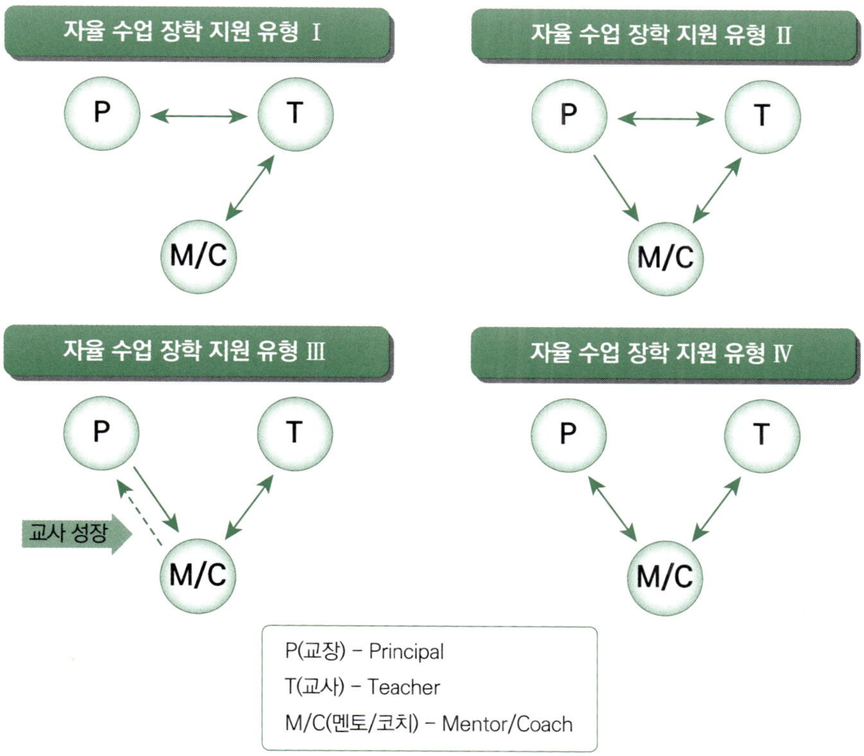

[그림 19-1] 자율 수업 장학 지원 유형

자율 수업 장학은 교사의 수업 역량 강화를 목적으로 교장(Principal), 교사(Teacher), 그리고 멘토 및 코치(Mentor/Coach)가 협력하는 구조를 기반으로 운영된다. 자율 수업 장학은 지원 및 상호 작용 방식에 따라 다음의 다섯 가지 유형으로 구분될 수 있고 각 유형은 교장과 교사 간의 의견 교환 방식, 멘토/코치의 개입 정도, 피드백 전달 방식에서 차이를 보인다. 이에 따라 각 유형의 특성과 장점을 분석하고 그에 따른 교육적 시사점을 살펴보면 다음과 같다.

1. 유형 Ⅰ: 교장과 교사, 멘토(코치)와 교사의 이원적 상호작용 모델

첫 번째 유형은 교장과 교사, 멘토(코치)와 교사가 이원적으로 의견을 교환하는 방식이다. 교사는 교장으로부터 직접적인 조언과 평가를 받을 수 있고 교장 역시 교사의 의견을 신속하게 수렴할 수 있어 신속한 의사소통이 가능하다. 또한 멘토(코치) 역시 개별적인 피드백을 제공하면서 교사와 소통할 수 있다. 이 모형의 장점은 교장과 교사, 멘토(코치)와 교사가 교육목표를 공유하고 긴밀하게 협력하면서 교사의 수업 역량을 효과적으로 개선할 수 있다. 그러나 교장과 멘토(코치) 사이에 교사의 수업 전문성 신장 방향이나 방안에 대한 소통이 없어 자칫 교사가 혼란을 겪을 수 있다. 또한 교장 주도로 진행될 경우에 멘토(코치)의 역할이 축소될 수 있고 교사 역시 교장의 직접적인 피드백에 부담을 느껴 위축될 우려도 있다.

2. 유형 Ⅱ: 멘토(코치)를 매개로 한 교장과 교사의 소통 모형

두 번째 유형은 교장과 교사, 멘토(코치)와 교사 간에 직접적인 상호작용이 이루어지고 동시에 교장이 멘토(코치)에게 의견을 제시하는 방식이다. 이 방식에서는 교장이 교사와 직접적으로 의견을 주고받으며, 멘토(코치) 역시 교사와 활발히 소통하고 지원한다. 또한 교장이 멘토(코치)에게 교사의 수업 개선과 관련된 정보와 피드백을 제공할 수 있다. 이 유형의 장점은 교장, 교사, 멘토(코치) 세 주체 간에 긴밀한 협력이 가능하여 수업 개선의 목표와 방향성을 명확히 공유할 수 있다는 것이다. 또한 직접적이고 다각적인 피드백 교류를 통해 소통의 효율성이 높아지고, 피드백의 정확성이 확보된다는 점에서 교육적 효과가 크다. 다만 이러한 활발한 상호작용 과정에서 교사가 다소 부담을 느낄 수 있고, 피드백 제공 과정에서 역할이나 메시지가 중복되거나 혼선을 일으킬 가능성도 존재한다. 더불어 교장이 자신의 의견을 지나치게 제시할 경우에 멘토(코치)의 역할이 위축될 수 있다.

3. 유형 Ⅲ: 멘토(코치)를 통한 간접 피드백 모형

세 번째 유형은 교장과 교사 간에는 직접적인 소통이 이루어지지 않으며, 멘토(코치)가 교사와 직접 상호작용하여 피드백과 전문적 지원을 제공하는 구조이다. 이때 멘토(코치)는 교사의 전문성 지원 활동 과정과 결과 중에서 교사의 배움과 성장이 일어난 정보만 교장에게 알려 준다. 이 유형의 장점은 교사가 교장과의 직접적인 소통에서 오는 부담감을 덜고, 멘토(코치)와의 편안한 상호작용을 통해 정서적 안정감을 느낄 수 있다는 점이다. 또한 멘토(코치)가 교사의 수업 현황과 요구를 정확히 이해하여 교장에게 효과적으로 전달할 수 있으므로 피드백이 보다 체계적이고 전문적으로 이루어질 수 있다. 그러나 교장이 교사와 직접 소통하지 않기 때문에 교사의 개별 상황을 충분히 이해하기 어렵고 교사 역시 교장의 교육적 기대나 비전을 정확히 파악하기 힘들다는 단점이 존재한다. 따라서 장기적으로 교장과 교사 간의 신뢰와 공감대 형성의 걸림돌로 작용할 수 있다.

4. 유형 Ⅳ: 멘토(코치)를 중심으로 한 완전한 간접 피드백 모형

네 번째 유형은 멘토(코치)가 교사와 직접 상호작용하면서 교수 역량 강화 활동을 수행하고, 이 과정과 결과를 교장과 공유하며 지속적으로 협력하는 구조이다. 즉, 교사에 대한 수업 관찰, 분석, 피드백 등의 전문성 지원은 전적으로 멘토(코치)에 의해 이루어지며, 멘토(코치)는 이와 관련된 내용을 교장과 긴밀히 소통하고 협의한다. 이 방식의 장점은 교사가 교장과의 직접적 상호작용에서 발생할 수 있는 심리적 부담을 줄이고, 멘토(코치)의 전문성을 보다 적극적으로 활용할 수 있다는 점이다. 특히 멘토(코치)가 수업 장학 과정을 일관성 있게 주도함으로써 교사에게 보다 구체적이고 실질적인 도움을 줄 수 있다. 다만 교장과 교사 간의 직접적인 소통 부재로 인해 교장이 교사의 개별적인 요구나 상황을 충분히 파악하지 못할 수 있고 멘토(코치)의 역량에 따라 수업 지원 효과의 편차가 발생할 가능성도 존재한다. 따라서 교장과 멘토(코치) 간의 명확한 역할 조정과 협력이 필수적이다.

5. 유형 V: 학습공동체의 리더로서 함께 배우며 성장하는 모형

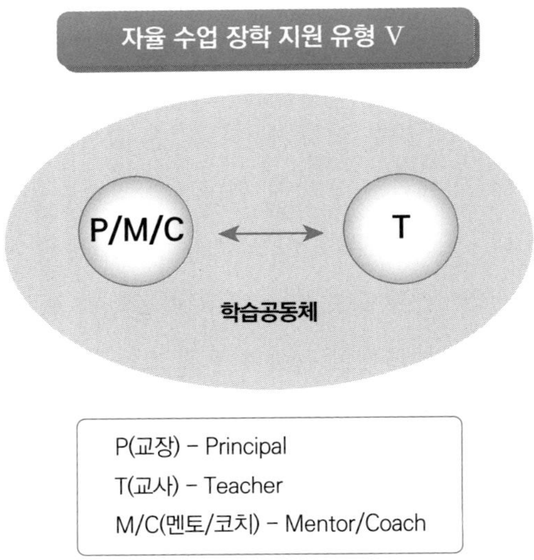

[그림 19-2] 자율 수업 장학 지원 유형 V

유형 V는 교장, 멘토(코치), 교사가 하나의 학습공동체 안에서 수평적으로 협력하는 구조이다. 이 구조는 교장이 직급 중심의 권위적 리더십을 넘어서 수업 리더로서의 전문성과 동료성을 바탕으로 교사의 수업 개선을 실질적으로 지원하는 방식으로 자율 수업 장학의 본질에 가장 부합하는 이상적 모델이다.

유형 V는 교장, 멘토(코치), 교사가 하나의 학습공동체 내에서 수평적으로 협력하며 함께 배우고 성장하는 구조이다. 이 모형은 자율 수업 장학의 핵심 가치인 수업 중심의 협력과 공동 성장을 가장 이상적으로 구현한 모형이다. 이 모형에서는 교장이 공동 설계와 성찰에 적극 참여한다. 교사는 정서적 안정과 자율성을 바탕으로 수업 전문성을 지속적으로 개발할 수 있으며, 멘토(코치)는 교사 및 교장과의 긴밀한 협력 속에서 촉진자 역할을 수행한다. 이러한 수평적 관계는 신뢰를 기반으로 한 깊이 있는 수업 성찰과 지속 가능한 배움 및 성장을 가능하게 한다.

특히 유형 V를 교육현장에 안착시키려면, 교장이 수업 코칭 분야의 연수를 이수하고 관련 자격을 취득하여 코칭 경험을 지속적으로 축적하는 등 수업 리더로서의 전문성을 지속적으로 개발해야 한다. 또한 교육청 차원의 행정적 · 재정적 지원과 연수 시스템의 정비가 함께 이루어질 때, 유형 V는 단순한 장학의 틀을 넘어 학교 교육 혁신을 이끄는 실질적이고 지속 가능한 실천 모델로 자리 잡을 것이다.

TIP

자율 수업 장학을 처음 시작할 때, 나는 교사들과 직접 의견을 주고받고 멘토나 코치의 도움은 제한적으로 활용하는 방식을 택했다. 빠르고 직접적인 소통이 오히려 효과적일 것으로 생각했기 때문이다. 하지만 현실은 달랐다. 교사들은 내 앞에서 위축되었고 내가 전달한 피드백을 부담스럽게 느꼈다. 멘토와 코치는 자신의 역할이 축소되었다고 느끼며 소외감을 자주 호소했다. 점차 소통은 단절되었고 자율 수업 장학의 본래 목적은 흐려지기 시작했다.

그때 나는 비로소 깨달았다. 수업 장학은 교장이 주도하는 것이 아니라, 함께 배우고 성장할 때 비로소 의미가 있다는 것을. 그래서 나는 유형 V, 즉 학습공동체 기반의 장학 모델을 시도하게 되었다. 교사, 멘토(코치), 그리고 나는 동료로서 수업을 함께 참관하고 존중과 소통 및 공감에 기반한 피드백을 주고받기 시작했다. 각자의 전문성을 인정하며 상호 협력하자 교사들은 자신의 의견을 거리낌 없이 표현했고, 멘토와 코치도 본인의 전문성을 충분히 발휘할 수 있었다.

이제 우리는 서로를 신뢰하는 학습공동체가 되었다. 자율 수업 장학은 더 이상 위계적 부담이 아닌, 모두가 동등하게 참여하는 배움의 장으로 변화했다. 나 역시 학교 관리자에서 수업 리더로 거듭났고, 우리 학교는 지속가능한 교육 혁신의 길로 나아가기 시작했다.

제2부

수업의 과학성과 예술성 그리고 배움과 성장

탐구 과제 20: 가르침과 배움이 균형을 이루는 수업

최근 교육 현장에서는 학생의 '배움'에만 초점을 두고 교사의 '가르침'을 소홀히 여기는 수업 협의 문화가 확산되고 있다. 그러나 이러한 이분법적 접근법은 학문 공동체가 정의하는 수업 개념과 충돌할 수 있다. 수업은 가르침과 배움이 상호작용하며 완성되는 과정이며 교수 행위 또한 교육적 전문성의 핵심 요소이다. 전문성은 개인의 신념이 아니라 전문가 집단에서 인정받은 이론과 근거를 바탕으로 해야 한다. 따라서 수업에서 가르침과 배움이 균형 있게 조화를 이루도록 하려면, 교육 공동체가 공유하는 이론과 실제를 토대로 교사의 교수 행위 역시 정당하게 평가받고 논의되어야 한다. 그렇다면 교사의 가르침과 학생의 배움이 유기적으로 연결된 수업을 실현하려면 어떻게 해야 할까?

1. 배움의 주체는 학생, 가르침의 주체는 교사

수년 전부터 교육 현장에서 논란이 되었던 문제 중의 하나가 '배움의 주체는 학생'이라는 용어이다. 지극히 당연한 말이기에 이에 대한 반론이나 이의 제기 자체가 불필요하다. 그러나 극단적 이분법의 관점을 취하면, 학습자의 학습 행위만 강조되고 교수자(또래 교사 포함)의 교수 행위는 배제된다. 수업 중에 교사의 개입을 꺼리거나 학생의 배움이 발생하기 전까지 기다려야 한다는 극단적인 주장도 등장한다. 이에 대한 교육 현장의 찬반양론 또한 팽배했고 이러한 혼란은 교실 수업 개선의 걸림돌로 작용하였다.

이러한 문제점을 인식한 경기도교육청은 2017년 12월에 개최된 「배움중심 수업 2.0 컨퍼런스」에서 '배움(학습)의 주체는 학생이지만 가르침의 주체는 교사'라는 이전의 장학 방침을 보완하는 정책을 공식적으로 발표했다. 너무나 당연한 이론 친화적이고 교실 친화적인 장학 정책이었지만 그동안 겪었던 교육 현장의 혼란을 생각하면

늦은 감이 없지 않다.

2. 수업의 개념

수업 현상을 '언제, 어디에서, 누가, 누구에게, 무엇을, 왜, 어떻게 가르치고 배울 것인가?'의 관점에서 접근하면, '언제, 어디에서, 왜'는 수업 맥락에, '누가 가르칠 것인가?'라는 교수 행위에, '어떻게 배울 것인가?'라는 학습 행위에, '무엇을'은 교육과정에 해당한다. 김종서(1978)와 노명완 등(2012: 115)은 수업을 '교육과정' '교수 행위' '학습 행위'로 설명하였다. 여기에 '맥락'을 추가하면, 수업의 개념을 '맥락 내에서 교육과정을 매개로 이루어지는 교수 행위와 학습 행위의 상호작용 과정'으로 정의할 수 있다.

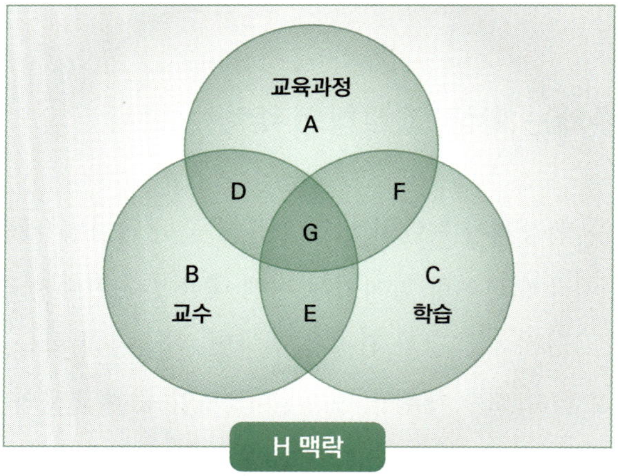

[그림 20-1] 수업 현상의 구성 요소

수업은 교육과정, 교수, 학습이 상호작용하는 과정이며, 이를 D, E, F, G 영역으로 구분할 수 있다.

D 영역은 교사가 교육과정에 따라 수업을 진행하지만, 학생의 능동적인 학습 참여가 부족한 경우이다. 즉, 교육과정과 교수는 존재하나 학습이 효과적으로 일어나

지 않는 상태이다. 예를 들어, 국어 수업에서 교사가 고전 시가의 배경과 특징을 일방적으로 설명하고 학생들은 수동적으로 듣기만 하는 상황이 이에 해당한다. 학생의 사고를 자극하거나 상호작용을 유도하는 활동이 부족할 경우, 교수는 이루어졌지만 학습 효과는 제한될 수 있다.

E 영역은 교사와 학생 간의 상호작용이나 활동이 이루어지더라도, 그것이 교육과정의 목표나 내용과 무관한 경우이다. 예를 들어, 수학 수업 중 교사가 본인의 군대 경험을 장시간 이야기하거나, 학생들이 어제 본 축구 경기에 대해 이야기하는 상황도 여기에 해당한다. 이러한 활동은 학습자 간의 흥미를 일시적으로 유발할 수 있으나, 의도된 학습 목표와 연계되지 않기 때문에 수업으로서의 교육적 효과는 낮다.

F 영역은 교사의 명시적인 교수 없이 학생이 스스로 학습하는 경우이다. 예를 들어, 역사 수업 중 교사의 설명 없이 학생이 다큐멘터리를 시청하고 내용을 스스로 이해하는 경우가 이에 해당한다. 이러한 학습이 교사의 의도적 설계나 수업 맥락 내에서 이루어진 것이라면, 이는 교사의 간접적 교수 행위로 간주되어 수업의 일환으로 볼 수 있다. 그러나 학습이 수업 맥락과 무관하게 자발적으로 발생한 경우라면, 이는 '자연발생적 학습'으로 간주되며 수업으로 보기 어렵다.

G 영역은 교육과정, 교수, 학습이 유기적으로 상호작용하는 가장 이상적인 수업 형태이다. 이 영역에서는 교사가 교육과정에 기반하여 학습 목표를 명확히 하고 교수 전략을 통해 학생의 능동적 참여를 이끌며 학생은 주체적으로 학습 활동에 참여한다. 예를 들어, 과학 수업에서 교사가 상태 변화 개념에 대해 질문을 던진 뒤 실험을 통해 학생들이 상태 변화를 직접 관찰하고 그 결과를 토론하며 개념을 구성해 나가는 방식이 이에 해당한다. 영어 수업에서 현재완료 시제를 설명한 뒤 학생들이 실생활 대화를 만들어 보고 피드백을 주고받는 활동 역시 G 영역의 사례이다. 이처럼 G 영역의 수업은 지식 전달, 사고 촉진, 상호작용, 자기주도성이 교육과정 목표와 연결되어 종합적으로 이루어지는 형태이며 수업의 본질을 가장 충실히 구현하는 사례라고 할 수 있다.

결국 수업은 교육과정을 바탕으로 교사와 학생이 상호작용하며 학습이 이루어지는 과정이어야 한다. 교수 행위 없이 이루어진 학습이더라도, 그것이 교사의 의도와 설계에 기반한다면 수업의 일환으로 볼 수 있다. 반면, 교육과정과 무관하거나 교사와 학생 간 상호작용이 없는 학습은 자연발생적 학습으로 분류되며, 수업이라고 보기 어렵다. 따라서 학생의 배움만을 지나치게 강조하는 것은 수업의 본질을 협소하게 이해하는 결과를 낳을 수 있다.

참고문헌

김종서(1978). **교무 과정의 분석**. 교육출판사.

노명완, 신헌재, 박인기, 김창원, 최영환, 원진숙, 유동엽, 김은성(2012). **국어교육학 개론**. 삼지원.

탐구 과제 21: 학습 이론과 배움 유형

다수의 현장 교사가 가지고 있는 학습 이론에 대한 그릇된 신화 역시 해결해야 할 중요한 과제 중의 하나이다. 일부 교사들이 가진 오개념 중의 하나가 최신 이론을 최적화된 이론으로 파악하는 것이다. 이들은 행동주의 학습 이론보다는 구성주의 학습 이론을, 구성주의 학습 이론보다는 사회구성주의 학습 이론을 최신 이론으로 파악하여 최신 학습 이론 위주의 교실 수업 개선을 추구한다.

여기서 다음과 같은 오류가 발생한다. '자녀를 목욕시킨 후에는 더러운 목욕물만 버려야 하는데 자녀와 더러운 목욕물을 함께 버리는 우를 범하는 것'이다. 각각의 수업 이론이 지닌 장단점을 살펴서 단점은 폐기하고 장점을 살려서 교실 수업에 적용해야 하는데 기존 이론을 무조건 폐기하고 새로운 이론만을 추구하는 오류에 빠지는 것이다. 여기에서 자칫 '최신 이론 위주의 연수 쇼핑 중독 현상'이 발생한다. 이 또한 교사의 피로도를 가중시키는 요인 중의 하나이다. 이러한 문제점을 극복하려면 어떻게 해야 할까?

[그림 21-1] 목욕 후에?

- 정상적인 부모라면, 목욕 후에 어떻게 할까요?
- 비정상적인 부모라면, 목욕 후에 어떻게 할까요?

교사와 학생의 역할 교대에 따라 수업 유형을 교사 주도 수업(I 구역), 상호 주도 수업(II 구역), 학생 주도 수업(IV 구역)으로 구분할 수 있다. 흔히 I 구역을 객관주의 교육 방식으로, II와 IV 구역을 합쳐서 구성주의 교육 방식으로 구분하기도 한다(박태호, 2015).

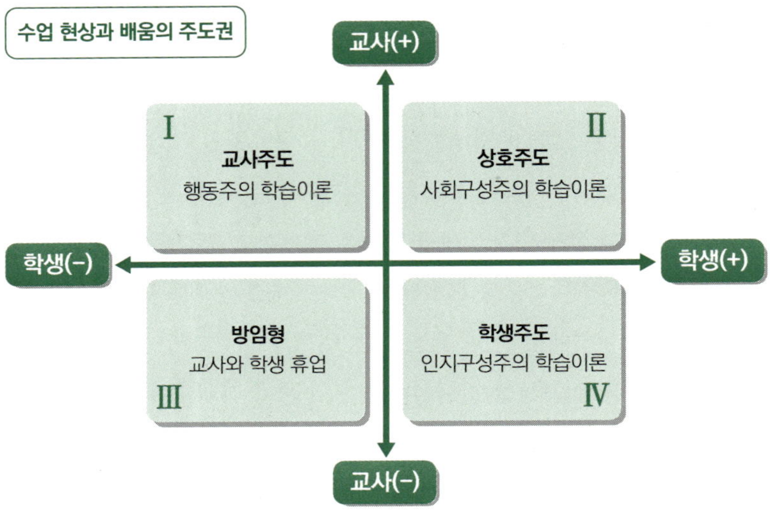

[그림 21-2] 학습 이론과 수업유형

현대 수업 이론가들은 I 구역을 전달식 수업, 암죽식 수업, 은행 적금식 수업이라면서 강력히 비판한다. 행동주의 학습에 따르면, 지식은 학생 외부에 객관적으로 존재하는 진리이고, 학생은 그러한 진리를 마치 백지가 먹물을 빨아들이듯이 무비판적으로 수용하는 존재이며, 수업은 객관적으로 존재하는 진리를 반복 훈련에 따라 교사가 학생에게 가르치고 배우는 활동이 된다. 여기서 교사는 객관적 지식을 학생의 머릿속에 주입하는 전달자의 역할, 부모가 암죽을 만들어 아기에게 이유식을 먹이는 것처럼 학생에게 지식을 세분화하고 가공하여 떠먹이는 역할, 고객의 돈을 예치하여 저축하는 은행원처럼 학생의 머릿속에 지식을 차곡차곡 쌓는 역할을 한다. 이러한 수업에서는 교사 지시에 의한 강의와 일제 학습, 부분에서 전체로의 교수 · 학습, 교과서와 연습장 중심의 교수 · 학습, 수업 참여의 수동성, 학습 목표 도달 확인을 위한 정답 확인 질문의 사용 등이 우하다.

II 구역인 사회구성주의 학습에서는 담화 공동체의 사회적 중재에 따른 개인의 능동적 지식 구성을 중시한다. 학습의 사회·문화적 관점을 주장하는 사회구성주의자들은 지식이 학습자에 의해서 능동적으로 구성되는 것이 아니라, 사회·문화적 실행에 참여하는 가운데 구성된다는 입장을 갖는다. 이들은 인지, 즉 사고를 개인의 주관적인 심리 과정으로만 한정하여 파악하는 인지구성주의를 비판한다. 그리하여 학습을 사회·문화적 실행 속에서 이루어지는 전문가와 초보자의 도제 관계로 파악한다. 여기서 초보자인 학습자는 도제 과정을 통해 전문가로부터 문화적 의미를 전수받게 된다. 결국 인지구성주의에서는 학습을 자기주도적 조절과 상호작용으로 파악하는 반면에 사회구성주의에서는 인지적 도제에 의한 전수의 과정으로 파악하고 있음을 알 수 있다.

사회구성주의 학습 이론에서는 학습을 지적으로 우수한 공동체 구성원 간의 사회적 상호작용을 통한 내면화 과정으로 파악한다. 인지 발달의 측면에서 볼 때에 학습은 사회적 수준에서 개인적 수준으로 진행된다. 사회적 수준의 학습은 전문가인 교사나 유능한 학습자들과의 대화적 상호작용을 통해 이루어지며, 이들은 사회적 중재 활동을 통해 자기주도 학습 능력을 신장시킨다. 교사 주도로 이루어지는 사회적 수준의 학습은 교사와 학습자의 협동학습의 단계를 거쳐 개인적 수준의 학습으로 나아간다. 이때 학습자는 사회적 대화를 통해 습득했던 '사회적인 말'을 개인적 수준으로 내면화하게 된다. 여기서 내면화된 사회적인 말을 '사고' 혹은 '내적 대화'라고 한다. 학습자는 책임이양의 틀 속에서 이루어진 학습 활동을 경험하면서 획득한 내적인 대화를 통해 자신의 인지와 행동을 조정하게 되는 것이다. 내적인 대화는 자기주도 사고의 효시가 되며, 이것이 완전하게 내면화되었을 때는 자기주도성을 획득하게 되는 것이다. 사회적 중재 활동을 통한 자기주도 학습은 근접 발달 영역 내에서 일어난다. 모든 학습자는 학습 활동 시 독자적으로 과제를 해결할 수 있는 실제 발달 수준과 잠정적 발달 수준을 갖는다. 이 두 수준 사이에는 약간의 틈이 발생하는데, 그 사이의 거리를 '근접 발달 영역'이라고 한다. 교수·학습은 근접 발달 영역 내에서 발생하므로 그것을 만들어 주고 그 사이의 거리를 좁히는 교수 활동에 초점을 두어야 한다. 근접 발달 영역은 학습과 인지 발달이 일어나는 역동적인 영역이다. 근접 발달 영역은 학습 상황이 존재하는 곳이면 어디에나 존재하며, 학습자에 따라 다르게 나타나고 심지어는 동일한 학습자라도 과제 수준과 구조에 따라 여러 수준에 걸쳐 다양하게 나타난다. 사회구성주의 수업에서 학생은 대화를 통해 의미를 구성하고, 교사는 학생들이 대화를 통해 새로운 의미를 구성하도록 도움을 주어야 한다. 이 수업에서는 전문가나 유능한 동료의 안내에 따른 연습 활동에 기초한 토의 · 토론 학습, 상호교수, 협동학습 등이 주류를 이룬다.

Ⅳ 구역에서는 학습을 개인의 주관적 경험에 기초한 능동적 지식 구성으로 설명한다. 인지구성주의 관점을 과학적이고 체계적으로 연구한 학자로 피아제(Piaget)를 들 수 있다. 피아제는 지식의 객관적인 속성을 부정하는 반경험주의 혹은 반행동주의 입장을 취했다. 따라서 그의 발생론적 인식론은 주관주의적 관점에 속한다고 할 수 있다. 대부분의 연구자는 이것을 인지구성주의(cognitive constructivism)라고 한다. 인지구성주의의 인식론적 입장을 극명하게 드러낸 연구자 중의 한 사람이 글라서스 펠트(Von Glasesfeld)이다. 그는 피아제의 이론을 수용하여 급진적 구성주의를 주장했다. 여기서 '급진적'이라는 것은 지식의 객관적 속성을 강조했던 전통적인 인식론의 사고 유형과 관습을 해체하는 대신에 지식이란 오직 인간의 경험 세계에 의해서만 조직되고 만들어져 의미가 부여된다는 관점을 제시했다는 점에서 붙여진 것이다. 그는 바로 이러한 지식관을 바탕으로 급진적 구성주의에 대한 개념을 정의했다. 위의 정의에 의하면 지식은 인간의 감각 기관이나 의사소통을 통해서만 인지 주체에 의해 인식된다. 인지구성주의자들은 학습이 능동적인 자기조절의 과정을 통해서 개인적으로 구성된다는 믿음을 갖는다. 이러한 관점에 의하면 학습은 전적으로 개인의 문제이며, 학습자는 자신의 배경지식이나 신념 체계 등을 이용하여 학습 활동에 능동적으로 참여하여 서로 다른 방법으로 지식을 구성해 낸다. 이때의 학습은 각 개인의 구성과정에 따라 달라지므로 각 개인이 학습한 지식은 그 개인에게는 유의미할 수도 있지만, 그것이 공동체의 구성원들이 모두 수용할 수 있을 정도로 보편적인 지식이라고 보기에는 어렵다는 점에서 취약점을 갖는다.

피아제에 의하면 학습은 인간과 환경의 상호작용 결과이다. 상호작용에서 중요한 개념이 바로 '평형화'이다. 학습자는 환경과 상호작용을 하면서 내적인 갈등을 겪게 되고, 그것을 해결하기 위해 노력하는데, 이때 작용하는 정신 기제가 바로 동화와 조절이다. 인지구성주의자들은 학습의 기본 조건으로 인지적 갈등 상태를 들고 있으며, 이러한 갈등 상태에서 동화와 조절이 일어나고 그것이 학습 활동을 촉진시키는 계기가 된다는 입장을 갖는다. 이러한 관점에 의하면, 학습이란 각 개인이 자신들의 인지 구조 속에서 지식을 재구성하는 것을 의미하며, 교사와 동료 학습자는 개인의 인지적 갈등을 촉진하는 역할을 한다고 볼 수 있다. 인지구성주의 학습에서는 학생이 학습 활동의 주체가 되어 탐구학습, 문제해결 학습, 프로젝트 학습 등을 수행한다.

세 가지 학습은 각각 강점과 한계를 지닌다. 행동주의 학습 이론은 기초 지식을 효과적으로 전달하지만, 학생의 사고력과 능동적 참여를 제한할 수 있다. 사회구성주의 학습 이론은 협력과 상호작용을 강조해 깊이 있는 학습을 유도하지만, 개인의 주체적인 사고 과정을 간과할 위험이 있다. 인지구성주의 학습 이론은 자기주도적 학습을 강조하지만, 사회적 소통과 보편적 지식 형성의 한계를 가질 수 있다.

따라서 효과적인 학습을 위해서는 세 이론의 강점을 결합한 통합적 접근이 필요하다. 행동주의적 요소를 활용해 기본 개념을 체계적으로 전달하면서도, 사회구성주의적 방법을 적용해 협력적 학습과 의미 공유의 기회를 제공해야 한다. 동시에, 인지구성주의적 방식을 도입해 학생들이 자신의 경험을 바탕으로 능동적으로 지식을 구성하고 탐구할 수 있도록 유도해야 한다.

참고문헌

박태호, 김규섭, 김경애, 김현옥, 김주현, 김수진, 김태우, 노영수, 류성창, 소재석, 우성제, 유지은, 정석준(2017). CoRe 질문을 활용한 배움중심 과학수업. 아카데미프레스.

탐구 과제 22: 학생의 학습 능력과 교사 수업 전문성

존 해티(John Hattie, 2019)는 학생의 학업성취도에 영향을 미치는 요인으로 학생(50%), 교사(30%), 가정환경(5~10%), 동료 관계(5~10%), 학교 환경(5~10%), 교장 역량(5~10%)을 들고 있다. 이 중에서 가장 영향을 미치는 요인 두 가지가 바로 학생(50%)과 교사(30%) 요인이다. 여기서 학생 본인의 노력을 제외하면 학생의 학업성취도 향상에 가장 큰 영향을 미치는 것이 바로 교사의 수업 전문성이다. '교사의 생명은 수업'이라는 말을 생각한다면, 수업 리더의 생명 역시 교사의 수업 전문성 신장 역량이 아닐까?

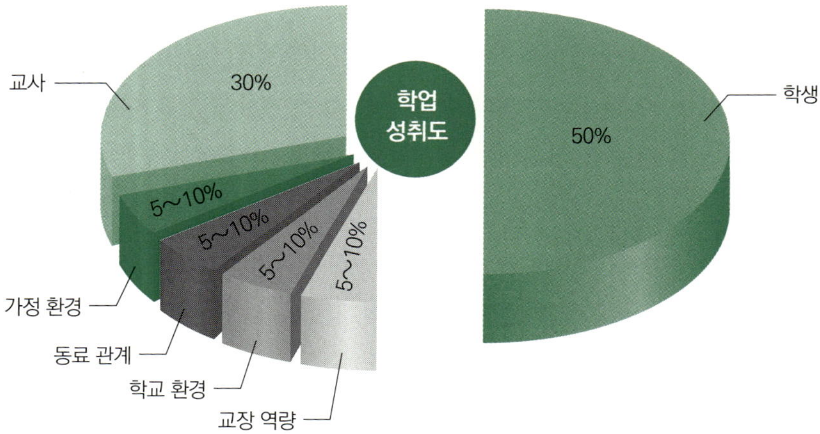

[그림 22-1] 학생의 학업성취도에 영향을 미치는 요인과 비율

존 해티(Hattie, 2019)의 메타분석에 따르면, 학생의 학업성취도에 가장 큰 영향을 미치는 요인은 학생 자신(50%)이다. 이 연구에 따르면, 학습 주체는 학생이며 학업 성취를 결정짓는 핵심 요인은 자기주도 학습 태도와 내적 동기 유발이다. 학생이 학습에 대한 주도권을 갖지 못하면, 외부에서 아무리 많은 지원을 하더라도 성과를 내기 어렵다. 따라서 교사는 학생이 학습에 대한 책임감을 기르고 자기조절(self-regulation) 능력

을 기를 수 있도록 적극적으로 도와야 한다.

이와 함께, 학생 다음으로 학업 성취에 큰 영향을 미치는 요인은 교사(30%)이다. 이는 교사가 단순히 지식을 전달하는 사람이 아니라, 학습 환경을 조성하고 학습을 촉진하는 주체로서 중요한 역할을 맡고 있음을 시사한다. 교사는 적절한 교수 전략을 선택하고, 시의적절한 피드백을 제공함으로써 학생의 인지적 · 정서적 반응에 긍정적인 변화를 이끌 수 있다. 특히 교사가 수업을 체계적으로 설계하고 학생의 능동적인 참여를 이끌어 내며 평가 방식과 피드백을 지속적으로 개선할 때, 학생은 자기주도 학습자로 성장할 수 있다.

반면, 가정(5~10%), 또래(5~10%), 학교(5%), 교장(5%) 등의 요인은 상대적으로 낮은 영향을 미치는 것으로 분석되었다. 이는 학교, 교장, 또래 집단보다는 학생과 교사 간의 상호작용이 학생의 학업성취도에 더 영향을 미친다는 것을 의미한다. 교육적 성취는 외부 여건보다는 교실 안에서 일어나는 상호작용과 학습 동기에 더 크게 좌우된다. 따라서 학생의 학습 능력 신장과 교사의 교수법 개선을 교육 정책의 최우선 과제로 선정할 필요가 있다.

TIP

10년 전, 초임 교사 시절에 '하늘이'를 가르쳤다. 하늘이는 기본적인 연산도 어려워했고, 조금만 막히면 곧바로 "선생님, 몰라요."라며 손을 들었다. 금세 포기하고 새로운 문제에 도전하는 것조차 두려워하는 아이였다.

그런 하늘이를 마주하는 건 쉽지 않았다. 설명을 반복해도 이해하지 못했고 수업 흐름도 자주 끊겼다. 솔직히 답답했고, 한편으론 피하고 싶기도 했다. 하지만 문득 '하늘이가 못 따라오는 게 아니라, 내가 하늘이에게 맞춰 주지 못하고 있는 건 아닐까?'라는 생각이 들었다.

그날 이후 수업 방식을 바꿨다. 개념을 더 작게 나누고, 정답을 알려 주기보다는 질문을 통해 스스로 생각할 기회를 주기로 했다. 덧셈 문제를 풀 때는 "먼저 어떤 숫자를 보면 좋을까?"처럼 단계별로 접근하도록 유도했다. 처음엔 머뭇거리던 하늘이도 점차 자신감을 되찾았고, 어느 날엔 혼자 힘으로 문제를 풀고 활짝 웃기도 했다. 그 웃음이 아직도 내 마음속에 생생하다.

하늘이와의 경험을 통해 배운 건 분명하다. 학습이 느린 아이를 가르치는 일은 어렵고 때로는 지치기도 하지만, 교사로서 반드시 해야 할 중요한 일이라는 것이다. 포기하지 않고 함께 걸어가는 교사가 한 명만 있어도, 아이는 다시 도전할 힘을 얻는다. 교실에 그런 교사가 더 많아지길 바란다.

참고문헌

Hattie, J. (2019). *Visible learning: Feedback*. Routledge

탐구 과제 23: 교사의 수업 역량과 학생의 학업성취도

교사의 수업 능력은 학생들의 학업성취도에 결정적인 영향을 미친다. 학생들은 잘 가르치는 교사를 만날수록 성적이 꾸준히 향상되지만, 못 가르치는 교사를 만날수록 학업성취도가 계속해서 낮아지는 경향이 있다. 특히 학업성취도가 낮은 학생일수록 교사의 가르치는 방식과 피드백의 질에 따라 결과가 크게 좌우된다. 그렇다면 교사의 수업 전문성이 학생의 학업성취도에 어느 정도나 영향을 미칠까?

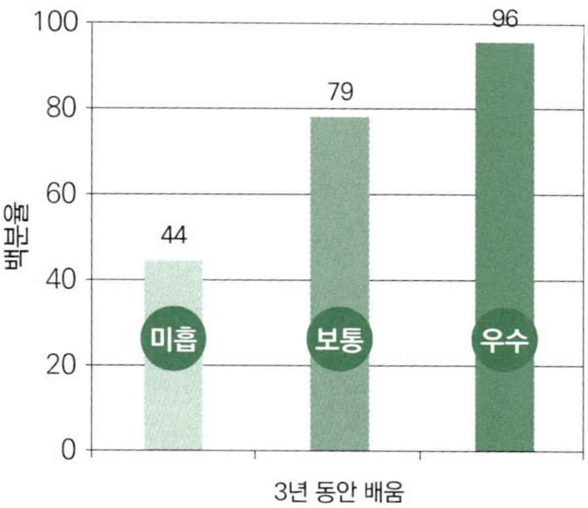

[그림 23-1] 미국 테네시주에서 실시한 5학년 수학 시험 결과 분석

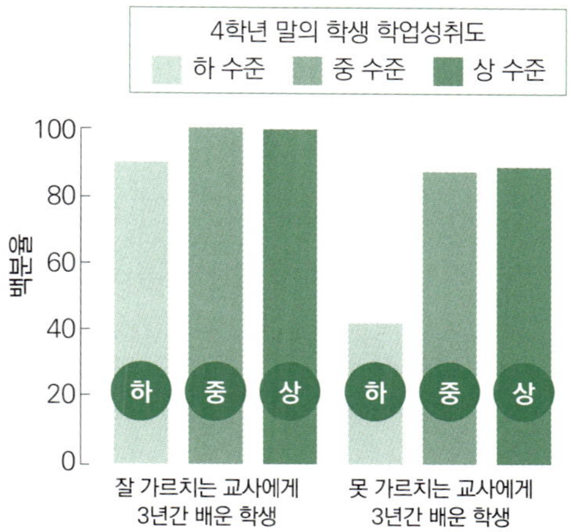

[그림 23-2] 교사의 수업 역량이 학생의 학업성취도에 미치는 영향

교사의 수업 전문성은 학생의 학업성취도에 중대한 영향을 미친다. [그림 23-1]은 미국 테네시주에서 실시한 5학년 수학 시험 결과를 분석한 자료이다. 교사의 수업 역량에 따라 학생의 학업성취도가 얼마나 큰 차이를 보이는지를 실증적으로 보여준다(Sanders & Rivers, 1996). 연구 결과에 따르면, 3년 연속 잘 가르치는 교사를 만난 학생들은 평균 96%에 이르는 높은 성취도를 기록한 반면, 보통 수준의 교사를 만난

학생들은 79%, 잘 못 가르치는 교사를 경험한 학생들은 44%의 성취도를 보였다. 이처럼 교사의 수업 전문성은 학생의 학업성취도를 좌우하는 중요한 변수라는 것을 확인할 수 있다.

[그림 23-2]는 교사의 수업 역량이 학생의 학업성취도에 미치는 영향력을 보여 준다(Bracey, 2004). 연구진은 4학년 말 학생들을 상 · 중 · 하위권으로 나눈 뒤, 이후 3년 동안 잘 가르치는 교사와 그렇지 못한 교사를 연속적으로 경험했을 때의 학업성취도를 비교하였다. 그 결과, 잘 가르치는 교사를 연속해서 만난 학생들은 학업성취도가 유지되거나 향상되었고 특히 하위권 학생들의 학업성취도 향상이 두드러졌다. 반면, 잘 못 가르치는 교사를 연속해서 만난 학생들은 전반적으로 성취도가 낮아졌다. 그중에서도 기초 학력이 부족한 학생들의 하락 폭이 가장 컸다.

이 연구는 한국 교육에도 중요한 점을 시사한다. 최근 우리나라에서도 관계 중심 교육이 강조되고 있다. 그러면서 자연스럽게 학업성취도 향상이라는 교육의 본질적 목표가 상대적으로 약화되는 경향도 나타난다. [그림 23-1]과 [그림 23-2]가 보여 주듯이, 학생의 실질적인 학습 성장은 교사의 수업 역량에 의해 좌우된다. 학생에게 정서적 지지와 안정된 관계를 제공하는 것도 중요하지만, 그 기반 위에 실제적인 배움과 성취를 가능하게 하는 수업 설계와 교수 전략이 반드시 병행되어야 한다. 특히 학습에 어려움을 겪는 학생들에게는 학력 향상이라는 명확한 목표와 그에 따른 체계적 지원이 필요하다.

TIP

나는 교사다. 그리고 매일 고민한다. 기초 학력이 부족한 아이들을 그냥 두어도 되는 걸까? 수업은 빠르게 흘러가고 진도를 나가기도 벅찬데, 학습이 느린 아이들에게 더 많은 시간을 쏟는 게 맞는 걸까? 하지만 연구 결과는 분명하다. 내가 어떤 교사인지에 따라 아이들의 미래가 달라진다. 내가 포기하면, 아이들은 정말로 뒤처지고 만다. 하지만 내가 한 번 더 다가가고, 끝까지 포기하지 않는다면 아이들은 달라질 수 있다. 아이들은 본능적으로 안다. 내가 정말로 신경 쓰는지, 아니면 그냥 흘려보내는지. 결국, 교사의 선택이 아이들의 학습을 좌우한다. 나는 어떤 교사가 되어야 할까?

혼자 고민할 필요는 없다. 더 나은 교사가 되기 위해서 나 역시 배워야 한다. 잘 가르치는 동료들의 수업을 보고 그들과 이야기하고 나의 수업을 성찰해야 한다. 작은 변화라도 시도하다 보면, 언젠가 아이들도 변할 것이다. 물론 쉽지 않다. 매일의 수업이 완벽할 수는 없지만 나는 포기하지 않을 것이다. 나는 교사이기 때문이다. 더불어 내 수업을 듣는 모든 아이가 '배움이 더 자라고 성장할 수 있는 아이들'이라는 사실을 잊지 않을 것이다.

참고문헌

Bracey, G. W. (2004). *Setting the record straight: Responses to misconceptions about public education in the U.S.* (2nd Edition). CM: Heinemann.

Sanders, W. L., & Rivers, J. C. (1996). *Cumulative and residual effects of teachers on future student academic achievement*. Knoxville, TN: University of Tennessee Value-Added Research and Assessment Center.

탐구 과제 24: 점진적 책임이양(GRR) 모형과 학생 배움

어떤 학습자는 교사 주도의 설명과 시범 단계에서, 어떤 학습자는 동료와의 협력적 주도에 의한 질문과 대화 및 토론 단계에서, 어떤 학습자는 스스로 계획을 하고 실행하며 점검하고 책임지는 자기주도 학습 단계에서 배움이 일어난다. 이러한 배움은 학습자의 발달 특성, 학습 내용의 난이도 등에 따라 다양하게 발생한다. 만약에 이 중에서 어느 한 유형만을 강조한다면, 특정 학생은 배움에 어려움을 겪게 된다. 이러한 문제를 해결할 수 있는 방안 중의 하나가 점진적 책임이양 모형(Gradual Release of Responsibility)이다. 그렇다면 점진적 책임이양 모형의 구성요소와 원리는 무엇이고 어떻게 활용할 수 있을까?

피셔와 프레이(Fisher & Frey, 2021)의 점진적 책임이양 모형(Gradual Release of Responsibility: GRR)은 교육 분야에서 피아제(Piaget, 1952), 비고츠키(Vygotsky, 1978), 브루너(Bruner, 1976) 등의 연구를 통합하여 발전시킨 개념이다. 이 모형은 수업의 주도권이 교사에서 학생으로 점진적으로 이양되는 과정에서 학생의 학습이 촉진된다는 가정을 바탕으로 한다. GRR 모형은 교사 주도 학생 참관('I do'), 교사 주도 학생 부분 참여('We do it together'), 학생 주도 교사 부분 참여('You do it together'), 학생 주도 교사 참관('You do it alone')의 네 단계로 구성된다. 이 네 단계는 교사의 역할이 설명자에서 관찰자로 점차 변화하고, 학생의 학습 책임이 점차 확대되는 구조로 이루어져 있다. 이는 비고츠키의 근접 발달 영역(ZPD), 브루너의 비계 설정(scaffolding), 피아제의 인지 발달 이론과 밀접하게 연계된다.

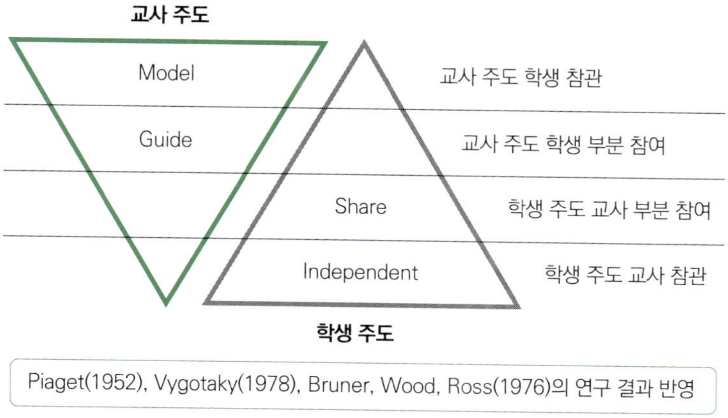

[그림 24-1] 점진적 책임이양(GRR) 모형

첫 번째 단계는 교사 주도 학생참관의 단계이다('I do, You watch'). 이 단계에서는 교사가 주도적으로 핵심 내용을 전달하고 시연하는 집중 학습(Focused learning)을 한다. 이때 교사는 중요한 학습 내용을 명확하게 설명하고 관련된 시범을 보이면서 학생들이 핵심 내용(지식과 기능 및 태도)을 명확하게 이해할 수 있는 기반을 마련한다. 학생들은 이 과정에서 교사의 지도를 주의 깊게 듣고 관찰하며 이해가 되지 않는 부분이나 추가로 궁금한 사항에 대해 질문하면서 새로운 내용을 학습한다. 학생들은 단순히 듣고 관찰하는 데 그치지 않고, 교사의 설명을 따라가며 내용을 예측하거나 이해되지 않는 부분에 대해 질문하고 주요 개념을 스스로 정리하는 등의 인지적 활동을 수행한다.

두 번째 단계는 교사 주도 학생 부분 참여의 단계이다('I do, You help' 혹은 'We do it together'). 이 단계는 교사 주도의 학습 활동을 하지만 점진적으로 학생들이 참여하는 안내된 학습(Guide Learning) 혹은 반복 학습을 한다. 이 단계에는 또래 상호작용(Peer Interaction)이나 또래 튜터링(Peer Tutoring)도 포함될 수 있다. 이때 교사는 안내자(guide)로서 학생의 사고 흐름을 지원하고 필요한 경우 즉각적인 피드백이나 추가 설명을 제공한다.

세 번째 단계는 학생 주도 교사 부분 참여의 단계이다('You do, I help' 혹은 'You

do it together'). 이 단계에서는 주로 학생들이 주도하고 교사가 지원하는 공유 학습(Shared Learning)을 한다. 이 시기의 학생들은 소그룹을 형성하여 이전에 학습한 내용을 협력적으로 배우고 익힌다. 이때 교사는 학습 활동을 주의 깊게 관찰하여 필요한 학생에게 격려와 지도 및 추가 설명을 제공해 학습 효율을 높인다. 학생들은 동료와의 협력학습을 바탕으로 이전에 학습한 내용을 배우고 익히는 활동을 한다.

네 번째 단계는 학생 주도 교사참관의 단계이다('You do, I watch' 또는 'You do it alone'). 학생 주도의 개별학습, 적용 학습(Independent Practice)을 하는 단계이다. 이 단계의 학생들은 그간 습득한 지식과 기술을 바탕으로 자신의 과제에 도전하고 실제 상황에 적용하며 학습 과정을 성찰한다. 이 단계는 학생이 독립적 사고와 문제해결 능력을 강화하고 자신의 학습 과정을 주도적으로 관리하는 능력을 키울 수 있는 중요한 시기이다. 교사는 이 시기에 학습 활동을 면밀히 관찰하고 학생 발달 특성을 반영한 평가와 피드백을 제공해 학생의 배움과 성장을 지원한다.

점진적 책임이양 모형(GRR)에 따른 교사와 학생의 역할을 학생의 눈높이에 맞춰 그림으로 제시하면 다음과 같다(Edna Sackson, 2019).

첫 번째 단계인 시범 보이기 단계에서 교사는 개념과 학습 방법을 학생에게 직접 설명하거나 시범을 보인다. 학생들은 교사의 설명을 듣거나 시범을 관찰하면서 개념을 이해하고 기능을 습득한다. 이때 학생들은 "Tell me." "Show me."를 요구하며 교사의 설명을 듣고 시범을 관찰한다. 이 단계에서는 주로 교사의 역할이 가장 강조되고 학생들은 경청하며 참관한다.

두 번째 단계인 공유하기에서는 교사와 학생이 함께 활동을 수행한다. 학생들은 교사의 지원을 받으며 점진적으로 학습에 참여한다. 교사는 학생들의 참여를 유도하고 학생들이 "Help me."라고 도움을 요청하면 적절한 피드백을 제공하며 학습을 돕는다. 이 과정에서 학생들은 교사와 협력하며 개념을 더욱 명확하게 이해하고 점차 독립적인 학습자로 성장할 준비를 한다.

세 번째 단계인 안내하기에서는 학생들이 서로 협력하며 과제를 수행하고 학습을 확장해 나간다. 교사는 학생들이 스스로 해결할 수 있도록 안내하는 역할을 하며, 필요할 때만 피드백을 제공한다. 이 단계에서 학생들은 "Watch me."를 요구하며 점점 더 주도적으로 학습 활동에 참여하고 교사의 지원 없이 문제를 해결하려는 태도를 갖는다.

네 번째 단계인 적용하기에서는 학생들이 배운 내용을 독립적으로 적용하게 된다. 이 단계에서 학생들은 "Let me."라고 말하며 스스로 해결하려는 태도를 보이며, 교사의 개입 없이 주어진 과제를 수행한다. 교사는 최소한 개입하며 학생들의 학습 결과를 점검하고 피드백을 제공하지만, 학습의 주도권은 완전히 학생들에게 넘어간다.

이것을 바탕으로 점진적 책임이양 모형(GRR)에 따른 교사와 학생의 역할 점검표를 제시하면 다음과 같다.

GRR(점진적 책임이양)에 따른 교사와 학생의 역할 점검표

학습흐름(Fisher & Frey, 2019)	주요 활동		수행 장면
I do you watch (교사 주도 학생참관)	집중 학습(Focused learning)		
	교사	• 설명, 시범, 질문(확인)	
	학생	• 경청, 관찰 & 참관(Tell me & Show me)	
I do, You help (We do it together) (교사 주도 학생 부분 참여)	반복 학습(Shared learning)		
	교사	• 설명, 시범, 질문(복습) (교사 주도/동료주도(Peer Tutoring))	
		• 안내, 협의, 조언	
	학생	• 질문, 협력, 표현(Help me)	
You do, I help (You do it together) (학생 주도 교사 부분 참여)	안내된 학습(Guided practice)		
	학생	• 학생 주도 배움과 익힘(Watch me)	
	교사	• 격려, 지원, 인정	
You do, I watch (You do it alone) (학생 주도 교사 참관)	적용 학습(Independent practice)		
	학생	• 학생 주도 도전, 적용, 성찰(Let me)	
	교사	• 평가, 피드백	

다음은 어느 한 교사의 국어 수업 장면을 GRR 모형에 따라 관찰하고 기록한 것이다.

GRR(점진적 책임이양)에 따른 교사와 학생의 역할 점검표

학습 목표	낱말의 짜임에 대해 알 수 있다.			
학습 흐름	학습 활동	주요 활동		수행 장면 (관찰 혹은 관찰되지 않음)
I do you watch (교사 주도 학생참관)	• 단원 개관 • 학습동기 유발 • 학습 목표 확인 및 학습 활동 안내 • 〈활동 1〉 단일어와 복합어 알기	집중 학습(Focused learning)		• 단일어와 복합어를 설명하고 시범을 보이는 장면이 관찰됨 • 자문자답의 닫힌 발문 관찰 • 질문 후 기다리는 장면이 관찰되지 않음
		교사	• 설명, 시범, 질문(확인)	
		학생	• 경청, 관찰, 부분 참여 (Tell me & Show me)	
I do, You help (We do it together) (교사 주도 학생 부분 참여)		반복 학습(Shared learning)		• 단일어와 복합어를 교사 주도나 동료 주도로 복습하고 부분 연습하는 장면이 관찰되지 않음
		교사	• 설명, 시범, 질문(복습) (교사 주도/동료 주도)	
			• 안내, 협의, 조언	
		학생	• 질문, 협력, 표현 (Help me)	

<table>
<tr><td rowspan="3">You do, I help
(You do it together)
(학생 주도
교사 부분 참여)</td><td rowspan="3">• 〈활동 2〉
복합어 놀이하기</td><td colspan="2">안내된 학습(Guided practice)</td><td rowspan="3">• 일부 학생이 자신 있게 대답하지 못하거나 오답을 말하는 장면이 관찰됨</td></tr>
<tr><td>학생</td><td>• 학생 주도 배움과 익힘
(Watch me)</td></tr>
<tr><td>교사</td><td>• 격려, 지원, 인정</td></tr>
<tr><td rowspan="3">You do, I watch
(You do it alone)
(학생 주도
교사 참관)</td><td rowspan="3">• 〈활동 3〉
복합어 정리하기</td><td colspan="2">적용 학습(Independent practice)</td><td rowspan="3">• 순회지도를 하며 평가하거나 피드백을 주는 장면이 관찰되지 않음
• 어수선한 학습 분위기를 정돈하는 모습이 관찰되지 않음</td></tr>
<tr><td>학생</td><td>• 학생 주도 도전, 적용, 성찰(Let me)</td></tr>
<tr><td>교사</td><td>• 평가, 피드백</td></tr>
</table>

첫 번째 단계인 'I do, you watch'에서 교사는 단일어와 복합어를 설명하고 시범 보이며 학생들은 이를 주의 깊게 관찰하고 궁금한 내용에 대해 질문을 한다. 두 번째 단계인 'I do, You help'는 관찰되지 않았다. 이 단계는 학생들이 교사와 함께 학습한 내용을 복습하고 연습하는 단계이다. 이 단계가 관찰되지 않았다는 것은 하 수준 학생들의 복습 기회를 제시하지 않았다는 점에서 학습결손으로 이어질 개연성이 높다. 세 번째 단계인 'You do, I help'에서 학생들이 학습의 주도권을 갖고 소그룹에서 활동하고 교사는 지원과 격려를 제공한다. 예를 들어, '복합어 놀이하기'와 같은 활동을 통해 학생들은 배운 내용을 실제로 적용하면서 자신의 것으로 내면화하는 과정을 거친다. 물론 상 수준 학생들의 경우에는 소집단 학습 활동에 적극 참여하여 배우고 익힌다. 그러나 하 수준 학생들의 경우에는 학습 내용을 명확히 이해하지 못하였고 관련 배경지식도 부족하여 부적절한 반응을 보였다. 이러한 상황을 불편해하는 동료들의 모습도 관찰되었다. 네 번째 단계인 'You do, I watch'에서 학생들은 독자적으로 새로운 내용에 도전하거나 삶에 적용하고 자신의 학습 활동을 성찰하는 활동을 한다. 그리고 교사는 이러한 학생 활동에 대해 평가하거나 피드백을 한다. 그러나 순회지도를 하며 평가를 하거나 피드백을 주는 장면이 관찰되지 않았고 어수선한 학습 분위기에서 마무리가 되었다.

TIP

점진적 책임이양 모형(GRR)에 따라 국어 수업을 관찰하며, 교사와 학생의 역할이 어떻게 전개되는지를 살펴보았다.

첫 번째 단계인 'I do, You watch'에서 교사는 단일어와 복합어 개념을 설명하고 시범을 보였다. 학생들은 경청하며 따라갔지만, 질문에 대한 반응이 제한적이었다. 교사가 질문 후 기다리는 시간이 부족해 학생들의 적극적인 사고를 유도하지 못한 점이 아쉬웠다. 마치 씨앗을 심고 물을 주었지만 햇빛을 기다릴 시간이 부족한 듯했다.

두 번째 단계인 'I do, You help'는 관찰되지 않았다. 이 단계에서 학생들은 학습 내용을 복습하고 연습해야 하지만, 이를 생략하면서 하 수준 학생들에게 충분한 기회를 제공하지 못했다. 마치 벽돌을 쌓아야 하는데, 중간 과정이 빠진 듯한 느낌이었다.

세 번째 단계인 'You do, I help'에서 학생들은 '복합어 놀이하기' 활동을 하며 소집단 학습에 참여했다. 일부 학생들은 자신감 부족과 배경지식 부족으로 어려움을 겪었으며, 동료들과의 협력에서 소외되기도 했다. 하지만 교사의 격려와 지원이 흐린 날의 햇살처럼 학생들에게 용기를 주었다. 더 세밀한 개입이 있었다면, 학습이 더욱 단단하게 자리 잡았을 것이다.

네 번째 단계인 'You do, I watch'에서는 학생들이 독립적으로 활동하며 학습을 마무리해야 했지만, 순회지도와 피드백이 충분히 이루어지지 않았다. 교사의 역할이 최소화되는 단계라도 학습의 질을 높이기 위해 피드백이 필요하다는 점이 느껴졌다. 이는 마치 요리를 마무리할 때 마지막 간을 맞추는 과정과 같다. 적절한 피드백이 학생들의 학습을 완성할 수 있다.

참고문헌

Fisher, D., & Frey, N. (2021). *The gradual release of responsibility in practice*: When, why, and how. Corwin.

Sackson, E.(2019). *Gradual Release of Responsibility* [Cartoon]. ToonDoo. Retrieved from https://whatedsaid.wordpress.com

탐구 과제 25: ZPD와 Scaffolding

교실에서 학생이 과제를 이해하지 못해 혼란스러워하거나, 너무 쉬워 흥미를 잃는 상황은 흔하다. 이는 교사가 학생의 수준과 과제 난이도 간 간극을 제대로 파악하지 못했기 때문이다. 이때 ZPD에 기반한 비계 설정이 없다면 수업은 쉽게 흐트러지고 학습 효과도 떨어진다. 결국 학생의 발달을 효과적으로 지원하려면 교사는 언제, 무엇을, 어떻게 도울지를 판단할 수 있어야 한다. 교사가 ZPD에 근거한 비계 설정 역량을 수업의 핵심 전문성으로 삼아야 하는 이유가 여기에 있지 않을까?

1. 근접발달 지역

근접발달영역(Zone of Proximal Development: ZPD)은 비고츠키(Vygotsky, 1978)가 제시한 사회문화적 발달 이론의 핵심 개념으로, 학습자가 현재는 혼자 해결할 수 없지만 유능한 타인의 도움을 받으면 수행 가능한 영역을 의미한다. 이 영역은 학습자가 이미 할 수 있는 실제 발달 수준(actual development)과 도움을 받아 도달 가능한 잠정적 발달 수준(potential development) 사이에 존재하는 변화 가능성이 열려 있는 학습 공간이며, 비고츠키는 이 공간에서 실제적인 발달이 일어난다고 보았다.

ZPD는 정적인 영역이 아니다. 사회적 상호작용 속에서 새로운 인지 구조가 형성되는 역동적 영역이며 교육적 개입이 가장 효과적으로 작동할 수 있는 지점이다. 이 개념은 이후 사회구성주의 학습의 이론적 기반이 되었고 학습자 중심 수업 설계에서 교사의 역할을 새롭게 정의하는 데 결정적인 기여를 했다.

2. Scaffolding: ZPD 실현을 위한 실천 전략

ZPD는 그 자체로는 이론적 공간에 머물지만, 이를 실제 수업 현장에서 실현 가능하게 만드는 전략이 바로 Scaffolding(비계 설정)이다. Scaffolding은 우드, 브루너, 로스(Wood, Bruner, & Ross, 1976)에 의해 개념화된 교수 지원 방식으로, 학습자가 과제를 독립적으로 수행할 수 있을 때까지 교사가 임시적으로 제공하는 조절된 지원을 의미한다.

비계 설정은 획일적으로 적용되는 것이 아니라 학습자의 수준과 과제의 성격에 따라 탄력적으로 적용된다. 학생이 점차 과제를 스스로 해결할 수 있게 되면, 교사는 제공하던 도움을 점진적으로 줄이게 되며, 이 과정을 통해 학습자는 사고 전략과 문제 해결 능력을 내면화하게 된다. 이러한 비계 설정은 ZPD가 이론적 가능성에 머물지 않고, 실제 수업에서 학습이 일어나는 구체적 장면으로 이어지도록 하는 역할을 한다.

다음은 ZPD 내에서 비계 설정 유형을 은유적으로 표현한 그림이다.

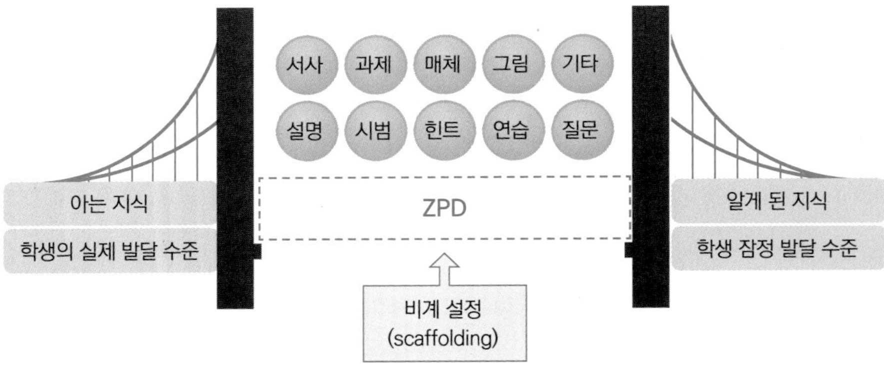

[그림 25-1] Vygotsky의 근접발달 영역과 마중물 수업(Zone of Proximal Development)

3. 타자주도 마중물 학습 전략: ZPD 실현을 위한 실제 적용

ZPD 내에서의 Scaffolding이 수업에서 효과적으로 실현되기 위해서는, 교사가 구체적이고 다양한 방식으로 학습을 지원해야 한다. 이러한 실천 전략을 체계화한 것이 '타자주도 마중물 학습 전략'이다. 이 전략은 학습자가 ZPD에 도달했을 때, 교사가 제공할 수 있는 구체적인 교수 개입 형태를 9가지 범주로 정리한 것이다. 여기에는 설명, 시범, 과제, 질문, 매체, 연습, 서사, 그림, 단서 등이 있다.

	마중물 학습 전략		수행 정도(관찰되거나 관찰되지 않음)
타자 주도	☐설명	☐과제	
	☐시범	☐매체	
	☐연습	☐서사	
	☐발문	☐그림	
	☐단서	☐기타	

1) 설명

설명이란 어떤 일이나 대상의 내용을 상대편이 잘 알 수 있도록 밝혀 말하는 것이다. 설명한다는 것은 언어나 도표, 상징을 이용하여 상대방이 어떤 현상에 대한 지식과 이해를 높이도록 도움을 주는 것이다. 교육의 측면에서 보면, 교과 내용에 대한 학생 이해도를 증진시키기 위한 포괄적 해설이 된다. 설명에는 두 가지 요소가 작용한다. 설명할 내용과 방법이다. 전자에는 개념, 요소, 원리, 절차, 법칙이 해당되고, 후자에는 실물과 행동, 모형, 그림, 예화, 도표, 알고리즘, 언어나 상징을 이용한 묘사 등이 해당된다.

이병석(1999: 108-122)은 좋은 설명 방식으로 '예시 자료를 활용한 설명'과 '학습을 용이하게 하는 설명'의 두 가지 유형을 들었다. 전자에는, ① 적절한 시각 자료를 예시 자료로 선택하여 학생의 이해를 촉진시키는 수업, ② 학생에게 친숙한 경험이나 배경지식을 예시 자료로 활용하는 수업, ③ 동일 내용에 대해서도 다양한 관점으로 접근할 수 있는 예시 자료를 활용하는 수업, ④ 하나씩 차근차근 예를 들면서 가르치는 수업의 네 가지를 제시했다. 그리고 학습을 용이하게 하는 설명 방식으로, ① 학습 목표 도달에 필요한 내용과 절차를 미리 알려 주는 수업, ② 새로운 교과 내용을 가르치기 전에 관련 배경지식이나 기초 개념을 알려 주는 수업, ③ 설명 초기에 학생의 관심을 끄는 머리말을 사용하는 수업, ④ 새로운 교과 내용을 설명하면서 하나씩 차근차근 가르쳐 주는 수업, ⑤ 주요 학습 내용을 미리 분석하고, 관련성을 파악하게 하는 수업, ⑥ 학생들에게 친숙한 일상 용어를 사용하여 복잡한 교과 내용을 쉽게 가르치는 수업, ⑦ 단순 도표나 차트, 선, 도형 등을 이용하여 체계적이고 쉽게 가르치는 수업, ⑧ 학생의 반응을 살피면서 눈높이에 맞게 가르치는 수업, ⑨ 학생의 주의를 집중시키면서 설명하는 수업 등을 제시했다.

좋은 설명 전략	자주	가끔	전혀
발음이 명확하고, 목소리가 적절하다.			
상황에 맞는 몸짓을 하고 눈을 맞춘다.			
상투 표현이나 비속어는 사용을 금한다.			
학습 목표와 활동을 차근차근 알려 준다.			
선수학습과 연계하여 새로운 정보를 제시한다.			
중요한 내용은 요약하고 중요 어휘는 반복한다.			
어려운 내용이나 예시는 바꾸어 설명한다.			
질문을 하면서 학생 이해도를 자주 점검한다.			

2) 시범

시범 보이기는 교사가 특정 수업 상황이나 내용에 대해 자신의 느낌이나 생각, 행동을 학생에게 가시적으로 보여 주는 것이다. 더피, 로인러와 헤르만(Duffy, Roehler, & Herrman, 1988)에 따르면, 시범 보이기 유형은 크게 세 가지이다. 생각을 혼자 중얼거리는 TA(Thinking Aloud) 기법, 교사와 학생이 함께 중얼거리며 서로 대화하는 ta(talking aloud) 기법, 일절 말하지 않고 행동 시범을 보여 주는 PM(Performance Modeling) 기법이다.

생각그물을 활용한 아이디어 생성 과정을 시범 보이는 5학년 쓰기 수업을 보면, 사고 구술법을 활용하여 생각그물 작성 과정을 시범 보이는 장면을 관찰할 수 있다. 여기에 사용된 사고 구술법은 TA 기법과 ta 기법이다(Roehler & Duffy, 1991).

TA 기법은 교사가 전문가로서 설명과 시범을 보이고, 학생이 구경꾼의 역할을 할 때에 주로 사용하는 사고 구술법이고(④, ⑤), ta 기법은 교사가 전가로서 설명과 시범을 보일 때에 일부 유능한 학생이 초보자로 참여하여 교사와 함께 설명을 하거나 시범을 보이고, 나머지 학생은 구경꾼으로서 편안하게 전문가의 설명을 듣거나 시범을 관찰할 때에 사용하는 사고 구술법이다(⑥, ⑦).

교사 ① 어, 다발짓기할 때에 이것도 여러분이 너무나 잘 아는 거지만 혹시나 모를까 봐 다시 한번 선생님이 알려 줄게요. ② 선생님이 얘기하는 말을 잘 들어 보세요. 그냥, 음 〈일시 지속〉 선생님이 저렇게 얘기하는구나 하지 말고, 선생님이 중얼거리는 거야. ③ 뭐를 중얼거리는 거냐면, 선생님이 생각을 중얼중얼거리는 거야. 아! 그러니까 선생님이 생각을 어떻게 하고 있네, 생각을 어떻게, 어떤 과정을 거쳐서 하고 있나 잘 보세요. ④ 다발짓기를 할 때 맨 처음에 내가 이런 글을 쓸 거야. 어떤 글을 쓸 거냐 하면, 나는 그냥 아까 생각그물 만들 때 뭘 했지? 개미에 대해서 쓸 거지. 개미가 그냥 그리고 이런 느낌을 그냥 써 보려고 해. 여기다 딱 표시를 해 봤어. 그리고 처음에는, 처음에는. 개미 얼굴을 그려 볼까? 한번? 더듬이 뭐 이래도 좋고, 꼬리? 어머! 호호. 이렇게 해도 좋고. 뭐 여러분 마음대로 하세요. ⑤ 처음에 어떤 것을 할 거냐면 음, 내가 개미를, 개미를 기르게 된…….

학생 ⑥ 동기.

교사 ⑦ 어! 여러분들은 어떻게 그렇게 잘 알아요? 내 마음을?

[그림 25-2] 다발짓기를 활용하여 생각묶기를 지도하는 수업 장면

3) 질문 수준과 사례

블룸(Bloom, 1956)은, 인지 수준을 ① 지식, ② 이해, ③ 적용, ④ 분석, ⑤ 종합, ⑥ 평가의 여섯 단계로 구분했다(변홍규, 1996: 641-665). 이것을 발문 수준의 분류 기준으로 삼으면, ① 지식 발문은 학생이 이전에 학습한 사실이나 개념, 일반화된 것 또는 이론을 기억하거나 회상하도록 요구하는 발문이다. ② 이해 발문은 학생이 특정 개념이나 정보를 자신의 방식대로 표현하고 설명하도록 요구하는 발문이다. ③ 적용 발문은 특정 정보나 개념의 활용을 요구하는 것으로 학생들이 기존 지식이나 이해를 새로운 상황에 맞게 적용하거나 그것을 이용하여 문제를 해결하도록 요구하는 발문이다. ④ 분석 발문은 특정 개념이나 해결 방안 혹은 개념이나 자료를 요소나 부분으로 나누거나 관련성을 찾도록 요구하는 발문이다. ⑤ 종합 발문은 학생에게 여러 개의 아이디어나 요소를 종합하여 새로운 것으로 창조하도록 요구하는 발문이다. ⑥ 평가 발문은 학생이 특정 기준을 사용하여 사물에 대해 판단을 내리도록 요구하는 발문이다.

(1) **기억하기**(Remembering)

① ~은 무엇인가요?, ② ~은 어디인가요?, ③ 언제, 어디에서 일어난 일인가요?, ④ ~에 해당하는 것은 무엇인가요?, ⑤ ~이 일어난 까닭은 무엇인가요?, ⑥ ~을 떠올릴 수 있나요?, ⑦ ~은 누구인가요?, ⑧ ~에서 가장 중요한 것(사건, 배경, 인물) 세 가지를 든다면?, ⑨ ~을 해결하는 방법은 무엇인가요?, ⑩ ~의 이름은 무엇인가요?, ⑪ ~라고 말하거나 행동한 사람은 누구인가요?, ⑫ ~가 ~에 대해서 뭐라고 말하였나요?, ⑬ ~의 의미는 무엇인가요?, ⑭ ~ 중에서 ~을(를) 나열한다면?

(2) **이해하기**(Understanding)

① 여러분 자신의 말로 ~의 뜻을 설명할 수 있나요?, ② ~의 또 다른 예는 무엇인가요?, ③ 여러분의 삶에서 ~의 예를 찾을 수 있나요?, ④ ~을 다른 사람에게 설명한다면 어떻게 설명할 수 있나요?, ⑤ ~의 중심 내용과 뒷받침 내용은 무엇인가요?, ⑥ 그림과 도표를 활용해서 ~을 설명할 수 있나요?, ⑦ ~을 다른 범주나 항목으로 묶을 수 있나요?, ⑧ ~을 다른 범주나 항목으로 묶을 때 적용한 규칙이나 특징은 무엇인가요?, ⑨ 방금 이야기한 내용을 간단하게 정리할 수 있나요?, ⑩ 이 맥락에서 볼 때 ~가 그렇게 말하거나 행동하는 이유가 무엇일까요?, ⑪ 이 사건과 그 사건이 어떤 관계가 있을까요?, ⑫ 다음에 어떤 일이 일어날지 미루어 짐작한다면?, ⑬ A와 B의 유사점과 차이점은 무엇인가요?, ⑭ ~이 일어난 원인을 설명한다면?

(3) **적용하기**(Applying)

① 지금까지 공부한 내용을 가지고 이 문제를 어떻게 해결(발전/전개)할 수 있나요?, ② 지금까지 공부한 내용을 또 다른 상황에 어떻게 적용할 수 있나요?, ③ 이 문제를 해결하려면 어떤 방법을 적용해야 할까요?, ④ 이 문제를 해결할 수 있는 또 다른 방법이 있나요?, ⑤ ~에 대한 이해 정도를 입증할 수 있는 방법은 무엇인가요?, ⑥ ~을 설명하는 또 다른 방법은 무엇인가요? , ⑦ 면담할 때 사용할 질문 목록은 무엇인가요?, ⑧ ~을 입증하기 위해서 ~을 어떻게 조직할 것인가요?, ⑨ ~을 입증하기 위해 활용할 수 있는 방법은 무엇인가요?, ⑩ ~에 적용할 수 있는 가장 최선의

방법은 무엇인가요?, ⑪ ~을 입증하기 위해서 사용한 사실과 자료는 무엇인가요?, ⑫ ~의 결과 어떤 일이 일어날까요?, ⑬ ~의 활용 방법은 무엇인가요?

(4) **분석하기**(Analysing)

① ~의 구성 요소는 무엇인가요?, ② ~의 기능(특징)은 무엇인가요?, ③ ~과 ~은 어떤 관계인가요?, ④ ~에서 공통적으로 드러나는 것은 무엇인가요?, ⑤ A와 B를 어떻게 결합하고 조합할 수 있나요?, ⑥ 다양한 정보 중에서 어떤 정보가 타당한가요?, ⑦ ~을 어떻게 분류(범주화)할 수 있나요?, ⑧ ~중에서 어떤 것이 사실이거나 의견인가요?, ⑨ A와 B 중에서 어떤 것이 좋을까요? 그렇게 생각하는 까닭은 무엇인가요?, ⑩ 어떤 정보나 증거나 가장 중요하다고 생각하나요?, ⑪ 두 입장을 뒷받침하는 근거는 무엇인가요?, ⑫ ~의 이면에 내재된 동기는 무엇인가요?, ⑬ ~에 대한 정보를 가장 익숙하게 파악하는 방식은 무엇인가요?, ⑭ ~을 또 다른 관점에서 파악한다면?

(5) **평가하기**(Evaluating)

① ~의 행동(결과)에 대해서 찬성(반대)하는 이유는 무엇인가요?, ② ~의 중요성이나 가치를 판단할 수 있나요?, ③ 만약 ~이라면, 어떤 것이 더 좋을까요?, ④ ~을 추천한 까닭은 무엇인가요?, ⑤ ~의 비율을 어떻게 정할 것인가요?, ⑥ 이 논증은 근거가 확실한가요?, ⑦ 제시된 자료나 증거에서 오류는 없나요?, ⑧ ~중에서 가장 최우선으로 생각하는 것은 무엇인가요?, ⑨ 주장의 근거는 타당한가요?, ⑩ ~이 더 좋다고 생각하는 까닭은 무엇인가요?, ⑪ ~이 더 도덕적이라고(논리적이다, 타당하다, 중요하다, 적합하다) 판단하는 근거는 무엇인가요?, ⑫ ~에 대해서 점수를 주거나 판단한다면, 어떤 방식으로 할 건가요?, ⑬ ~에 대한 칭찬과 비판 및 판단의 근거를 제시한다면?, ⑭ ~의 가설을 검증할 때 더 적합한 자료는 무엇인가요?

(6) **창안하기**(Creating)

① 원하는 최적의 결과를 성취하려면 무엇을 새로 만들어야 할까요?, ② 준비한

계획을 실천하기 위한 다음 단계는 무엇인가요?, ③ 지금까지 미처 생각하지 못했던 문제점을 해결하는 방안은 무엇인가요?, ④ ~에 대한 대안을 제시할 수 있나요?, ⑤ ~에 대한 근거(접근 방법, 관점 등)를 새로운 관점에서 정교하게 다듬을 수 있나요?, ⑥ 지금까지와는 다른 방식으로 이 문제를 해결(개선)하려면 무엇을 더 추가해야 할까요?, ⑦ ~에 대한 계획을 어떻게 변화시켜야 할까요?, ⑧ ~에 대한 새로운 가설을 만들 수 있나요?, ⑨ ~에 대해서 독창적인 아이디어를 제시할 수 있나요?, ⑩ 만약 A라는 문제에 대해서 B라는 방안을 적용한다면 어떤 일이 일어날까요? 그렇게 생각하는 근거는 무엇인가요?, ⑪ ~을 최소화(최대화)하려면, 무엇을 어떻게 바꾸어야 할까요?, ⑫ 만약에 ~이 일어난다면, 당신은 무엇을 할 것인가요?

고수준의 질문은 학생의 이해를 확장시키고, 자신의 생각과 동료의 생각을 비교하게하여 고등 사고 능력을 향상시킨다. 그러나 고수준의 질문만을 하면 일부 상 수준 학생만 참여한다. 이것을 방지하려면 질문에 대답할 시간, 동료의 답변에 반응할 시간, 이해를 확장하고 심화시킬 시간을 충분히 제공해야 한다.

좋은 질문 전략	미흡	보통	우수
1. 발문 후 학생 대답을 듣기 전에 최소 3초 대기한다.			
2. 학생이 응답할 시간을 충분히 주고 기다린다.			
3. 학생이 응답하기 전에 자신의 언어로 연습하게 한다.			
4. 가급적 폐쇄적 발문보다는 개방적 발문을 활용한다.			
5. 사고 구술법을 활용하여 학생 사고 활동에 도움을 준다.			
6. 질문을 만들어 친구와 묻고 대답하는 활동을 하게 한다.			
7. 가급적 저차원 발문보다는 고차원 발문을 사용한다.			
8. 동료 답변에 대해 보충하거나 추가 질문을 하게 한다.			
9. 힌트를 제공하여 학생이 보다 쉽게 대답하게 한다.			
10. 학생에게 반대를 위한 반대 질문을 만들게 한다.			

4) 후속 질문

후속 질문은 질문 뒤에 나오는 질문이다. 후속 질문은 초기 반응을 심화 · 확장시키거나, 명료화하게 하거나, 일탈된 반응을 다시 원점으로 되돌리거나, 초기 반응을 정교하게 다듬는 질문이다. 탐문 유형에는, ① 초점화하게 하기, ② 입증하게 하기, ③ 명료화하게 하기, ④ 정교화하게 하기, ⑤ 확장하게 하기의 다섯 가지로 구분했다.

① 초점화하게(refocusing) 하기는 학생의 첫 반응이 교사의 핵심 질문에서 이탈되어 초점을 바로잡고자 할 때에 사용한다. ② 입증하게 하기는 학생이 교사의 발문에 반응했을 때 관련 정보의 출처를 밝히도록 요구하여 정보의 정확성을 한층 높이고자 할 때에 사용한다. 일반적으로는 '_______을 어떻게 알았는가?'의 형식으로 물으면 된다. ③ 명료화하게 하기는 학생의 첫 반응이 틀리지는 않지만 다소 불분명하거나 부적절한 용어로 표현하여 기대에 못 미칠 경우에 사용한다. ④ 정교화하게(elaboration) 하기는 교사의 발문에 답한 학생 응답이 정답의 범주에는 포함되나, 너무 기본적이거나 간결할 경우에 더 구체적인 대답을 요구할 때에 사용한다. ⑤ 확장하게 하기는 동일 내용에 대한 학생의 다양한 반응을 요구할 때에 사용한다.

5) 서사(스토리텔링)

(1) 스토리텔링의 개념

잘 가르치는 교사는 스토리텔링 교수 기법을 활용하여 학습 내용을 전달한다. 스토리텔링(storytelling)은 이야기(story)와 말하기(telling)의 합성어로, 청자의 생각이나 행동 변화를 목적으로 이야기를 전달하는 의사소통 전략이다. 교육에서 흔히 사용되는 분석적이고 논리적인 접근 방식은 학습자의 사고력을 자극하지만, 때로는 정보의 일방적인 전달로 인해 반발심을 불러일으키기도 한다. 이러한 방식은 밀어내기 전략(push strategy)에 해당하며, 학습자가 정보의 타당성을 의심하거나 흥미를 잃게 만들 수 있다. 반면, 스토리텔링은 이해와 몰입, 그리고 공감에 기초하여 학습자의 감성을 자극하는 당기기 전략(pull strategy)이다. 이야기를 통해 자연스럽게 학습 내용을 연결하면 학습자는 경계심을 해소하고, 스스로 의미를 찾으며 학습 과정에 능동적으로 참여하게 된다.

(2)「Tears in Heaven」 스토리텔링

[그림 25-3] Tears in Heaven

1991년 3월 20일, 세계적인 기타리스트 에릭 클랩튼은 뉴욕으로 향했다. 사랑하는 아들 코너를 만나기 위해서였다. 한때 술과 마약에 의존하며 바닥까지 추락했던 그는 아들을 위해 중독 치료를 결심했고 마침내 맑은 정신으로 새로운 삶을 시작해 보려 했다. 하지만 그가 도착하기도 전에 모든 것이 끝나 버렸다.

그날 아침, 네 살배기 코너는 아버지와의 만남을 손꼽아 기다리며 아파트에서 놀고 있었다. 그런데 창문 청소를 하던 관리인이 잠시 보호막을 치운 사이에 열린 창문으로 다가간 코너는 그만 53층 아래로 추락해 목숨을 잃고 말았다.

사랑하는 아들을 잃은 클랩튼은 깊은 슬픔에 잠겨 세상과 단절했다. 기타조차 잡지 않던 그는 몇 달이 지나서야 다시 음악 앞에 설 수 있었다. 피아노 앞에 앉은 어느 날, 문득 떠오른 멜로디와 함께 '천국에서 널 만나면, 내 이름을 알아볼까'라는 가사가 자연스럽게 흘러나왔다. 그렇게 탄생한 곡이 바로「Tears in Heaven」이었다.

이 노래는 전 세계인의 마음을 울렸고, 1993년 그래미 어워즈에서 '올해의 노래'를 포함해 세 개의 상을 수상했다. 하지만 클랩튼에게 이 곡은 단지 히트곡이 아니었다. 몇 년 후, 그는 더 이상 이 노래를 부르지 않기로 결심한다. 이제는 이 노래 없이도 살아갈 수 있을 만큼, 자신의 상처가 조금은 아물었다고 느꼈기 때문이다.

그럼에도「Tears in Heaven」은 여전히 많은 이들의 가슴을 울리며 한 아버지의 가장 애틋한 사랑을 기억하게 한다.

(3) 플랜더스의 개를 활용한 낙농업의 조건

김 교사는 '낙농업의 조건'을 효과적으로 이해하도록 돕기 위해 스토리텔링 기법을 활용한 수업을 설계하였다. 학생들이 개념을 보다 자연스럽게 받아들이도록 친숙한 애니메이션 「플랜더스의 개」를 활용하여 학습 동기를 유발하고 이를 논리적 탐구 과정으로 연결하고자 하였다.

수업이 시작되자, 김 교사는 「플랜더스의 개」에 나오는 삽화 한 장을 학생들에게 보여 주며 "이 애니메이션에 나오는 개의 이름이 무엇일까요?"라고 질문했다. 몇몇 학생들이 "플랜더스"라고 대답하자 교실에는 웃음이 터졌고, 김 교사는 미소를 지으며 "파트라슈입니다. 제목이 플랜더스의 개이다 보니 개의 이름이 플랜더스라고 착각할 수도 있겠네요."라고 정정했다. 학생들의 긴장이 풀리면서 교실의 분위기가 한층 유연해졌다.

학생들이 흥미를 보이기 시작하자, 김 교사는 "파트라슈는 어떤 일을 했나요?"라고 물었다. 잠시 고민하던 학생들 사이에서 "우유 배달이요!"라는 대답이 나왔고, 이에 김 교사는 "그렇죠. 그러니까 파트라슈는 낙농업에 종사한 최초의 개라고 볼 수도 있겠네요."라고 유머를 곁들였다. 학생들은 웃음을 터뜨리면서도 자연스럽게 '우유 배달'이라는 개념이 낙농업과 연결된다는 사실을 인식하기 시작했다.

김 교사는 이 흐름을 이어받아 애니메이션 속 주요 배경 요소를 하나씩 제시했다.

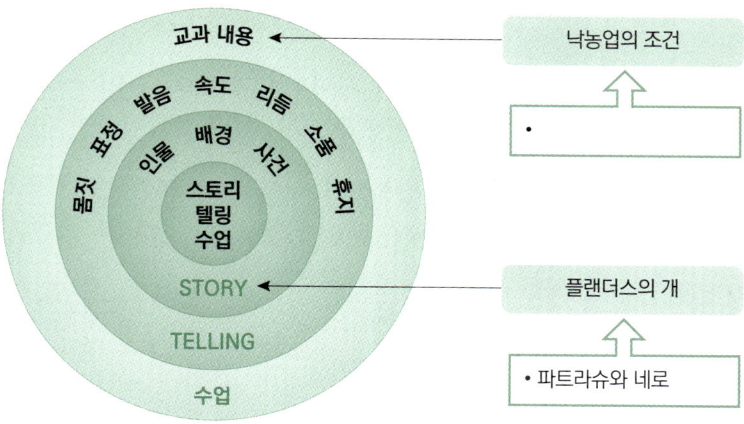

[그림 25-4] 스토리텔링 기반의 지식 소통 수업

풍차, 낮은 구릉, 시냇물, 목초지 등의 장면이 화면에 나타나자 학생들은 이를 관찰하며 공통점을 찾기 시작했다. 김 교사는 "이 장면들을 보면 어떤 환경이 떠오르나요?"라고 질문하며 학생들의 사고를 확장하도록 유도했고, 학생들은 점차 이 지역이 특정한 자연적 조건과 연관되어 있음을 깨닫게 되었다.

이후 탐구 과정으로 넘어가며 김 교사는 칠판에 세계지도를 제시한 후 "그렇다면 플랜더스는 어디에 있을까요?"라고 물었다. 학생들은 다양한 답을 내놓았고, 김 교사는 "아프리카의 사막? 알래스카? 남미의 오지?"라며 다양한 가능성을 제시하며 탐색을 촉진했다. 학생들은 논리적으로 사고하며 차근차근 조건을 탐구해 나갔고, 결국 플랜더스의 개의 배경이 북유럽 지역이라는 결론에 도달했다.

이 탐구 과정 속에서 김 교사는 학생들이 자연스럽게 낙농업이 발달하기 위한 지리적 조건을 도출할 수 있도록 유도했다. 풍차가 의미하는 바람과 강수량, 낮은 구릉이 제공하는 초지, 시냇물이 형성하는 수자원, 그리고 목초지의 존재가 모두 낙농업 발달의 핵심 요소와 연결된다는 점을 학생들이 직접 탐색하며 깨닫게 된 것이다.

이처럼 스토리텔링을 활용한 학습 접근 방식은 단순한 개념 전달을 넘어, 학생들이 능동적으로 사고하고 탐구하는 과정을 경험하게 한다. 친숙한 이야기 속에서 지식을 발견하는 과정은 학습 동기를 강화할 뿐만 아니라 개념에 대한 직관적 이해와 장기적 기억을 돕는다. 김 교사의 수업은 이를 효과적으로 활용한 사례로, 학습자가 흥미를 느끼면서도 깊이 있는 학습을 할 수 있도록 설계되었다.

(4) 금도끼 은도끼 스토리텔링을 활용한 '이야기 바꿔 쓰기' 수업

이번 학습 목표는 "친구와 이야기를 새롭게 꾸며 볼 수 있다."이다. 윤 교사는 '궁금이상자'를 활용하여 학생의 주의를 집중시키고, 〈금도끼 은도끼〉 이야기를 변용한 스토리텔링으로 학습 목표를 확인하고 학습 동기를 유발했다. 이어진 〈금도끼 은도끼〉 스토리텔링 수업 대화 장면을 보면, 지금까지의 논의와 구체적으로 연결된다.

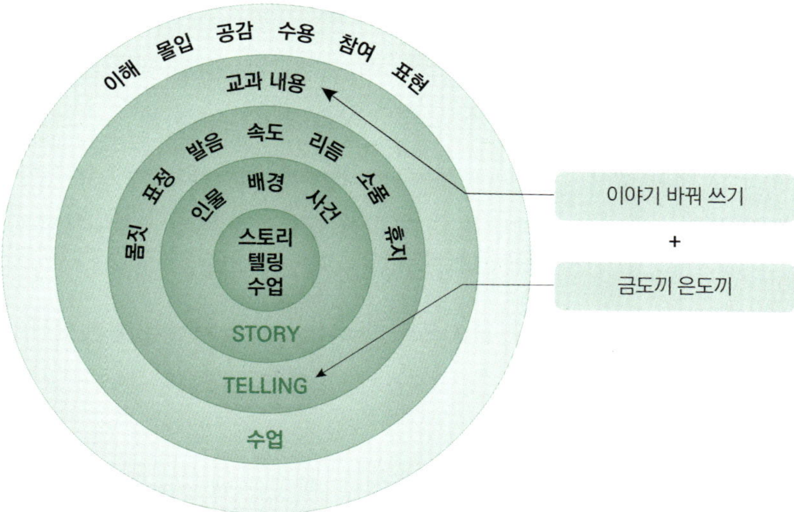

[그림 25-5] 윤 교사의 스토리텔링 수업 장면을 도식화

교사	선생님이 금도끼 은도끼 이야기를 들려줄 텐데요. 여러분이 알고 있는 이야기와는 조금 달라졌습니다. 어떤 부분이 달라졌는지 귀 기울여 잘 들어 보세요. 옛날 어느 날, 나무꾼이 나무를 하고 있었어요. 그런데 너무 더워져서 윗옷을 벗어 놓고 나무를 했어요. 나무하기를 다 끝마치고 주위를 둘러보아도 윗옷이 보이지 않는 것이었어요. 그래서 나무꾼이 엉엉 울고 있었을 때 산신령이 뿅! 하고 나타났어요. "이 도끼가 네 도끼냐?" "아니옵니다. 저는 도끼를 잃어버린 게 아니라 윗옷을 잃어버렸습니다."라고 했어요. 그러자 산신령이 "그럼, 이만 난 들어가 보겠다."라고 했어요. 그 때였어요. 산신령한테 강한 바람이 슈웅 불더니 산신령의 윗옷이 벗겨졌어요. (나무꾼이 잃어버린 옷을 입고 있는 산신령의 모습이 나타난다.) 자, 여러분이 알고 있는 금도끼 은도끼와 무엇이 달라졌나요? 슬기.
학생	네, 원래 동화에는 그 도끼가 없어지는 것인데 옷이 없어지는 것으로 바뀌었습니다.
교사	네, 방금 들은 이야기를 잘 생각해서 오늘 쓰기 시간에는 어떤 공부를 하게 될 것 같아요? 민혁이.
학생	네, 이야기를 새롭게 바꾸어 쓰는 것을 해 볼 것 같습니다.

	스토리텔링										수업
	사건	인물	배경	몸짓	표정	발음	속도	소품	리듬	휴지	• 성취 기준 • 학습 목표
관찰과 해석											

6) 단서(힌트, 실마리)

실마리 제공하기는 학생이 전혀 대답을 못 하거나 일부분만 대답했을 때 혹은 틀리게 대답을 한 경우에 학생의 학습 활동 참여를 조장하기 위해 사용하는 언어적/비언어적 수업 대화 전략이다(Hume, Michael, Rovick, & Evens, 1996; McArthur et al., 1990). 학생이 교사의 발문에 대답을 하지 못하고 머뭇거리거나 지나치게 막연해할 때는 실마리를 제공해야 한다. 이때에 교사는 정답에 가까운 실마리를 제공하기보다는 학생 스스로 과제를 해결할 수 있도록 필요한 정보를 다양하게 제시해야 한다.

7) 풀기

학습 활동 참여는 문제 풀이로부터 시작된다. 학생은 배우고 익힌 내용을 연습하거나 적용할 때에 적극적으로 반응한다. 교사의 질문에 응답하거나 교과서와 학습지의 연습문제를 풀면서, 유인물에 제시된 절차에 따라 토론과 토의 활동을 하면서 자연스럽게 학습 활동에 참여한다.

문제 풀이 유도 활동	동기 유발	특정 활동 종료 후	수업 전환	과제로 인한 자연	무제한 (학생 재량)
질문					
교과서나 학습지의 연습문제					
유인물 연습문제					
OHP나 칠판의 연습문제					

8) 토론

진정한 토론은 모든 학생이 주제에 대해 서로의 생각을 공유하고, 교사는 토론이 원만히 진행되도록 안내하며, 학생은 토론 활동에 적극 참여할 때 발생하고, 토론을 하면서 주제에 대한 이해를 확장시키고 심화시킨다. 유능한 교사는 토론을 할 때 학생이 동료의 반응을 존중하도록 지속적으로 교육하고, 동료의 논평에 대해 질문하도록 유도하며, 토론 평가표를 활용하여 토론의 양적 측면과 질적 측면을 종합적으로 기록하고, 해석한다. 아울러 학교 블로그 등에 토론 주제를 게시하여 학생의 적극적인 참여를 끌어낸다.

학생의 토론 능력을 향상시키는 기법 중의 하나가 소크라테스의 산파술이다. 소크라테스의 문답식 토론 유형에는 사고 탐색, 가정 탐색, 추론 탐색, 대안 탐색, 결론 탐색, 메타 질문이 있다. 사고 탐색은 응답 사고 능력을 향상시키는 발문 전략이고, 가정 탐색은 드러나지 않는 가정을 조사하는 사고 능력을 향상시키는 발문이며, 추론 탐색은 주장에 대한 근거 제시 및 반박 활동과 관련된 사고 능력을 향상시키는 발문이다. 대안 탐색은 논제를 다양한 관점에서 해석하고 평가하는 데 도움을 주는 발문이고, 결론 탐색은 논제에 대한 함축과 결론 제시 능력을 향상시키는 발문이며, 메타 질문은 다양한 발문의 효용성을 판단하는 발문이다.

유형	항목	자주	가끔	전혀
사고 탐색	그렇게 말하는 까닭은?			
	다시 한번 더 설명을 한다면?			
	앞에서 말한 내용과 지금 말하는 내용의 관계는?			
가정 탐색	내 생각을 수정한다면 정답은 무엇인가?			
	또 다른 가정도 가능한가?			
추론 탐색	그렇게 생각하는 까닭은?			
	이것을 어떻게 알았지?			
	의견을 뒷받침하는 사실은?			
대안 탐색	이것을 또 다른 관점에서 본다면?			
	이러한 관점이 다른 것에 비해 우수한 까닭은?			
	이 관점의 장점과 약점은 무엇인가?			
결론 탐색	다음에는 어떤 일이 발생할 것인가?			
	이전에 알고 있는 내용이 어떻게 변화되었는가?			
메타 질문	질문의 요지는 무엇인가?			
	질문이 사고 발달에 어떤 도움을 주었는가?			

몇몇 교실에서는 일부 학생들이 토론을 주도하면서 다른 학생의 참여를 막는 경향이 있다. 교사는 이러한 상황을 방지하고, 모든 학생이 토론에 적극 참여하여 상호 협력하는 환경을 조성해야 한다. 이때에 활용할 수 있는 방법 중의 하나가 토론 참여

유도 점검표이다.

활동	자료	자주	가끔	전혀
모둠별 참여	• 교사가 모둠별 질문 • 기다리기 • 특정모둠 지정발표 • 질의응답 • 일부모둠 응답내용 요약			
반응 카드 활용 참여	• 교사가 말이나 글로 질문 • 학생은 반응카드로 응답 • 다양한 카드 활용 가능 - 예/아니오 카드 - 글자가 새겨진 카드 - 글자를 적을 수 있는 빈 카드			
수신호 활용 참여	• 교사 질문 • 엄지 신호로 반응 - 정답은 올리기 - 오답은 내리기 - 자신 없으면 수평으로 하기			
무작위 참여	• 무작위 추천 및 참여 유도 - 나무 막대기 - 숫자 - 탁구공 등			

9) 매체

매체 활용 역시 수업의 질을 결정한다. 매체 자료의 유형에는 청각 자료, 언어 자료, 시각 자료, 촉각 자료가 있다.

청각 자료	언어 자료	시각 자료	촉각 자료
• 교사 설명	• 판서	• 차트, 그래프, 삽화	• 표본 검토
• 교사와 학생 질문	• OHP	• 도표나 그림 관찰	• 기구 사용
• 오디오나 비디오 청취	• 낭독	• 영화나 비디오 감상	• 제작과 구성(붙이기, 잘라내기, 그리기)
• 따라 읽기	• 소집단 교재 읽기	• 실물이나 모형 관찰	• 자료 배열과 순서 조합
• 학생들의 소집단 토론	• 필기		

좋은 수업은 위에서 제시한 매체를 학습 유형에 맞게 적용하고 활용하는 수업이다. 예를 들면, 소집단 활동을 하면서 하나의 차시 학습 목표에 대해 금강 모둠에서는 청각 자료(카세트테이프나 발표)를, 한라 모둠에서는 보기 자료(칠판의 도표 활용, 영화 감상 및 컴퓨터 자료 활용)를, 설악 모둠에서는 촉각 자료(표본이나 기구 사용, 제작)를 활용하여 학습할 수 있다. 이에 대해 마르크스(Marx)와 월시(Walsh, 1988)는 소집단별로 서로 다른 유형의 매체를 활용하여 학습 활동을 전개하면, 학생 자신이 학습 활동을 통제하고 제어하는 느낌을 갖게 된다(설양환, 박태호 외 역, 2005: 172).

청각자료	촉각자료	시각자료	언어자료	빈도		
				자주	가끔	전혀

참고문헌

박태호, 공희자, 권현선, 김종진, 노은혜(2019). 선생님도 헷갈리는 수학: 이렇게 공부해요. 아카데미프레스.

변홍규(1996). 질문제시의 기법. 교육과학사.

이병석(1999). 교수원리와 실제. 원미사.

Bloom, B. S. (1956). *Taxonomy of educational objectives: The classification of educational goals*. Longmans, Green.

Duffy, G. G., Roehler, L. R., & Herrmann, B. A. (1988). Modeling mental processes helps poor readers become strategic readers. *The Reading Teacher, 41*(6), 762-767.

Hume, G., Michael, J., Rovick, A., & Evens, M. (1996). Hinting as a tactic in one-on-one tutoring. *The Journal of the Learning Sciences*, 5(1), 23-47.

Marx, R. W., & Walsh, J. (1988). Learning from academic tasks. *Elementary School Journal, 88*(3), 207-219.

McArthur, D., Stasz, C., & Zmuidzinas, M. (1990). Tutoring techniques in algebra. *Cognition and Instruction*, 7(3).

Roehler, L. R., & Duffy, G. G. (1991). Teachers' instructional actions. In R. Barr, M. L. Kamil, P. B. Mosenthal, & P. D. Pearson (Eds.), *Handbook of reading research*

(Vol. 2, pp. 861-883). Longman.

Rosenshine, B. V., & Stevens, R. (1986). Teaching functions. In M. C. Wittrock (Ed.), *Handbook of research on teaching* (3rd ed., pp. 376–391). New York: Macmillan.

Sweeney D. (2014). 아하! 학생 배움중심의 수업 코칭 전략(*Student-Centered Coaching*). (박태호 역). 아카데미프레스. (원서는 2010년 출간).

Vygotsky, L. S. (1978). *Mind in society: The development of higher psychological processes*. Harvard University Press.

Walsh, D. J. (1988). Changes in kindergarten: Why here? Why now?. *The Elementary School Journal, 89*(2), 174-186.

Wood, D., & Bruner, J. S., Ross, G.(1976). The role of tutoring in problem solving. *Journal of Child Psychology and Psychiatry, 17*(2), 89-100.

탐구 과제 26: 학습 구덩이(learning Pit)와 자기주도 학습

학생들은 새로운 개념을 배우거나 복잡한 과제에 도전할 때 혼란과 좌절을 경험하곤 하며 이는 종종 학습에 대한 자신감 상실로 이어진다. 이러한 어려움은 학습 과정에서 누구나 겪을 수 있는 자연스러운 현상이지만, 그 의미를 제대로 이해하지 못하거나 적절히 극복하지 못할 경우 학습 동기 저하로 이어질 수 있다. 학습 구덩이 모형(Learning Pit Model)은 이러한 과정을 단순한 실패나 후퇴가 아닌 배움과 성장의 필수 요소로 본다. 이 모형은 학생들이 실패나 후퇴를 다음 단계로 도전하기 위한 디딤돌로 받아들이도록 돕는다. 또한 교사는 이 모형을 바탕으로 학습자의 학습 과정과 상태를 진단하며 적절한 지원을 제공할 수 있다. 이를 통해 학생은 인지적 혼란과 좌절을 극복하고 학습 목표에 도달하는 성취감을 경험하게 된다. 그렇다면 학습 구덩이 모형은 학습 장애물이 어떻게 성장을 위한 디딤돌로 전환되는지, 그 비밀을 밝혀 줄 수 있을까?

노팅엄(Nottingham, 2007)이 제시한 학습 구덩이(Learning Pit)는 학습자가 새로운 개념이나 문제를 이해하는 과정에서 겪는 인지적 · 정서적 변화를 시각적으로 표현한 모델이다. 그는 학습자가 익숙한 지식의 경계를 넘어설 때 마주하게 되는 도전과 혼란 그리고 이를 극복해 나가는 과정을 '구덩이'에 비유했다. 학습자는 새로운 개념을 접하면서 인지적 혼란과 불확실성에 빠지고 마치 깊은 구덩이에 빠진 듯한 감정을 경험한다. 그러나 학습자는 적절한 전략과 주변의 지원을 활용하여 점차 그 구덩이에서 벗어나고 결국에는 더 깊은 이해와 새로운 통찰에 도달하게 된다.

학습 구덩이(Learning Pit)는 ZPD와 밀접하게 연결된다. 학습자가 기존의 지식과 전략만으로는 해결할 수 없는 문제에 직면하면서 혼란과 좌절을 겪는다. 이는 학습자가 자신의 실제 발달 수준을 넘어서는 도전 단계에 진입했음을 의미한다. 학습 구덩이에 빠진 학습자는 단순한 암기나 반복 훈련만으로는 문제를 해결할 수 없으며

[그림 26-1] 학습 구덩이

기존의 사고 방식을 확장하거나 새로운 개념을 습득해야 한다. 이러한 과정은 곧 ZPD 내에서 학습자가 자신의 잠정 발달 수준을 향해 나아가는 과정과 일치한다. 따라서 학습 구덩이는 학습자가 ZPD 내에서 경험하는 인지적 도전을 보다 구체적으로 설명하는 개념이라 할 수 있다.

예를 들어, 교사는 학습자의 개념 이해를 돕기 위해 구체적인 예시와 직관적인 비유를 활용할 수 있다. 또한 학습자의 문제 해결 능력을 기르기 위해 열린 질문을 던지거나 피드백을 제공할 수도 있다. 단순히 정답을 알려 주는 대신에 단계별로 해결할 수 있도록 힌트를 점진적으로 제시하는 것도 학습 구덩이를 빠져나가는 데 도움이 된다. 뿐만 아니라, 협력 학습을 활용하여 또래나 교사와 함께 문제 해결을 경험하도록 유도하는 전략도 중요한 비계 설정 방식이다. 이처럼 학습자의 능력과 이해 수준에 따라 점진적으로 지원을 줄이며 독립적인 사고와 문제 해결을 촉진할 때, 학습자는 ZPD 내에서 학습 구덩이를 극복하고 새로운 개념을 자신의 것으로 내면화할 수 있다.

학습 구덩이의 과정은 등산에 비유할 수 있다. 처음에는 정상을 향한 기대감과 설렘이 있지만, 가파른 경사와 복잡한 길을 만나면 혼란에 빠질 수 있다. 그러나 전문가의 지도와 안내를 받으며 조금씩 돌파구를 찾고 결국 정상에 도달할 수 있다. 학습도 마찬가지다. 교사는 학습자가 학습 활동 중에 길을 잃지 않도록 조력하며 적절한 비계를 제공해야 하고 조금씩 도움을 줄이면서 학생이 독자적으로 과제를 해결할 수 있도록 도움을 제공해야 한다.

1. 도전 단계(Challenge Stage): 학습 동기 유발과 ZPD 진입

등산로 입구에서 높은 산을 바라보면 도전하고 싶은 마음과 함께 약간의 걱정도 든다. 정상에서의 멋진 풍경을 기대하지만 등산 과정 역시 만만치 않기 때문이다. 마찬가지로 이 단계의 학습자는 새로운 개념을 접하면서 도전과 불안을 함께 경험한다. 때문에 교사는 학습 목표를 명확히 하고 새로운 개념이 기존 지식과 어떻게 연결되는지 설명해야 한다. 또한 학습자가 자신감을 가지고 도전할 수 있도록 격려하는 것도 중요하다. 예를 들어, 덧셈에 익숙한 학생이 처음으로 분수 덧셈을 배울 때, 교사는 두 개념의 유사점과 차이점을 비교하며 학습자가 기존 지식을 확장하여 문제를 해결할 수 있도록 돕는다.

2. 혼란과 좌절 단계(Confusion Stage): 비계를 활용한 문제 해결 방향 제시

이 단계는 등산 도중 예상치 못한 가파른 경사나 복잡한 갈림길을 만나 방향을 잃고 당황하는 순간으로 비유할 수 있다. 어디로 가야 할지 모르겠고 체력은 점점 떨어지며 돌아가고 싶지만 이미 너무 멀리 왔다. 마찬가지로 이 단계의 학습자는 기존 방식으로 문제를 해결할 수 없음을 깨닫고 혼란을 경험한다. 반복된 실수와 오답으로 인해 좌절할 가능성이 높지만 적절한 비계를 제공하면 학습자는 해결 방법을 모색할 수 있다.

먼저, 인지적 비계를 활용하여 핵심 개념을 강조하고 개방형 질문을 통해 사고를 확장하도록 유도해야 한다. 예를 들어, 분수 덧셈을 실수하는 학생에게 "공통 분모를 맞추려면 무엇을 먼저 해야 할까요?"라고 질문하여 스스로 해결책을 찾도록 한다. 또한 개념 지도나 그래픽 조직자를 제공하여 개념을 시각적으로 정리할 수 있도록 돕는다. 이와 함께 학습자가 실패를 자연스러운 학습과정의 일부로 받아들이도록 안내한다. 성장 마인드셋(Growth Mindset)의 관점에서 "아직 완벽하게 이해하지 못한 것뿐이에요. 실수를 통해 배우는 과정이 중요해요."라고 말하며 학생을 격려하고 동료 학습을 유도하여 협력학습의 기회를 제공한다. 또는 "이전에 배운 개념 중 도움이 될 만한 것은 없을까요?"와 같은 질문을 던져 학습자가 다양한 해결책을 탐색하도록 돕는다.

3. 탐색과 전략적 사고 단계(Exploration Stage): 능동적 문제 해결 촉진

이 단계는 길을 잃고 혼란스러운 마음을 가라앉히며 주변을 살피고, 천천히 길을 찾아 나가는 과정에 비유할 수 있다. 이 시기의 학생은 다양한 해결 방법을 시도하고 실수를 분석하며 점차 효과적인 전략을 스스로 발견해 나간다. 더불어 동료와 협력하면서 문제 해결 능력을 키우고 자신만의 접근 방식을 형성해 가는 것이다.

교사는 이 단계에서 교사 주도의 직접적인 설명을 최소화하고 학생이 스스로 탐구할 수 있도록 적절한 비계를 제공해야 한다. 예를 들어, "공통분모를 맞추는 방법에는 어떤 것들이 있을까요?"와 같은 질문을 해서 학생의 사고를 유도하고, 다양한 해결 방식을 탐색할 기회를 마련해 줄 수 있다. 또한 학생들이 서로 설명하고 의견을 나눌 수 있는 시간을 충분히 제공하면 개념에 대한 이해를 심화시킬 수 있다. 교사는 이러한 상호작용을 통해 학생이 자신의 사고를 점검할 수 있도록 도우며 점차 비계를 줄여 학생이 독립적으로 문제를 해결할 수 있도록 자연스럽게 이끌어야 한다.

4. 성취와 통찰 단계(Insight Stage): ZPD 확장과 독립적 학습 능력 증진

정상에 도착해 아래를 내려다보며 성취감을 느끼는 순간이다. 처음에는 불가능해 보였던 길을 따라 결국 목표에 도달했다. 이제는 다음 등산에 대한 자신감도 생겼다. 마찬가지로 이 단계의 학습자는 문제 해결에 성공하고 새로운 개념을 온전히 이해한다. 자신감을 얻고 배운 개념을 응용하여 더 어려운 문제에도 도전할 수 있는 동기를 갖는다.

교사는 학습자가 배운 개념을 자율적으로 정리하고 설명할 수 있도록 도와야 한다. 예를 들어, 학생이 "이제 공통 분모를 맞추면 분수 덧셈이 쉬워지는 걸 알겠어요!"라고 말한다면, 교사는 "그럼 분수를 뺄 때도 같은 방법을 적용할 수 있을까요?"라고 질문하여 개념 확장을 유도해야 한다. 또한 학생이 문제를 직접 만들어 친구들에게 설명하도록 하면 개념을 더욱 깊이 내면화할 수 있다. 이 과정에서 교사는 점차 개입을 줄이며 학습자가 독립적으로 사고하고 응용할 수 있도록 한다.

참고문헌

Kim, H. (2022). Learning Pit Model in Practice: Enhancing Problem-Solving and Collaborative Learning. *Journal of Educational Studies, 34*(2), 120-135.

Lewis, M. (2020). Exploring the Impact of the Learning Pit on Critical Thinking Skills. *International Journal of Learning and Development, 10*(3), 45-60.

Nottingham, J. (2017). *The Learning Pit: Fostering Challenge, Resilience, and Growth in the Classroom*. London: Routledge.

Vygotsky, L. S. (1978). *Mind in Society: The Development of Higher Psychological Processes*. Cambridge, MA: Harvard University Press.

탐구 과제 27: 학습 격차 해소를 위한 지원 방안

코로나19 이후에 교육계가 직면한 중요한 화두 중의 하나가 '공평한 교육에서 공정한 교육으로의 발상의 전환'이다. 기존의 수업은 주로 공평한 수업이었다. 대부분의 대한민국 학생은 개인차와 관계없이 동일한 시간에 동일한 교과서를 가지고 동일한 내용을 학습한다. 학생의 수준과 관계없이 공평하게 제공되는 도움(Scaffolding)은 정작 학습능력이 떨어지는 학생들에게는 거의 도움이 되지 않는다. 이러한 공평한 수업은 학습 격차를 더욱 벌어지게 해서 학습부진아를 양산할 뿐이다. 그렇다면 학생 개인차를 고려한 맞춤형 수업, 즉 학생 격차를 줄이는 공정한 수업으로 전환하려면 어떻게 해야 할까?

1. 공평(Equality)과 공정(Equity)의 개념

'공평' OR '공정'?

질문 내용	공평	공정
• 식사량과 관계없이 동일 배식을 한다.	○	
• 아침 식사를 하지 않은 학생에게 아침을 제공한다.		○
• 모든 학생에게 동일한 학습 자료를 배부한다.	○	
• 학생 활동에 적극적으로 참여한 학생에게만 스티커를 준다.		○

2. 학습 격차를 줄이는 공정한 수업의 요소

[그림 27-1]의 3번 학생은 야구 경기를 관람하지 못한다. 신체 조건을 고려하지 않고 일방적으로 제공된 딤돌로는 야구 경기를 볼 수가 없기 때문이다. '공평'한 관점에서 보면, 3번 학생도 1번 및 2번 학생과 동일한 디딤돌을 제공받았기에 전혀 문제가 되지 않는다. 그러나 학생의 개인차 측면에서 보면, 이것은 공정하지 못하다. 3번

학생은 결코 야구 경기를 관람할 수가 없기 때문이다. 이러한 현상들은 오늘날의 교실에서도 흔히 발견된다. 동일한 교사가 동일한 시간에 동일한 교육과정(교육내용)을 동일하게 가르치는 공평한 교육이 지속적으로 반복되고 있다. 그렇기 때문에 3번 학생의 학습결손은 지속적으로 누적되고 이로 인해 학습부진아의 비율도 점차 높아지고 있다.

반면에 [그림 27-2]의 3번 학생은 야구 경기를 관람한다. 그 이유는 3번 학생이 자신의 발달 수준에 맞는 디딤돌을 밟고 있기 때문이다. 이것은 '공평'한 관점에서 '공정'한 관점으로 발상의 전환을 했기에 가능한 일이다. 이제 공평한 수업에서 공정한 수업으로 발상의 전환을 해야 한다. 공정한 수업은 학생 개인차를 고려한 맞춤형 수업이고 학생의 진정한 배움과 성장은 바로 이 공정한 수업에서 일어난다.

브록과 헌들리(Brock & Hundley)는 공정한 수업의 요소를 다음과 같이 이야기하고 있다. 첫째, 학습 활동 참여에 필요한 선수학습 내용을 명확히 파악한다. 둘째, 학습 과정에서 발생할 수 있는 장애 요소(오개념 및 난개념 등)를 사전에 인식하고 이에

[그림 27-1] 야구 경기를 볼 수 없는 학생은 누구이고 그 까닭은?

[그림 27-2] 3번 학생이 야구 경기를 볼 수 있었던 까닭은?

대한 적절한 해결 방안을 지원할 수 있는 디딤돌 전략을 마련한다. 셋째, 학생 개인의 특성과 차이를 반영한 다양한 학습 자료와 활동을 제공하여 학습자가 자신의 수준에 맞는 다양한 학습 활동을 경험하게 한다. 넷째, 서로 질문하고 대화하며 토론하는 소집단 학습 활동을 장려한다. 다섯째, 학습자 스스로 자신의 학습 속도를 조절할 수 있는 유연한 학습환경을 제공한다. 여섯째, 학습자의 고등 사고 능력을 발달시킬 수 있도록 기억과 이해를 넘어서는 다양한 수준의 맞춤형 질문(적용, 분석, 평가, 창안)을 활용한다. 이러한 다양한 요소를 반영한 공정한 수업은 학생 맞춤형 수업이고 이러한 수업을 통해서만이 학생의 배움과 성장이 일어난다. 이것을 표로 제시하면 아래와 같다.

공정한 수업의 요소(Brock & Hundley, 2016)

요소	수행상황		
	자주	가끔	전혀
• 선수학습 내용을 명확히 파악하고 있는가?			
• 학생 배움의 걸림돌과 해결방안을 파악하여 지원하고 있는가?			
• 학생 개인차를 고려한 다양한 학습 자료 및 학습 활동(보충 및 심화)을 제공하는가?			
• 짝과 질문하고 대화하고 토론하는 학생 주도 활동을 장려하는가?			
• 학생이 자신의 학습 능력에 따라 학습 속도를 조절하는가?			
• 수준별 맞춤형 질문을 활용하여 학생의 고등 사고 능력을 계발하는가? (기억과 이해를 넘어서는 적용과 분석 및 평가와 창안의 고등사고 수준)			

TIP

수업 중 나는 종종 의문을 가졌다. '왜 이 학생은 따라오지 못할까?' '왜 저 학생은 지루해할까?' 그러나 그 이유를 깊이 고민하지 않았다. 단지 학생 개인의 노력 부족이라 판단하거나, 학생이 교사에게 맞춰야 한다고 생각했다. 지금 돌아보면 그 태도는 교육의 본질에서 벗어나 있었다.

진정한 공정은 '같은 것'을 주는 것이 아니다. 각자가 '필요한 것'을 제공받는 데 있다. 나는 과연 그런 수업을 해 왔는가? 학생의 차이를 고려하지 않은 채, 하나의 방식으로 모두를 가르치려 했던 것은 아니었는가?

특히 학습 속도에 대한 인식이 부족했다. 같은 내용을 같은 속도로 진행하면서도, '다 이해했겠지.'라고 안일하게 판단했다. 그러나 어떤 학생에게는 너무 쉬운 수업이었고, 또 어떤 학생에게는 감당하기 어려운 수업이었다. 누구에게도 온전히 닿지 못하는 수업이었다.

학생마다 학습 속도가 다르다는 것을 인식한 순간부터 내 수업 방식도 달라져야 할 것이다. 앞으로는 학생이 자신의 속도에 맞춰 배울 수 있는 수업 환경을 조성할 것이다. 필요하다면 추가 설명과 보충 활동도 제공하겠다. 모든 학생이 자신의 자리에서 의미 있는 배움을 경험할 수 있도록 수업을 새롭게 구성할 것이다.

참고문헌

Brock, A., & Hundley, H. (2016). *The Growth Mindset Coach: A Teacher's Month-by-Month Handbook for Empowering Students to Achieve*. Ulysses Press.

탐구 과제 28: 불안 지역 학생의 배움과 성장 그리고 지원 방안

학습자는 새로운 내용을 학습할 때 편안하고, 익숙한 환경(Comfort Zone)을 벗어나면 불안 지역에 진입한다. 이때 실수에 대한 두려움, 타인의 의견에 대한 의존, 변명과 회피 등 부정적인 심리 상태를 경험할 수 있다. 불안 지역에 머무는 학생들은 두 가지 선택의 기로에 선다. 첫 번째는 교사의 적절한 지원과 자기조절 전략을 통해 학습 지역(Learning Zone)에 도전하고 문제 해결을 경험하면서 새로운 지식을 습득하는 것이다. 반면, 두 번째는 불안을 극복하지 못하고 다시 평안 지역(Comfort Zone)으로 되돌아가는 것이다. 이는 장기적으로 학습동기를 저하시키고 성장 기회를 차단하는 결과를 초래할 수 있다. 그렇다면 학생들이 불안 지역을 넘어 학습 지역과 성장 지역으로 나아갈 수 있도록 지원하려면 어떻게 해야 할까?

1. 주디스 바드위크의 네 가지 영역 모형

주디스 바드위크(Judith Bardwick)가 제시한 네 가지 영역 모형(Bardwick, 1991)은 학생이 학습하고 성장하는 과정에서 경험하는 심리적 변화를 설명하는 유용한 모델이다. 이 모델은 학생이 익숙한 환경을 벗어나 도전적인 경험을 수용하며 점진적으로 성장하는 과정을 체계적으로 이해할 수 있는 틀을 제공한다. 교육 현장에서 널리 활용되는 이 모델은 안전 영역(Comfort Zone), 불안 영역(Fear Zone), 학습 영역(Learning Zone), 성장 영역(Growth Zone)으로 구성되며 각 영역은 학생의 인지적·정서적 변화와 밀접하게 연결된다.

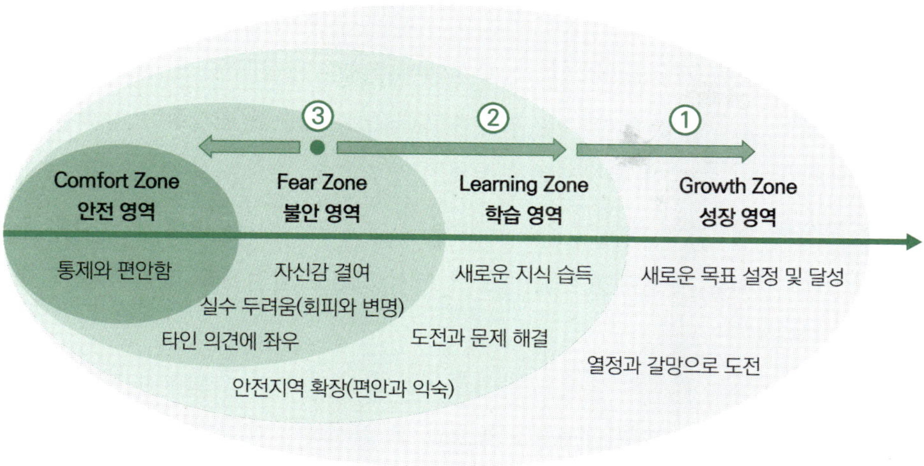

[그림 28-1] 학습 지역과 자기주도 학습의 방향

일반적으로 안전 영역 학생은 익숙한 환경이나 기존에 습득한 배경지식을 활용할 때에 안정감을 느낀다. 이 단계에서는 실패에 대한 두려움이 거의 없으며 반복 학습을 통해 자신이 이미 습득한 능력을 유지하려는 경향이 강하다. 그러나 안전 영역에서 장기간 지체할 경우 새로운 도전에 대한 저항이 강해지고 학습 동기도 감소할 수 있다. 따라서 교사는 학생이 적절한 수준의 도전을 경험할 수 있도록 학습 환경을 조성하고 점차 불안 영역으로 이동할 수 있도록 유도해야 한다.

불안 영역의 학생은 익숙한 사고방식과 새로운 개념이 충돌하는 경험을 하며 이에 따라 불안과 지적 혼란을 경험할 수 있다. 이 단계의 학생은 실수를 회피하려 하고 변명을 하거나 타인의 의견에 쉽게 흔들린다. 일부 학생은 불안을 극복하고 새로운 도전을 받아들이지만, 일부 학생은 학습을 포기하거나 회피하기도 한다. 불안이 지속되면 학습에 대한 부정적인 인식이 강화되어 학습 의욕이 저하되고 학습 격차가 심화되므로 교사는 학생이 불안을 성장 과정의 일부로 인식할 수 있도록 안내하고, 학습 활동에 지속적으로 도전할 수 있도록 격려하는 피드백을 제공해야 한다.

불안을 수용하고 관리할 수 있는 수준에 도달한 학생은 점차 학습 영역으로 이동하고 새로운 지식과 기술을 습득하는 과정에서 시행착오를 겪으며 성장한다. 학습 영역의 학생은 조금씩 안전 영역을 확장하고 스스로 학습을 조절하는 능력을 기른다. 더불어 자기 효능감이 향상되면서 보다 능동적으로 문제를 해결하고 학습 과정을 주도적으로 조절하는 태도를 형성하게 된다. 이때에 교사는 학생이 탐구하고 협력할 수 있는 기회를 제공해야 하고 토론과 문제 기반 학습을 유도하여 학습 경험을 심화해야 한다.

또한 실패를 성장 과정의 일부로 받아들이고 학습에 대한 주도적인 태도를 형성할 수 있도록 의도적인 연습(deliberate practice)을 실시하는 것이 중요하다(Ericsson & Pool, 2016). 단순한 반복 학습이 아니라 명확한 목표 설정, 지속적인 피드백, 그리고 자신의 실수를 인식하고 개선하려는 집중적 노력을 통해서 성장 영역으로 진입할 수 있다.

성장 영역의 학생은 새로운 도전을 적극적으로 수용하고 지속적인 학습과 발전을 추구한다. 스스로 목표를 설정하고 이를 달성하기 위해 계획을 세우고 학습을 자기계발의 과정으로 인식하며 더욱 높은 수준의 학습을 추구한다. 이 영역의 학생은 높은 수준의 자기조절 학습 역량을 형성하며 학습 목표를 자발적으로 수립하고 달성하려는 태도를 보인다. 교사는 학생이 장기적인 목표를 설정하고 지속적인 성장을 이루도록 지원하는 역할을 수행해야 한다. 성장 영역의 학생은 새로운 문제에 대한 해결책을 적극적으로 모색하고 학습에 대한 내적 동기를 유지하며 자율성과 창의성을 발휘할 수 있다.

이 모델은 학생이 학습 과정에서 겪는 심리적 상태를 분석하고 불안 영역에 머무는 학생이 학습 영역과 성장 영역으로 이동하도록 돕는 전략을 마련하는 데 유용하다. 특히 불안 영역에 있는 학생에게는 도전 수준을 점진적으로 높이고 안정적인 학습 환경과 즉각적인 피드백 및 정서적 지지를 제공하여 자신감을 회복하고 학습을 지속할 수 있도록 도와야 한다. 이를 통해 학생은 불안에서 벗어나 학습을 확장할 수 있으며 궁극적으로는 자기 주도적 학습자로 성장할 수 있다.

2. 학습 지역 활동 전 · 후 비교

존 해티(John Hattie)와 셜리 클락(Shirley Clarke, 2019, p. 17)은 2주 동안 학습 지역(Learning Zone)에서 학습 활동을 하기 전과 후의 학생 학습태도 변화를 비교하였다. 학생들은 학습 영역(Learning Zone)에서 활동하기 전에는 비교적 쉬운 과제를 선호하고 동료나 교사에게 곧바로 도움을 요청하는 경향이 강했다. 그러나 학습 영역(Learning Zone)에서 학습 활동을 경험한 후에는 도전 과제에 대한 수용성, 자기 주도적 문제 해결 태도, 배움에 대한 인식이 긍정적으로 변화하였다. 예를 들어, "저는 항상 쉬운 것을 선택합니다."라고 응답한 비율이 활동 전에는 27%에서 활동 후에는 16%로 줄어들었다. "즉시 도움을 요청합니다."라는 항목도 활동 전에는 23%에서 활동 후에는 9%로 감소하였다. 반면, "학습 활동이 자신의 수준에 비해 너무 쉬우면 배움이 일어나지 않는다."라는 응답은 활동 전에는 20%에서 활동 후에는 41%로 증가하였다. 이러한 변화는 학생들이 쉬운 학습 과제보다 도전 과제에서 더 많이 배우고 성장할 수 있다는 점을 보여 준다. 지금까지의 내용을 표로 정리하면 다음과 같다.

문항	학습 지역(Learning Zone)	
	활동 전	활동 후(2주)
항상 쉬운 학습 활동을 선택하나요?	27 %	16 %
동료나 선생님께 즉시 도움을 요청하나요?	23 %	9 %
학습 활동의 수준이 낮을 때에 공부가 더 재미있고 즐거운가요?	43 %	16 %
학습 활동이 쉬우면 더 많은 활동을 할 수가 있어서 좋은가요?	63 %	19 %
학습 활동이 너무 쉬우면 아무것도 배우지 못한다고 생각하나요?	20 %	41 %

3. 주디스 바드위크의 네 가지 영역 점검표

학습 격차를 해소하려면, 학생의 심리적 불안을 고려한 맞춤형 지도와 함께 지속적인 피드백과 적절한 도전 과제를 포함하는 체계적인 학습 설계가 필요하다. 교사는 학생이 불안 영역에서 학습 영역으로, 더 나아가 성장 영역에 도달할 수 있도록 정서적으로 안전한 환경과 단계적인 연습과 지원을 제공해야 한다. 이를 통해 학생은 자기 주도적으로 학습에 참여하며 학습에 대한 긍정적인 신념과 태도를 형성할 수 있다.

영역	점검 항목	자주	가끔	전혀
안전 영역 (Comfort Zone)	익숙한 환경에서 학습할 때 편안함을 느끼는가?			
	이미 잘하는 활동만 계속하고 싶은가?			
	새로운 도전을 피하고 있는가?			
불안 영역 (Fear Zone)	학습 과정에서 실수할까 두려운가?			
	타인의 의견에 쉽게 흔들리는가?			
	어려운 활동을 할 때 변명하거나 회피하는가?			
학습 영역 (Learning Zone)	새로운 지식과 기능을 배우려고 도전하는가?			
	실수를 통해 문제 해결 방법을 익히는가?			
	학습 과정에서 점점 자신감이 높아지는가?			
성장 영역 (Growth Zone)	스스로 새로운 목표를 세우고 도전하는가?			
	자기주도적으로 학습 계획을 세우는가?			
	학습 활동에서 창의성과 자율성을 발휘하는가?			

TIP

매일 교실에서 학생들을 볼 때마다, 불안 영역에서 머뭇거리는 아이들이 눈에 띈다. 발표가 두려워 시선을 피하는 학생, 새로운 개념을 접하면 당황해 손을 내리는 학생, 틀릴까 봐 아무것도 시도하지 않으려는 학생 등, 이들은 수업의 흐름에서 점점 멀어지고 학습 격차는 깊어져 간다.

나는 먼저, 이 아이들이 왜 불안을 느끼는지 이해하려 했다. 실수에 대한 두려움, 타인의 시선, 완벽해야 한다는 압박 등과 같은 이런 감정이 지배하면 학생은 학습을 시도할 용기조차 내지 못한다. 여기에 단순히 "해 봐!"라고 격려하는 것은 효과가 없었다. 대신, 아주 작은 성공 경험을 만들어 주는 것이 중요했다.

말하기를 두려워했던 한 학생이 떠오른다. 나는 이 학생이 발표를 부담스럽게 느끼지 않도록 수업 속에서 자연스럽게 연습할 수 있는 환경을 만들었다. 처음에는 쉬운 질문에 짧게 대답하는 것부터 시작했다. 그런 다음에 책상에서 짝을 지어 의견을 나누고, 짧은 문장을 소리

내어 읽게 했다. 발표할 내용을 미리 적어 볼 기회도 주었다. 가장 중요했던 것은 "실패해도 괜찮다."라는 메시지를 지속적으로 제시하는 것이다. 친구들 앞에서 한 문장을 말하면, 나는 "좋았어! 방금 중요한 개념이 나왔어. 다음에 한 문장만 더 덧붙여 볼까?" 하며 점진적으로 자신감을 길렀다.

몇 주가 지나자 이 학생은 점점 자신감을 되찾았고 학기 말이 되어서는 조별 발표에서 자신의 의견을 또렷하게 말하는 모습을 보였다. 그 순간에 나는 깨달았다. 학생이 불안에서 벗어나려면 교사가 그 과정을 함께 걸어가야 한다는 것을 말이다.

참고문헌

Bardwick, J. M. (1991). *Danger in the comfort zone: From boardroom to mailroom—How to break the entitlement habit that's killing American business*. NY: AMACOM.

Ericsson, K. A., & Pool, R. (2016). *Peak: Secrets from the New Science of Expertise*. Boston, MA: Houghton Mifflin Harcourt.

Hattie, J., & Clarke, S. (2019). *Visible learning*: Feedback. Routledge.

탐구 과제 29: 1만 시간 연습의 법칙과 의도된 연습

말콤 글래드웰은 성공한 사람들의 중요한 특징 중의 하나로 '1만 시간 연습의 법칙'을 들었다. 말콤 글래드웰은 빌 게이츠와 비틀스의 사례를 중심으로 특정 분야에서 성공한 사람들은 오랜 시간에 걸쳐 집중적으로 연습한 결과 그 분야 최고의 전문가가 되었다고 한다. 그렇다면 정말 열심히 노력했지만 기대한 만큼의 결과가 나오지 않는다고 호소하는 학생들의 문제는 어떻게 설명해야 할까? 그것은 바로 연습의 질을 간과했기 때문이다. 단순한 문제 풀이식의 연습이 아니라 학습 목표를 정하고 그것을 달성하기 위해 '의도적 연습'을 해야 한다는 것이다. 그렇다면 학생의 배움과 성장을 지원하는 '의도적 연습'은 무엇일까?

1. 1만 시간 연습의 법칙과 의도된 연습

심리학자 앤더스 에릭슨(Anders Ericsson)은 세계적인 전문가가 되기 위해서는 최소 1만 시간 이상의 연습이 필요하다고 보았다. 그는 1993년에 독일 베를린 예술대학의 바이올린 연주자들을 대상으로 연습량과 실력의 관계를 분석했다(Ericsson, Krampe, & Tesch-Römer, 1993). 연구 결과에 따르면, 최상위 연주자들은 평균적으로 20세까지 1만 시간 이상 연습한 반면, 중간 그룹은 약 8천 시간, 하위 그룹은 4천 시간 미만을 연습하였다. 에릭슨은 이 결과를 바탕으로 연습량이 연주 실력의 차이를 만들어 내는 핵심 요인임을 밝혀냈다.

하지만 단순히 많은 시간을 투자하는 것만으로는 실력이 향상되지 않는다. 실질적인 성장을 위해서는 반드시 '의도적인 연습(deliberate practice)'이 수반되어야 한다. 의도적인 연습이란 단순히 연습을 반복하는 것이 아니라, 명확한 목표 설정, 지속적인 피드백 수용, 기량 향상을 위한 전략적인 접근을 포함하는 체계적인 학습 방식을 의미한다(Ericsson & Pool, 2016).

에릭슨은 체스, 수학, 스포츠 등 다양한 분야의 전문가들을 연구하면서, 탁월한 성과를 낸 선수들은 단순히 반복 연습만을 한 것이 아니라 자신의 한계를 시험하고 끊임없이 도전했다는 공통점을 발견했다. 이들은 어려운 과제를 수행하며 기술을 점차 향상시켰고 무의식적 반복이 아닌 의식적이고 전략적인 연습을 통해 실력을 극대화했다(Ericsson & Pool, 2016). 결국 전문가가 되려면 많은 시간의 투자뿐 아니라 목표 지향적이고 체계적인 연습을 병행해야 한다.

말콤 글래드웰(Malcolm Gladwell)은 저서『아웃라이어』에서 에릭슨의 연구를 인용하며 '1만 시간의 법칙'을 소개했다(Gladwell, 2008). 그는 빌 게이츠와 비틀스의 사례를 들어, 성공한 사람들은 오랜 시간 집중적으로 연습했기 때문에 세계적인 성과를 낼 수 있었다고 설명했다. 빌 게이츠는 십대 시절부터 컴퓨터 프로그래밍에 몰두하며 수천 시간을 투자했고, 비틀스는 함부르크에서 하루 8시간 이상 공연하며 수년간 실력을 쌓았다는 것이다. 말콤 글래드웰은 이러한 사례를 통해서 뛰어난 능력을 갖추기 위해서는 꾸준하고 집중적인 연습이 필수적이라고 주장했다.

하지만 1만 시간의 법칙을 절대적인 기준으로 받아들여서는 안 된다. 숙련가가 되는 데 필요한 시간은 개인의 학습 방식, 환경, 연습의 질 등에 따라 달라질 수 있기 때문이다. 실제로 에릭슨은 말콤 글래드웰의 해석이 지나치게 단순화되었다고 비판하며, 연습 시간의 양보다는 질이 더 중요하다고 강조했다(Ericsson & Pool, 2016). 그는 단순히 1만 시간을 채운다고 해서 자동으로 전문가가 되는 것은 아니며 체계적이고 전략적인 연습이 반드시 필요하다고 설명했다. 또한 피드백 없이 반복 연습만 하면 오히려 부정적인 결과로 이어질 수 있다는 점을 경고했다.

에릭슨의 연구는 교육 현장에도 중요한 시사점을 제공한다. 학생들이 학습 능력을 키우려면 단순한 반복 학습이 아니라 의도적이고 체계적인 연습을 해야 한다. 교사는 학생이 학습 목표를 명확히 설정하고 자신의 약점을 파악하며 피드백을 바탕으로 학습전략을 조정할 수 있도록 지도해야 한다. 단순히 문제를 많이 풀게 하기보다는 오답의 원인을 분석하고 개선하는 활동이 더 효과적이다.

또한 교사는 학생에게 점진적으로 난이도가 높은 도전 과제를 제시해서 고등 사고 능력과 문제 해결력을 신장하도록 도와야 한다. 이는 블룸의 교육목표 분류 체계

중 '적용'이나 '분석' 수준의 학습 목표와도 연결되며 단편적인 지식 암기를 넘어서 비판적 사고와 응용 능력을 확장하는 수업으로 이어질 수 있다.

'1만 시간의 법칙'은 단순한 시간 누적이 아니라 목표 중심의 체계적이고 의도적인 학습의 중요성을 담고 있다. 학생들이 지식 습득에만 머무르지 않고 피드백과 도전 과제를 통해 사고력과 문제 해결력을 길러야 배움과 성장이 일어난다. 이를 위해 교사는 학생이 '의도적인 연습'을 실천할 수 있는 수업 환경을 설계하고 적극적으로 지도해야 한다.

참고문헌

Ericsson, K. A., Krampe, R. T., & Tesch-Römer, C. (1993). The role of deliberate practice in the acquisition of expert performance. *Psychological Review, 100*(3), 363-406.

Ericsson, K. A., & Pool, R. (2016). *Peak: Secrets from the new science of expertise*. Houghton Mifflin Harcourt.

Gladwell, M. (2008). *Outliers: The story of success*. Little, Brown and Company.

탐구 과제 30: 학습된 무력감의 위험과 해소 방안

수학 포기자(수포자)와 과학 포기자(과포자) 현상은 단순히 개인의 학습 능력에서만 비롯된 문제가 아니다. 이는 교육 시스템 전반에서 반복적으로 나타나는 사회 문제다. 특히 이러한 현상이 초등학교 저학년부터 시작되어 장기간 지속되면, 학생들은 점차 학습에 대한 자신감을 상실하고 결국 학습된 무력감에 빠지게 된다.

학습된 무력감이 자리 잡으면, 아무리 노력해도 성취할 수 없다는 인식이 굳어지면서 학습 의욕을 잃고 도전 자체를 회피하게 된다. 학습된 무력감은 단지 성적 저하에만 그치지 않고 자기 효능감 약화와 미래 학습에 대한 부정적인 태도로까지 이어질 수 있다. 그렇다면 이 문제를 해결하려면 어떻게 해야 할까?

'학습된 무력감(Learned Helplessness)'은 1967년, 심리학자 마틴 셀리그먼(Martin E. P. Seligman)과 스티븐 마이어(Steven F. Maier)가 제안한 개념이다. 이들은 일련의 개 실험을 통해 통제 불가능한 부정적 경험이 반복될 경우 점차 어떠한 시도조차 하지 않고 무기력하게 포기하는 현상을 실증적으로 입증하였다. 해당 실험은 두 단계로 구성되며 학습된 무력감이 어떻게 형성되고 일반화되는지를 구체적으로 보여 준다.

1단계 실험에서 연구자들은 개를 세 집단으로 나누고 각각 다른 조건을 적용했다. 첫 번째 집단은 조작기를 누르면 전기 충격이 즉시 멈추도록 조건을 설정하였다. 이로 인해 첫 번째 집단의 개들은 자신의 행동이 환경을 변화시킬 수 있다는 통제감을 경험했다. 두 번째 집단은 아무리 조작기를 눌러도 전기 충격이 멈추지 않도록 조건을 설정하였다. 두 번째 집단의 개들은 이러한 조건에서 여러 차례 시도를 했지만 상황을 바꿀 수 없었다. 그 결과, 점차 "노력해도 아무 소용이 없다."라는 신념을 형성하게 되었다. 이러한 무력감은 외부 환경에 대한 통제 가능성을 상실했다는 인식에서 비롯되며, 이후 자신의 행동에 대한 동기를 약화시키는 핵심 요인으로 작용한다.

세 번째 집단은 전기 충격을 전혀 받지 않는 중립적 조건을 설정하였다. 이로 인해 세 번째 집단의 개들은 통제감이나 무력감과 관련된 경험을 학습하지 못했다.

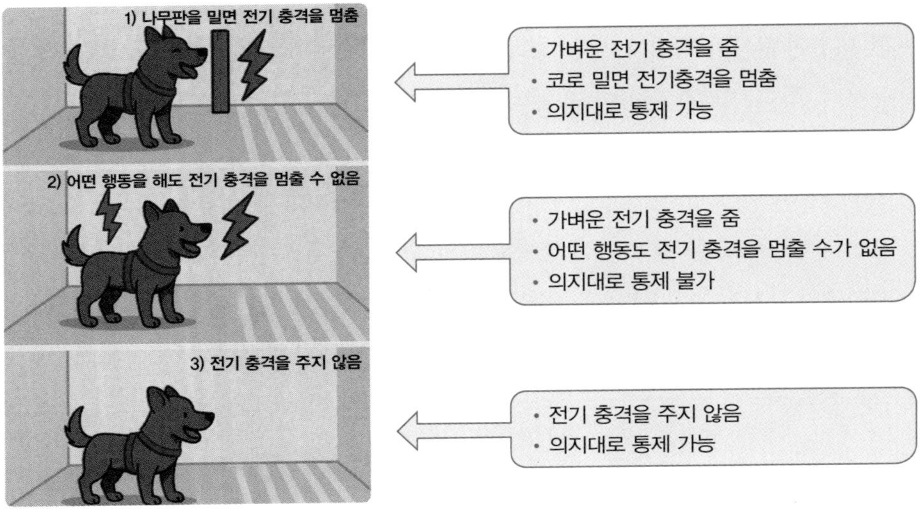

[그림 30-1] 강아지 전기 충격 실험 1

24시간 후 실시된 2단계 실험에서는 세 집단의 개들을 모두 낮은 칸막이가 설치된 셔틀 상자로 옮겼다. 일정 시간이 지나면 한쪽 바닥에 전기 충격이 가해지도록 설정하고, 개가 칸막이를 넘어 반대편으로 이동하면 충격이 즉시 중단되도록 조건을 구

[그림 30-2] 강아지 전기 충격 실험 2(24시간 후)

성하였다. 세 집단 모두 전기 충격을 회피할 수 있는 동일한 환경에 놓이게 된 것이다. 연구자들은 이 상황에서 각 집단의 개들이 어떻게 반응하는지를 관찰하였다.

결과는 극명하게 갈렸다. 첫 번째 집단과 세 번째 집단의 개들은 전기 충격이 시작되자 즉시 칸막이를 뛰어넘어 반대편으로 이동하는 회피 행동을 보였다. 이들은 새로운 상황에서도 환경을 탐색하며 자신을 보호하기 위한 능동적 전략을 실행한 것이다. 반면, 두 번째 집단의 개들은 충격이 시작되었음에도 전혀 움직이지 않았다. 칸막이를 넘을 수 있었음에도 불구하고 구석에 웅크린 채 충격을 있는 그대로 받아들이는 무기력한 반응을 보였다. 이는 "아무리 해도 소용없다."라는 인지적 신념이 학습된 결과이며 학습된 무력감이 새로운 상황에서도 행동을 억제하게 된다는 사실을 실증적으로 보여 주는 사례다.

셀리그먼은 학습된 무력감을 단순한 행동의 중단이 아니라 통제 불가능한 상태를 인지적으로 경험한 심리적 상태로 보았다. 학습된 무력감은 일시적인 반응을 넘어 인지적 신념으로 내면화되며 이후 상황에서도 회피와 수동성을 유발하는 지속적 요인으로 작용한다. 이러한 현상은 우울, 자기 효능감 저하, 학습 포기 등과 같은 심리적 문제와 깊은 관련이 있다. 이후 학습된 무력감 이론은 임상 심리학을 넘어 교육, 조직, 스포츠 등 다양한 분야에서 폭넓게 적용되며 인간 행동의 변화와 동기 유발에 대한 중요한 통찰을 제공하고 있다.

학습된 무력감은 교육적 맥락에서도 중대한 시사점을 제공한다. 학생이 반복적으로 실패를 경험하거나, 자신의 노력과 학업 성과 간의 인과관계를 인식하지 못할 경우, "아무리 해도 소용없다."라는 신념을 쉽게 내면화할 수 있다. 이러한 신념은 학습에 대한 자발성과 도전 의지를 약화시키고 결국 학습 자체를 회피하게 만드는 심리적 장벽으로 작용한다. 드웩과 레게트(Dweck & Leggett, 1988)는 고정 마인드셋(fixed mindset)을 지닌 학생이 실패를 능력 부족으로 해석하여 무력감에 빠지기 쉽다고 지적하였다. 반면, 성장 마인드셋(growth mindset)을 가진 학생은 실패를 일시적인 도전으로 받아들이며 노력과 전략을 통해 이를 극복하려는 경향을 보인다고 하였다. 이러한 태도는 학업 성취뿐 아니라 심리적 회복 탄력성(resilience)에도 긍정적인 영향을 미친다.

마틴과 마시(Martin & Marsh, 2006) 역시 시험 실패가 학습 회피와 성취 저하로 이어지는 악순환을 경고하였다. 학습된 무력감은 단기적 반응에 그치지 않고, 장기적인 학습 행동의 고착으로 이어질 수 있기 때문에 조기 개입과 교육적 지원이 필수적이다. 교사는 학생이 노력의 효과를 실제로 경험할 수 있도록 수업을 설계해야 하며, 결과 중심이 아닌 과정 중심 피드백을 통해 학습 동기를 지속적으로 북돋아야 한다. 실패를 학습의 일부로 자연스럽게 받아들이는 환경 속에서 학생은 도전을 지속할 수 있으며 이를 통해 자기 효능감을 회복하고 학습 회복력을 기를 수 있다.

참고문헌

Dweck, C. S., & Leggett, E. L. (1988). A social-cognitive approach to motivation and personality. *Psychological Review, 95*(2), 256 - 273. https://doi.org/10.1037/0033-295X.95.2.256

Maier, S. F., & Seligman, M. E. P. (1976). Learned helplessness: Theory and evidence. *Journal of Experimental Psychology: General, 105*(1), 3 - 46. https://doi.org/10.1037/0096-3445.105.1.3

Martin, A. J., & Marsh, H. W. (2006). Academic resilience and its psychological and educational correlates: A construct validity approach. *Psychology in the Schools, 43*(3), 267 - 281. https://doi.org/10.1002/pits.20149

Seligman, M. E. P. (1975). *Helplessness: On depression, development, and death*. San Francisco, CA: W.H. Freeman.

Seligman, M. E. P. (1991). *Learned optimism: How to change your mind and your life*. New York, NY: Free Press.

탐구 과제 31: 성장 마인드셋과 학습력 향상

사람마다 지능과 능력에 대한 믿음이 다르고, 이는 학습 태도와 삶의 방식에 큰 영향을 미친다. 고정 마인드셋은 능력을 타고난 것으로 보고 도전을 피하지만, 성장 마인드셋은 노력과 경험을 통해 발전할 수 있다고 믿으며 실패조차 성장의 과정으로 여긴다. 특히 '아직은 아니야(Not Yet).'라는 말은 가능성을 열어 두는 표현으로 학습자가 스스로를 포기하지 않도록 돕는다. 그렇다면 학생들이 성장 마인드셋을 신장시키기 위해서는 무엇을 어떻게 해야 할까?

1. 마인드셋 학습 코칭

스탠퍼드대학교의 심리학 교수인 캐롤 드웩(Carol Dweck, 2017)은 『마인드셋: 성공의 새로운 심리학』에서 인간의 마음가짐을 두 가지 유형으로 구분하였다. 고정 마인드셋(Fixed Mindset)을 지닌 사람들은 자신의 성공한 모습을 타인에게 보여 줄 때만 성취감과 행복감을 느낀다고 한다. 이들은 꼭 성공해야 한다는 압박감 때문에 실패할 확률이 높은 과제는 도전을 회피하기도 하고 자신은 실패할 리가 없다는 생각으로 인해 그 원인을 외부에 돌린다고 한다. 이에 반해서 성장 마인드셋(Growth Mindset)을 지닌 사람들은 어떤 어려움과 실패도 노력과 인내를 통해서 극복할 수 있다고 믿기에 '배움' 자체를 중시한다고 한다.

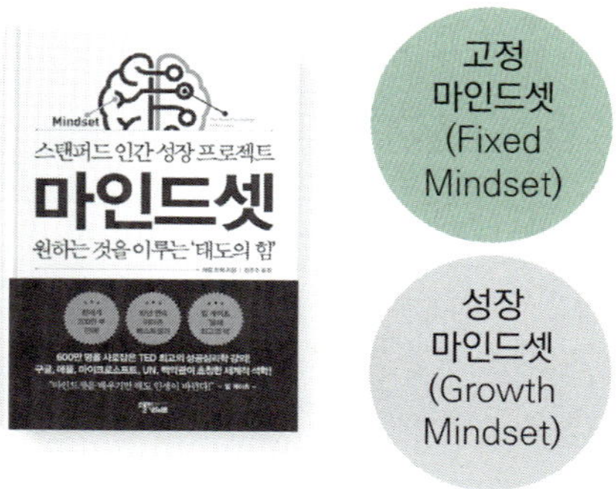

[그림 31-1] 마인드셋(캐롤 드웩 저, 김준수 역)

사랑하는 자녀들에게 귀한 선물을 주고 싶다면, 자녀들이 도전을 사랑하고 실수에 흥미를 느끼며 노력을 즐기면서 배움을 사랑하는 마음을 기르도록 인도해야 한다. 그러면 여러분의 자녀들은 매사에 자신감을 가지고 어려운 과제에 도전하면서 실패하면 다시 일어서서 도전하고 종국에는 성취하는 '회복 탄력성'을 지니게 된다(Dweck, 2017).

2. 고정 마인드셋과 성장 마인드셋의 특징 비교

	고정 마인드셋	성장 마인드셋
기본 전제	지능은 불변이다.	지능은 성장한다.
욕구	남들에게 똑똑하게 보이고 싶다.	더 많이 배우고 싶다.
따라서		
도전 앞에서	도전 회피	도전 수용
역경 앞에서	쉽게 포기	맞서 싸움
노력에 대해	하찮게 여김	완성을 위한 도구로 여김
비판에 대해	옳더라도 무시	비판에서 배움
타인의 성공에 대해	위협을 느낌	교훈과 영감을 얻음

사람마다 자신의 지능과 능력에 대해 갖는 믿음은 다르며, 이러한 믿음은 학습 방식은 물론 삶의 태도 전반에 깊은 영향을 미친다. 대표적인 두 가지 사고방식은 고정 마인드셋(Fixed Mindset)과 성장 마인드셋(Growth Mindset)이다. 이 두 마인드셋은 단지 개인의 생각을 넘어, 교사와 부모의 말과 행동, 나아가 교실과 가정의 문화에도 그대로 반영된다.

고정 마인드셋을 가진 사람은 지능과 능력이 타고난 것이며 쉽게 변하지 않는다고 믿는다. 이들은 자신이 똑똑해 보이기를 원하며 실수나 실패를 자신의 한계로 받아들인다. 따라서 도전적인 상황을 회피하고 어려움에 부딪히면 쉽게 포기한다. 노력은 부족함을 감추기 위한 수단으로 여기고 비판이 타당하더라도 이를 방어적으로 받아들인다. 또한 타인의 성공을 위협으로 느끼며 스스로를 비교하고 열등감을 느낄 가능성이 높다.

반면, 성장 마인드셋을 가진 사람은 지능과 능력이 경험과 노력을 통해 발전할 수 있다고 믿는다. 이들은 배우는 과정 자체에 가치를 두며 도전 과제를 기꺼이 받아들인다. 실패가 오더라도 성장의 일부로 여기고 끝까지 문제를 해결하려는 자세를 유지한다. 노력은 목표를 이루기 위한 필수적인 과정으로 받아들이며 비판 속에서도 배울 점을 찾는다. 다른 사람의 성공은 부러움의 대상이 아니라 자신이 성장할 수 있다는 가능성과 희망의 증거로 본다.

이러한 성장 마인드셋의 핵심에는 '아직은 아니야(Not Yet).'라는 믿음이 자리하고 있다. 이는 현재의 실패를 한계로 받아들이지 않고 시간과 노력을 통해 충분히 도달할 수 있다는 가능성을 열어 두는 표현이다. 예를 들어, 수학 시험에서 낮은 점수를 받은 학생이 "나는 수학에 소질이 없어."라고 말한다면, 이는 고정 마인드셋의 전형적인 반응이다. 반면, 성장 마인드셋을 가진 학생은 "나는 아직 잘하지 못하지만, 연습하면 더 나아질 수 있어."라고 말한다. 이처럼 'Not Yet'은 지금은 부족하더라도 언젠가는 도달할 수 있다는 성장의 언어다. 'Not Yet'이라는 단어는 학습자에게 실패를 끝이 아니라 과정으로 인식하도록 돕고, 스스로에 대한 믿음을 유지하게 한다. 교사와 부모가 이 표현을 일상 속에서 자연스럽게 사용하면, 아이들은 어려움을 만나도 스스로를 포기하지 않고 성장의 기회로 삼게 된다.

결국 마인드셋은 단순한 사고방식의 차원을 넘어, 삶을 바라보는 관점과 행동의 방향을 결정짓는 중요한 요소다. 고정 마인드셋은 가능성을 제한하고 성장을 가로막지만, 성장 마인드셋은 도전과 실패를 자산으로 전환시키며 개인의 잠재력을 확장시킨다. 우리가 어떤 마인드셋을 선택하느냐에 따라 배움의 깊이도, 인생의 방향도 달라진다.

3. 유치원과 초등학교 저학년 학생들의 마인드셋 비교

유치원과 초등학교 1~3학년을 대상의 조사 연구에 따르면, 유치원에서 초등학교 저학년으로 갈수록 고정형 마인드셋 비율이 증가하고 성장형 마인트세트 비율은 감소하는 것을 알 수 있다. 그렇다면, 성장 마인드셋 교실 문화를 만들기 위해 교사, 학생, 학부모는 어떤 노력을 해야 할까?

학년	고정형 마인드셋	성장형 마인드셋
유치원	없음	100%
초등학교 1학년	10%	90%
초등학교 2학년	18%	82%
초등학교 3학년	42%	58%

4. 마인드셋 점검표

나의 마인드셋은?

항목	예 (3)	글쎄요? (2)	아니요 (1)
나는 어려운 일이 있을 때마다 그것을 해결하기 위해서 더욱 열심히 노력한다.			
나는 항상 더 좋은 결과를 얻기 위해서 계속해서 도전한다.			
나는 내 지능을 훈련을 통해 향상시킬 수 있다.			
나는 비록 실수했지만 그렇다고 내가 문제가 있는 사람이라고 생각하지 않는다.			
나는 다른 사람이 성공한 모습을 보면 기분이 좋다.			
나는 내가 노력할 때마다 점점 더 똑똑해지는 것 같다.			
나는 실수를 통해서 더 많은 것을 배운다.			
나는 내가 원하는 것은 무엇이든 배운다.			
나는 실수를 할지라도 새로운 것을 배우는 것이 좋다.			
지금 내 생각대로 되지 않아도 괜찮다. 점점 좋아질 것이라고 믿기 때문이다.			
소계			
합계			
설명	탁월	보통	미흡
	24~30	17~23	16 이하

5. 사람이 아닌 과정을 칭찬

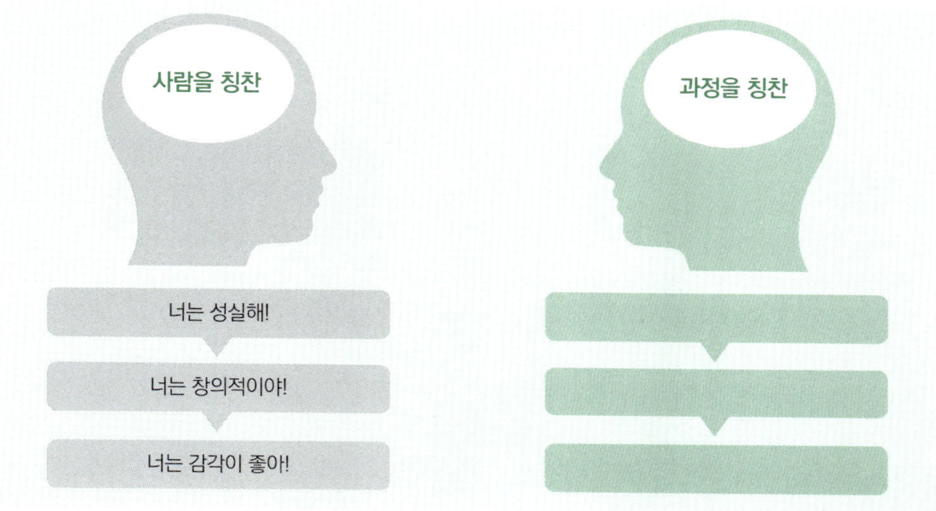

[그림 31-2] 사람이 아닌 과정을 칭찬

사람을 칭찬하는 말	과정을 칭찬하는 말
너는 정말 창의적이야.	새로운 방법을 계속 시도하는 게 좋아.
너는 리더십이 뛰어나.	팀원들과 의견을 나누고 조율하는 게 멋져.
너는 감각이 좋아.	작은 차이도 신경 쓰고 살펴보는 게 좋아.
너는 기억력이 좋아.	배운 걸 잘 정리해서 활용하는 게 대단해.
너는 성실해.	매일 꾸준히 노력하는 게 멋져.
너는 협력적이야.	다른 사람과 협력하며 문제를 해결하는 게 좋아.
너는 배려심이 깊어.	상대방을 배려하고 존중하는 모습이 보기 좋아.
너는 용감해.	어려워도 도전하는 게 대단해.
너는 긍정적이야.	항상 밝게 행동해서 분위기를 좋게 만드는 게 좋아.
너는 유머 감각이 있어.	재치 있게 말해서 사람들을 즐겁게 하는 게 멋져.

6. 막연한 칭찬이 아닌 구체적 칭찬

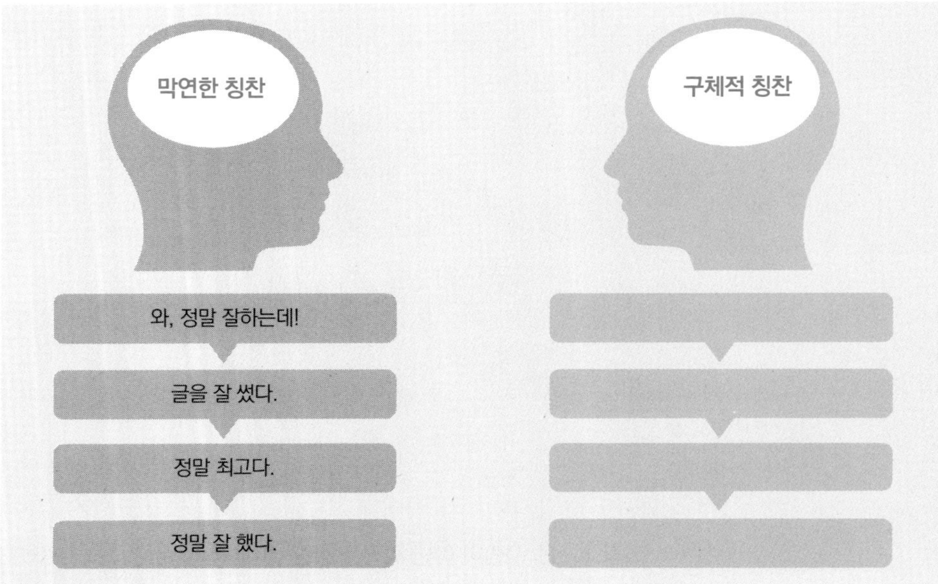

[그림 31-3] 막연한 칭찬이 아닌 구체적인 칭찬

막연한 칭찬	구체적인 칭찬
와, 정말 잘하는데.	어려운 문제를 끝까지 해결하려는 노력이 좋아.
글을 잘 썼다.	문장을 논리적이고 이해하기 쉽게 정리했어.
정말 최고다.	실수를 수정하며 발전하는 모습이 보기에 좋아.
정말 잘했다.	목표를 세우고 단계별로 실천한 점이 좋아.
너는 대단해.	중요한 내용을 핵심만 정리한 게 돋보여.
그림이 멋지다.	색 조합과 구도를 신경 써서 완성도가 높아.
너는 똑똑해.	새로운 해결 방법을 시도한 점이 인상적이야.
너는 센스가 있어.	세부적인 부분까지 꼼꼼히 신경 쓴 게 좋아.
발표를 잘했어.	자신감 있게 발표하고 청중과 잘 소통했어.
운동을 잘하네.	꾸준한 연습 덕분에 기술이 발전했어.

7. 사람이 아닌 과정을 비판

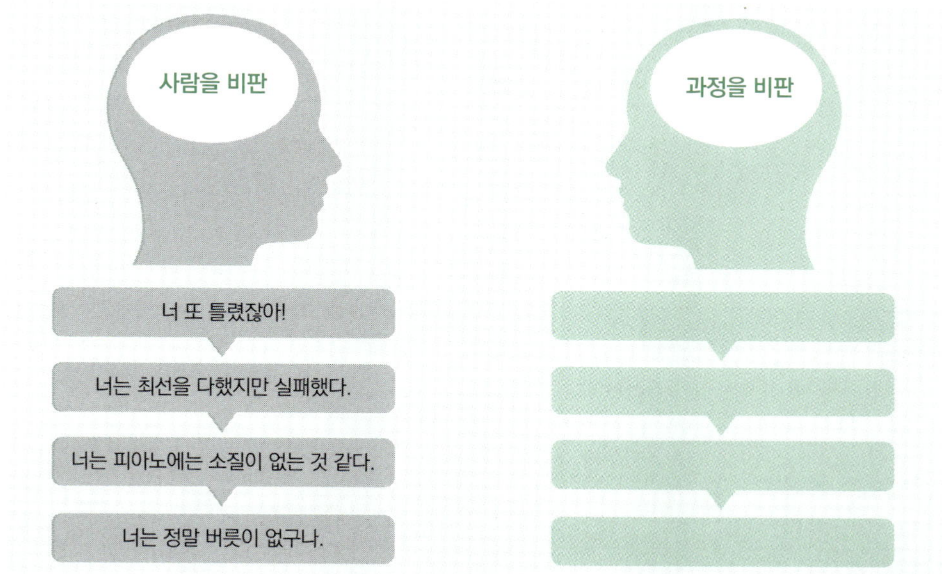

[그림 31-4] 사람이 아닌 과정을 비판

사람을 비판하는 말	과정을 비판하는 말
너 또 틀렸잖아.	틀린 부분을 다시 확인해 보자.
너는 최선을 다했지만 실패했어.	어떤 점이 부족했는지 살펴보자.
너는 피아노에는 소질이 없는 것 같아.	박자와 리듬을 더 연습해 보자.
너는 정말 버릇이 없구나.	대화할 때 좀 더 존중하는 표현을 써 보자.
너는 너무 게을러.	시간을 정해 계획적으로 해 보자.
너는 발표를 못해.	발표 내용을 더 정리해 보자.
너는 수학을 못해.	다른 방법으로 풀어 보자.
너는 그림을 진짜 못 그리는구나.	명암을 연습하면 더 생동감 있게 될 거야.
너는 운동신경이 부족해.	동작을 정확하게 연습하면 더 좋아질 거야.
너는 기억력이 나빠.	중요한 내용을 정리해서 외워 보자.

8. 마인드셋 종합

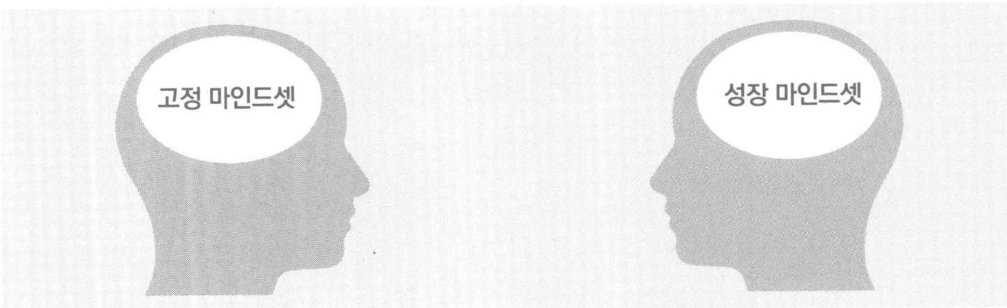

고정 마인드셋	성장 마인드셋
넌 정말 똑똑해! 역시 머리가 좋아야 해.	열심히 노력한 덕분에 좋은 결과를 얻었구나. 정말 대단해.
도대체 선생님이 왜 이렇게 낮은 점수를 줬는지 이해가 안 돼.	이번 시험에서 부족했던 부분을 찾아보고, 다음에는 더 잘해 보자.
너는 운이 좋아서 이긴 거야.	네가 꾸준히 연습한 덕분에 오늘 멋진 활약을 했어.
그러길래 내가 뭐라고 했어? 열심히 공부하라고 했잖아.	이번 시험공부를 어떻게 했을까? 다음엔 어떤 방법이 더 효과적일지 생각해 보자.
걱정하지 마, 너는 친구들보다 많이 부족하지 않아.	누구나 어려움을 겪을 수 있어. 나도 비슷한 경험이 있었는데, 함께 해결 방법을 찾아볼까?
네 마음이 풀릴 때까지 계속 화내도 괜찮아.	나도 실수했던 경험이 있어. 그때 어떻게 해결했는지 이야기해 볼까?
힘들면 안 해도 돼. 나도 그땐 그랬어.	조금만 더 버텨 보거나 다른 방법을 찾아보는 건 어때? 노력하면 결과가 달라질 거야.
다른 문제를 풀어보는 게 어때?	어려운 문제에 도전해서 끝까지 포기하지 않는 네 모습이 정말 자랑스러워.
교원 연수는 지루하고 피곤해. 배울 것도 없어.	이번 연수에서 배울 수 있는 새로운 아이디어를 찾아보자. 열린 마음으로 도전해 보자.
네 주장은 근거가 부족해.	주장을 더 잘 설명하려면 이 부분을 참고해서 근거를 보완해 보면 어떨까?
친구들은 다 잘하는데, 난 안 돼.	나도 연습하고 배우면 충분히 따라잡을 수 있어.
틀리면 창피해.	실수는 성장의 기회야. 틀려도 괜찮으니 도전해 보자.

내가 못 하는 건 그냥 타고난 거야.	누구나 처음엔 부족해. 하지만 꾸준히 하면 발전할 수 있어.
이건 너무 어려워, 포기해야겠다.	어려운 만큼 성장할 기회야. 한 걸음씩 해결해 보자.
저 사람은 원래 잘해, 난 안 돼.	나도 배우고 연습하면 충분히 잘할 수 있어.
난 이 정도가 한계야.	지금은 한계처럼 보여도, 노력하면 분명 더 성장할 수 있어.

참고문헌

Brock, A., & Hundley, H. (2016). *The Growth Mindset Coach: A Teacher's Month-by-Month Handbook for Empowering Students to Achieve*. Ulysses Press.

Dweck, C. S. (2017). 마인드셋 (*Mindset: The new psychology of success*). (김준수 역). 스몰빅라이프. (원서는 2006년 출간).

Mike Anderson (2019). What we say and How we say it matter: Teacher talk that improve student learning and Behavior. ASCD.

탐구 과제 32: 로젠샤인의 좋은 수업의 원칙

효과적인 수업은 학생의 학습을 체계적이고 목표지향적으로 이끄는 수업이다. 그러나 교사가 직관이나 개인의 경험에만 의존할 경우, 수업의 질을 일관되게 유지하기 어렵다. 이때 로젠샤인(Rosenshine, 2012)이 제시한 '효과적인 수업을 위한 10가지 원칙'은 교실 수업을 보편적으로 진단하고 개선할 수 있는 준거로 활용할 수 있다. 이 원칙들은 단순한 교수법이 아니다. 학습의 인지적 원리를 반영한 수업 설계와 실천에 필요한 지침이다. 그렇다면 실제 수업에 적용 가능한 증거기반 수업 관찰 요소는 무엇일까?

1. 전시학습 상기 및 복습

학생의 기억은 반복 학습을 하지 않으면 쉽게 사라진다. 따라서 전시학습 상기 활동으로 핵심 개념이나 절차를 짧게 복습하는 것이 필요하다. 이 과정은 단순한 기억의 환기나 재생이 아닌 새로운 내용과 기존 학습을 연결하는 역할을 한다. 예를 들어, 전 시간 내용을 간단한 질문으로 확인하거나 개념을 정리한 카드를 활용해 소그룹 활동을 진행할 수 있다.

2. 학습 내용을 작은 단계로 나누어 제시

학생은 한꺼번에 많은 정보를 처리하기 어렵기 때문에, 새로운 개념이나 절차는 작게 나누어 제시해야 한다. 이는 학습자의 인지적 부담을 줄이고 하나씩 차근차근 이해할 수 있도록 돕는 효과적인 방법이다. 각 단계는 서로 명확하게 구분되어야 하며 단계별로 이해 여부를 점검할 수 있는 간단한 활동이나 질문이 반드시 뒤따라야 한다.

예를 들어, 글쓰기 수업에서는 '주제 선정 및 내용 생성하기 → 개요 짜기 → 글의 흐름에 맞게 문장 쓰기'와 같이 쓰기 과정을 단계적으로 나누어 지도할 수 있다. 교사는 먼저 글의 주제를 정하는 방법을 안내한 뒤, 내용을 생성하고 조직하는 활동을 거쳐서 글의 흐름에 맞는 문장을 쓰게 한다. 이렇게 과정 중심의 글쓰기 활동을 진행하면 학생은 복잡한 글쓰기 과정을 부담 없이 이해하고 자연스럽게 글을 완성할 수 있다.

3. 질문과 이해 점검

질문은 학생의 이해 수준을 점검하고 수업의 흐름을 조정하는 중요한 도구이다. 단순히 "이해했나요?"라고 묻기보다는 학생이 자신의 말로 개념을 설명하거나 이유를 말하도록 유도해야 한다. 예를 들어, "왜 그런 선택을 했나요?" "이 내용을 다른 말로 설명할 수 있나요?" 등과 같은 질문은 학생의 사고 과정을 촉진하고 피드백을 제공할 때에 도움이 된다.

4. 모든 학생이 적극적으로 연습할 기회 제공

교사는 수업 시간에 학생들이 개별적으로 사고하고 표현할 수 있도록 다양한 연습 활동을 설계해야 한다. 예를 들어, 질문에 대한 개인 응답, 짝 또는 소그룹 간 토의, 글쓰기, 요약하기, 발표하기 등은 학생이 학습 내용을 자기 언어로 재구성하고 내면화하는 데 효과적이다. 이러한 활동을 통해 학생은 단순한 정보 수용자가 아니라 지식을 능동적으로 탐색하고 적용하는 학습 주체로 성장할 수 있다.

5. 연습 초기에는 교사가 안내

학생이 과제를 처음 수행할 때는 교사의 시범과 설명이 필요하다. 초기부터 혼자 수행하게 하면 오개념이 생기기 쉽고 실패 경험으로 인해 학습 동기가 저하될 수 있다. 예를 들어, 감상문 쓰기 수업에서는 교사가 예시 글을 분석하고 문단 단위로 함께 써 보는 과정을 통해 글의 구조를 익히게 한다.

6. 질 높은 피드백과 교정 제공

학습 중 발생하는 오류 상황은 교정의 기회다. 교사는 학생의 반응을 즉시 파악하고 구체적인 피드백을 제공해야 한다. 이때 비난이 아닌 제안 형식의 피드백을 제공하고 학습 동기를 유지하는 방향으로 진행해야 한다. 예를 들어, "틀렸어." 대신에 "이 문장에서 누가 무엇을 했는지를 더 분명하게 써 보자."라고 말하면 학생은 더 쉽게 수정할 수 있다.

7. 높은 성공률 유지

학생이 약 80%의 성공률을 경험할 때 가장 효과적인 학습이 이루어진다고 보았다. 이는 학생이 지나치게 쉬운 문제만 풀면서 성취감을 느끼는 것이 아니라 어느 정도 도전적인 과제를 해결하면서도 실패보다는 성공을 더 많이 경험할 때, 학습 동기와 자신감이 함께 신장된다는 의미이다.

예를 들어, 교사가 퀴즈 문제를 모두 제시하기보다는 학생이 직접 문제를 만들어 친구와 바꿔 푸는 활동을 할 수 있다. 이때 학생은 자신의 수준에 맞는 문제를 만들면서 자연스럽게 내용을 복습하게 되고 친구의 문제를 풀면서는 약간의 도전을 경험하게 된다. 이러한 방식은 난이도를 유연하게 조절할 수 있으면서도 학생에게 스스로 해냈다는 성취감을 제공할 수 있어 효과적이다. 교사는 활동 전후로 학생의 반응과 정답률을 관찰하여 과제가 지나치게 어렵거나 쉬운 수준이 되지 않도록 적절히 조정해야 한다.

8. 예시 제공

학생은 좋은 예시를 통해 수행 기준과 방향을 명확히 이해한다. 설명만으로는 추상적인 개념이 구체화되기 어렵기 때문에, 교사는 예시, 비예시 자료를 비교하며 사고를 유도해야 한다. 예를 들어, 감정 표현이 잘 된 일기와 단순히 사실만 나열한 일기를 함께 읽고 비교하면, 좋은 글의 기준을 스스로 발견하게 된다.

9. 교사 주도의 연습에서 학생 주도의 연습으로 학습 주도권을 차차 학생에게 넘겨준다

수업 초반에는 교사의 안내와 설명이 중심이 되지만, 점차 학생 스스로 과제를 해결하고 표현할 수 있도록 주도권을 이전하는 것이 중요하다. 이러한 점진적 책임 이양은 학습자의 자율성과 자기조절 능력을 기르는 핵심 전략이다.

예를 들어, 글쓰기 수업 초기에는 교사가 예시 글을 함께 읽고 주제를 정하거나 개요를 짜는 활동을 지도한다. 이후 학생은 직접 글의 구조를 계획하고, 최종적으로는 혼자 글을 완성하게 된다. 이때 교사는 학생의 수행을 관찰하고 필요한 경우에만 피드백을 제공하여, 학생이 스스로 학습을 이끌 수 있도록 돕는다.

10. 주간 또는 월간 단위로 주요 학습 내용을 구조화하여 반복해서 복습한다

학습한 내용은 반복적으로 노출되지 않으면 쉽게 망각된다. 따라서 주간 또는 월간 단위로 핵심 개념과 절차를 정리하고 복습하는 활동이 필요하다. 이는 단기 기억을 장기 기억으로 전이하는 데 효과적인 방법이다.

예를 들어, 교사는 매주 마지막 수업 시간에 '이번 주 학습 내용 3가지 요약하기' 활동을 운영하거나, 월말에 핵심 개념을 정리한 개념도 또는 퀴즈를 활용해 전체 내용을 점검할 수 있다. 이러한 반복 활동은 학생이 개별 지식을 체계적으로 연결하고,

장기적으로 기억하는 데 도움을 준다.

번호	좋은 수업의 원칙 점검 항목	자주	가끔	전혀
1	전시학습 내용을 질문이나 퀴즈 형식으로 간단히 복습한다.			
2	학생이 새로운 내용을 이해할 수 있도록 작은 단위로 나누어 설명한다.			
3	수업 중 학생의 이해 여부를 확인하고 필요에 따라 설명의 난이도를 조정한다.			
4	모든 학생이 연습 활동에 능동적으로 참여할 수 있도록 수업을 설계한다.			
5	연습 초기에는 교사의 안내와 시범을 통해 학습 방향을 명확히 제시한다.			
6	학습 과정 중 발생하는 오류에 대해 즉각적이고 구체적인 피드백을 제공한다.			
7	학생이 80% 이상의 성공률을 경험할 수 있도록 과제의 난이도를 조절한다.			
8	과제 수행 전에 모범 예시나 사고 과정을 설명해 학생이 기준을 이해하도록 돕는다.			
9	교사 주도의 연습에서 학생 주도의 연습으로 학습 주도권을 차차 학생에게 넘겨준다.			
10	주간 또는 월간 단위로 주요 학습 내용을 구조화하여 반복해서 복습한다.			

참고문헌

Rosenshine, B. (2012). Principles of Instruction: Research-Based Strategies That All Teachers Should Know. *American Educator, 36*(1), 12-19.

탐구 과제 33: 제멜먼, 다니엘스, 하이드의 좋은 수업의 조건

좋은 수업이란 무엇일까? 단순히 교과 지식을 정확하게 전달하거나 학생들의 시험 성적을 높이는 것만으로는 충분하지 않다. 오늘날의 교육은 학생들이 수업 속에서 얼마나 주도적으로 사고하고 친구들과 협력하며 자신의 삶과 연결된 배움을 중요한 교육 목표로 삼고 있다. 제멜먼, 다니엘스와 하이드(Zemelman, Daniels, & Hyde, 2014)는 '좋은 수업'의 조건을 12가지로 제시하면서 실천 가능한 수업의 방향을 제안한다. 그렇다면, 교실 수업을 개선할 수 있는 좋은 수업의 조건들에는 무엇이 있을까?

1. 탐구 질문으로 수업 시작하기

호기심은 학습 동기를 자극하는 가장 강력한 요인이다. 학습 초기에 교사의 탐구 질문은 학생의 내적 호기심을 유발하고 주도적인 학습 활동 참여를 유도한다. 예컨대 과학 시간에 "왜 손을 씻으면 감기에 덜 걸릴까?"라는 질문을 할 수 있다. 이는 학생의 경험을 바탕으로 한 탐구 욕구를 자극하는 질문이다. 학생들은 이 질문을 통해 세균, 면역, 위생 등 보다 넓은 개념으로 탐구 범위를 확장하며 능동적 학습을 경험하게 된다. 사회 수업에서는 "왜 어떤 나라는 전쟁을 하고 어떤 나라는 평화를 유지할까?"라는 질문을 통해 학생을 국제 관계 및 갈등 해결이라는 심화된 주제로 안내할 수 있다. 이 질문은 학생이 역사적, 정치적 사례를 탐구하며 주도적으로 사고하도록 돕는다. 결과적으로 학생은 학습의 주도권을 가지고 탐구 중심의 학습을 경험한다.

2. 학생 배움과 삶의 연결

학생은 학습 내용이 자신의 삶과 연결될 때 더 흥미를 느끼고 자신의 삶과 무관할 때 흥미를 잃는다. 따라서 교사는 학습 내용을 학생의 일상 경험과 연결하여 가르쳐야 한다. 예컨대, 수학 수업에서 할인율 계산을 배울 때 단순한 수식으로 접근하기보다는 "내가 사고 싶은 물건이 30% 할인될 때 실제 가격은 얼마가 될까?"와 같은 생활 속 문제를 제시하여 학생의 적극적인 참여를 유도해야 한다. 과학 수업에서도 개념을 이론적으로 설명하는 데 그치지 않고, "추운 날에 왜 금속 의자에 앉으면 더 차갑게 느껴질까?"와 같은 일상적인 질문을 활용하면 학생들이 과학적 개념을 자연스럽게 이해하고 흥미를 느끼게 된다. 이처럼 배움과 학생의 삶이 연결될 때 학생은 학습 활동에 주도적으로 참여한다.

3. 전체 속에서 부분을 이해

학생은 전체 구조와 개념을 먼저 파악한 뒤 세부 내용을 탐색할 때 더 깊이 있는 이해를 할 수 있다. 국어 수업에서 글 전체를 먼저 읽고 문단별 구조와 중심 생각을 분석하면 글의 구성 원리를 자연스럽게 익힐 수 있다. 역사 수업에서는 특정 사건을 시대적 흐름과 연결 지어 이해하면 역사적 사건 간의 인과 관계를 더 잘 파악할 수 있다. 이처럼 전체-부분의 관계를 고려한 수업 설계는 깊이 있는 수업 운영에 핵심적인 역할을 담당한다.

4. 직접 참여하고 경험하는 수업 제공

학생은 학습 활동에 직접 참여하고 구체적으로 경험할 때, 학습 내용을 깊이 이해하고 오래 기억할 수 있다. 또한 학생은 스스로 학습 과정을 주도하면서 책임감과 소속감을 느끼게 된다. 과학 수업에서 학생이 실험 과정을 직접 설계하고 실천하거나, 체육 수업에서 자신들이 게임 규칙을 만들어 경기를 진행하면 학습은 살아 있는 경험이 된다. 미술 시간에 학생이 다양한 재료로 창작 활동을 하거나, 음악 시간에 직접 작곡하거나 악기를 연주하는 경험은 창의적이고 감각적인 표현력을 높인다. 이러한 경험 중심의 수업은 학생을 수동적인 수용자에서 능동적인 참여자로 성장시킨다.

5. 직접 선택하고 도전하는 과제 제시

학생은 자신이 직접 선택하고 도전하는 과제를 수행할 때 더 큰 책임감을 느끼며 몰입한다. 따라서 교사는 다양한 형태와 난이도를 갖춘 과제를 제시하고 학생이 스스로 과제를 선택할 수 있도록 안내하면 학생의 자기주도성을 신장시키고 학습 동기를 유발할 수 있다. 예컨대, 수학 수업에서는 학생이 기본형, 심화형, 창의형 중 자신에게 적합한 과제를 선정하도록 하고, 국어 수업에서는 학생이 자신의 관심과 경험을 반영하여 글쓰기 주제를 자율적으로 선택하도록 한다. 또한 과학 수업에서도 학생 스스로 실험 주제를 선정하고 탐구 활동을 하게 하여, 학습의 주체로 성장하도록 지원할 수 있다. 이처럼 학생의 선택과 도전을 촉진하는 과제는 학습의 깊이를 더하고 자기주도적인 학습 능력 신장에 기여한다.

6. 고등 사고 활동을 요구하는 질문 활용

학생이 단순한 정답 찾기를 넘어 사고를 확장하고 문제를 창의적으로 바라보게 하려면, 교사는 학생의 고등 사고 능력을 촉진하는 질문을 적극적으로 활용해야 한다. 블룸(Bloom)의 사고 수준에 따른 적용, 분석, 평가, 창안의 질문을 제시하면 학생의 사고력과 창의성을 체계적으로 키울 수 있다. 예컨대 수학 수업에서는 배운 공식을 새로운 상황에 적용하는 질문을 통해 개념의 실제적 활용 능력을 키울 수 있다(적용). 사회 수업에서는 "이 정책의 시행 배경과 원인은 무엇인가?"라는 질문을 바탕으로 정책의 원인과 결과를 분석하게 하여 복합적인 사고력을 기를 수 있다(분석). 문학 수업에서는 등장인물의 행동이나 선택이 적절했는지를 묻는 질문을 통해 학생들이 작품의 가치를 비판적이고 깊이 있게 평가하도록 도울 수 있다(평가). 또한, 과학 수업에서 학생 스스로 실험을 설계하거나 가설을 새롭게 창안해 보는 활동은 창의적 사고 능력을 키우는 데 효과적이다(창안). 이와 같은 고등 사고 능력 신장 질문과 활동은 학생 사고의 폭과 깊이를 확장 및 심화시킨다.

7. 생각을 다양한 방식으로 표현

학생은 글, 말, 그림, 신체 표현, 디지털 매체 등 다양한 방식으로 자신의 생각을 표현할 수 있어야 한다. 이때에 교사는 표현 방법을 제한하기보다는 확장하고 학생이 자신의 역량에 따라 다양한 표현 방식을 선택할 수 있도록 도와야 한다. 과학 수업에서 학습한 개념을 포스터로 정리하거나 실험 과정을 만화로 표현하게 할 수 있고, 역사 수업에서는 주요 사건을 뉴스 보도 형식으로 재구성하거나 연극으로 발표하게 할 수 있다. 국어 시간에는 글쓰기 외에도 구술 발표, 토론, 패러디 등 다양한 방식의 표현을 활용할 수 있다. 이러한 다양한 표현 활동은 학생의 적극적인 학습 활동 참여와 자기주도 학습 능력 신장에 도움이 된다.

8. 학습 성찰 기회 제공

자신의 학습을 돌아보는 성찰 시간은 학습한 내용을 정리하고 새로운 학습 계획을 수립하는 데 필수적인 과정이다. 수업 후 학생이 '오늘 배운 핵심 내용' '가장 인상 깊었던 활동' '어려웠던 점과 개선 방안' 등을 글로 쓰거나 대화로 나누면 반성적 사고와 자기 성찰이 자연스럽게 이루어진다. 수학 수업에서는 학생이 오답을 스스로 분석하고 원인을 찾아 해결하는 활동을 통해 문제 해결력을 키울 수 있다. 국어 수업에서는 작성한 글을 다시 읽고 자신의 글쓰기 과정을 돌아보며 표현력을 개선할 기회를 마련할 수 있다. 과학 수업에서는 실험 결과를 되돌아보며 자신의 탐구 과정을 평가하고 이후 실험을 더 효과적으로 수행하기 위한 방법을 모색할 수 있다. 이와 같은 성찰의 과정은 학습 활동을 단순한 지식 습득이 아니라 자신을 돌아보고 성장시키는 의미 있는 경험의 장으로 변화시킨다.

9. 협력학습 문화 조성

협력학습은 학습자들이 공동의 목표를 달성하기 위해 상호 의존하면서도 개별적인 책임을 수행하는 구조화된 학습 방식이다. 교사는 수업을 설계할 때, 학생들이 사고를 조율하고 문제 해결 전략을 공유할 수 있는 상호작용 중심의 학습 환경을 마련해야 한다. 예를 들어, 사회 수업에서는 '기후 위기 대응 정책'을 주제로 찬반 토론을 진행하면서 정보 수집, 논거 구성, 반론 제시 등의 과정을 통해 비판적 사고력과 의사소통 능력을 함께 기를 수 있다. 과학 수업에서는 생태계 보존을 주제로 조별로 실험을 설계하고 결과를 분석하면서 탐구 역량과 협업 능력을 동시에 강화할 수 있다. 국어 수업에서는 문학 작품에 대한 소집단 토의를 통해 다양한 해석을 나누고 표현 방식이나 작가의 의도를 협의하는 과정에서 문학적 감수성과 해석력을 심화할 수 있다.

이처럼 협력학습은 단순한 역할 분담이 아닌 공동의 책임과 상호작용을 통해 의미를 구성해 가는 과정 중심의 학습이다. 교사는 결과 중심의 평가를 넘어서 협력 과정 자체를 관찰하고 학생들이 배움과 성장을 스스로 성찰할 수 있도록 도와야 한다. 이러한 성찰은 협력의 경험을 사회적 역량으로 전환시키는 중요한 교육 기제로 작용한다.

10. 민주적 의사결정 기회 제공

좋은 수업은 학생에게 민주적 의사 결정의 기회를 제공함으로써 자율성과 공동체 의식을 함께 길러 준다. 학생이 수업이나 학급 운영에 능동적으로 참여할 수 있도록 하는 경험은 단순한 참여를 넘어 책임 있는 시민으로 성장하는 기반이 된다. 이를 위해 교사는 수업 활동의 주제나 방법을 학생이 함께 결정할 수 있는 구조를 마련해야 한다. 예를 들어, 읽을 책을 학급 전체가 함께 논의하고 다수결로 결정하거나, 모둠 활동의 규칙을 학생들과 협의하여 정하는 과정은 학습 공동체로서의 책임감을 높이는 데 효과적이다. 또한 학급 회의와 같은 공식적인 의사결정 경험은 학생에게 주인의식을 갖게 하고 실생활에서 협의, 양보, 책임 있는 행동의 중요성을 자연스럽게 익히게 한다. 이러한 경험은 학교생활뿐만 아니라 미래 사회 구성원으로서 필요한 참여 역량과 공동체 감수성을 기르는 데 핵심적인 역할을 한다.

11. 발달 수준과 개인차 고려

좋은 수업은 학생의 발달 특성과 개인차를 고려한다. 학생은 인지적 · 정의적 · 신체적 발달 속도가 서로 다르고 학습 선호도나 이해 속도 역시 다르다. 교사는 이러한 차이를 반영하여 수업 내용과 방법을 유연하게 구성해야 한다. 예를 들어, 국어 수업에서는 같은 주제에 대해 난이도가 다른 읽기 자료를 제공하거나 텍스트 대신 오디오북이나 그림책을 함께 활용하여 학습 접근성을 높일 수 있다. 또한 학생이 문장 쓰기, 짧은 글 짓기, 이야기 완성하기 등의 다양한 글쓰기 형식 중에서 자신의 기호와 수준에 맞는 과제를 선택하게 할 수 있다. 과학 수업에서는 실험 설계와 수행 능력에 차이가 있는 학생을 위해, 실험 절차를 단계적으로 제시하거나 실험 조작이 어려운 학생에게는 관찰 중심 활동을 제공한다. 이처럼 같은 주제를 다루더라도 학생의 발달 수준에 따라 학습 활동 방식이나 수준을 조정할 수 있다. 이러한 개별화된 수업은 모든 학생의 학습 경험을 존중하며 각자의 발달 수준에 맞는 도전과 성취의 기회를 제공한다. 나아가 학생이 자신의 학습 방식을 이해하고 스스로 목표를 설정하며 성장해 나갈 수 있도록 돕는다.

12. 배움의 즐거움 만끽

학습의 즐거움은 학생이 지닌 내면의 동기를 자극하고 지속적인 성장을 이끄는 힘이 된다. 학생은 수업 속에서 성취감을 느끼고 자신의 성장을 실감하는 순간, 배움의 가치를 더욱 깊이 이해하게 된다. 단순한 지식의 습득을 넘어 학습 활동 중에 자신의 변화와 발전을 체감할 때 배움은 기쁨이 되고 학습은 삶과 연결된다.

예를 들어, 학생은 수학 시간에 어려운 문제를 해결한 뒤, 친구들과 해결 과정을 공유하면서 성취감을 느낄 수 있다. 미술 수업에서는 자신이 만든 작품을 전시하고 감상하는 활동을 통해 표현의 즐거움과 자기 확신을 얻는다. 국어 시간에는 자신의 글이 친구들에게 감동을 줄 때 소통의 보람을 경험하며, 영어 수업에서는 간단한 표현으로 외국인과 대화를 나눌 때 배움의 기쁨을 느낀다.

이처럼 다양한 학습 활동 속에서 배움의 즐거움을 경험한 학생은 학습을 의미 있는 일로 받아들이며 학습 주체로 성장하게 된다. 이러한 긍정적인 경험이 쌓일수록 학생은 자신의 가능성을 발견하고 평생 학습자로 살아갈 수 있는 탄탄한 기반을 마련하게 된다. 결국 좋은 수업이란, 학생이 배움에서 즐거움을 느끼고 그 속에서 자신의 성장을 실감하며 더 배우고 싶다는 마음을 품게 하는 수업이다. 이러한 수업이야말로 교육이 지향해야 할 본질이며 오늘날 교실에서 가장 필요한 변화이다.

번호	좋은 수업의 조건 점검 항목	자주	가끔	전혀
1	학생의 관심사로 질문하며 수업을 시작하는가?			
2	학습 내용이 학생의 삶과 연계되는가?			
3	전체 속에서 부분을 이해하며 학습하는가?			
4	학생이 직접 참여하고 경험하는 학습 활동인가?			
5	학습 활동이 학생의 도전과 능동적 참여 및 해결을 요구하는가?			
6	고등 사고 능력을 신장시키는 질문을 하는가?			
7	자신의 생각을 다양한 방식으로 표현하는가?			
8	학습 성찰의 기회를 제공하는가?			
9	소집단 협력학습 문화를 강조하는가?			
10	민주적 의사결정 기회를 제공하는가?			
11	학생 발달 특성과 개인차를 반영하는가?			
12	배움의 즐거움을 만끽하는 학습 활동인가?			

참고문헌

Zemelman, S., Daniels, H., & Hyde, A. (2014). *Best Practice: Bringing Standards to Life in America's Classrooms* (4th ed.). Portsmouth, NH: Heinemann.

탐구 과제 34: 학습 피라미드

수업의 성과는 교사가 무엇을 가르쳤는지가 아니라, 학생이 어떻게 배우고 성장했는지를 통해 판단해야 한다. 교육 현장은 지식 전달 중심 수업에서 학생 참여형 수업, 더 나아가 학습자 주도성 수업으로 이동하고 있으며 학습자의 활동 방식에 따라 학습의 깊이와 지속성이 달라진다.

이런 변화 속에서 학습 피라미드는 교사가 수업을 설계하고 성찰할 때, 학생의 참여 수준 및 주도성을 점검할 수 있는 실용적 도구가 된다. 그렇다면 지금 내가 하고 있는 수업을 학습 피라미드의 측면에서 보았을 때 어떤 해석이 가능할까?

1. 학습 피라미드의 개념 및 연구 동향

학습 피라미드는 학습자의 참여 방식 및 주도성에 따라 학습 효과가 달라진다는 점을 시각적으로 보여 주는 모형이다. 피라미드의 상단에는 강의 듣기와 읽기처럼 교사 주도의 주입식 수업이, 하단에는 가르치기와 토론하기처럼 학습자 주도의 학

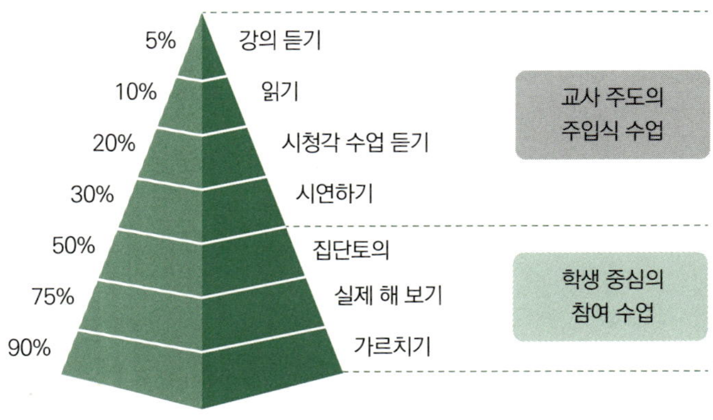

[그림 34-1] 학습 피라미드

습 활동이 배치된다. 하단으로 갈수록 학습의 이해도와 지속성이 높아진다. 이 모형은 미국 행동과학연구소(National Training Laboratories: NTL)가 제안하였고 각 학습 방식에 따라 평균적으로 얼마나 많은 학습 내용을 기억하는지를 수치로 나타냈다. 이러한 수치는 과학적으로 엄밀히 검증된 값이라기보다는 교육 현장의 일반적인 경향을 기반으로 구성된 경험 자료라고 할 수 있다. 학습 피라미드는 종종 에드거 데일의 '경험의 원추(Cone of Experience)'와 혼동되기도 하나 데일은 기억률과 관련된 수치를 제시한 바 없다. 이 모형은 학습자 중심 수업을 설계하거나 성찰할 때 참고 자료로 활용할 수 있다.

2. 학습 피라미드 설명

학습 피라미드는 총 7단계로 구성되어 있으며 상단에서 하단으로 갈수록 학생의 참여 수준과 주도성이 높아지고 학습한 내용을 더 오래 기억하게 된다. 상단의 강의 듣기(Lecture)는 교사의 설명을 듣는 방식으로 학생은 배운 내용의 약 5%를 기억한다. 읽기(Reading)는 약 10%, 시청각 수업 듣기(Audio Visual)는 약 20%를 기억한다. 시범 관찰(Demonstration)은 실험이나 과정을 눈으로 보며 학습하는 활동으로 약 30%, 집단 토의(Group Discussion)는 친구들과 의견을 나누는 방식으로 약 50%를 기억한다. 실습, 만들기, 프로젝트 활동 등을 포함하는 실제 해 보기(Practiced by Doing)는 약 75%, 다른 사람에게 가르치기(Teaching Others)는 학습 내용을 말과 행동으로 표현하는 과정으로 약 90%까지 기억할 수 있다. 이 피라미드는 학생이 수업에 얼마나 주도적으로 참여하느냐에 따라 학습의 깊이와 지속성이 달라진다는 점을 시각적으로 설명한다.

3. 교실 수업에서의 활용 방안

학습 피라미드는 교사가 수업을 학생 중심으로 전환하는 데 실질적인 기준이 된다. 수업이 피라미드의 상단에 머물지 않도록 학생이 말하고 행동하는 학습이 자연스럽게 일어나도록 수업을 설계해야 한다. 짝 활동, 말하기 활동, 요약하기 활동 등은 학생의 인지적 참여를 촉진한다. 소집단 토의 학습은 학생이 서로의 생각을 비교하고 확장하는 데 효과적이다. 교사는 이 과정에서 학생 사고를 촉진하는 질문과 피드백을 제공하는 조력자의 역할을 한다. 직접 해 보는 활동은 학습을 내면화하는 데 필수적이다. 실험, 만들기, 역할극, 프로젝트 등과 같은 활동 후에는 단순한 결과 확인보다는 학습 과정에 대한 성찰을 유도해야 한다. 수업의 마무리 단계에서는 학생이 배운 내용을 설명하거나 발표하는 시간, 친구를 가르치는 시간이 필요하다. 학습 피라미드는 교사가 수업 중 학생이 무엇을 하고 있는지, 그 활동이 실제 학생 배움으로 이어지고 있는지를 점검하는 도구로 활용할 수 있다.

4. 국어 수업 적용 사례

이 수업은 '표준어와 방언'이라는 학습 내용을 중심으로 언어의 지역성과 다양성을 직접 체험할 수 있도록 설계되었다. 교사는 개념 설명, 시청각 자료, 언어적 시범을 활용하여 학습의 흥미를 유발하고 학생 이해를 촉진하였고 모둠 활동과 발표 등으로 학습자 참여를 점진적으로 확대하였다. 수업 전체를 NTL(National Training Laboratories)의 학습 피라미드 이론에 따라 분석해 보면, 수업이 수용적 학습에서 능동적 실천 활동으로 진행되고 있다. 이는 단순한 정보 전달을 넘어, 학생을 학습의 주체로 성장시키고자 하는 교사의 교육적 신념이 반영된 결과이다.

수업은 교사 주도의 개념 정리로 출발하였으나 이후 학생 참여의 수준과 질을 점진적으로 높이는 방향으로 전개되었다. 특히 생활 언어와 시각 자료, 언어적 시범 등 다양한 전략을 통해 일방적인 설명을 보완하고 학생의 주의를 끌고자 한 시도는 주목할 만하다. 학생의 활동이 단순 응답을 넘어 표현과 재구성으로 나아가도록 설계한 점도 중요한 특징 중 하나이다. 모둠 활동, 카드 제작, 릴레이 발표 등의 활동은 학생이 '학습의 주체'로 전환될 수 있는 기반을 마련해 주었다.

도입 단계에서 교사는 "오늘은 표준어와 방언에 대해 알아볼 거예요."라는 말로 학습 목표를 소개한 뒤, "방언은 지역마다 쓰는 말이 달라요. 예를 들어, '엄마' 대신

'어무이'라고 하기도 하죠."라고 설명을 덧붙였다. 이 활동은 주로 교사 주도의 설명식 수업으로 이루어졌으며, 학생은 수동적으로 듣고 있다. 이는 학습 피라미드에서 '강의 듣기'에 해당하며, 비록 학생 참여 수준은 낮았지만 기본 개념을 안내하는 기능을 수행하였다.

이어진 활동에서는 교사가 방언이 사용되는 장면이 포함된 짧은 애니메이션 영상을 제시하였다. "밥 무라."라는 표현이 등장하자 학생들은 웃음을 터뜨렸고, 교사는 "이 말은 어느 지역의 표현일까요?"라는 질문으로 주제를 확장시켰다. 이는 '시청각 자료 활용' 단계로, 학생의 관심을 끌고 주제에 몰입하도록 돕는 데 효과적이었다.

영상 시청 후, 교사는 "서울 친구가 같은 상황에서 뭐라고 했을까요?"라고 질문을 던졌고, 학생들은 "밥 먹었니?" "식사했어요?" 등 다양한 표현을 제시하였다. 교사는 이를 받아 개념을 정리하고 사고를 확장하는 후속 질문을 던졌다. 이 과정은 교사-학생, 학생-학생 간의 상호작용을 자연스럽게 유도하였으며, 학습 피라미드의 '집단 토의' 활동에 해당한다.

전개 단계에서는 학생의 실제 경험을 바탕으로 한 활동이 중심을 이루었다. 교사가 "여러분 가족 중에 방언 쓰는 분 계세요?"라고 질문하자, 한 학생은 "할머니가 '옷 주워 입어라.'라고 하셨는데 무슨 말인지 몰랐어요."라고 대답하였다. 학생들은 자신의 경험을 그림과 말로 표현하며 짝과 대화를 나누었다. 이는 학생이 자신의 삶과 학습을 연결 짓고 직접 구성하는 활동으로, '직접 해 보기'에 해당한다.

이후 모둠별로 표현들을 표준어와 방언으로 분류하고 사용 맥락에 대해 토의하는 시간이 주어졌다. "학교에서는 표준어를 써야 한다."라는 주장과 "친구끼리는 방언도 괜찮지 않나요?"라는 반론이 오가며 학생들 간의 의견 교환이 활발하게 이루어졌다. 이는 사고의 확장과 조정이 동반되는 '집단 토의' 활동이다. 이어진 '국어 골든벨' 활동에서는 학생들이 문제를 풀고 일부는 문제를 직접 출제하였다. 단편적인 정답 맞히기를 넘어 학습 내용을 응용하고 재구성하는 과정으로, '직접 해 보기'와 '가르치기'가 결합된 형태로 볼 수 있다.

정리 단계에서는 '릴레이 발표'가 진행되었다. 학생들은 돌아가며 "할머니 말이 방언인 줄 처음 알았어요." "표준어는 상황에 따라 다르게 써야 해요."와 같은 소감을 발표하였다. 이 활동은 학습자가 배운 내용을 또래에게 설명하는 과정으로, 학습 피라미드에서 가장 효과적인 학습 방법 중 하나인 '다른 사람에게 가르치기'에 해당한다.

참고문헌

Dale, E. (1946). *Audio-Visual Methods in Teaching*. New York: Dryden Press.

National Training Laboratories. (1960). Learning Pyramid Model.

부록

학습 피라미드를 활용한 '1급 감염병' 수업 분석

이 수업은 교사 주도의 설명식 수업으로 진행되었다. 도입에서 교사는 "우리 주변에 감염병이 있을까요?"라는 질문을 던지며 수업을 시작했고, 이어 감염병의 정의, 증상, 전파 경로, 예방 방법 등을 체계적으로 설명해 나갔다. 학생들은 고개를 끄덕이며 교사의 말을 경청하거나 노트에 필기를 하며 수업에 임했다. 이러한 장면은 NTL 학습 피라미드의 '강의 듣기(Lecture)'에 해당하고 평균 기억률은 5%로 낮다. 정보 전달은 분명했지만 학생은 수동적으로 참여했고 사고 확장을 위한 상호작용은 거의 이루어지지 않았다.

이어서 교과서 94~95쪽을 함께 읽는 시간이 주어졌다. 교사는 낭독 순서를 지정하고 학생들은 해당 부분을 소리 내어 읽었다. 중요한 문장을 짚으며 강조는 있었지만 읽은 내용을 정리하거나 해석하는 활동은 포함되지 않았다. 이는 '읽기(Reading)' 단계에 해당하며, 기억률은 약 10%로 낮은 편이다. 정보는 전달되었으나 학생의 사고 과정으로 깊이 연결되기에는 부족하였다.

수업 중간에는 감염병의 특성을 이해시키기 위해 시청각 자료가 사용되었다. 두창 환자의 피부 발진이나 패스트의 괴저 부위를 보여 주는 이미지는 학생들의 관심을 끌었다. 교사는 "이런 증상은 어떤 느낌일까요?"라며 학생의 반응을 유도했다. 이는 '시청각 자료(Audio-Visual)' 단계로, 평균 기억률은 약 20%다. 시각적 자극은 효과적이었지만, 다른 감각과의 통합적 활동으로 이어지지는 못했다.

감염 경로 설명 시, 교사는 손짓과 억양을 활용해 공기 중 전파나 손 접촉을 표현했다. 이는 간접적 시범으로 볼 수 있으나, 모형이나 실험을 통한 명확한 시연은 이루어지지 않았다. '시범 관찰(Demonstration)' 단계의 기억률은 30%에 이르며, 구체적 시범은 개념 이해를 돕는 데 중요하다. 이 부분의 보완이 있었다면 개념 구조화가 보다 용이했을 것이다.

학생 간 상호작용은 거의 없었다. 교사의 질문은 있었지만 대부분 폐쇄형이었고, 짧은 응답 이후 교사의 추가 설명으로 이어졌다. '집단 토의(Group Discussion)'에 해당하는 활동은 관찰되지 않았으며, 기억률 50%에 달하는 이 단계의 부재는 학생들의 사고 공유 기회를 제한하였다.

실습 활동은 포함되지 않았다. 학생이 개념을 손으로 구성하거나 표현하는 활동은 전혀 이루어지지 않았으며, 이는 '직접 해 보기(Practice by Doing)' 단계의 부재로 해석된다. 이 단계의 평균 기억률은 75%에 이르며, 감염병 카드 작성이나 포스터 만들기 등 실천적 활동이 함께했다면 학습 효과는 더욱 증대되었을 것이다.

가장 높은 기억률(90%)을 보이는 '다른 사람에게 가르치기(Teaching Others)' 단계도 포함되지 않았다. 예를 들어, 친구에게 질병 정보를 정리해서 설명하거나, 모둠별로 퀴즈를 만들어 발표하는 활동이 있었다면 학습 내용은 더 깊이 내면화되었을 것이다.

요약하면, 이 수업은 '강의 듣기' '읽기' '시청각 자료' 중심으로 구성되었으며 정보 전달은 효과적이었으나 학생 주도의 활동이나 실천적 구성은 미흡했다. 결과적으로 지식 습득 및 일부 개념 이해는 이루어졌으나, 전이와 적용을 촉진하는 학습 활동은 충분히 이루어지지 않았다. 향후 수업 설계에서는 학생이 지식을 능동적으로 탐색하고 표현할 수 있는 서로 가르치기 및 소집단 토론 학습 활동의 강화가 필요하다.

탐구 과제 35: 다니엘슨의 수업평가(TEF)

다니엘슨(Danielson, 2007)의 TEF는 교사의 수업 전문성을 진단하고 향상시키기 위한 수업평가 도구이다(박태호 역, 2014). TEF는 수업 설계, 수업 환경, 수업 실행, 교직 전문성의 네 영역으로 구성되고 교사의 실제 수업을 다면적으로 관찰하고 분석한다. 각 영역은 세부 요소로 구성되어 있어 구체적인 수업 장면을 정밀하게 평가할 수 있다. 예를 들어, 교사가 학습 목표를 명확히 설정했는지, 학생의 흥미와 발달 수준을 고려했는지, 평가 결과를 수업에 반영했는지를 판단할 수 있고, 각 평가 범주마다 관련 루브릭을 미흡, 초보, 우수, 탁월의 4단계 척도를 제시하였다.

TEF는 교사의 자기 성찰을 이끌고 동료와의 전문적 대화를 촉진하며 장기적으로는 학교의 교실 수업 문화 발전에 기여할 수 있다. 또한 수업 개선의 방향을 제시하고 배움과 성장의 근거 자료로도 활용할 수 있다. 그렇다면 TEF는 무엇이고 어떻게 활용해야 할까?

1. 다니엘슨의 수업평가 도구

다니엘슨(Danielson, 2007)의 수업평가 도구(TEF)는 교사의 전문성을 점검하고 수업의 질을 향상시키기 위한 체계적 기준을 제시한다. TEF는 네 가지 핵심 요소로 구성된다. 첫째, 수업 설계는 학습 목표 설정, 교수 전략, 자료 활용의 적절성을 점검한다. 둘째, 수업 환경은 존중과 신뢰, 학급 운영, 학습 분위기 조성을 점검한다. 셋째, 수업 실행은 질문, 설명, 상호작용, 평가, 유연한 대처 능력을 점검한다. 넷째, 교직 전문성은 수업 반성, 학부모와의 소통, 연수 참여 등 교사의 전문적 성장과 태도를 점검한다. 각 요소는 '미흡-초보-우수-탁월'의 네 수준으로 구분된 루브릭을 통해 구체적으로 진단할 수 있도록 설계되어 있다.

TEF는 구체적인 수업 장면을 세분화된 평가 항목으로 구성하여 실제 수행을 정밀하게 점검할 수 있도록 설계되어 있다. 각 영역은 다시 수업의 흐름과 상호작용, 학습 환경의 질, 교사의 언어 사용, 학생의 참여도와 평가 활용 방식까지 폭넓게 다룬다. 예를 들어, 수업 설계 영역에서는 오개념 반영 여부나 교수법의 적절성을, 수업 실행 영역에서는 질문의 수준과 응답의 깊이를 구체적으로 점검한다. 이처럼 다니엘슨 수업평가 도구는 교사가 자신의 수업을 객관적으로 관찰하고 성찰할 수 있는 실천적 도구의 기능을 한다.

2. 다니엘슨의 수업평가 도구 요소

일시		학년 반		교사	
교과		단원		차시	
학습 목표					

1. 수업 설계	미흡	초보	우수	탁월
A. 교과 내용과 교수법 지식				
B. 학생 이해 지식				
C. 학습 목표 설정				
D. 수업 자료 활용				
E. 수업 설계의 일관성				
F. 학생 평가 계획				
2. 수업 환경	**미흡**	**초보**	**우수**	**탁월**
A. 존중과 배려				
B. 학습 문화				
C. 학급운영과 통제				
D. 학생 행동 통제				
E. 교실 공간 조직				
3. 수업 실행	**미흡**	**초보**	**우수**	**탁월**
A. 상호작용과 소통				
B. 질문과 토론				
C. 학습 참여				
D. 학습 평가				
E. 수업 운영				

4. 수업 전문성	미흡	초보	우수	탁월
A. 수업 반성				
B. 수업 기록				
C. 가정과 소통				
D. 전문가 집단 참여				
E. 전문성 계발과 성장				
F. 전문성 입증				

수업자 이름		확인		평가자 이름		확인	

1. 수업 설계				
평가범주	미흡	초보	우수	탁월
A. 교과 내용과 교수법 지식	• 수업 설계를 할 때에 선수 학습 지식을 반영하지 못한다. • 수업 설계를 할 때에 교과 내용에 적합한 교수법 지식을 반영하지 못한다.	• 수업 설계를 할 때에 선수 학습 지식을 일부 반영한다. • 수업 설계를 할 때에 교과에 적합한 교수법 지식을 일부만 반영한다.	• 수업 설계를 할 때에 선수 학습 지식을 대부분 반영한다. • 수업 설계를 할 때에 교과에 적합한 교수법 지식을 대부분 반영한다.	• 수업 설계를 할 때에 선수 학습 지식을 아주 잘 반영한다. • 수업을 설계할 때에 교과에 적합한 교수법 지식, 학생의 배경 지식, 학생이 지닌 오개념과 난개념의 원인 및 해결 방안을 반영한다.
	☐	☐	☐	☐
B. 학생 이해 지식	• 학생 발달, 학습 과정, 학생 능력, 학생 문화, 학생 흥미 및 욕구에 대한 이해가 매우 부족하다.	• 학생 발달, 학습 과정, 학생 능력, 학생 문화, 학생 흥미 및 욕구에 대해 일부만 안다.	• 학생 발달, 학습 과정, 학생 능력, 학생 문화, 학생 흥미 및 욕구에 대해 거의 알고, 관련 정보를 소집단 학습 활동에 적용한다.	• 학생 발달, 학습 과정, 학생 능력, 학생 문화, 학생 흥미 및 욕구에 대해 아주 잘 알고, 관련 정보를 개별학습에 적용한다.
	☐	☐	☐	☐
C. 학습 목표 설정	• 학습 목표가 학생 발달 수준, 학습 내용, 학습 순서와 연계되지 않는다.	• 학습 목표가 중요 학습 내용 중 일부만 연계되고, 일부 활동과 연계시켰다.	• 학습 목표가 학생 발달 수준, 학습 내용, 학습 순서와 연계된다.	• 학습 목표가 학생 발달 수준, 고등 사고 능력, 학습 내용 및 순서와 아주 잘 연계된다.

〈계속〉

C. 학습 목표 설정	• 학습 목표가 명료하지 않고, 활동만 있으며, 평가도구로 측정할 수 없다.	• 학습 목표가 명확하지 않고 모호하지도 않은 어중간한 상태이고, 학습 활동과 혼재되어 있어 일부는 평가도구로 측정하기 어렵다.	• 학습 목표가 명확하고, 학생 배움 측면에서 진술되었으며, 평가 가능하다.	• 학습 목표가 명확하고, 학생 배움의 측면에서 진술이 되었으며, 성취기준과 학생의 다양한 수준 차 및 흥미를 반영한 평가도구로 측정 가능하다.
	☐	☐	☐	☐
D. 수업 자료 활용	• 학교 및 교육청에서 활용 가능한 교수·학습 자료 및 보완 자료 활용에 대한 정보를 거의 파악하지 못하고, 활용하려고 노력하지도 않는다.	• 학교 및 교육청에서 활용 가능한 교수·학습 자료 및 보완 자료 활용에 대한 정보를 일부 알고 있으나 활용 능력은 미약하다.	• 학교 및 교육청에서 활용 가능한 교수·학습 자료 및 보완 자료 활용에 대한 정보를 거의 알고 있고, 수업에 적극 활용한다.	• 학교 및 교육청에서 활용 가능한 교수·학습 자료 및 보완 자료 활용에 대한 정보 외에도 온-오프라인의 전문가 집단에서 자료를 적극적으로 수집하여 활용한다.
	☐	☐	☐	☐
E. 수업설계의 일관성	• 학습 활동, 학습 자료, 학생 발달 수준이 학습 목표와 연계되지 않는다. • 학습 집단과 학습 결과가 연계되지 않고, 차시나 단원 구조가 명확하지 못하며 혼란스럽다.	• 일부 학습 활동, 학습 자료와 학생 발달 수준이 학습 목표와 부분적으로 연계된다. • 학습 집단이 일부 학습 성과와 다양한 학습 활동을 보장하고, 차시나 단원 구조가 명확하게 드러나기 시작한다.	• 대부분의 학습 활동, 학습 자료와 학생 발달 수준이 학습 목표와 긴밀히 연계된다. • 학생 발달치를 고려하여 학습 집단을 다양화하였고, 학습 성과도 우수하며, 차시와 단원 구조 및 학습 활동 및 진행 순서가 명료하다.	• 모든 학습 활동과 학습 자료, 학생 발달 수준, 학생 조직이 학습 목표와 긴밀히 연계되고, 학습 목표 도달에 도움이 된다. • 학생 발달치를 고려한 학습 집단 편성으로 학습 결과도 다양하고, 학생 스스로 학습 집단을 선택하기도 하며, 학습 목표 및 학습 활동과 순서가 치밀하게 연결된다.
	☐	☐	☐	☐

F. 학생 평가 계획	• 학습 목표 및 학습 내용과 학생평가의 연계가 미약하고, 학생 평가 척도와 기준이 명확하지 않다. • 학생 평가 결과를 후속 학습에 반영하지 않는다.	• 학습 목표 및 학습 내용을 학생 평가와 연계하였으나 학생 평가 척도와 기준은 명확하지 않다. • 학생 평가 결과를 전체 학습에 반영한다.	• 학습 목표 및 학습 내용, 학생 발달 수준과 학생 평가를 연계시켰고, 학생 평가 척도와 기준이 명확하다. • 학생 평가 결과를 소집단 학습에 반영한다.	• 학습 목표 및 학습 내용, 학생 욕구, 학생 발달 수준, 학습능력을 학생 평가와 연계시켰고, 학생 평가 척도를 명확히 제시하였다. • 학생 평가 결과를 개별학습에 반영한다.
	☐	☐	☐	☐
2. 수업 환경				
평가범주	미흡	초보	우수	탁월
A. 상호 존중	• 교사와 학생, 학생과 학생의 상호 작용이 부정적이어서 품위 손상, 경멸, 비난 상황이 자주 발생한다.	• 교사와 학생, 학생과 학생 사이의 상호작용이 무례함을 겉으로 드러내지 않는 의례적 차원에서 이루어진다.	• 교사와 학생, 학생과 학생이 상호 예절을 지키고, 배려한다.	• 교사와 학생, 학생과 학생이 따뜻한 분위기에서 서로 예절을 지키며 상호작용을 하고, 교사는 존경의 대상, 학생의 사랑의 대상이 된다.
	☐	☐	☐	☐
B. 학습 문화	• 교과 내용을 잘 가르치지 않고, 학생의 학업 성취도에 대한 기대가 낮다. • 학생이 자신의 학습 활동에 대해 자부심을 느끼지 못한다.	• 교사는 형식적 차원에서 교과 내용의 중요성을 강조하고, 의례적으로 가르친다. • 학생은 자신의 학습 활동에 약간 자부심을 갖고, 교사는 학생의 학업성취도에 대한 기대가 낮다.	• 교사와 학생 모두 교과 내용을 가르치고 배우는 활동에 관심이 많다. • 학생은 자신들의 학습 활동에 대해 자부심을 느끼고, 학업 성취에 대한 기대 역시 높다.	• 교사와 학생 모두 교과 내용의 중요성을 인식하고, 적극적으로 참여하여 긍정적 결과를 보여준다. • 학생은 자신의 학습 활동에 대해 강한 자부심을 느끼고, 수준 높은 과제 수행을 위해 교사 조언을 적극 수용한다.
	☐	☐	☐	☐

〈계속〉

C. 수업 운영	• 학습지나 자료 배분, 학습 절차 안내, 수업 외적인 활동 등에 허비하는 시간이 많다.	• 자리 이동 순서와 학습 활동 안내, 자료 배부, 수업 외적인 활동에 허비하는 시간이 일부 있다.	• 자리 이동 순서와 학습 활동 안내, 자료 배부, 수업 외적인 활동 등에 허비하는 시간이 거의 없고, 부드럽게 진행된다.	• 자리 이동 순서와 학습 활동 안내, 자료 배부, 수업 외적인 활동에 허비하는 시간 없이 원만하게 처리한다.
	☐	☐	☐	☐
D. 학생 통제	• 학생 행동 규칙이 없다. • 학생의 문제 행동에 대해 교사가 억압적이고 비인격적으로 반응한다.	• 학생 행동 규칙을 만들기 위해 노력한다. • 수업 중 학생 행동을 점검하고, 학생의 문제 행동에 반응하기 위해 노력한다.	• 학생 행동 규칙이 명확하다. • 학생 행동 규칙을 어기는 학생을 확실히 통제하고, 학생 문제 행동에 대한 교사 반응 역시 적절하다.	• 학생 행동 규칙이 명확하고, 학생이 함께 참여하여 규칙을 설정한다. • 학생 행동을 사전에 점검하여 문제 행동을 예측하거나 예방하고, 학생의 문제 행동에 대해서는 적극 대처하며, 학생도 행동 규칙 점검에 적극 참여한다.
	☐	☐	☐	☐
E. 환경 구성	• 교실 시설물을 안전하게 사용할 수 없다. • 학생들이 쉽게 접근하여 사용할 수 없다.	• 교실 시설물을 일부 학생들만이 안전하게 사용한다. • 교실 시설물을 학생들이 쉽게 접근하여 사용할 수 있도록 재배치하였으나 효과는 미약하다.	• 대부분의 학생이 교실 시설물을 안전하게 사용한다. • 효과적 학습을 위해 교실 시설물을 적극 활용한다.	• 모든 학생이 교실 시설물에 쉽게 접근하여 적극 활용한다. • 효과적 학습을 위해 교실 시설물을 적극 활용하고, 재배치한다.
	☐	☐	☐	☐

3. 수업 실행				
평가범주	미흡	초보	우수	탁월
A. 의사소통	• 학습 목표, 학습 활동 안내와 지시가 명확하지 못하여 학생 혼란을 겪는다. • 내용 설명이 명확하지 않고, 일부 부적절한 언어나 모호한 표현을 사용한다.	• 학습 목표, 학습 활동 안내와 지시를 명확히 하기 위해 노력하고, 점차 개선된다. • 전체적으로 내용 설명이 명확하나 일부 모호한 부분이 있고, 국어 표현 · 표기에 맞는 말과 글을 사용하나 학생 수준을 고려하지 않는다.	• 학습 목표, 학습 활동 안내와 지시가 명확하고, 학생도 명확히 이해한다. • 학생 발달 수준과 배경지식을 고려하여 내용을 명확하게 설명하고, 학생 수준을 고려하고, 국어 표현 · 표기에 맞는 말과 글을 사용한다.	• 학생 흥미, 학생이 지닌 난개념과 오개념을 반영하여 학습 목표, 학습 활동을 명확히 안내하고, 지시한다. • 학생 배경지식과 경험에 기초하여 학습 내용을 명확히 설명하고, 학생에게 부연설명을 요구하기도 하고, 어 표현. 표기에 맞는 말과 글을 사용하여 학생 이해를 촉진한다.
	☐	☐	☐	☐
B. 질문과 토론	• 학생의 기억을 요구하는 저수준의 질문을 주로 하고, 응답 시간도 매우 짧다. • 교사와 학생의 상호작용이 거의 일어나지 않고, 교사질의 학생암송 활동이 주류를 이룬다.	• 일부 학생에게는 고등 사고를 자극하는 고수준의 질문을 하지만, 대부분의 학생에게는 여전히 저수준의 질문을 주로 하며, 응답시간도 짧다. • 교사와 학생의 상호작용이 가끔 일어나고, 교사는 단답형 질문을 하면서 학생의 신속한 대답을 요구한다.	• 대부분의 학생에게 고등 사고를 자극하는 고수준의 질문을 하고, 응답시간을 충분히 준다. • 교사와 학생의 상호작용이 일어나고, 점차 학생 주도의 활동이 일어난다.	• 대부분의 학생에게 고등사고를 자극하는 고수준의 질문을 하고, 응답시간을 충분하게 제공하며, 학생의 반응 또한 우수하다. • 교사와 학생의 상호작용이 활발하고, 교사는 학생의 문화적 · 발달적 특성을 반영하여 질문을 하며, 학생도 스스로 고등 사고와 관련된 질문을 하 질문을 하면 교사는 경청자의 역할을 한다.
	☐	☐	☐	☐

〈계속〉

C. 학습 참여	• 학습 활동, 학습 과제, 학습 자료, 학습 조직, 학습 목표가 학생 이해 수준 및 학생 문화와 어울리지 않는다. • 수업을 치밀하게 계획하지 못하였고, 수업 속도도 적절하지 않다.	• 학습 활동, 학습과제, 학습 자료, 학습 조직, 학습 목표가 학생 이해 및 학생 문화 수준과 일부 어울린다. • 수업은 치밀하게 설계하였으나 일관성이 떨어진다.	• 학습 활동, 학습 과제, 학습 자료, 학습 조직, 학습 목표가 학생 이해 수준 및 문화 수준과 잘 어울린다. • 수업 설계가 치밀하고, 수업 속도 역시 일정하다.	• 학습 활동, 학습 과제, 학습 자료, 학습 조직, 학습 목표가 학생 이해 및 문화 수준과 아주 잘 어울리고, 학생은 학습 활동에 적극 참여한다. • 학생 개인차를 반영하여 수업을 치밀하게 설계하였고, 수업 속도도 일정하다.
	☐	☐	☐	☐
D. 학습 평가	• 수업 중에 학습 결과를 평가하거나 피드백하지 않는다. • 학생들은 학습 평가 척도의 필요성을 인식하지 못한다.	• 가끔 수업 중에 학습 결과를 평가하나 피드백은 모호하다. • 학생들이 학습 평가 기준의 필요성과 중요성을 인식하나 구체적 평가 기준은 없다.	• 수업 중에 자기평가와 같은 학생 평가를 규칙적으로 실시하여 학습 진보 상황을 파악한다. • 학생은 학습 평가 기준을 명확히 이해하고, 교사는 학생에게 평가 결과에 대한 질 높은 피드백을 제공한다.	• 학생 스스로 평가 기준을 개발하여 평가한다. • 교사와 학생 모두 자체 평가를 하여 점검하고, 질 높은 피드백을 다양하게 제공한다.
	☐	☐	☐	☐
E. 수업 운영	• 수업 운영의 변화가 없고, 학생 흥미나 질문을 무시한다. • 학습 부진 요인이 발생하면 학생을 비난한다.	• 일부 수업 운영의 변화를 꾀하고, 학생 흥미와 질문을 수용하고자 한다. • 학생의 학습 성공에 대한 교사의 책무성은 인정하나 마땅한 전략이 없다.	• 학생의 질문, 흥미, 관심 사항 등을 반영하여 수업 운영의 변화를 꾀한다. • 다양한 교수 · 학습 전략을 활용하여 학습부진 요인을 해소하기 위해 노력한다.	• 학생의 질문, 흥미, 관심 사항, 중요 학습 내용 등을 반영하여 수업 운영의 변화를 꾀한다. • 전문가 집단에서 추천하는 다양한 교수 · 학습 전략을 활용하여 학습 부진 요인을 해소한다.
	☐	☐	☐	☐

4. 수업 전문성				
평가범주	미흡	초보	우수	탁월
A. 수업 반성	• 교사는 자신의 수업을 객관적으로 판단할 능력이 떨어진다. • 수업 개선을 위한 의지도 아이디어도 없다.	• 교사는 자신의 수업에 대한 객관적 판단 능력은 보유하고 있으나, 학습 목표 도달과 연계시키지 못한다. • 상식적 차원의 수업 개선 방안은 있으나 효과는 미지수다.	• 교사는 객관적이고, 합리적인 방식으로 근거를 제시하면서 자신의 수업을 평가한다. • 구체적 수업 개선 방안을 제시한다.	• 교사는 자신의 수업에 대해 구체적 사례를 제시하면서 사려가 깊고 정확하게 평가한다. • 구체적이고, 실현 가능하며, 성공 가능성이 높은 다양한 유형의 개선 방안이 있다.
	☐	☐	☐	☐
B. 수업 기록	• 학생 과제 수행과 학습 진보 상황을 관리하는 체계가 없거나 혼란스럽다. • 비교육 활동 기록이 혼란스럽고, 일부 오류도 있다.	• 학생 과제 수행과 학습 진보 상황을 관리하는 체계가 있지만 미약하다. • 비교육 활동 관련 기록은 타당하지만 오류 점검 시스템은 필요하다.	• 학생 과제 수행과 학습 진보 상황을 관리하는 시스템이 훌륭하다. • 비교육 활동 관련 기록이 정확하고, 효과적이다.	• 학생 과제 수행과 학습 진보 관리체계가 효과적이고, 정보의 기록과 활용에 학생도 참여한다. • 비교육 활동 관련 기록이 정확하고, 효과적이며, 학생도 참여를 한다.
	☐	☐	☐	☐
C. 가정과 소통	• 학부모에게 수업 활동이나 학생 개인 정보를 거의 제공하지 않고, 적극적으로 소통하지 않으며, 소통 방식도 가정 문화와 어긋나는 경우가 허다하다. • 교사는 학부모의 학교 행사 참여를 거의 안내하지 않는다.	• 학부모에게 수업 활동, 학생 개인 정보를 교칙에 따라 최소한만 제공하고, 간혹 소통 방식이 가정 문화와 어긋나는 경우가 있다. • 교사는 학부모의 학교 행사 참여를 일부 권장하기는 하나 효과는 미약하다.	• 학부모에게 수업활동, 학생 개인 정보를 정해진 절차에 따라 최대한 제공을 하고, 학부모와 빈번하게 접촉을 한다. • 교사는 학부모의 학교 행사 참여를 적극 유도하고, 가족 문화에 적합한 방식으로 학생 정보를 교환한다.	• 학부모의 문화적 전통을 존중하면서 학부모의 관심 사항에 대해 적극적으로 소통한다. • 교사는 학부모의 학교 행사 참여를 적극 유도하고, 학생 참여도 적극 권장한다.
	☐	☐	☐	☐

〈계속〉

D. 학습공동체 참여	• 학교나 교육청 단위의 행사나 연수회에 잘 참여하지 않고, 기여하지도 못한다. • 지나치게 개인적이고, 동료 교사와의 관계도 원만하지 않다.	• 학교나 교육청 단위의 행사나 연수회에 마지못해 참여한다. • 동료 교사와의 관계가 무난하다.	• 학교나 교육청 단위의 행사나 연수에 적극 참여한다. • 동료 교사와 긍정적이고 생산적인 관계를 유지한다.	• 학교나 교육청 단위의 행사나 연수에 적극 참여하고, 기여를 하거나 리더의 역할도 한다. • 동료 교사와 긍정적이고 생산적인 관계를 유지하고, 리더의 역할도 한다.
	☐	☐	☐	☐
E. 전문성 계발	• 교과 지식 및 교수법 향상을 위한 연수에 참여하지 않고, 동료 교사와 전문성을 공유도 하지 않는다. • 장학사나 동료 교사의 수업 피드백을 반대한다.	• 교과 지식 및 교수법 향상을 위한 연수에 선택적으로 참여를 하고, 동료 교사와의 수업 전문성 공유 방법을 찾기도 한다. • 비록 거부감은 있으나 장학사와 동료 교사의 피드백을 수용한다.	• 교과 지식 및 교수법 향상을 위한 연수에 적극 참여하고, 동료들과 수업 전문성을 적극 공유한다. • 장학사와 동료 교사의 피드백을 적극 수용한다.	• 교과 지식 및 교수법 향상을 위한 연수에 적극 참여하고, 리더로 기여를 한다. • 장학사나 동료 교사의 피드백을 적극 수용한다.
	☐	☐	☐	☐
F. 전문성 입증	• 교사의 윤리의식이 떨어지고, 학생 필요에 민첩하게 대응하지 못한다. • 자신의 이익을 바탕으로 의사 결정을 하고, 학교나 교육청의 규정을 준수하지 않는다.	• 교사의 윤리의식이 높고, 학생에게 봉사할 마음의 준비가 되어 있다. • 학교의 정책 결정에 기여를 하나 제한된 조건에서만 봉사하고, 학교와 교육청 규정을 최소한만 준수한다.	• 교사의 윤리의식이 높고, 학생과 동료 교사에 대한 전문적 식견도 우수하다. • 학교나 교육청 규정을 자발적으로 준수한다.	• 교사는 수업 전문성이 뛰어나고, 리더십이 있으며, 가장 높은 수준의 윤리의식을 지니고 있다. • 동료 교사와 지역에서 존경을 받고, 학교나 교육청 규정을 적극 준수한다.
	☐	☐	☐	☐

3. 활용 사례

1) 수업 설계

교사는 교과 내용에 적합한 교수법을 수업에 안정적으로 반영하고 있다. 토의·토론 학습 모형을 활용하여 학생들이 비판적 사고, 창의적 사고, 의사소통 역량을 기를 수 있도록 수업을 설계하였다. 여기에 학생들의 오개념이나 난개념을 사전에 면밀히 분석하고 이를 학습 활동에 반영한다면 학생의 개념 이해 신장에 도움이 될 것이다.

학생 이해 측면에서도 교사는 학습자의 발달 수준과 흥미, 학습 능력을 소집단 활동에 적절히 반영하고 있다. 학생이 스스로 질문을 생성하고 토론을 통해 사고를 확장하는 과정은 자율성과 내적 동기를 높이는 효과적인 전략이다. 이 정보를 개별 학습에 적용하면 학생 개인차를 고려한 맞춤형 피드백과 도전 과제를 제공할 수 있다.

학습 목표는 명확히 진술되어 있으며 학생의 배움 중심으로 구성되어 있다. 학생 주도의 질문 만들기와 토론 주제 선정은 학습 목표-학습 활동-학습 평가 간의 일관성을 높이며 수업 전반의 몰입도와 성취도 향상에 기여하고 있다. 향후에는 학생의 수준차와 관심사를 반영한 평가 방식을 포함시켜 학습 목표 도달도를 높여야 한다.

자료 활용은 실용적이고 체계적이다. 교사는 학교 및 교육청에서 제공하는 자료를 잘 활용하고 있으며, 동영상과 교과서를 유기적으로 결합하여 수업을 설계하고 있다. 이후에는 온오프라인에서 활용 가능한 다양한 자료를 보다 적극적으로 탐색하고 활용하여 학습 경험의 깊이와 폭을 함께 확대할 수 있다.

수업 흐름은 매끄럽고 학습 활동은 학생 개인차를 고려하여 구성되어 있다. 활동과 평가가 유기적으로 연계되어 있으며, 평가 결과가 소집단 활동 조정에 반영되고 있다는 점에서 실제적 평가가 이루어지고 있음을 보여 준다. 이후에는 이러한 평가 결과를 개별 학습까지 연계하여 맞춤형 피드백을 제공할 수 있다.

2) 수업 환경

수업 시간 내 교사와 학생, 학생 간의 관계는 존중과 배려를 바탕으로 안정적이고 긍정적으로 유지되고 있다. 학생들이 자유롭게 의견을 발표하고 경청하는 분위기가 조성되어 있으며, 이는 정서적 안정감과 학습 몰입도를 높이는 데 기여하고 있다. 향후에는 이 우호적인 분위기를 더욱 심화시켜 학생들이 서로를 신뢰하고 존중하며 배움 공동체로서 함께 성장하는 문화를 형성할 수 있다.

학급 운영도 안정적이며 효율적으로 이루어지고 있다. 학습지 배부, 자료 안내, 활동 전환 등 모든 절차가 질서 있게 진행되며, 수업 외적인 요소로 인한 흐름의 단절이 거의 없다. 이는 교사의 준비성과 학습 흐름에 대한 감각이 안정적으로 형성되어 있음을 나타낸다. 향후에는 학생이 주도적으로 수업의 흐름을 함께 만들어 가도록 자율적 참여 구조를 설계하는 것도 의미 있는 확장이 될 수 있다.

학생 행동 관리는 명확한 규칙 설정과 일관된 대응을 기반으로 안정적으로 운영되고 있다. 문제 상황에서도 교사는 학생의 감정을 고려한 교육적 대응을 통해 학습 환경을 유지하고 있다. 이후에는 학생들과 함께 행동 규칙을 공동으로 수립하고, 사전 예방 중심의 관리 체계를 강화함으로써 학생의 자율성과 책임감을 높일 수 있다.

교실 공간은 학습에 적합하게 구성되어 있으며, 학생들이 필요한 자료와 교구에 자유롭게 접근할 수 있도록 정돈되어 있다. 시설물 활용 또한 효과적으로 이루어지고 있다. 이후에는 공간을 활동 중심으로 재구성하고, 학생이 공간을 능동적으로 활용하며 학습을 조직할 수 있도록 지원함으로써 공간 자체가 학습 전략의 일부가 되도록 설계할 수 있다.

3) 수업 실행

교사는 수업 목표와 활동을 명확히 안내하고 있으며, 학생의 발달 수준과 배경지식을 고려한 설명을 통해 개념을 효과적으로 전달하고 있다. 일상적 사례와 학생 경험을 수업 내용에 자연스럽게 연결하여 이해를 도우며, 전체적인 언어 표현과 논리 구성 또한 안정적으로 유지되고 있다. 향후에는 학생 반응을 기반으로 즉각적인 피드백과 부연 설명을 강화하여, 학습자의 이해도를 더욱 높일 수 있다.

질문과 토론 활동은 고수준의 발문을 중심으로 구성되어 있으며, 응답 시간도 충분히 제공되었다. 학생과 교사 간의 상호작용이 활발하게 이루어지고 있으며 학생들은 스스로 사고를 전개하고 언어화하는 기회를 충분히 보장받고 있다. 이후에는 학생이 스스로 고차원적 질문을 생성하고 확장해 나갈 수 있도록 지도할 필요가 있다.

학습 활동은 학생의 흥미와 수준을 고려하여 구성되어 있으며, 대부분의 학생이 활동에 능동적으로 참여하고 있다. 과제의 난이도와 자료의 질, 집단 구성 방식 등이 학습자의 참여를 촉진하는 데 효과적으로 작용하고 있다. 향후에는 학생 이해 수준에 기반한 세밀한 활동 구성과 개별 피드백 체계를 함께 마련하여 수업 참여의 질을 더욱 향상시킬 수 있다.

평가 활동은 명확한 기준과 도구를 바탕으로 이루어지고 있으며 수업 중 학습 결과를 규칙적으로 점검하고 기록하고 있다. 평가 결과는 소집단 활동과 후속 수업 조정에 반영되고 있으며 학습자에게 실질적인 피드백으로 제공되고 있다. 이후에는 학생이 직접 평가 기준을 수립하거나 자기 평가를 수행하는 방식으로 평가에 대한 자기 주도성과 반성적 사고를 기를 수 있도록 지원할 수 있다.

수업은 유연하게 운영되고 있으며 교사는 학생의 흥미와 반응을 민감하게 포착하고 이에 따라 수업 전략을 조정하고 있다. 다양한 교수 방법을 활용하여 학습 부진 요인을 해소하고 있으며 학생 중심 수업의 원리를 실천하고 있다. 이후에는 전문가가 제안하는 전략을 구조화하여 수업 흐름에 적용하고 개별화 수업의 완성도를 높이는 방향으로 발전시킬 수 있다.

4) 교직 전문성

교사는 수업 후 자신의 교수 활동을 객관적으로 성찰하고 개선점을 실천으로 연결하려는 태도를 안정적으로 갖추고 있다. 이는 단순한 반성을 넘어, 교육적 판단에 기반한 수업 개선의 흐름을 구성하고 있음을 보여 준다. 이후에는 수업 성찰을 문서화하거나 주기적인 자기 점검 체계를 마련하여 전문성 향상의 지속 가능성을 높일 수 있다.

학생 과제 수행과 학습 진보 상황에 대한 기록은 체계적으로 관리되고 있다. 학습 자료와 비교과 활동에 대한 관리 역시 정확하며 이는 수업 운영의 일관성과 교육적 책임성을 뒷받침하는 중요한 요소다. 향후에는 학생이 이 기록 활동에 함께 참여하여 자기 성찰과 주도성을 기를 수 있도록 수업 설계를 보완해 볼 수 있다.

학부모와의 소통도 원활히 이루어지고 있다. 교사는 학생의 학교생활을 정기적으로 안내하며 학부모가 자녀 교육에 관심을 갖고 참여할 수 있는 기반을 마련하고 있다. 이후에는 학부모의 관심사와 요구를 수업 및 학급 운영에 반영하고 가정과 학교가 함께 교육 목표를 공유하는 구조를 마련할 수 있다.

교사는 교육청과 학교 단위의 연수에 지속적으로 참여하고 있으며, 필요한 경우 수업 리더 역할도 기꺼이 수행하고 있다. 이는 교사가 전문성 향상에 대한 책임 의식을 갖고 있으며 조직 내에서 신뢰받는 구성원으로 자리하고 있음을 보여 준다. 이후에는 수업 나눔, 공동 연구, 컨설팅 등 외부 기여를 확대함으로써 교육 전문성의 사회적 영향력을 키워 갈 수 있다.

윤리의식 또한 높게 유지되고 있으며 학교 규정과 교육청 방침을 자발적으로 준수하고 있다. 동료 교사들과 수업 사례를 활발히 공유하며 실천 공동체의 일원으로서 책임을 다하고 있다. 이는 교사로서의 전문성이 고립된 기술이 아닌 공동체 안에서 살아 움직이는 교육 실천임을 잘 보여 주는 사례라 할 수 있다.

참고문헌

Danielson, C. (2014). 수업코칭 전략 (*Implementing the Framework for Teaching in Enhancing Professional Practice*). (박태호 역). 아카데미프레스.

탐구 과제 36: 수업 설계 · 실행 코칭

수업의 과학성과 예술성은 기초와 응용, 구조와 실행의 관계에 있으며 두 요소가 조화를 이룰 때 전문성은 신장된다. 교육과정, 학습 이론, 평가 원리 등 검증된 이론에 기반한 수업 설계는 과학적 토대를 제공하고, 교사는 이를 바탕으로 직관과 감각을 발휘해 수업을 유연하고 창의적으로 운영한다. 결국 교수학습 과정안은 수업을 구조화하는 설계도와 같으며 그 위에서 교사의 예술성이 자연스럽게 발현된다. 이처럼 수업의 전문성은 과학성을 토대로 출발하여 예술성으로 완성된다.

그렇다면 아이젠버그, 메드리치와 차너(Eisenberg, Medrich, & Charner, 2017)가 수업의 과학성에 기반하여 제기한 수업 설계 및 실행 요소는 무엇이고 활용 방안은 무엇일까?

1. 수업 설계 및 실행 점검표

아이젠버그, 메드리치와 차너(Eisenberg, Medrich, & Charner, 2017)가 제시한 수업 설계 및 실행 점검표는 수업을 과학적으로 설계하고 실행하기 위한 도구이다. 이 점검표는 '학습 목표와 내용' '학습방법' '학습 평가와 성찰'의 세 영역으로 구성된다.

1) 학습 목표와 내용

(1) 학습 목표의 명확성 및 정합성

- 학습 목표와 학습 활동은 상호 밀접하게 연결되는가?
- 학생이 무엇을 배우게 될지를 명확히 이해할 수 있도록 학습 목표가 구체적으로 제시되었는가?
- 제시된 학습 목표가 교육과정의 성취기준에 기반하며 구체적이고 측정 가능한 방식으로 서술되어 있는가?

- 학습 활동은 학습 목표를 구체화 · 상세화 하였는가?

(2) 학습자의 수준 및 내용 선정의 적절성

- 학생의 사전 개념이나 오개념, 흥미 수준 등을 고려하여 학습 내용을 적절하게 구성하였는가?
- 학습 내용은 학생의 실제 경험이나 생활 맥락과 의미 있게 연결되었는가?
- 학습 내용은 학생의 이해 수준을 고려하여 제시되었는가?

2) 학습방법

(1) 수업 구조와 전략의 다양성

- 학생이 능동적으로 참여할 수 있도록 학습 활동이 구성되어 있는가?
- 설명, 시범, 발문, 피드백 등의 교수 전략이 효과적으로 구현되었는가?
- 예상되는 학생 반응을 고려하여 교사의 안내와 개입 전략을 계획하였는가?

(2) 상호작용과 개별화

- 또래 간 협력 활동이나 상호작용 중심의 활동이 포함되었는가?
- 학습 속도나 이해 차이를 고려하여 학습 격차를 줄이기 위한 활동이 제시되었는가?
- 과제 수행 시에 표현 방식의 다양성과 선택권을 보장하였는가?

3) 학습 평가와 성찰

(1) 학습 평가 계획의 타당성

- 학습 목표에 근거한 평가 기준이 명확하게 설정되어 있는가?
- 평가가 지식, 기능, 태도 등 다양한 성취 영역을 균형 있게 반영하고 있는가?
- 학생의 참여도와 과정을 관찰하고 평가할 수 있는 도구가 마련되어 있는가?

(2) **피드백 및 수업 개선**

- 학생의 수행 결과에 대해 의미 있는 피드백 제공 방안이 포함되어 있는가?
- 평가 결과를 수업 개선 및 다음 수업에 반영하도록 성찰 구조가 설계되어 있는가?
- 수업자가 자신의 수업을 분석하고 반성할 수 있도록 성찰 지점을 포함하였는가?

2. 수업 설계와 실행 점검표

지금까지의 내용을 정리하여 점검표로 제시하면 다음과 같다.

항목	질문 내용	예	아니요
학습 목표와 내용	① 학습 목표를 명확하게 제시하고 있는가?		
	② 학습 목표와 학습 활동은 상호 밀접한 관련을 맺는가?		
	③ 학습 활동은 학습 목표를 구체화 · 상세화하였는가?		
	④ 학생이 헷갈리는 내용(오개념/단계별)을 사전에 파악하여 대비하고 있는가?		
	⑤ 평가 도구는 학생 개인차를 반영하고 있는가?		
	⑥ 평가 도구는 지식/기능/태도를 반영하고 있는가?		
학습방법	⑦ 학생의 적극적인 참여를 조장하기 위한 활동을 구체적으로 제시하였나?		
	⑧ 학습 목표 도달을 위한 질문과 예상 반응을 교사의 입장에서 구체적으로 기술하였나?		
	⑨ 교사 주도에서 학생 주도로 설명/시범, 연습/적용, 질문/토론, 피드백 등의 교수법을 다양하게 적용하였나?		
	⑩ 서로서로 가르치는 학습 활동을 통해서 학생의 배움과 성장을 지원하였나?		
	⑪ 학습 활동에 어려움을 겪는 학생을 위한 디딤돌(Scaffolding)을 제공하여 학생의 배움과 성장을 지원하였나?		
학습 평가와 성찰	⑫ 학생의 학습 활동 참여 정도를 평가하는 도구를 제시하였나?		
	⑬ 학생의 학습 목표 도달여부를 평가하는 도구를 제시하였나?		
	⑭ 학습한 지식과 기능을 점검하고 보충 및 심화할 수 있는 피드백을 고려하고 있는가?		
	⑮ 학생의 말과 행동을 관찰하고 그것을 평가하는 도구를 제시하였나?		

3. 초등 김하늘 선생님 수업 설계 · 실행 분석 및 제언

1) 학습 목표와 내용

(1) 학습 목표의 명확성 및 정합성

교사는 도입 단계에서 "오늘은 표준어와 방언에 대해 알아보자."라는 간단하고 명료한 언어로 학습 목표를 제시하였다. 학생들은 표준어와 방언의 개념, 기능, 쓰임의 차이를 중심으로 활동을 진행하였으며 목표와 활동의 정합성이 비교적 잘 유지되었다. 특히 학생이 스스로 방언 예시를 탐색하고 토의에 참여하면서 학생의 학습 활동 참여가 증가하였다.

(2) 학습자의 수준 및 내용 선정의 적절성

학습 내용은 학생의 실제 언어 경험과 관련되어 있었다. 학생들이 직접 사용해 본 방언을 제시하고 모둠 활동과 그림 자료를 활용해 상황에 맞는 언어 사용을 판단하는 과정은 학습자의 흥미와 이해 수준을 고려한 사례였다.

또한 '서울 며느리–제주 시어머니' 상황극은 언어 사용의 사회적 맥락을 익히는 데 효과적인 자료였으며 개념과 맥락을 동시에 다루는 학습 구조가 형성되었다. 다만 일부 개념(예: '방언의 기능' '지역어와 사회적 의미')은 용어 중심으로 설명되어 학생에 따라 인지적 부담을 느낄 수 있다. 이러한 경우 도식화나 시각 자료를 함께 활용하면 이해에 도움이 될 수 있다.

2) 학습방법

(1) 수업 구조와 전략의 다양성

수업은 도입–모둠 활동–전체 정리–골든벨 평가로 이어지는 구조로 설계되었으며 활동 간 흐름이 안정적이었다. 설명, 질문, 상황극, 활동지 작성, 발표, 피드백 등 다양한 교수 전략이 조화롭게 적용되었다.

교사는 학생의 발언을 경청하고 그 의미를 확장하는 언어를 자주 사용했으며 학생의 반응을 예측하고 이에 반응하는 안내 역시 유연하게 이루어졌다. 예를 들어, 낯선 방언 단어에 대한 학생 반응을 간단히 웃음과 설명으로 이어 가는 장면은 교사의 개입 전략이 돋보인 사례였다.

(2) 상호작용과 개별화

수업 전반에 또래 상호작용이 활발히 이루어졌으며 모둠별 토의와 상황카드 활동을 통해 학생 간 협력이 자연스럽게 드러났다. 학생은 모둠 구성원과 역할을 나누거나 서로의 생각을 비교하며 사고를 확장할 수 있는 기회를 가졌다.

한편, 학습 격차를 줄이기 위한 개별 피드백이나 디딤돌 자료 제공은 관찰되지 않았다. 이후에는 학습 속도나 이해 수준에 따라 활동지를 차등화하거나 질문 선택지를 학생이 고를 수 있는 방안도 고려해 볼 수 있다.

또한 학생의 표현 양식이 모두 동일한 '답변 카드'나 '골든벨 형식'에 국한된 점은 과제 수행의 다양성 측면에서 아쉬움이 있었다. 포스터, 짧은 글쓰기, 구술 평가 등 학생이 자신에게 맞는 방식을 선택하여 표현할 수 있었다면 표현의 폭과 학습 책임감이 확장될 수 있었다.

3) 학습 평가와 성찰

(1) 학습 평가 계획의 타당성

학습 목표에 근거한 평가 활동은 수업 말미에 명확히 제시되었다. 골든벨 퀴즈는 핵심 개념의 이해 여부 확인에 효과적이었고, 교사의 질문과 학생의 반응 속도를 기반으로 학습 상태를 확인하려는 시도도 지속적으로 이루어졌다.

다만 학생의 태도, 소통, 표현 역량과 같은 정의적 요소나 실천적 태도를 평가하는 구조는 다소 미흡하였다. '상대방을 배려하는 말' '자신의 지역 언어 소개하기' 등과 같은 열린 과제를 통해 인지 · 정의 · 기능 영역이 균형을 이루는 평가 구조를 설계할 필요가 있다.

(2) 피드백 및 수업 개선

교사는 학생의 발언을 긍정적으로 수용하고 유사 표현을 정리하거나 강조하며 내용을 강화하는 방식의 피드백을 주로 사용하였다. 그러나 오개념이나 오류 발언에 대한 교정적 피드백은 비교적 약하게 드러났으며 학생 스스로 자기 점검할 수 있는 구조도 따로 마련되어 있지 않았다.

향후에는 짝 학습, 자기 평가 체크리스트, 한 문장 요약 활동 등을 통해 학생이 스스로 배운 내용을 되돌아볼 수 있도록 유도하면 자기 성찰 학습으로 이어지는 계기가 될 수 있다.

4. 중등 홍길동 선생님 수업 설계와 실행 분석 및 제언

1) 관찰자 소감

홍길동 선생님의 1급 감염병 수업은 핵심 개념을 쉽게 전달하는 데 중점을 두었다. 학생들이 내용을 명확하게 이해할 수 있도록 돕는 전략이 수업 전반에 자연스럽게 드러났다. 선생님은 탄탄한 전문성을 바탕으로 수업을 구성하고 학생의 눈높이에 맞는 언어를 일관되게 사용하였다.

예를 들어, '출혈열'을 설명할 때 "눈이고 코고 몸의 구멍이란 구멍에서는 다 피가 나요." "혈소판이 하는 기능을 바이러스가 팡팡팡 터뜨려요."라는 표현은 매우 인상적이었다. 이 설명은 학생들이 질병의 심각성을 직관적으로 이해하도록 도왔고 학습 몰입에도 긍정적인 영향을 주었다.

또한 "〈경성 크리처〉 봤어요? 그 드라마에 나오는 눈꽃가루가 피부에 떨어지면 까맣게 타 들어가요. 그게 탄저병이에요."라는 말은 학생들의 일상 경험과 학습 내용을 자연스럽게 연결한 사례였다. 이처럼 친숙한 매체와 연계한 설명은 학생들에게 개념을 오래 기억하게 해 주는 효과적인 전략이다.

수업 중 반복된 "됐나요?" "줄 그으세요." "같이 외워 볼까요?"와 같은 표현도 주목할 만하다. 선생님은 이런 표현을 통해 학생들이 중요한 내용을 기억하고 따라올 수 있도록 학습 리듬을 안정감 있게 유지하였다.

물론 학생 참여가 더욱 다양해질 수 있다면 수업은 한층 더 풍성해질 수 있다. 하지만 이는 선생님의 설명 중심 수업이 충분히 안정된 기반을 갖추고 있기에 가능한 다음 단계의 확장이라 생각된다.

이번 수업은 전문성과 따뜻함을 함께 보여 준 좋은 사례였다. 선생님은 지식을 정확히 전달하는 동시에, 감염병을 통해 인간과 사회를 이해하는 감수성까지 이끌어냈다. 앞으로 학생들이 자신만의 생각을 표현하고, 다양한 방식으로 감염병을 이해할 수 있는 구조를 조금 더 제시한다면 지금의 수업은 더욱 빛날 것이다.

2) 수업 관찰과 제언

(1) 학습 목표와 내용

① 학습 목표의 안내와 구조

도입 학습에서 "오늘은 1급 감염병에 대해 알아보겠습니다."라는 선생님의 안내는 전체 수업의 방향을 명확히 제시하며 학생들의 주의를 효과적으로 집중시켰다. 다만 학생 스스로 오늘 배울 주제나 목표를 말해 보는 기회를 제공하였다면, 학습자의 주의집중 및 학습동기 유발이 도움이 되었을 것이다. 예를 들어, "1급 감염병이라는 말, 어디서 들어 봤나요?"처럼 학생의 언어로 도입을 열었더라면, 학습 목표에 대한 주의집중 및 동기유발이 조금 더 자연스럽게 이루어질 수 있었을 것이다.

학습 목표는 감염병의 정의와 예시를 구별하고 설명할 수 있도록 구성되었으며, 성취기준과의 연계성도 명확하였다. 또한 학습 흐름(정의→종류→증상→예방→정리)이 구조적으로 짜여 있어 학생들이 학습내용을 체계적으로 학습할 수 있었던 점도 긍정적이었다.

② 학습자의 수준 및 내용 선정의 적절성

- 학습자의 사전 개념, 오개념, 흥미 수준 등을 고려하여 학습 내용을 선정하고 조직하였는가?
  - 감염병이라는 주제를 다룸에 있어 '코로나' '두창' '출혈열' 등의 다양한 사례를 들어 설명한 점은 학생들이 흥미와 관련성을 느끼기에 적절했다. 수업 내용이 다소 방대하고 학습 수준이 높은 경우도 있었기에, 핵심 개념에 좀 더 시간을 할애하는 방식으로 조절하면 학습 효과가 높아질 수 있다.

- 학습 내용이 학습자의 실제 맥락과 연결되도록 구성되어 있는가?
  - 코로나, 독감 등 학생들이 실제 경험한 질병을 언급하며 설명이 이루어졌다. 수업 후반부에는 개인별 · 질병별 치료법과 예방법에 대해 보다 구체적으로 설명이 이어져 실생활과의 연결성도 잘 드러났다. 다만 학생들의 경험이 수업에 반영될 수 있는 대화 구조가 추가되면 더욱 풍부한 학습이 될 것이다.
- 수업에서 다룰 핵심 개념과 정보가 학생의 인지적 부담을 고려하여 적절히 분절되었는가?
  - 질병별 설명 구조가 반복적이고 안정적이어서 학습 내용의 구조화 측면에서는 효과적이었다. 다만 설명이 지속적으로 이어질 경우, 일부 학생들이 정보량에 부담을 느낄 수 있으므로 시각자료나 짝 활동 등을 병행하는 방식을 추가하면 더욱 다양한 학습 활동이 될 것이다.

(2) 학습방법

① 수업 구조와 전략의 다양성

- 학습자가 능동적으로 참여하고 탐구할 수 있도록 활동을 설계하였는가?
  - 교사의 전문적인 설명 중심으로 수업이 전개되었으며, 정보 전달의 명료성과 정리력은 인상적이었다. 학생이 능동적으로 참여하거나 스스로 자료를 구성해 보는 활동이 더해진다면 탐구학습으로의 확장이 가능할 것이다.
- 설명, 시범, 질문, 피드백 등 다양한 교수 전략이 적절히 배치되어 있는가?
  - 유머러스한 표현, 드라마 장면 인용 등 학생의 관심을 끌기 위한 다양한 시도가 돋보였고, 이는 교사와 학생 간 친밀감을 형성하는 데 긍정적으로 작용했다. 다만 발문 후 응답을 충분히 기다리거나 학생 발화에 반응하는 방식을 추가한다면 학생의 학습 활동 참여가 더욱 활발해질 것이다.
- 학습자의 예상 반응을 고려하여 교사의 발문, 안내, 개입 전략이 사전에 구체화되어 있는가?
  - 개념 이해를 위한 발문은 적절하게 사용되었으며 학생 반응에 따른 설명 보완도 확인되었다. 향후에는 학생의 다양한 응답 가능성을 열어 두고, 그에

따라 반응을 조절할 수 있는 다층적 질문 전략이 더해진다면 수업의 깊이와 탄력성이 더해질 것이다.

② 상호작용과 개별화

- 또래 협력학습이나 상호작용 중심의 활동 구조가 포함되어 있는가?
  - 교사 중심의 설명 위주 수업으로 진행되었으며 학생 간 상호작용 활동은 계획되지 않았다. 교사의 강의력이 높아 집중도는 유지되었으나 일정한 시간에 소규모 활동이나 짝 설명 시간을 포함하는 것도 효과적인 학습 전략이 될 수 있다.
- 학습 격차를 줄이기 위한 디딤돌 활동이나 개별 지원 방안이 마련되어 있는가?
  - 유인물, 그림자료, 표 등을 통해 학생에게 다양한 디딤돌을 제공하였다. 추가적으로 학습 속도나 이해 정도에 따라 자료를 선택할 수 있는 방안도 시도할 필요가 있다.
- 과제 수행 시 학습자의 선택권과 표현 다양성을 허용하고 있는가?
  - 과제 수행은 공통된 방식으로 이루어졌으며, 학생별 표현 양식의 다양성은 확보되지 않았다. 향후 영상, 포스터, 요약카드 등 다양한 형식의 결과물을 허용하는 방식도 고려할 수 있다.

(3) 학습 평가와 성찰

① 학습 평가 계획의 타당성

- 학습 목표에 근거한 평가 기준이 명확하게 설정되어 있는가?
  - 수업 말미에 진행된 형성평가는 학습 내용을 확인하는 데 효과적이었다. 학습 목표와의 연결성도 확인되었으며, 향후 평가 기준이나 루브릭을 안내하면 학생 스스로 자신의 학습 상태를 점검하는데 도움이 될 것이다.
- 평가가 지식, 기능, 태도 등 다양한 성취 영역을 균형 있게 반영하고 있는가?
  - 지식 중심의 평가가 이루어졌으며, 질병에 대한 이해 정도는 확인 가능했다. 감염병에 대한 태도나 실천 의지를 측정할 수 있는 문항이 더해진다면 전인

적 성장을 돕는 평가로 확장될 수 있다.

- 학생의 참여도와 과정을 평가할 수 있는 구체적 도구가 마련되어 있는가?
  - 평가는 구두 평가 중심이었으며, 관찰이나 자기평가지 등은 사용되지 않았다. 수업 중 학생의 참여와 표현을 기록하거나 학생 스스로 점검할 수 있는 간단한 평가 도구 활용도 추가할 수 있다.

② 피드백 및 수업 개선

- 학생의 수행 결과에 대해 의미 있는 피드백을 제공할 수 있는 방안이 포함되어 있는가?
  - 학생 발화에 대한 긍정적 확인이 이루어졌으며, 내용 강조를 위한 반복 언급도 적절히 활용되었다. 한편, 오답이나 오류 상황에서의 확장 피드백을 덧붙이면 학생 사고를 정교화 하는 데 도움이 될 것이다.
- 평가 결과를 수업 개선 및 다음 수업 설계에 반영할 수 있도록 성찰 구조가 설계되어 있는가?
  - 다음 차시 학습 주제에 대한 안내는 자연스럽게 이루어졌으나 수업 결과를 바탕으로 한 개선 방안은 추가할 여지가 있었다.
- 수업자가 자신의 수업 실행을 분석하고 반성할 수 있도록 자기 성찰 지점을 포함하였는가?
  - 교사의 수업을 객관적으로 돌아볼 수 있는 체크리스트나 간단한 기록 양식이 포함된다면 수업의 지속적인 질 제고에 실질적 도움이 될 것이다.

(4) 함께 나누고 싶은 부분

① 학습자 중심 도입 및 동기 유발

수업의 시작 단계에서 학생들이 감염병을 자신의 삶과 연결해 생각해 볼 수 있도록 생활 기반 질문을 활용할 수 있다. 예를 들어, “최근 감염병 관련 뉴스를 본 적 있나요?”와 같은 질문은 학생들의 관심을 유도하고 수업 주제에 대한 맥락을 형성하는 데 도움이 된다. 또한 “감염병 하면 떠오르는 단어를 한 사람씩 말해 볼까요?”와 같은 짧은 브레인스토밍 활동을 통해 학생들은 수업의 흐름에 자연스럽게 참여하게 된다. 이러한 도입은 학습자의 배경지식과 정서를 반영하는 효과적인 출발점이 될 수 있다.

② 학생 참여를 유도하는 활동 설계

설명 중심의 구조에 학생 참여형 활동을 적절히 삽입하면 학습의 활력이 높아진다. 예를 들어, 질병별로 '진단 카드'를 제작하는 활동을 통해 학생들은 원인, 증상, 감염경로, 예방법 등을 스스로 정리하며 내용을 구조화할 수 있다. 조별로 감염병 포스터를 제작하고 발표하는 과정도 협력과 표현 능력을 함께 기를 수 있는 활동이다. 수업 중간에는 조별 ○× 퀴즈나 Kahoot 등의 디지털 퀴즈 도구를 활용하여 학습 내용을 점검하고 상호작용의 재미도 함께 높일 수 있다.

③ 발문과 피드백의 다양화

다양한 수준의 발문을 설계하고 피드백의 질을 높이는 것도 수업의 완성도를 높이는 핵심 요소이다. "두창과 출혈열은 어떤 점에서 유사할까요?"와 같은 개방형 질문은 학생의 사고를 확장하고, 비교 분석 능력을 기를 수 있는 기회를 제공한다. 오답에 대해서는 "이 질병과 혼동할 수 있지만, 어떤 특징이 다를까요?"와 같은 교정적 피드백을 통해 사고의 방향을 조정할 수 있다. 교사용 수업 안에 이러한 발문과 피드백 예시 문장을 카드 형태로 수록해 두면 실제 수업에서 효과적으로 활용할 수 있다.

④ 자기주도 및 협력 활동 강화

수업 말미에는 학생 개개인의 학습을 돌아볼 수 있는 자기 성찰 활동이 포함되면 좋다. 예를 들어, 짝과 함께 "오늘 배운 내용을 서로 설명해 보기" 또는 "가장 인상 깊었던 질병을 요약해 보기" 같은 짧은 활동은 자기주도 학습과 협력적 사고를 동시에 강화하는 기회가 된다. 또한 "오늘 가장 기억에 남는 질병은?" "수업 중 궁금했던 점은?"과 같은 자기 평가 문항을 제시함으로써, 학생은 스스로의 이해 수준을 점검하고 이후 학습에 필요한 질문을 스스로 만들 수 있다.

참고문헌

Eisenberg, E. B., Eisenberg, B. P., Medrich, E. A., & Charner, I. (2017). Instructional Coaching in Action: An Integrated Approach That Transforms Thinking, Practice, and Schools. ASCD.

탐구 과제 37: 사회정서학습 통합 기반의 자기 수업 역량 점검표

교사는 수업의 주체이자 반성적 실천가이다. 그러나 수업에 대한 평가는 종종 외부 시선에 의존하거나 형식적으로 이루어지는 경우가 많다. 실제로 자기 수업을 성찰하고, 구체적인 역량 요소별로 점검할 수 있는 도구는 그리 흔치 않다. 그렇다면 교사는 어떻게 자신의 수업 역량을 보다 정확히 인식하고 스스로 성장 방향을 설정할 수 있을까?

1. SAT의 개념과 특징

교사는 자신의 수업을 성찰할 수 있어야 한다. 이를 돕기 위해 워싱턴주 교육청과 미국 교육연구소(AIR)는 공동으로 SAT(Self-Assessment Tool)를 개발했다. 이 도구는 사회정서학습 통합 체계를 바탕으로 교사의 수업 전문성과 수업 실행 역량을 함께 점검하도록 설계되었다(Yoder, Ward, & Wolforth, 2022). 교사는 SAT를 활용하여 정서적 민감성(Self-Awareness), 자기관리(Self-Management), 사회적 인식(Social Awareness), 관계 형성 능력(Relationship Skills), 책임 있는 의사결정(Responsible Decision-Making)을 실제 수업에서 어떻게 실천하고 있는지를 점검할 수 있다. 또한 따뜻한 학습 환경 조성(warmth and support), 학생의 목소리 반영(student voice), 협동학습(cooperative learning), 모둠 토의(group discussion) 등과 같은 수업 전략도 함께 성찰할 수 있다.

SAT는 단순한 점검표가 아니다. 교사는 SAT를 활용하여 자신의 감정과 신념이 수업과 학생과의 상호작용에 어떤 영향을 미치는지를 구체적으로 성찰할 수 있다. 더불어 학생 반응을 바탕으로 수업 설계와 실행을 더 정교하게 다듬을 수 있다. SAT는 교사의 개인적 성장을 지원하는 데 그치지 않는다. 교내 연수, 수업 나눔, 전문가 학습공동체(PLC)의 기초 자료로도 활용할 수 있다. 교사는 이 도구를 통해 변화 과정을 추적하고, 동료 교사와 비교하며 다양한 수업 전략을 공유할 수 있다. 온라인 플랫폼과 연계하면 자동 피드백과 분석도 가능하다. 이를 통해 교사는 스스로 성찰 문화를 만들어 가면서 수업 역량을 기를 수 있다.

2. SAT 자기 수업 역량 점검표

영역 1	진술문	점검			
		매우 그렇다	그렇다	아니다	매우 아니다
① 자기인식 (Self-Awareness)	학생과 나의 배경(문화, 사고, 행동, 지식 등)이 서로 다를 수 있다는 것을 아나요?				
	내 편견과 가정이 학생에 대한 기대나 상호작용에 영향을 미친다는 것을 아나요?				
	내 관심사와 가치가 학생과의 상호작용에 어떤 영향을 미치는지 아나요?				
	내 감정이 학생과의 상호작용에 어떤 영향을 미치는지 아나요?				
	수업 중에 겪는 실수를 배움과 성장 기회로 여기나요?				
	학생 한 명 한 명의 배움과 성장을 위해서 노력하나요?				
	학생 행동에 대한 내 인식과 반응이 학생과의 관계(소통과 공감 등)에 어떤 영향을 미치는지 아나요?				
② 자기관리 (Self-Management)	격한 감정을 느낄 때에 차분하고 침착하게 대응하나요?				
	스트레스를 받으면 호흡이나 명상으로 감정을 조절하나요?				
	모든 학생이 편안함을 느끼도록 교실 환경을 구성하나요?				
	전문성 향상을 위해 목표를 정하고 지속적으로 노력하나요?				
	학생 반응에 따라 수업 방식과 상호작용 유형을 조정하나요?				
	좋지 않은 교육 여건에서도 포기하지 않고 해결하려고 노력하나요?				
	쉼과 회복을 위해 규칙적으로 노력하나요?				

③ 사회적 인식 (Social Awareness)	학생의 감정을 공감하고 배려하나요?				
	학생의 눈높이에 맞춰 학생 경험과 배경지식을 반영하려고 노력하나요?				
	내 말과 행동이 학생에게 어떤 영향을 미치는지 아나요?				
	학생의 다양한 배경을 존중하고 고려하나요?				
	모든 학생이 소속감을 느끼도록 돕나요?				
	가정 및 지역사회와 연계한 수업을 실천하기 위해 노력하나요?				
	학생 행동의 원인을 파악하고 이해하기 위해 노력하나요?				
④ 관계 기술 (Relationship Skills)	모든 학생과 긍정적인 관계를 형성하려 노력하나요?				
	학생에게 의견을 명확히 전달하고 학생의 의견을 경청하기 위해 노력하나요?				
	학생의 요구와 특성을 이해하고 그것을 기반으로 관계를 쌓기 위해서 노력하나요?				
	내 실수를 학생에게 솔직히 말하려고 노력하나요?				
	문제가 생기면 학생과 함께 해결 방안을 찾기 위해 노력하나요?				
	학생의 고유한 장점을 발견하고 칭찬하기 위해 노력하나요?				
	부모와 협력하여 학생을 더 깊이 이해하기 위해 노력하나요?				
	문제가 생기면 동료 교사에게 도움을 요청하나요?				
⑤ 책임 있는 의사결정 (Responsible Decision-Making)	학생의 강점과 필요를 반영해 결정을 내리려고 하나요?				
	의사결정을 할 때에 부적절한 요인들(편견, 관계 등)이 영향을 미치지 않도록 점검하나요?				
	의사결정을 할 때에 학생과 동료의 의견을 반영하나요?				
	의사결정을 할 때에 전체와 개인의 의견을 균형 있게 반영하기 위해 노력하나요?				
	의사결정 결과를 되돌아보고 반성하나요?				
	의사결정을 할 때에 다양한 근거를 수집하고 반영하나요?				
	의사결정을 할 때에 학생의 학업과 정서를 함께 고려하나요?				

〈계속〉

영역 2A	진술문	점검			
		매우 그렇다	그렇다	아니다	매우 아니다
① 따뜻함과 지지 (Warmth and Support)	학생을 존중하고 개별적으로 관심을 표현하나요?				
	학생과 함께하는 시간이 즐겁다는 것을 보여 주기 위해 노력하나요?				
	학생이 어려움을 겪을 때 학업·정서·사회적으로 지원하나요?				
	학생과 나의 관심사나 배경을 함께 나누기 위해 노력하나요?				
	학생들이 서로를 이해하고 관계를 유지하도록 기회를 제공하나요?				
	모든 학생의 문화를 포용하는 환경을 만들기 위해 노력하나요?				
	학생이 자신과 친구를 위해 목소리를 낼 수 있도록 돕기 위해 노력하나요?				
	학생의 고민이나 걱정을 해결하기 위해 노력하나요?				
	실수와 오답, 창의적 사고 활동에 대한 허용적인 분위기를 조성하기 위해 노력하나요?				
	학생이 소속감을 느낄 수 있는 과제나 학습 활동을 제시하기 위해 노력하나요?				
	서로의 생각을 나누고 피드백을 주고받을 수 있는 환경을 조성하기 위해 노력하나요?				
② 책임과 선택 (Responsibility and Choice)	학생의 의견과 반응을 교육 활동에 반영하기 위해서 노력하나요?				
	학생이 학급 운영에 적극적으로 참여할 수 있는 환경을 조성하기 위해 노력하나요?				
	학생의 배경과 흥미를 바탕으로 학생에게 과제 선택권을 제공하기 위해 노력하나요?				
	학습 활동에 대한 학생 피드백을 반영하기 위해 노력하나요?				
	학생이 자신의 선택과 그에 따른 결과를 반성하는 기회를 제공하기 위해 노력하나요?				
	학생에게 다양한 선택지를 제공하기 위해 노력하나요?				

② 책임과 선택 (Responsibility and Choice)	실수와 좌절을 배움과 성장의 기회로 인식하도록 안내하나요?				
	학생이 학습 절차나 방식에 대해 자신들의 의견을 자유롭게 제안하도록 노력하나요?				
	학생에게 리더로서의 역할과 책임을 부여하기 위해 노력하나요?				
③ 학생 중심 문제 해결 (Youth-Centered Problem Solving)	학생과 함께 학급 규칙을 정하고 점검하나요?				
	학생이 자신의 강점을 바탕으로 문제를 해결하도록 지원하나요?				
	학생이 주도적으로 문제를 해결하도록 지원하나요?				
	규칙을 어겼을 때 반성하고 다시 도전할 수 있는 기회를 제공하나요?				
	학생과 함께 해결 방안을 찾기 위해 노력하나요?				
	교사와 학생 모두 규칙을 지키기 위해 노력하나요?				
	소집단으로 문제를 해결할 수 있는 기회를 제공하나요?				
	학생의 강점과 문화를 존중하고 인정하기 위해 노력하나요?				
④ 언어의 힘 (Power of Language)	학생이 자신의 가능성을 믿도록 공감하고 지지하며 격려하나요?				
	우리는 함께 배우는 공동체라는 메시지를 전달하나요?				
	학생이 자신의 강점을 되돌아보게 하나요?				
	노력이 성취로 이어짐을 인식하게 하나요?				
	학생이 스스로 감정과 행동을 조절하게 질문으로 유도하나요?				
	오해가 생기면 교사도 책임이 있을 수 있음을 인정하나요?				
	효과적인 의사소통을 학생 앞에서 시범을 보이나요?				

〈계속〉

영역 2B	진술문	점검			
		매우 그렇다	그렇다	아니다	매우 아니다
① 협동학습 (Cooperative Learning)	서로 다른 배경의 학생이 함께 협력하도록 모둠을 편성하나요?				
	소집단 활동 시에 각자의 역할과 책임을 명확히 제시하나요?				
	소집단 활동 시에 공동 목표 달성을 위한 활동을 구성하나요?				
	학생이 서로 격려하며 협동하도록 유도하나요?				
	학생 각자가 공동 목표에 책임감을 갖도록 안내하나요?				
	학생이 서로 협력하며 문제를 해결하도록 모둠 활동을 설계하나요?				
	학생이 각자 책임감을 가지고 과제를 해결하도록 하나요?				
	소집단 활동 시에 사회정서 능력(관계, 소통 등)을 활용하도록 돕나요?				
	소집단 활동 후에 자기 성찰 기회를 제공하나요?				
② 모둠 토의 (Group Discussions)	학생이 토의에 참여할 수 있는 기회를 자주 제공하나요?				
	학생이 서로의 생각을 존중하며 표현하게 하나요?				
	학생이 서로의 의견을 교환할 수 있도록 돕나요?				
	교사보다 학생이 더 많이 질문하고 대화하고 토의하는 학습 분위기를 조성하나요?				
	학생이 서로의 말을 경청하도록 지도하나요?				
	학생이 편안하게 자신의 생각을 말할 수 있는 환경을 만드나요?				
	적극적으로 발표하지 않는 학생을 파악하고 학습 활동 참여를 유도하나요?				
	학생이 서로 질문하고 토의하도록 가르치나요?				
	학생이 자신의 경험과 토의 내용을 연결 짓도록 돕나요?				
	토의에 참여하는 모든 학생에게 토의 절차와 규칙을 명확하게 알려 주나요?				

③ 자기 성찰 및 평가 (Self-Reflection and Self-Assessment)	학생이 자신의 학습 과정을 여러 방식으로 성찰하게 하나요?			
	학생이 성취 기준을 명확히 이해하도록 안내하나요?			
	학생이 하습목표 도달에 필요한 학습 방법을 스스로 찾도록 돕고 있나요?			
	학생 스스로 학습 진도와 과제를 점검하게 하나요?			
	수행평가 기준과 동료 피드백으로 평가 및 성찰을 하게 하나요?			
	피드백을 활용해 과제를 수정하는 방법을 가르치나요?			
	학생이 과제를 다시 작성하거나 향상시킬 수 있는 기회를 제공하나요?			
	현재 배우는 학습법이 미래에도 도움이 된다는 것을 분명하게 인식시키나요?			
	학습 환경이 학습에 미치는 영향을 성찰하게 하나요?			
④ 균형 잡힌 수업 (Balanced Instruction)	수업 환경(학습 목표, 학습자 성향 및 수준 등)에 따라 교사 주도 수업과 학생 주도 학습을 적절히 활용하나요?			
	학생이 흥미를 느끼고 몰입할 수 있는 학습 자료를 제시하나요?			
	학생이 창의성과 호기심을 발휘할 수 있는 기회를 제공하나요?			
	정서적으로 몰입할 수 있는 흥미로운 활동을 설계하나요?			
	또래와의 상호작용을 통해 학습을 심화할 기회를 제공하나요?			
	여러 전략을 활용해 문제를 해결하도록 하나요?			
⑤ 기대와 도전 (Expectations and Rigor)	모든 학생의 성공 가능성을 믿고 격려하나요?			
	도전적이고 의미 있는 과제를 제공하나요?			
	학생이 목표를 달성하도록 필요한 지원을 제공하나요?			
	학생 수준에 맞는 도전 과제를 계획하나요?			
	내 기대가 학생에게 어떻게 전달되는지 점검하나요?			
	학생에 따라 목소리, 기다림 시간, 피드백을 조정하나요?			
	학생의 사회정서적 성장을 고려해 도전 과제를 제시하나요?			
	학생을 이해하고 맞춤형 과제를 제공하나요?			

〈계속〉

⑥ 사회정서 역량 강화 (Competence Building)	수업 전 과정에서 학생의 사회정서 성장을 지원하나요?				
	학습 목표에 사회정서 내용도 포함시키나요?				
	사회정서 기능을 직접 시범 보이나요?				
	학생의 사회정서 기능 사용에 피드백을 제공하나요?				
	상황에 따라 다양한 방식으로 사회정서 기술을 사용할 수 있음을 설명하나요?				
	학생이 가족과 지역에서 표현하는 감정을 이해하도록 돕나요?				
	다양한 상황에서 사회정서 기술을 활용하게 하나요?				
	학생의 문화와 배경을 존중하며 사회정서 발달을 지원하게 하나요?				

3. 김하나 예비 교사의 SAT 결과 해석과 소감

김하나 예비 교사는 SAT 자기 수업 역량 점검표의 모든 문항에 긍정적으로 응답하였다. 이는 수업 실행과 정서적 역량에 대해 높은 자각과 실천 의지를 지니고 있음을 보여 준다.

영역 1의 자기인식(Self-Awareness)에서는 자신의 감정, 신념, 편견이 학생과의 상호작용에 어떤 영향을 미치는지를 인식하며, 이를 수업에 반영하려는 태도를 보인다. 특히 실수를 학습 기회로 전환하려는 자세는 정서적으로 안정된 학습문화 조성에 기여한다. 감정 인식을 더 구체적인 피드백이나 회복적 대화로 실천하면 정서적 민감성을 한층 더 강화할 수 있다.

자기관리(Self-Management) 측면에서는 감정 통제와 스트레스 상황에서의 일관된 태도를 유지하고 있다. 이는 학생의 심리적 안전과 교실의 안정성을 동시에 확보한다. 정기적인 자기 돌봄 활동을 계획적으로 실천하면 교사 자신도 지속 가능한 감정 에너지를 유지할 수 있다.

사회적 인식(Social Awareness)에서는 학생의 정서와 문화적 배경을 배움에 반영하려는 노력이 드러난다. 이러한 민감성은 포용적 수업 환경 형성에 중요한 기반이 된다. 지역사회 및 가정의 자원을 수업에 적극 연결하면 사회적 인식 역량을 더 확장할 수 있다.

관계 기술(Relationship Skills) 항목에서도 신뢰를 바탕으로 학생과의 관계를 형성하고 갈등 상황에서도 공동 해결을 시도하는 태도를 보인다. 학생이 학급 규칙 형성이나 갈등 조정 과정에 더 주체적으로 참여할 수 있도록 구조화하면 실천의 밀도를 높일 수 있다.

책임 있는 의사결정(Responsible Decision-Making) 영역에서는 학생의 강점과 필요를 고려하며 성찰적인 판단을 내리고자 한다. 판단 과정에서 학생과 동료의 의견을 수렴하는 구조를 마련하면, 의사결정의 질을 한층 높일 수 있다.

영역 2A에서는 따뜻한 교실 문화를 형성하고 학생의 자율성과 선택권을 보장하려는 노력이 돋보인다. 이는 심리적 안정과 참여 동기를 함께 높인다. 학생 주도의 학급 운영이나 모둠 회의를 정례화하면 보다 풍부한 상호작용 기반을 마련할 수 있다.

영역 2B에서는 수업 전략을 균형 있게 활용하려는 설계 의도가 뚜렷하다. 협동학습, 토의, 자기 성찰, 도전 과제, 사회정서 역량 통합 등에서 교사는 실행력을 갖추고 있다. 수업 전략이 일관성 있게 적용되었는지 동료 교사와의 성찰 구조를 도입하면 실행의 깊이를 더할 수 있다.

종합하면, 김하나 예비 교사는 정서적 감수성, 수업 전문성, 관계 중심 교육 역량을 고르게 갖추고 있으며, 자기 성찰을 바탕으로 교육 실천을 지속적으로 개선하고자 한다. SAT 결과는 강점과 방향을 동시에 확인할 수 있는 근거이며, 앞으로의 수업 공유와 전문 성장의 기반으로서 의미 있는 자료가 될 수 있다.

TIP

이번 교육실습은 예비 교사로서 실제 교실에서 학생들을 만나고 수업을 계획하며 실행해 본 소중한 경험이었다. 학생과의 작은 상호작용 하나도 깊은 영향을 줄 수 있음을 깨달으며, 교사라는 역할의 무게와 가치를 다시 생각하게 되었다. 지식을 전달하는 것을 넘어, 학생의 마음에 긍정적 변화를 줄 수 있다는 사실에서 큰 보람을 느꼈다.

실습을 마치고 SAT 도구를 활용해 수업 역량을 점검하면서, 교사로서 나를 되돌아볼 수 있었다. 이전에는 피드백이 외부 평가나 형식적 반성에 그쳤다면, 이번에는 사회정서 역량, 학습 환경 조성, 수업 설계 전략 등 각 영역을 주체적으로 점검하며 수업의 본질을 더 깊이 고민할 수 있었다.

SAT는 단순한 체크리스트가 아니라, 교사의 신념과 수업 전략을 스스로 점검하게 하는 실천적 도구였다. 앞으로 교사로서 수업을 준비하고 실행하는 과정에서 이러한 성찰을 일상화하고 동료 교사들과 함께 나누며 성장하는 문화를 만들어 가고 싶다. 이번 실습에서의 배움을 바탕으로 성찰하고 성장하는 교사가 되기 위해 계속 노력하겠다.

참고문헌

Yoder, N., Ward, A., & Wolforth, S. (2022). Self-assessing educator competencies and instructional practices [Educator self-assessment tool]. American Institutes for Research. https://www.air.org/resource/self-assessing-educator-competencies-and-instructional-practices

탐구 과제 38: 교사의 열정과 생동감

수업에서 교사의 열정과 생동감은 학생들에게 어떤 영향을 미칠까? 교사의 표현 방식과 태도는 학생들의 학습 참여도를 결정하는 중요한 요인이다. 같은 내용을 전달하더라도 교사의 말투와 몸짓, 시선 처리에 따라 학생들의 집중력과 이해도가 달라질 수 있다. 그렇다면 교사의 열정과 생동감을 점검하는 요소는 무엇일까?

1. 교사의 열정과 생동감이란

교사의 열정과 생동감은 단순히 활발한 움직임이나 큰 목소리에서만 비롯되는 것이 아니다. 수업의 흐름에 맞게 목소리의 높낮이를 조절하고, 핵심 내용을 강조하면서 적절한 억양 변화를 줄 때, 학생들은 자연스럽게 중요한 내용을 인식한다. 또한 명확한 발음과 적절한 속도로 말하면 학생들의 이해를 돕고, 불필요한 반복을 줄일 수 있다. 표정과 몸짓 역시 효과적인 전달 도구가 된다. 학생들과 자연스럽게 눈을 맞추며 수업을 진행하면 학생들은 자신들이 교사의 관심과 존중을 받고 있다고 느끼며 수업에 적극적으로 참여한다. 지나치게 정적인 자세는 지루함을 유발할 수 있으므로 적절한 신체 활동과 움직임을 활용한 학습 분위기 조성도 중요하다. 열정적이고 생동감 있는 교사는 학생들의 학습 태도를 긍정적으로 변화시키고 더 나아가 수업의 질을 향상시키는 역할을 한다.

2. 교사의 열정과 생동감 점검표

항목	미흡	보통	우수
수업 상황에 맞게 목소리의 높낮이를 조절하는가?			
말하는 속도가 학생들이 이해하기에 적절한가?			
발음이 또렷하고 명확하여 학생들이 쉽게 이해할 수 있는가?			
수업 내용에 따라 억양을 적절히 변화시키는가?			
표정을 자연스럽게 사용하여 학생들의 관심을 유도하는가?			
적극적인 태도로 수업을 이끌어 가는가?			
몸동작이 자연스럽고 표현력이 있어 수업 내용 전달에 도움이 되는가?			
특정 학생이나 특정 지점만 바라보지 않고, 학생들과 지속적으로 시선을 맞추는가?			
• 공감 및 격려와 지지를 받고 싶은 부분은? • 함께 나누며 더 성장하고 싶은 부분은?			

탐구 과제 39: 따뜻한 수업과 똑똑한 수업 지원 방안

학생 배움이 살아 있는 수업 원리 중의 하나가 정서적 공감과 인지적 지원이 살아 있는 수업이다. 정서적 공감은 따듯하고 편안한 분위기에서 상호 공감하고 존중하는 문화를 형성하는 **따뜻한 수업** 원리이다. 인지적 지원은 학생 발달 단계에 따른 비계를 설정하여 학생 배움을 촉진하는 **똑똑한 수업** 원리이다. 이 두 원리는 상호 교섭을 하면서 학생 배움과 성장을 촉진하고 인도한다.

1. 정서적 공감 원리

1) 칭찬하기

칭찬하기는 적절한 반응에 대해 긍정적인 평가를 하는 전략이다(Brophy & Good, 1986). 칭찬하기는 언어를 매개로 하여 이루어지는 긍정적 피드백의 한 유형이다. 교사는 칭찬을 하면서 학생이 자유분방한 분위기에서 적극적으로 대답할 수 있도록 유도해야 한다. 브로피와 굿(Brohpy & Good, 1986)에 따르면, 대부분의 교사가 칭찬을 하면서 보낸 시간은 하루 일과의 2%에 불과하다고 한다. 칭찬의 교육적 효과에 비해, 실제 교실 수업에 적용된 칭찬하기 비율은 매우 미약하다고 할 수 있다.

2) 유머 활용하기

유머 활용하기는 긴장과 이완의 심리를 적절히 활용하여 진행하는 수업 대화 전략이다. 교실 수업은 목표 지향적이라는 점에서 팽팽한 긴장이 흐르기 쉽다. 그러나 긴장할수록 학습 효과는 떨어진다(민현식, 2001: 82-83). 또 고차원적인 사고 능력을 기른다고 해서 너무 심각한 질문만을 하게 되면 수업 분위기가 딱딱해져서 학생이 흥미를 상실할 우려가 있다(이용숙, 조영태, 1987: 243). 이때 유머 활용하기 전략을 활용하면 효과적이다. 또 수업 중 교사의 발문에 대해 부적절한 반응을 한 학생이 친구들 앞에서 무안함을 느끼지 않고, 학습 활동을 마무리하도록 유머를 사용하면 효과적이다.

3) 맞장구치기(수용하기)[1)]

맞장구치기는 교사가 학생의 말을 듣는 도중에(Clark & Schaefer, 1989) 사용하는 피드백 전략이다. 맞장구치기에는 언어적, 비언어적 행위가 포함되고, 이것을 사용하는 목적은 학생의 문제 해결 능력 신장과 명확한 표현의 유도에 있다. 맞장구치기의 유형에는 "으-음, 아-아아, 어-어어, 눈짓" 등과 같이 명확하게 의사표현을 하면서 맞장구를 치는 것은 아니지만 동조하고 있다는 느낌이 들게 하는 것들이 포함된다.

맞장구치기는 다음의 세 가지 기능을 가진다. 첫째, 교사가 맞장구를 칠 때, 학생은 자신이 하고 있는 말을 교사가 주의 깊게 듣고 있으며, 자신이 말하는 내용을 교사가 이해하고 있다는 생각을 하게 된다(Clark & Schaefer, 1989). 둘째, 맞장구치기를 접하는 학생은 심리적으로 편안함을 느끼거나 학습 동기가 유발되고, 경우에 따라서는 스스로 자신의 생각을 조절하면서 발표하는 자기조절 사고 능력을 기를 수 있다. 셋째, 맞장구치기는 대화를 지속시킬 수 있는 동기를 제공한다. 대화 도중 고개를 끄덕이거나 미소를 짓는 교사의 비언어적 행위는 우호적 분위기에서 대화를 지속시킬 수 있는 윤활유 역할을 한다.

4) 존중하기

존중하기는 학생 개인을 하나의 인격체로 인정하며 학습권을 존중하는 것이다. 학생이 학습 활동 도중에 오개념(기능)이나 난개념(기능) 때문에 주춤거리는 상황이 발생할 때에 부정적인 언어를 사용하여 명령, 지시, 억압, 강요, 비난 등을 하지 않고, 학생이 따뜻하고 편안한 상태에서 학습 활동에 참여할 수 있도록 배려하는 것이다.

---

1) 맞장구치기(수용하기)는 진행형 칭찬하기라는 점에서 결과 중심의 칭찬하기와 구별하여 사용하고자 한다.

2. 인지적 지원 원리

1) 작게 나누어 말하기(슬라이싱: Slicing; 분화)

초기 대화 목적과 내용은 바꾸지 않고 학습자의 수준에 맞게 범위를 작게 조정하거나 쪼개어 대화를 나누는 전략이다(Brophy & Good, 1986). 이 전략을 사용할 때는 한 번에 한 가지씩, 체계적인 절차를 밟되 학생이 쉽게 말하게 해야 한다.

2) 책임 공유하기

책임 공유하기란 동료와 사전에 답변을 의논하고, 그 결과에 대해서도 공동 책임을 지는 것(조벽, 2001: 110), 오답 제시에 대한 책임을 학생 개인이 아닌 교사나 동료가 함께 지는 것을 말한다. 학습 능력이 우수한 학생이나 부진한 학생 모두 수업 중 답변하기 어려운 문제로 고민하는 경우가 있다. 이때 동료 학생과 사전에 의논을 하면 부담이 줄어든다. 정답을 몰랐지만 동료와 의논을 하면서 부담이 줄고, 오답을 제시한 경우에도 책임이 분산되어 부담을 덜 느낀다.

3) 기다리기

기다리기란 교사가 학생에게 발문을 할 때에 학생이 발문 내용을 충분히 생각하고 답을 하도록 시간적 여유를 주는 전략이다. 연구 결과에 따르면, 발문 후에 학생의 반응을 기다리는 교사의 대기 시간은 학생 반응의 질과 양에 영향을 준다(Rowe, 1974). 발문 후 3~5초 정도에 걸쳐 의도적으로 기다리기 전략을 사용한 결과, 학생에게는 ① 응답시간의 증가, ② 자발적이고 정확한 응답의 증가, ③ 부정확한 응답의 감소, ④ 학생 자신감의 증가, ⑤ 심사숙고하여 발표하는 사례 증가, ⑥ 교사 주도 대화의 감소에 따른 학생 주도 대화 증가, ⑦ 더 많은 증거 제시를 이용한 추론 및 진술하기, ⑧ 학생 주도 질문 증가, ⑨ 학습 부진 학생들의 수업 참여도가 증가 등이 일어났다. 교사에게는, ① 토의 과정 유연, ② 발문 양의 감소, ③ 다양한 유형의 발문 사용 증가, ④ 학습 부진 학생들에 대한 교사의 기대 증가 등이 일어났다(권낙원 역, 2001: 381-382).

기다리기의 효과(Tobin, 1987)

교사	학생
• 교사의 말 수 감소 • 질문 반복이 감소 • 질문 수의 감소 • 다양한 반응을 촉진하는 질문 증가 • 저 수준의 질문 감소 • 탐구 질문 증가 • 동일 응답의 반복 빈도 감소 • 학생 훈육 행동 감소	• 학생 응답시간 증가 • 학생 주도의 대화와 토론 증가 • 미응답 학생 비율 감소 • 수업 참여 학생 비율 증가 • 복잡하고 논리적인 사고능력 증가 • 학습부진 학생들의 반응 증가 • 상호작용 증가 및 학습방해 감소 • 자신감 및 학업성취도 증가

4) 딴청 부리기

딴청 부리기는 수업 시간에 학습동기를 유발시킬 때, 선수 학습 관련 내용을 확인하기 위해 배경지식을 활성화시킬 때, 학습자에게 긴장감을 조성하면서 새로운 내용을 학습시킬 때 사용하는 수업 대화 전략이다. 일명 모르는 척하기 전략, 잡아떼기 전략이라고 할 수 있다. 딴청 부리기는 학생들이 헷갈리는 지점을 파고든 때에 특히 효과적이다. 예를 들면, 과학 시간에 자석의 한 가운데 클립을 붙이면서 클립이 힘없이 바닥으로 떨어질 때 일부러 당황한 척하면서 중얼거릴 수 있다. 교사는 "어? 이상하다. 클립이 왜 안 붙지?"라면서 학생에 주의를 끈다. 그러면서 "클립이 고장난건가?"라며 다른 클립을 붙인다. 또 떨어지면 이번에는 자석을 바꾸면서 다시 실험을 한다. 자성이 양극에 집중된다는 개념을 제대로 이해하지 못한 학생들이 겪는 지적 혼란을 파고든 딴청 부리기 수업 사례이다.

5) 연결하기

연결하기는 선수학습 내용과 후속 학습 내용 연결하기, 학생 경험과 학습 내용 연결하기, 배경지식과 학습 내용 연결하기, 동료의 생각과 내 생각 연결하기, 현재의 학습 내용과 다른 교과의 학습 내용 연결하기, 교과서의 내용과 교과서 밖의 내용 연결하기 등이 해당된다.

6) 도전하기

도전하기는 본인의 학습 능력보다 난이도가 약간 높은 과제에 정면으로 맞서 문제를 해결하게 하거나 새로운 목표달성을 위해 과제 수행에 적극적 참여하는 것을 말한다. 학생 스스로 학습 활동의 주체가 되어 목표와 과제를 선정하고, 해결 방안을 모색할 때 최선의 학습 효과를 얻을 수 있다. 이때에 교사나 유능한 동료는 학생이 복잡한 과제에 대해 지속적으로 도전하도록 비계 설정을 해야 한다.

7) 표현하기

표현하기는 학생이 학습 활동의 주체가 되어 동료와의 상호작용을 바탕으로 지식을 구성하고, 공부한 내용을 자신의 생각과 언어로 진술하여 친구 앞에서 다양한 방법으로 자유롭게 발표하는 것이다. 학습 활동 표현 방법에는 말하기, 쓰기, 그리기, 춤, 역할 놀이, 음악, 율동 등이 포함된다.

	정서적 공감								인지적 지원							
	칭찬하기	맞장구치기	격려하기	딴청 부리기	신뢰하기	존중하기	유머 활용하기	기타	연결하기	참여하기	되돌리기	도전하기	개발하기	표현하기	나누기	기타
관찰																
해석																

(○는 자주, △은 가끔, ×는 전혀)

참고문헌

민현식(2001). "교수 화법론" 국어 화법과 담화 전략. 한국화법학회.

박태호(2017). CoRe 질문을 활용한 배움 중심 과학 수업: 성취기준 중심의 오개념, 난개념 이해학습. 아카데미프레스.

이용숙, 조영태(1987). 국민학교 수업방법. 배영사.

장은아(1999). 수업 중 교사·학생의 대화 전략. 한양대학교대학원 석사학위논문.

조벽(2001). 조벽 교수의 명강의 노하오 & 노와이. 해냄.

Brophy, J. E., & Good, T. L. (1986). Teacher behavior and student achievement. In M. C. Wittrock (Ed.), *Handbook of research on teaching* (3rd ed., pp. 328-375). New York, NY: Macmillan.

Clark, H. H., & Schaefer, E. F. (1989). Contributing to discourse. *Cognitive Science, 13*(2), 259-294.

Ken Bain (2013). 교수 방법 (*What the Best College Students Do*). (권낙원 역). 원미사. (원서는 2012년 출간).

Rowe, M. B. (1974). Wait-time and rewards as instructional variables: Their influence on language, logic, and fate control — Part I: Wait-time. *Journal of Research in Science Teaching, 11*(2), 81-94

Tobin, K. (1987). The role of wait time in higher cognitive level learning. *Review of Educational Research, 57*(1), 69-95.

탐구 과제 40: 수업의 과학성과 예술성 은유

수업의 **과학성(Science)**과 **예술성(Art)**은 수업 현상을 설명하는 양대 산맥이다. 전자는 양적 연구와 수업 관찰 및 분석에 기반한 교사의 전문성 신장을, 후자는 질적 연구와 수업 성찰 및 해석에 기반한 교사의 전문성 신장을 추구한다. 그렇다면 수업의 과학성과 예술성에 대해 수업 리더는 '융복합'의 관점을 취해야 할까 아니면 '취사선택'의 관점을 취해야 할까?

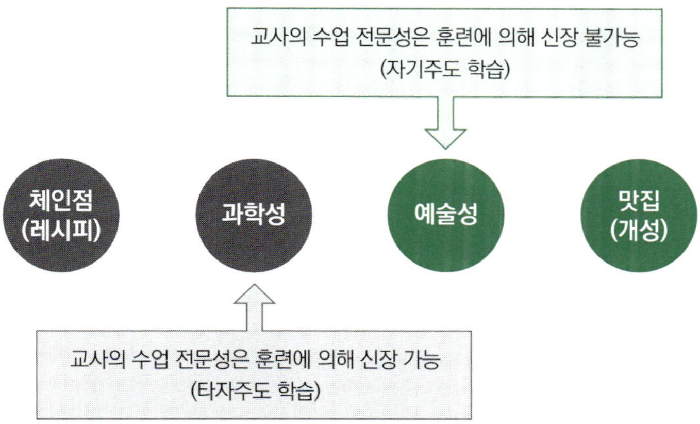

[그림 40-1] 수업의 과학성과 예술성 은유

1. 수업 은유(Metaphor)

수업 현상을 설명하는 은유(Metaphor) 중의 하나가 '과학성(Science)'과 '예술성(Art)'이다. 수업의 과학성을 지지하는 연구자는 과학적으로 검증된 보편적이고 타당한 좋은 수업의 존재를 인정하고 지지한다. 이들은 외부자의 객관적인 관찰과 분석 및 해석에 기반한 보편적인 수업을 중시한다. 더불어 타자주도 학습(Other Regulated Learning) 이론을 바탕으로 객관적 · 체계적인 훈련을 중시하고 이를 기반으로 교사의 수업 전문성을 신장시킬 수 있다고 믿는다. 수업의 과학성은 누구에게나 적용 가능한 보편적인 수업을 추구한다. 이에 반해 수업의 예술성을 지지하는 연구자는 보편적이고 타당한 좋은 수업의 존재에 대해 부정적 입장을 취한다. 이들은 자기주도 학습(Self Regulated Learning) 이론을 바탕으로 내부자의 주관적인 성찰과 해석을 중시하고 이를 기반으로 교사의 수업 전문성을 신장시킬 수 있다고 믿는다. 수업의 예술성은 교사 개인이 지닌 고유의 특성, 즉 개성이 살아 있는 수업을 추구한다.

수업의 전문성에 대한 논의에서 과학성과 예술성의 조화는 매우 중요한 요소이다. 이를 보다 쉽게 이해하기 위해 체인점과 맛집의 은유를 활용하고자 한다. 체인점은 레시피에 기반한 요리를 추구한다. 레시피는 체계적이고 과학적인 시스템에 따라 검증된 방식을 따르며, 가능한 한 많은 사람의 보편적 입맛에 맞추는 것을 목표로 한다. 이러한 방식은 균일한 품질을 유지할 수 있는 장점이 있으며 어디에서나 동일한 수준의 음식을 제공할 수 있도록 보장한다. 즉, 특정 개인의 기호보다는 대중적인 입맛을 고려하며 표준화된 절차와 정밀한 조리법을 따르는 것이 핵심이다. 이러한 점에서 볼 때, 체인점의 운영 방식은 수업에서의 과학성과 유사하다. 수업의 과학성은 체계적이고 검증된 교수법, 교육학적 연구 결과, 교육 심리학에 기반하여 설계된 수업 방식 등을 포함한다. 이러한 과학적 접근을 통해 수업의 일관성을 유지하고, 학생들에게 효과적인 학습 경험을 제공할 수 있다.

반면, 맛집은 독창적이고 차별화된 맛을 추구한다. 맛집의 요리는 특정한 레시피에 얽매이기보다는 창의적인 조리법과 조합을 통해 독특한 개성을 드러낸다. 어떤 맛집은 오직 그곳에서만 경험할 수 있는 특유의 풍미로 유명하며, 어떤 곳은 신선한 재료를 활용한 창조적인 요리법으로 고객을 사로잡는다. 또 어떤 맛집은 대대로 내려온 비법을 활용하여 전통과 현대의 조화를 이루기도 한다. 이러한 방식은 수업의 예술성과 유사하다. 교사는 정해진 교육과정을 따르면서도 학생들의 반응과 수업의 흐름에 따라 유연하게 접근할 필요가 있다. 창의적이고 역동적인 교수법을 활용하고, 학생들의 개별적 요구를 반영하는 능력 또한 중요하다. 한 교사의 독창적인 스타일과 교육 철학이 반영된 수업은 학생들에게 깊은 인상을 남기고, 학습의 즐거움을 더욱 배가시킨다.

수업의 은유 표현

- 체인점 vs. 맛집
- 인위적으로 꾸민 정원 vs. 야생의 꽃밭
- 기성복 정장 vs 맞춤형 정장
- 교향곡 연주 vs. 즉석 재즈 연주
- 인쇄한 그림 vs. 화가가 그린 그림
- 계획 도시 vs. 자연발생적 도시

2. 수업의 과학성과 예술성의 상호 보완

체인점과 맛집이 공존하듯이, 수업의 과학성과 예술성 역시 서로 보완적인 관계에 있다. 만약 교사가 체인점과 같이 오직 검증된 교수법과 시스템만을 따른다면, 수업은 일정한 품질을 유지할 수는 있으나 다소 기계적이고 획일적인 방식이 될 위험이 있다. 반대로, 예술성만을 강조하여 교사의 직관과 창의성에만 의존한다면, 일관성이 부족하고 교육 효과가 검증되지 않은 방식이 될 수도 있다. 따라서 교사는 과학적으로 검증된 교수법을 기반으로 하되, 학생들의 반응에 따라 창의적이고 유연한 접근을 추가하는 것이 이상적이다. 결국 교사의 수업 전문성은 체계적인 교수법과 창의적인 교수 스타일의 균형 속에서 발전할 수 있다. 과학성과 예술성을 조화롭게 활용하는 교사는 학생들에게 효과적인 학습 경험을 제공할 뿐만 아니라 지속적으로 성장하는 교육자가 될 수 있다. 따라서 교사들은 체인점의 표준화된 방식과 맛집의 독창적인 접근을 적절히 조합하여 자신만의 수업 철학을 구축해 나가야 한다.

TIP

수업하다 보면, 마치 내가 교향곡을 지휘하는 사람처럼 느껴질 때가 있다. 계획한 흐름대로 수업이 흘러갈 때면, 모든 것이 제자리에 놓인 듯한 안정감과 조화로움이 느껴진다. 수업이 매끄럽게 전개될수록, 마치 하나의 완성된 음악을 만들어 내는 듯한 뿌듯함을 느낀다.

교향곡처럼 정돈된 수업의 장점은 분명하다. 흐름이 명확하고 구조가 견고하므로, 수업은 흔들림 없이 진행되고 학생들은 예측 가능한 환경 속에서 학습에 몰입할 수 있다. 하지만 어느 순간 문득 이런 생각이 든다. 혹시 이 정돈된 흐름 속에서 학생들의 예기치 못한 생각이나 질문을 놓치고 있는 건 아닐까? 너무 짜여진 틀 안에 갇혀서 오히려 살아 있는 배움의 기회를 흘려보내고 있는 건 아닐까?

그럴 때면 문득 즉흥 재즈가 떠오른다. 악보 없이 연주자들이 서로의 리듬을 타며 음악을 만들어 가듯, 수업도 그런 흐름을 가질 수 있다면 얼마나 좋을까. 학생들의 반응에 따라 자연스럽게 수업의 방향이 바뀌고, 예상하지 못한 질문이 새로운 배움의 시작이 되는 순간들. 그런 수업은 훨씬 더 생생하고 살아 있다. 나 역시 그 흐름 속에 함께 있으면서, 배움이란 것이 얼마나 유기적인지 실감하게 된다.

물론 즉흥 연주도 중심이 없으면 금세 산만해지듯, 수업 역시 방향을 잃으면 흐름이 무너지기 쉽다. 학생들에게 자유를 주는 것은 중요하지만, 그 안에서도 학습의 맥락과 핵심은 분명히 잡고 있어야 한다. 자유롭되 흔들리지 않는 수업, 이것이 내가 끊임없이 고민하는 지점이다.

돌아보면, 좋은 수업은 교향곡과 즉흥 연주의 경계를 넘나드는 데서 탄생하는 것 같다. 단단한 구조 안에 유연한 흐름이 공존하고, 정돈된 틀 안에서 예측하지 못한 변수가 발생하듯이, 예측이 가능한 틀에 갇힌 수업보다는 학생들과 함께 흐름을 타며 순간의 배움을 만들어 가는 수업이 내가 꿈꾸는 수업이다.

탐구 과제 41: 수업의 과학성과 예술성 그리고 통합성

최근 연구들은 수업의 과학성과 예술성을 대립적인 개념이 아니라 상호 보완적인 요소로 보고, 두 가지 접근을 통합하는 방향으로 발전하고 있다. 이혁규 등(2012)은 수업의 과학적 토대 위에서 교사의 창의성과 직관이 조화를 이룰 때 진정한 교수 · 학습이 이루어진다고 강조했다. 효과적인 수업을 위해서는 실증적 연구와 데이터 분석을 기반으로 교육의 과학성을 확보하는 동시에, 수업 현장에서 교사의 창의적 사고와 즉흥적 판단이 적절히 결합되어야 한다는 것이다. 결국 수업의 과학성과 예술성은 상호 보완적 관계 속에서 균형을 이룰 때 진정한 교육적 효과를 발휘할 수 있다. 그렇다면 교사는 수업의 과학성과 예술성에 대한 균형 잡힌 접근을 실현하기 위해 무엇을 실천해야 할까?

1. 수업의 과학성과 양적 접근

1) 개념

수업의 과학성은 수업 현상을 계량적으로 분석하고 객관적으로 설명하는 양적 접근을 추구한다(박남수, 2004: 233). 이러한 접근은 표준화된 교수법을 통해 학습 성과를 예측하고 평가하는 데 중점을 둔다(Ornstein & Huckins, 2012: 이혁규 외, 2012에서 재인용). 관찰자의 주관성을 철저히 배제하기 위해서 사전에 전문가 학습공동체가 합의한 표준화된 수업 관찰 도구를 미리 설정하고 그것을 활용하여 수업을 관찰하고 분석한다. 이때 주로 활용되는 것이 바로 표준화된 수업 분석 도구인 체크리스트이다. 체크리스트는 사전에 합의된 전문가의 눈과 같은 역할을 한다. 관찰자는 체크리스트를 활용하여 수업 내부자(교사나 학생)가 아닌 외부자의 입장에서 수업을 객관적 태도로 관찰한다.

2) 연구 동향

수업의 과학성에 대한 연구는 객관적인 근거와 체계적 설계를 통해 학습 효과를 높이고자 하는 시도에서 출발하였다. 초기에는 실증주의 연구 방법론을 기반으로 교수 전략의 효과를 정량화하고 표준화하고자 하였다(Gage, 1981; 이혁규 외, 2012에서 재인용). 이러한 노력은 수업을 구조적으로 파악하고 평가하는데 기여하였다(Mennitt, 2019).

수업의 과학성에 대한 초기 연구에 가장 큰 영향을 미친 이론 중의 하나가 행동주의 심리학이다. 행동주의 심리학자들은 학습을 자극과 반응(S-R)로 이해했고 반복과 강화를 교수 설계의 중요한 원리로 제시하였다. 이들은 학습자의 반응을 측정하고 분석하여 효율적인 교수 전략을 개발하고자 했다. 더불어 이러한 접근은 점차 표준화된 교수법을 통한 학습 성과의 예측과 평가 체계로 발전하였다(Ornstein & Huckins, 2012). 이후의 연구자들은 정량적 분석의 엄밀성을 유지하면서도, 맥락을 고려한 질적 접근을 병행하려는 시도를 강화하고 있다. 이는 수업의 과학성이 정형화된 구조를 넘어, 학습자의 다양성과 수업 상황의 변화를 반영하는 유연한 개념으로 확장되고 있음을 시사한다.

3) 장점

수업의 과학성에 기반한 양적 접근은 다음과 같은 장점이 있다. 첫째, 수업을 객관적 관점에서 관찰할 수 있다. 관찰자는 수업 현상에 대한 자신의 추측과 편견 등의 주관성을 배제하고 수업을 객관적 관점에서 관찰한다. 둘째, 수업을 계량화, 수량화해서 분석하고 평가할 수 있다. 관찰자는 관찰 결과를 표준화된 기록지에 기록하며 수량화된 표현을 사용한다. 셋째, 수업을 분석적이고 체계적이며 효율적으로 관찰할 수 있다. '학습 동기를 효과적으로 유발하였는가?' '학습 목표를 명확히 제시하였는가?' '매체를 적시에 효과적으로 활용하였는가?' '학생 사고를 자극하는 열린 발문을 활용하였는가?' 등처럼 학습공동체가 집단지성에 의해 합의한 항목을 활용하여 관찰하고 분석한다.

4) 단점

수업의 과학성에 기초한 양적 접근은 다음과 같은 한계가 있다. 첫째, 주로 학습 목표 달성을 위한 표준화와 효율성을 강조하다 보니 탈맥락적인 목표지향적 수업 보기로 전락할 가능성이 높다(류현종, 2004). 체크리스트(표준화된 요소) 이외의 다양한 수업 현상을 심층적으로 이해하기 어렵고 개별 교사의 수업 의도를 반영하지 못할 수 있다. 둘째, 탈맥락적 목표지향적 수업보기, 표준화된 수업보기에 대해 일부 교사들은 보여 주기 수업문화로 대응한다(박태호, 2008b). 수업 관찰표에 제시된 평가 요소를 단위 수업 시간에 거의 모두 실현하는 것을 좋은 수업이라고 생각한 왜곡된 관점에서 비롯된 것이 바로 보여 주는 수업문화이다.

2. 수업의 예술성과 질적 접근

1) 개념

수업의 예술성은 수업의 과학성이 지닌 한계를 극복하기 위해 등장한 접근법이다. 수업의 예술성은 구성주의 관점을 바탕으로 수업 현상을 주관적으로 해석하는 질적 접근법을 취한다. 이들은 객관주의, 실증주의, 과학주의를 바탕으로 탈맥락적이고 보편적인 좋은 수업이 존재한다는 수업의 과학성을 거부한다. 대신에 맥락적 관점을 바탕으로 내부자(교사나 학생)의 관점에서 수업을 해석하고 성찰하는 개별성을 중시한다.

2) 연구동향

수업의 예술성에 대한 연구는 교사의 창의성과 직관이 수업에서 중요한 역할을 한다는 점을 강조하며, 교수법이 고정된 틀이 아니라 즉흥적이고 유연한 과정이어야 함을 시사한다. 최근 연구들은 수업이 단순히 과학적 분석만으로 설명될 수 없으며, 교사의 예술적 감각과 직관이 학생 참여도를 높이고 학습 효과를 증진하는 데 중요한 영향을 미친다고 주장하고 있다(Flake, 2017). 또한 Jackson(2012: 이혁규 외, 2012에서 재인용)은 유머, 이야기, 시각적 자료, 감성적 접근 등이 학습자의 집중력을 향상시키는 데 효과적이라는 연구 결과를 발표하면서, 교육이 단순한 정보 전달을 넘어 감성적인 요소를 포함해야 한다는 점을 강조하였다.

이와 관련하여 아이즈너(Eisner, 1983)는 교육에서 미적 감수성이 필요하다고 주장하며 교사의 예술적 감각이 수업에서 중요한 역할을 한다고 보았다. 아이즈너(Eisner, 1985)는 가르치는 행위를 예술로 간주할 수 있는 네 가지 이유를 제시하였다(이혁규 외, 2012에서 재인용). 첫째, 교사와 학생이 미적 체험을 경험할 수 있으며, 둘째, 교사의 수업이 즉각적인 평가의 대상이 된다는 점이다. 셋째, 수업에는 예측할 수 없는 변수가 많아 교사가 창의적으로 대응해야 하며, 넷째, 수업의 목표가 과정 속에서 유동적으로 변화할 수 있다는 점이 그것이다. 이러한 연구들은 수업이 단순히 사전에 계획된 대로 진행되는 것이 아니라, 교사의 창의적 개입과 학생과의 상호작용 속에서 발전해 나가는 과정이라는 점을 강조하고 있다.

3) 장점

수업의 예술성에 기초한 질적 접근은 다음과 같은 장점이 있다. 첫째, 내부자의 관점에서 수업을 보고 이해할 수 있는 해석의 주관성을 인정하고, 수업 현상에 대한 다양한 해석을 허용한다(곽영순, 2009: 37). 수업 관찰자는 수업자의 수업 의도는 무엇이고 그것을 실현하기 위한 학습 활동은 무엇이었는지에 대해서 이해하고 해석해야 한다. 더불어 학생의 입장에서 어느 지점에서 배움이 일어나고 주춤거리는지, 어느 지점에서 배움을 표현하고 공유하는지 등에 대해서 이해하고 해석해야 한다. 둘째, 수업의 예술성에 기초한 질적인 연구에서는 전사한 면담 내용, 현장 관찰일지, 사진 및 비디오테이프, 사적 문서, 메모, 공식적 기록물 등을 활용하여 수업 현상을 총체적으로 이해하고 해석할 수 있다. 이 경우에 기존의 양적 수업 분석법으로는 접근할 수 없었던 교사의 신념과 태도 및 열정, 학생의 교우관계가 학습에 미치는 영향 등과 같은 다양한 요소들을 드러낼 수 있다.

4) 단점

수업의 예술성에 기초한 질적 접근은 다음과 같은 한계가 있다. 첫째, 내부자 관점으로 다양한 수업 맥락을 이해하려면 장기간의 관찰과 노력이 필요하다. 이 과정에서 수집한 다양하고 방대한 자료들을 다 해석하기 어려운 상황도 발생한다. 이 점이 효율성을 추구하는 '양적 접근'과 대별된다. 둘째, 관찰자의 편견이 수업 현상의 심각하게 왜곡하여 해석할 수 있다. 자칫 관찰자가 자신의 주관대로 참여자 고유의 목소리를 이해하고 해석할 수 있다. 셋째, 인위적 실험공간이 아닌 자연적 상태의 교실 수업 장면 상황을 모두 관찰하고 해석하는 것은 불가능하다. 따라서 관찰자는 선택과 판단의 과정을 거치게 된다. 이때에 자신의 선택과 판단에 대한 성찰이 필요하다.

3. 수업의 과학성(관찰과 분석)과 예술성(성찰과 해석)의 상호 교섭

AA′C는 양적 접근에 기초한 수업의 과학성 영역이고, CC′A′는 질적 접근에 기초한 수업의 예술성 영역이다. 통합적 관점은 AA′C와 CC′A′를 상호 교섭의 관점에서 파악한다. 그렇게 되면 AA′BB′는 양적 연구(과학성)를 주축으로 하되 질적 연구(예술성)를 보완하는 영역이고, CC′BB′는 질적 연구(예술성)를 주축으로 하되 양적 연구(과학성)를 보완하는 영역이 된다. 이것을 그림으로 제시하면 다음과 같다.

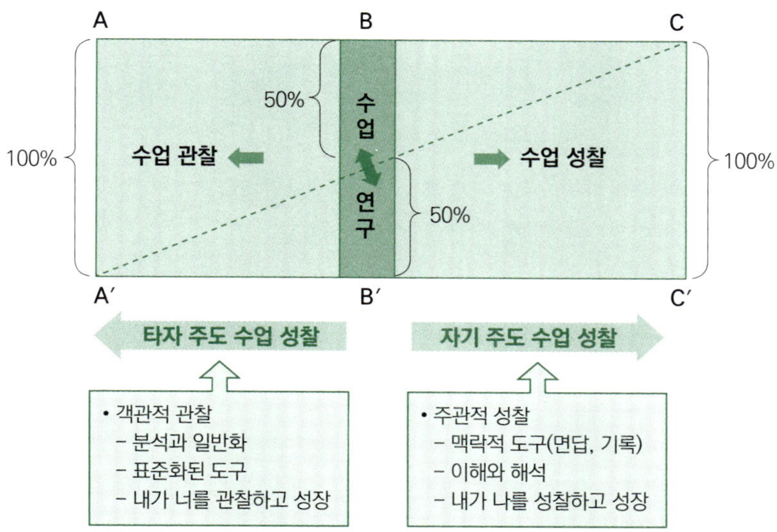

[그림 41-1] 수업 관찰과 성찰에 대한 상호 교섭의 관점

수업을 관찰과 성찰의 연속체 관점에서 보면, 연속체의 양 끝은 관찰 99%(성찰 1%)와 성찰 99%(관찰 1%)로 이루어지고 그 사이에는 관찰과 성찰의 상호 교섭 현상이 존재한다. 동일 교사라도 가르치는 교과목이나 학습 내용의 난이도 혹은 학생 수준 등에 따라 다양한 연속체상에 놓이게 된다. 또한 동일한 교사라도 특정 수업에서는 관찰 위주로, 특정 수업에서는 성찰 위주로 접근할 수 있다. 예를 들어, 자신의 수업 동영상을 성찰하면서 수업 전문성을 신장시킬 수 있고, 동료들의 관찰 결과를 바탕으로 자신의 수업 전문성을 신장시킬 수 있다. 이처럼 관찰과 성찰은 상호 보완적인 관계를 이루며, 이에 대한 균형 잡힌 접근이 필요하다.

[그림 41-1]을 보면, 수업자는 자신의 수업에 대해 50%만 성찰이 가능하고 나머지 50%는 성찰이 불가능하다. 만약에 수업의 예술성만을 강조하여 성찰만을 고집한다면, 교사의 개성과 창의성만 강조되어 예술성 중심의 전문성만 신장될 위험이 있다. 이 경우에, 질문이 살아 있는 수업, 학습 매체를 효과적으로 활용하는 수업, 주의집중 및 학습동기를 유발하는 수업 등과 같은 보편적 수업 요소를 소홀히 다룰 위험이 있다. 반대로, 수업의 과학성만을 강조한다면, 보편적인 수업 모델을 중시하여 교사의 개성이 살아 있는 창의적인 수업 요소가 부족해질 수 있다.

참고문헌

곽영순(2009). 질적연구. 교육과학사.

류현종(2004). 사회과 수업비평: 예술 비평적 접근. 한국교원대학교 박사학위논문.

박남수(2004). 수업관찰 및 분석방법. 대구대학교 강의자료.

박태호(2008b). 개선해야 할 초등 국어 수업 문화와 교사 대응. 청람어문교육, Vol. 38.

박태호(2015). 수업 비평의 지평 확장. 한국어문교육, 32. 한국교원대학교 어문교육연구소.

이혁규, 엄훈, 정정인, 신지혜(2012). 수업의 과학성과 예술성 논의와 수업 비평. 열린교육연구, 20(2), 305-325.

Flake, L. H. (2017). A look at the relationship of curriculum and instruction and the art and science of teaching. *Asian Journal of Education and Training, 3*(2), 82-85.

Gage, N. L. (1981). Hard science and the soft: The "science" of educational research. *Phi Delta Kappan, 62*(10), 703-708.

Jackson, P. (2012). *Teaching as an art or science? In Educational Theory and Practice.* Princeton University Press.

Mennitt, T. M. (2019). Teaching as an art and a science: Student engagement and the classroom experience in secondary math & science classrooms (Doctoral dissertation, University of St. Thomas, Minnesota).

Ornstein, A. C., & Hunkins, F. P. (2012). *Curriculum: Foundations, Principles, and Issues* (6th ed.). Boston, MA: Pearson.

Weisman, D. L. (2012). An essay on the art and science of teaching. *The American Economist, 57*(1), 111-125.

탐구 과제 42: Mini-Lesson 수업 관찰 효과

전통적인 수업 관찰에 기반한 교사의 수업 전문성 신장은 한계가 있다. 40분에서 50분 단위로 진행되는 수업을 연 1회나 2회 관찰하면서 교사의 수업 전문성 전체를 파악하기가 쉽지 않기 때문이다. 또한 수업 관찰자를 의식하여 일상의 수업보다는 '보여 주는 수업'으로 대응하는 공개수업 문화로 인해 일상의 수업을 온전히 파악하기가 어렵다. 반면, 5분~10분간에 걸쳐서 짧게 그리고 수시로 수업을 관찰하면 교사의 실제 수업을 더 정확하고 다양하게 관찰할 수 있다. 더불어 객관적인 수업 데이터를 수집할 수 있고 이것을 기반으로 교실 수업 개선에 필요한 피드백을 제공할 수 있다. 그렇다면 교사의 수업 전문성 신장에 도움이 되는 수업 관찰 방법은 무엇일까?

전통적인 수업 관찰에서는 관찰자가 수업 전에 수업자와 면담을 하고 전체 수업(약 40~50분)을 처음부터 끝까지 관찰한다. 그런 다음에 수업 후 면담을 진행하고 그 결과를 바탕으로 관찰 보고서를 작성한다. 이 방식은 수업의 흐름을 전체적으로 파악하는 데 도움이 되지만, 수업 관찰자를 의식한 '보여 주기식 수업' 수업 문화로 대응하는 특별한 수업을 마치 일상의 수업처럼 인식하고 관찰하는 상황이 발생한다.

관찰자는 보통 교장, 교감, 연구부장 또는 동료 교사가 맡는다. 이들은 체크리스트를 활용해 수업을 평가하고 피드백을 제공하지만, 짧은 시간 안에 교사의 교수법과 학생 반응을 모두 담아내기에는 한계가 있다. 한 차례의 수업만으로 교사의 역량을 판단하기 어렵고 교사의 지속적인 성장을 지원하기에도 부족하다(Marshall, 2013).

반면, 수업을 짧은 시간 동안 여러 번 나누어 관찰하는 '미니 수업 관찰(Mini-Lesson Observation)' 방식이 교사들의 지지를 받고 있다. MLO에서는 수업 관찰자가 5~10분 정도 교실을 방문해 수업 장면을 살펴보고 간단한 피드백을 제공한다. 수업 중 자연스럽게 이루어지기 때문에 교사도 긴장하지 않고 평소처럼 수업할 수 있다.

짧고 반복적인 관찰은 교사에게 지속적인 피드백을 제공하며 교수법 개선의 기회로 이어진다(Danielson, 2011).

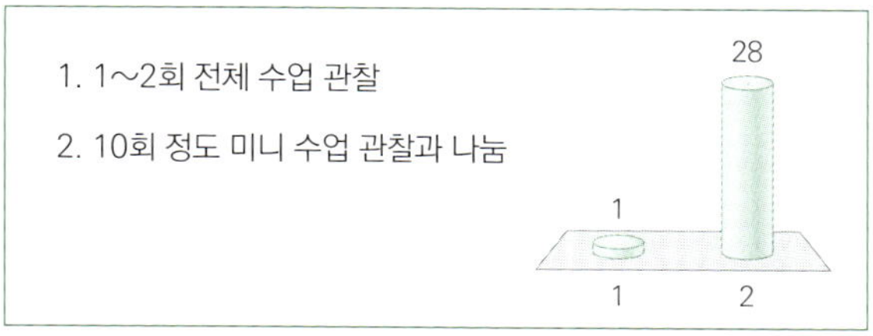

[그림 42-1] 수업 관찰 방식에 대한 교사 선호도

연구 결과도 이를 뒷받침한다. 설문에 응답한 교사 28명이 미니 수업 관찰 방식을 선호한 반면, 전통적인 수업 관찰을 선택한 교사는 단 1명에 불과했다. 이는 기존 관찰 방식이 교사의 성장과 전문성 향상에 충분히 기여하지 못하고 있음을 보여 준다. 교사의 역량을 정확히 파악하고 효과적으로 지원하기 위해서는 더 유연하고 협력적인 관찰 방식이 필요하다(Strong, Gargani, & Hacifazlioğlu, 2011).

이 연구는 수업 관찰 방식의 변화가 필요함을 강조한다. 기존 방식은 특정 수업만 반영하기 때문에 교사의 전반적인 역량을 분석하고 지원하는 데 한계가 있다. 반면, 새로운 방식은 교사의 지속적인 성장과 교수법 개선을 지원할 수 있다. 교육 정책 결정자들은 형식적인 절차를 줄이고 교사들에게 실질적인 도움을 주는 수업 관찰 방식을 도입해야 한다. 궁극적으로 수업 관찰은 단순한 평가가 아니라 교사의 전문성을 높이고 학생들에게 더 나은 학습 환경을 제공하는 과정이 되어야 한다.

참고문헌

Danielson, C. (2011). *Enhancing professional practice: A framework for teaching*. ASCD.

Marshall, K. (2013). *Rethinking teacher supervision and evaluation: How to work smart, build collaboration, and close the achievement gap*. John Wiley & Sons.

Strong, M., Gargani, J., & Hacifazlioğlu, Ö. (2011). *Evaluating teacher effectiveness: How teacher performance assessments measure and support teacher effectiveness*. Teachers College Press.

탐구 과제 43: 수업의 과학성과 수업 관찰 도구

수업의 과학성을 지지하는 연구자들은 과학적으로 검증된 보편적이고 타당한 좋은 수업의 존재를 인정하고 지지한다. 이들은 외부자의 객관적인 관찰과 분석 및 해석에 기반한 보편적인 수업을 중시한다. 더불어 타자주도 학습(Other Regulated Learning) 이론을 바탕으로 객관적이고 체계적인 훈련을 중시하며 이것을 기반으로 교사의 수업 전문성을 신장시키고자 한다. 수업의 과학성은 누구에게나 적용이 가능한 보편적인 좋은 수업을 추구한다. 그렇다면 이러한 관점을 반영한 수업 관찰 도구는 무엇일까?

1. 수업 리더의 코칭 일정표

코칭 일정표는 교사의 수업 전문성을 체계적으로 지원하고 개발하기 위한 도구이다. 수업 리더는 이 표를 활용해 개별 교사의 성장 과정과 지원 방안을 체계적으로 기록하고 관리할 수 있으며, 이를 통해 일회성 피드백이 아닌 지속적이고 점진적인 지원 과정을 점검할 수 있다.

코칭 일정표에는 수업 관찰, 시범 수업, 협의 및 피드백, 공동 설계, 공동 수업, 공동 성찰 등 다양한 지원 방식이 포함된다. 이러한 활동을 통해 교사가 효과적인 교수·학습 전략을 설계하고 실천할 수 있도록 돕고, 교사 간 협력을 촉진하여 상호 피드백과 노하우 공유를 활성화한다. 이는 결과적으로 학습공동체의 교수·학습 역량을 높이는 데 기여한다.

또한 코칭 일정표는 자율 장학을 촉진하는 도구로도 활용할 수 있다. 교사가 자신의 수업을 점검하고 개선하는 과정을 스스로 주도할 수 있도록 도우며, 그 과정에서 교수 역량을 발전시키고 학생의 학습 경험을 향상시킬 수 있도록 지원한다.

수업 코칭 일정표

교사 이름	관찰	시범	협의와 피드백	공동 설계	공동 수업	공동 성찰	공동 설계 · 수업 · 성찰					기타
							학습 동기	학습 내용	학습 자료	학습 활동	학습 평가	
박태호	04.16	04.18	04.23	04.28	05.03	05.06						

2. 마음 열고 소통하며 나누기

마음 열고 소통하며 나누기(Open-Communication-Growth: OCG, Before)는 교사의 강점과 개선점을 파악하고 필요한 지원을 제공함으로써 효과적인 피드백과 협력을 돕는 도구이다. 교사와 수업 리더가 신뢰를 바탕으로 자유롭게 소통하도록 설계하였고 교사가 자신의 수업을 개선하고 성장할 수 있게 하였다.

첫 번째 항목인 '마음 열기'는 교사의 성향과 관심사를 파악하는 데 초점을 둔다. 교사는 좋아하는 색깔, 노래, 음료, 운동 등 개인적인 정보를 기재함으로써 지원자가 교사의 개별적인 특성을 이해하고 친밀하게 다가갈 수 있는 기반을 마련한다. 또한 교직 경력에 대한 정보는 교직생애별 맞춤형 지원 방안 탐색에 도움이 된다.

'소통하기' 항목에서는 교사가 자신의 강점과 개선할 점을 직접 작성함으로써 수업 전문성을 스스로 성찰하는 기회를 갖는다. 지원자는 이를 바탕으로 강점을 더욱 강화할 수 있는 방향을 제시하고 개선점에 대해서는 구체적인 자료나 피드백을 제공하며 실제적인 교수법 개선을 돕는다.

교사의 배움이 성장을 지원하는 요소는 매우 다양하다. 수업 목표 설정, 학습 자료 제공, 공동 수업, 피드백 제공 등 실질적인 지원이 필요한 부분을 교사가 직접 선택할 수 있으며, 이를 통해 지원자는 맞춤형 지원 계획을 수립하고 지속적인 점검을 통해 교사의 성장을 도모할 수 있다.

이 표는 단순한 체크 도구가 아니라 교사와 지원자 간 신뢰를 바탕으로 한 협력의 시작점이 된다. 교사는 자신의 수업을 돌아보며 성장을 주도할 수 있고, 지원자는 그 과정을 체계적으로 뒷받침함으로써 교육 공동체 안에서 함께 발전하는 기반을 마련한다. 나아가 이 도구는 학교 전체의 교수·학습 수준을 향상시키는 데 기여할 수 있다.

OCG(Open-Communication-Growth)

마음 열기	
이름(의뢰인)	박태호
좋아하는 색깔	
좋아하는 노래	
좋아하는 음료	
좋아하는 운동	
기타	
교직 경력	
소통하기	
교사로서 나의 장점 세 가지는?	•
	•
	•
교사로서 개선할 점 세 가지는?	•
	•
	•
배움과 성장	
☐ 학습 목표 설정	☐ 수업 대화
☐ 학습 자료 및 교구 제공	☐ 토론 자료
☐ 시범 수업	☐ 피드백 제공
☐ 공동 수업 설계(Co-Plan)	☐ 공동 수업(Co-Teaching)
☐ 수업 아이디어 협의	☐ 학생 참여
☐ 소집단 학습	☐ 학습동기 유발
☐ 학생 맞춤형 수업	☐ 학습 평가
☐ ______________	☐ ______________

3. 수업 관찰 도구(During)

1) 약식 수업 관찰 도구 1

이 수업 관찰 도구는, ① 배움과 성장, ② 공감과 격려, ③ 디딤돌 학습, ④ 수업 소감 작성의 네 요소로 구성된다. 먼저, 교사는 수업에서 집중적으로 개선하고 싶은 영역을 선택하고, 코치는 해당 영역을 중심으로 수업을 관찰하고 피드백을 제공한다. 또한 교사는 수업 중 격려와 공감을 받고 싶은 부분을 작성해 긍정적 피드백을 요청할 수 있으며, 이는 교사의 동기와 성장을 촉진하는 역할을 한다. 이 표는 교사와 코치 간 협력적 피드백을 통해 교수법을 지속적으로 발전시키고, 학생의 학습 효과를 극대화하는 데 실질적인 역할을 하는 도구로 활용될 수 있다.

수업관찰표 1

교사		날짜	
학년 학기		교과/단원	
학습 목표			
성취기준			

배움과 성장	
☐ 학습 목표 설정	☐ 공동 수업(Co-Teaching)
☐ 수업 대화	☐ 수업 아이디어 협의
☐ 학습 자료 및 교구 제공	☐ 학생 참여
☐ 토론 자료	☐ 소집단 학습
☐ 시범 수업	☐ 학습동기 유발
☐ 피드백 제공	☐ 학생 맞춤형 수업
☐ 공동 수업 설계(Co-Plan)	☐ 학습 평가
☐ ______________	☐ ______________

• 오늘 수업에서 공감과 격려 및 지지를 받고 싶은 부분은?

• 오늘 수업에서 학생의 배움을 위해 실천한 디딤돌 학습은?

• 오늘 수업에 대한 소감은?

만족한다면, 그 이유는?	그렇지 않다면, 그 이유는?

2) 약식 수업 관찰 도구 2

이 수업 관찰표는 교사의 수업 장면을 구조적으로 기록하고 분석하기 위한 도구이다. 관찰자는 수업의 기본 정보(교사, 날짜, 학년, 교과, 학습 목표, 성취기준)를 기재한 후, 교사의 수업 태도와 전략, 학생의 참여 양상 등을 구체적으로 관찰하고 기록할 수 있다. 특히 수업 열정과 능력, 교사와 학생의 주도성에 따라 수업 유형을 구분하고, 수업의 질적 개선을 위한 질문 중심의 성찰 항목을 포함하고 있어 수업 분석과 피드백에 효과적으로 활용할 수 있다. 이 수업 관찰 도구는, ① 수업 열정과 능력, ② 학습 유형, ③ 학습 동기 유발, ④ 맞춤형 학습 전략 및 자료, ⑤ 학생 평가의 다섯 요소로 구성된다.

수업 관찰표 2

교사		날짜	
학년 학기		교과/단원	
학습 목표			
성취기준			
수업 열정과 능력			
☐ 수업 열정(+) 수업 능력(+) ☐ 수업 열정(−) 수업 능력(−)		☐ 수업 열정(+) 수업 능력(−) ☐ 수업 열정(−) 수업 능력(+)	
학습 유형			
☐ 교사 주도 학생 참관(I do, You Watch) ☐ 교사 주도 학생 부분 참여(I do, You Help)		☐ 학생 주도 교사 부분 참여(You do, I Help) ☐ 학생 주도 교사 참관(You do, I Watch)	
• 학생의 적극적인 학습 활동 참여 유도에 도움이 되는 방안은?			
• 학생의 개인차를 고려한 맞춤형 학습 방안은 무엇인가?			
• 학생의 배움과 성장에 도움이 되는 학습 자료는 무엇인가?			
• 학생의 배움과 성장에 도움이 되는 평가 자료(동료 평가 포함)는 무엇인가?			

3) 학생의 눈으로 본 수업 관찰 도구(During)

이 수업 관찰표는 학생의 시각에서 수업을 분석하는 도구이다. 관찰자는 수업 중 교사의 교수법과 학습 활동, 학습 분위기 등을 학생의 입장에서 비평가적으로 기록하여 객관적인 성찰을 지원한다.

이 수업 관찰표는, ① 학습 목표와 피드백, ② 학습 내용 전달, ③ 학습 활동 지원, ④ 학습 분위기 조성의 네 가지 영역으로 구성된다. 관찰자는 "~하는 장면이 관찰됨." 또는 "관찰되지 않음."과 같은 비평가적 용어로 기술한다. 예를 들어, 교사가 질문 후 충분한 사고 시간을 제공하면 "교사가 질문을 제시하고 학생들이 사고하는 시간을 확보하는 장면이 관찰됨."과 같이 기록하고, 학생들이 발표 과정에서 적극적으로 참여하지 않을 경우 "학생들이 발표에 적극적으로 참여하는 장면이 관찰되지 않음."이라고 기술할 수 있다.

이 수업 관찰표는 교사의 교수 행동을 평가하는 것이 아니라, 관찰된 장면을 객관적으로 기록하는 데 목적이 있다. 이를 통해 교사는 학생의 학습 경험을 기반으로 교수 전략을 개선하고 학생 중심 수업으로 발전할 수 있는 객관적 데이터를 확보할 수 있다.

학생의 눈으로 본 수업 관찰표(Marzano, 2017 부분 수정)

질문	수행 상황 (관찰 유무)
학습 목표와 피드백	
1. 선생님은 주의집중 도구를 활용하여 흥미를 유발한다.	
2. 선생님은 우리가 무엇을 왜 배워야 하는지 분명하게 알려 준다.	
3. 선생님은 우리의 배움과 성장을 다양한 방법으로 평가한다.	
학습 내용	
4. 선생님은 우리가 학습할 내용이 무엇인지 분명하게 알려 준다.	
5. 선생님은 우리가 학습할 내용을 우리의 배경지식과 연결하여 가르친다.	
6. 선생님은 우리가 잘못 알고 있거나 헷갈리는 내용을 미리 아시고 우리가 알기 쉽게 하나씩 차근차근 가르친다.	
7. 선생님은 우리에게 생각할 시간과 학습 기회를 충분히 주시고 기다린다.	
8. 선생님은 우리가 학습한 내용을 그림, 표 등을 활용하여 설명하게 한다.	
9. 선생님은 우리가 학습한 내용에 대해 다양하게 생각하도록 질문을 한다.	

〈계속〉

학습 활동(연습/적용/심화)	
10. 선생님은 우리가 서로 가르치면서 배우는 활동을 장려한다.	
11. 선생님은 우리가 완전히 학습할 때까지 반복해서 연습을 시킨다.	
12. 선생님은 우리가 학습 속도에 따라 학습 과제나 활동을 선택하게 한다.	
13. 선생님은 우리가 잘못 알거나 헷갈리는 내용을 우리가 그것을 정확하게 알 때까지 반복해서 질문하시고 설명한다.	
14. 선생님은 우리가 학습한 내용을 새로운 상황에 적용할 때마다 친절하게 안내하고 도움을 준다.	
15. 선생님은 학습 내용과 관련된 재미있는 이야기로 우리의 흥미를 끈다.	
학습 분위기	
16. 선생님은 우리의 관심 사항이 무엇인지 잘 안다.	
17. 선생님은 우리를 신뢰하시고 편안하게 대한다.	
18. 선생님은 우리 모두를 존중하시고 가르치시는 것을 좋아한다.	
19. 선생님은 우리에게 기본 학습 규칙과 태도를 분명하게 알려 준다.	
20. 선생님은 우리가 즐거운 마음으로 학습할 수 있는 학습 분위기를 만든다.	

4) 학생의 눈으로 본 수업 관찰표(장기간, After)

학생의 눈으로 수업 보기(Marzano, 2017 부분 수정)

구분	질문	관찰 유무 (객관적 기술)		
		자주	가끔	전혀
학습 목표와 평가	1. 선생님은 우리가 무엇을 왜 배워야 하는지 분명하게 알려 준다.			
	2. 선생님은 우리가 공부한 내용을 다양한 방법으로 점검할 수 있도록 도움을 준다.			
	3. 선생님은 우리의 배움과 성장을 다양한 방법으로 평가한다.			
학습 내용	4. 선생님은 우리가 학습할 내용이 무엇인지 분명하게 알려 준다.			
	5. 선생님은 우리가 학습할 내용을 우리의 배경지식과 연결하여 가르친다.			
	6. 선생님은 우리가 학습할 내용을 하나씩 차근차근 가르친다.			
	7. 선생님은 우리에게 생각할 시간과 학습 기회를 충분히 주시고 기다린다.			
	8. 선생님은 우리가 학습한 내용을 그림, 표 등을 활용하여 알려 준다.			
	9. 선생님은 우리가 학습한 내용에 대해 다양하게 생각하도록 질문을 한다.			

〈계속〉

학습 활동 (연습/적용/심화)	10. 선생님은 우리가 서로 가르치면서 배우는 활동을 장려한다.			
	11. 선생님은 우리가 완전히 학습할 때까지 반복해서 연습시킨다.			
	12. 선생님은 우리가 각자 학습 속도에 따라 학습 과제나 활동을 선택할 수 있는 기회를 준다.			
	13. 선생님은 우리가 잘못 알거나 혼동하는 내용은 정확하게 알 때까지 반복해서 질문하거나 설명한다.			
	14. 선생님은 우리가 공부한 내용을 새로운 상황에 적용할 때마다 친절하게 안내하시고 도움을 준다.			
	15. 선생님은 학습 내용과 관련된 재미있는 이야기로 우리의 흥미를 끈다.			
학습 환경 (분위기/관계/규칙과 절차 등)	16. 선생님은 우리의 관심 사항이 무엇인지 잘 안다.			
	17. 선생님은 우리를 신뢰하시고 편안하게 대한다.			
	18. 선생님은 우리 한 명 한 명을 존중하시고 가르치시는 것을 좋아한다.			
	19. 선생님은 우리가 지켜야 할 기본 학습 규칙과 태도를 분명하게 알려준다.			
	20. 선생님은 우리가 즐거운 마음으로 학습할 수 있는 학습 분위기를 만든다.			

참고문헌

Marzano, R. J. (2017). *The New Art and Science of Teaching: More Than Fifty New Instructional Strategies for Academic Success*. Bloomington, IN: Solution Tree Press.

탐구 과제 44: Walkthrough 수업 관찰 도구

수업의 질은 교사의 교수법, 학생의 학습 참여, 교수-학습 자료 교실, 학습 환경 등 복합적인 요인에 의해 결정된다. 따라서 효과적인 교실 수업 개선을 위해서는 이러한 수업 요소를 구조화하여 관찰하고 분석할 수 있는 도구가 요구된다. Walkthrough 수업 관찰 도구는 실제 수업 장면을 다차원적으로 분석하도록 설계되었다. Walkthrough 수업 관찰의 개념과 필요성, 구성 요소는 무엇일까?

1. Walkthrough 수업 관찰의 개념

Walkthrough는 문자 그대로 '걸어서 통과하는 것'을 의미한다. 이때의 'Walk'는 교실 공간을 가볍게 지나가는 동작을, 'Through'는 교실 안에서 수업을 경험하고 살펴보는 과정을 의미한다. 그러므로 Walkthrough 수업 관찰은 수업 리더가 짧은 시간이지만 정기적으로 교실을 방문하여 수업을 관찰하고 그 결과를 바탕으로 교사에게 간단한 피드백을 제공하는 활동이다. 이 활동은 일반적으로 5~10분 이내의 짧은 시간 동안 이루어지며, 수업의 흐름, 교수 전략, 학생의 반응 등을 간단히 기록한 뒤 피드백을 제공하는 방식이다. 전통적인 평가 중심의 수업 관찰과 달리, Walkthrough는 수업의 질 향상과 교사의 성장을 지원하는 비공식적이고 지속적인 수업 전문성 지원 전략이다.

2. Walkthrough 수업 관찰의 필요성

Walkthrough 수업 관찰이 필요한 이유는 세 가지이다. 첫째, 교사는 외부의 객관적인 시선을 통해 자신의 수업을 성찰하게 되고 그 과정을 통해 수업 내용과 방법을 질적으로 개선할 수 있다. 쿠비첵(Kubicek, 2015)의 연구에 따르면, 수업 리더가 수업을 반복적으로 관찰하고 피드백을 제공할 경우 교사는 수업을 자연스럽게 되돌아보고 개선하려는 태도를 갖는다. 둘째, Walkthrough 수업 관찰은 수업 리더와 교사 간의 신뢰 기반 소통을 가능하게 하여 학교 내 전문적 학습공동체 조직 및 발전에 기여한다. Whalen(2021)은 수업 리더가 존중과 지원의 태도로 관찰할 때 교사는 이를 긍정적인 관심으로 받아들이고 수업 개선을 위한 내적 동기를 유발한다고 하였다. 셋째, 관찰을 통해 수집된 정보는 수업의 강점과 개선점을 파악하는 자료가 되고 이는 교사 연수나 전문성 개발에 유용하게 활용될 수 있다.

3. Walkthrough 수업 관찰의 연구 동향

최근 Walkthrough 수업 관찰이 단순한 수업 관찰을 넘어서 수업 개선 중심의 실천 전략으로 자리 잡고 있다. 과거에는 수업 리더 개인의 주관에 의존한 경우가 많았지만, 최근에는 표준화된 관찰 지표와 디지털 도구가 보편화되면서 보다 체계적이고 구조화된 방식의 운영이 가능하게 되었다. 소렌센(Sorensen, 2010)은 수업 리더가 지속적으로 수업을 관찰할 경우 학생의 학업 성과 또한 긍정적으로 변화한다고 하였다. 햄(Ham, 2019)은 Walkthrough 수업 관찰 결과를 교사들과 공유하고 성찰의 기회를 제공할 때, 학교 전체의 수업 문화가 개선된다고 분석하였다. 이와 같은 변화는 Walkthrough 수업 관찰이 교사 개인의 수업 전문성 신장을 넘어 학교 차원의 교실 수업 개선 전략으로 자리 잡고 있음을 보여 준다.

4. Walkthrough 수업 관찰의 핵심 요소

효과적인 Walkthrough 수업 관찰은 다음과 같은 요소로 구성된다. 첫째, 관찰 시간은 짧게 하되 관찰 횟수는 늘린다. 이를 통해 교사의 부담을 줄이고 다양한 수업 장면을 포착할 수 있다. 둘째, 관찰 지표는 명확해야 한다. 이를 기반으로 수업 리더 간의 관찰 결과에 대한 일관성과 신뢰성을 확보할 수 있다. 셋째, 피드백은 즉각적이고 구체적으로 제공되어야 하며, 칭찬과 제안이 균형 있게 포함되어야 한다. 넷째,

수업 리더는 평가자가 아니라 조력자라는 인식을 심어 줄 수 있도록 교사와 신뢰 관계를 구축해야 한다. 마지막으로, 관찰 기록은 수업 개선 자료로 활용되어야 한다. 이 요소들이 유기적으로 작동할 때 Walkthrough 수업 관찰은 교사 성장과 수업 문화 개선에 기여할 것이다.

참고문헌

Ham, P. (2019). Classroom Walkthrough: An Action Research Study on Shared Data and Reflection.

Kubicek, M. R. (2015). Principals' use of classroom walkthrough observations to improve instruction: A grounded theory.

Sorensen Jr., T. R. (2010). The use of classroom walk-through observations as a strategy to improve teaching and learning: A student centered perspective.

Whalen, F. (2021). Classroom Walkthrough Observations: Perceptions of Value on Classroom Instruction.

부록 • 교실 수업 관찰표 9

교사 이름	학년	교과	교실 수업 관찰표 (Walkthrough Checklist)	☑ - 관찰 NE - 관찰 결과 없음 NA - 시도하지 않음
날짜	관찰 시간			

□ 학습 목표:

□ 학습 활동:

□ 성취 기준:

학습법	교수법		환경과 문화
학습 활동 참여 □ 주도적 참여 □ 수동적 참여/순응적 참여 □ 학습 방해 (구경꾼 혹은 훼방꾼) **전체 학습** □ 질문과 답변 □ 듣기 및 노트 □ 토론 □ 연습(안내된) **소집단 학습** □ 역할수행 □ 상호격려 □ 협력학습 □ 공동수행 □ 토론 □ 발표 **개별학습** □ 개인별 과제 제출 □ 개인별 문제 해결 □ 개인별 연습과 적용 □ 발표 □ 글쓰기 □ 자료 조사 **질문 수준** □ 기억 □ 이해 □ 적용 □ 분석 □ 평가 □ 창안	**개인차 반영 수업** □ 학습 내용 □ 학습 과정 □ 학습 과제 □ 학습 기능 □ 교사 지원 □ 학습 시간 □ 학습 조직 **수업 설계** □ 전체 학습 및 소집단 학습 운영 □ 효과적 전환 □ 공정한 학생 참여 **교사 주도 수업** □ 설명과 예시 □ 시범 보이기 □ 복습 □ 책임이양 (교사 주도/상호 주도/학생 주도) □ 미니 레슨(5~7분) □ 비계 설정 □ 안내된 연습 □ 매체 활용 **토론 수업** □ 학생 주도 토론과 발표 □ 교사 주도 토론과 발표	**학생 이해도 평가** □ 질문 □ 관찰과 피드백 □ 학생 반응 점검 (칠판, 거수, 발표 등) □ 글쓰기 □ 형성평가 (퀴즈, 질의응답, 글쓰기 등) **수업 전략** □ 협력학습 □ 어휘 교육 □ Think-Pair-Share □ 상호교수 □ 비주얼싱킹 전략 □ 코넬 노트법 등 **문해 활동** □ 범교과 글쓰기 □ 교과 학습 독서 □ 과정 중심 글쓰기 **수업 자료/매체** □ 조작 활동 □ 수업 자료 □ 교육매체 (컴퓨터, 온라인 자료, 포드캐스트 등)	**교실 환경** □ 정리 정돈 깔끔/불결 □ 학습 자료 게시 □ 학습 목표 관련 학습 결과물 게시 □ 시각 자료 활용 **학급 운영** □ 안전하고 쾌적한 환경 □ 학급 운영 규칙 준수 □ 학생 행동 지침 준수 □ 학생 주도성 강화 학습 □ 긍정적 강화와 보상 □ 부적절한 행동 교정 □ 순회지도 □ 학생 활동 점검 및 피드백 (동시다발) □ 효율적인 학급 운영 □ 열정과 생동감 □ 학습 활동과 시간 안배 **학급 문화** □ 교사와 학생 간의 상호 존중과 신뢰 □ 학생 간의 상호 존중과 신뢰 □ 소통과 공감 (생각, 질문, 걱정, 욕구 등) □ 학업 성취도 칭찬과 격려 □ 자기관리 역량 신장
탐구 질문	탐구 질문		탐구 질문

교사 이름	학년	교과	**교실 수업 관찰표** (Walkthrough Checklist)	☑ - 관찰 NE - 관찰 결과 없음 NA - 시도하지 않음
날짜	관찰 시간			

□ 학습 목표:
□ 학습 활동:
□ 성취 기준:

교수법			
관찰 요소		관찰 결과	질문
학습 활동 참여 □ 주도적 참여 □ 수동적 참여/순응적 참여 □ 학습 방해 (구경꾼 혹은 훼방꾼)	개별학습 □ 개인별 과제 제출 □ 개인별 문제 해결 □ 개인별 연습과 적용 □ 발표 □ 글쓰기 □ 자료 조사		□ 핵심 질문
전체 학습 □ 질문과 답변 □ 듣기 및 노트 □ 토론 □ 연습(안내된)	질문 수준 □ 기억 □ 이해 □ 적용 □ 분석 □ 평가 □ 창안		□ 탐구 질문
소집단 학습 □ 역할수행 □ 상호격려 □ 협력학습 □ 공동수행 □ 토론 □ 발표			

장점	
개선점	

<table>
<tr><td>교사 이름</td><td>학년</td><td>교과</td><td rowspan="3">**교실 수업 관찰표**
(Walkthrough Checklist)</td><td rowspan="3">☑ - 관찰
NE - 관찰 결과 없음
NA - 시도하지 않음</td></tr>
<tr><td></td><td></td><td></td></tr>
<tr><td>날짜</td><td>관찰 시간</td><td></td></tr>
<tr><td colspan="5">☐ 학습 목표:</td></tr>
<tr><td colspan="5">☐ 학습 활동:</td></tr>
<tr><td colspan="5">☐ 성취 기준:</td></tr>
<tr><td colspan="5">교수법</td></tr>
<tr><td colspan="2">관찰 요소</td><td colspan="2">관찰 결과</td><td>질문</td></tr>
<tr><td>개인차 반영 수업
☐ 내용
☐ 학습 과정
☐ 학습 과제
☐ 학습 기능
☐ 교사 지원
☐ 학습 시간
☐ 유연한 학습 조직

수업 설계
☐ 전체학습및소집단학습운영
☐ 효과적 전환
☐ 공정한 학생 참여

교사 주도 수업
☐ 시범 보이기
☐ 사고 구술법
☐ 복습
☐ 책임 이양
(교사 주도/상호 주도/학생 주도)
☐ 미니 레슨(5~7분)
☐ 비계 설정
☐ 안내된 연습
☐ 설명과 예시
☐ 매체 활용

토론 수업
☐ 학생 주도 토론과 발표
☐ 교사 주도 토론과 발표</td><td>학생 이해도 평가
☐ 질문
☐ 관찰과 피드백
☐ 학생 반응 점검
(칠판, 거수, 발표 등)
☐ 글쓰기
☐ 형성평가
(퀴즈, 질의응답, 글쓰기 등)

수업 전략
☐ 협력학습
☐ 어휘 교육
☐ Think-Pair-Share
☐ 상호교수
☐ 비주얼싱킹 전략
☐ 코넬 노트법 등

문해 활동
☐ 범교과 글쓰기
☐ 교과 학습 독서
☐ 과정 중심 글쓰기

수업 자료/매체
☐ 조작 활동
☐ 수업 자료
☐ 교육매체
(컴퓨터, 온라인 자료, 포드캐스트 등)</td><td colspan="2"></td><td>☐ 핵심 질문

☐ 탐구 질문</td></tr>
<tr><td>장점</td><td colspan="4"></td></tr>
<tr><td>개선점</td><td colspan="4"></td></tr>
</table>

교사 이름	학년	교과	교실 수업 관찰표 (Walkthrough Checklist)	☑ - 관찰 NE - 관찰 결과 없음 NA - 시도하지 않음
날짜	관찰 시간			

- ☐ 학습 목표:
- ☐ 학습 활동:
- ☐ 성취 기준:

환경과 문화

관찰 요소		관찰 결과	질문
교실 환경 ☐ 정리 정돈 깔끔/불결 ☐ 학습 자료 게시 ☐ 학습 목표 관련 학습 결과물 게시 ☐ 시각 자료 활용			☐ 핵심 질문
학급 운영 ☐ 안전하고 쾌적한 환경 ☐ 학급 운영 규칙 준수 ☐ 학생 행동 지침 준수 ☐ 학생 주도성 강화 학습 ☐ 긍정적 강화와 보상 ☐ 부적절한 행동 교정 ☐ 순회지도 ☐ 학생 활동 점검 및 피드백 (동시다발) ☐ 효율적인 학급 운영 ☐ 열정과 생동감 ☐ 학습 활동과 시간 안배	학급 문화 ☐ 교사와 학생 간의 상호 존중과 신뢰 ☐ 학생 간의 상호 존중과 신뢰 ☐ 소통과 공감 (생각, 질문, 걱정, 욕구 등) ☐ 학업 성취도 칭찬과 격려 ☐ 자기관리 역량 신장		☐ 탐구 질문

장점	
개선점	

탐구 과제 45: 수업 리더의 자기 점검표

수업 리더는 교사의 성장과 교실 수업 개선을 효과적으로 지원하기 위해 자기 점검을 지속적으로 해야 한다. 이를 통해 수업 리더는 자신의 지원 방식과 소통 태도를 객관적으로 성찰하고 교사에게 필요한 맞춤형 지원을 제공할 수 있다. 이러한 성찰 과정은 교사와의 신뢰 관계를 형성하고 수업 개선과 전문성 신장을 위한 보다 효과적인 협력으로 이어진다. 그렇다면 수업 리더의 자기 점검 요소는 무엇일까?

수업 리더의 자기 점검표(M. D. Matthews, 2022, 부분 수정)

자기 점검 질문	자주	가끔	전혀
• 나는 학생의 흥미와 발달 수준을 반영하고 학생의 배움과 성장을 촉진하는 수업 설계를 지원한다.	☐	☐	☐
• 나는 상호존중과 협력 및 신뢰의 분위기를 바탕으로 도전하고 성찰하며 개선하는 협의 문화를 조성한다.	☐	☐	☐
• 나는 개별 교사의 수업에 대한 열정과 장점 등을 반영한 맞춤형 수업 방안(절차와 사례)을 지원한다.	☐	☐	☐
• 나는 수업에 대한 전문성을 바탕으로 소통하고 공감하며 교실 수업 개선에 필요한 다양한 방법과 자료들을 체계적으로 제공한다.	☐	☐	☐
• 나는 교사의 수업 전문성 신장을 위해 전문가 학습공동체에서 운영하는 각종 연수 및 워크숍에 적극적으로 참여한다.	☐	☐	☐
• 나는 객관적으로 관찰하고 기록한 내용을 바탕으로 공감하고 소통하며 비평가적 피드백을 제공한다.	☐	☐	☐
• 나는 수업에 대한 교사의 배움과 성장을 촉진하기 위해 함께 수업을 설계하고 시범을 보이며 질문을 하거나 피드백을 제공한다.	☐	☐	☐
• 나는 교사가 교육과정과 수업 및 평가가 일치하는 수업을 설계하고 실천하도록 도움을 준다.	☐	☐	☐

〈계속〉

• 나는 다양한 수업 코칭 전략을 활용하여 교사의 수업 전문성 신장에 도움을 준다.	☐	☐	☐
• 나는 이미 검증된 수업 전략을 활용하여 교실 수업 개선에 도움을 준다.	☐	☐	☐
• 나는 교사가 수업에 대해 자신감을 회복하여 주도적으로 수업을 설계하고 실천하도록 도움을 준다.	☐	☐	☐
• 나는 교사의 배움과 성장을 돕는 나의 역할에 대해 자부심을 느낀다.	☐	☐	☐

참고문헌

Matthews, M. D. (2022). *The Formula: 101 Must-Have Forms for instructional Coaches*. Literacy at Work, LLC.

탐구 과제 46: 의뢰인의 수업 리더 평가표

의뢰인의 피드백을 간과하는 수업 리더는 교사와 학생의 성장을 효과적으로 지원하는 역할을 수행하기 어렵다. 교사의 필요와 기대를 충분히 반영하지 못한 채 일방적이거나 비효율적인 방식으로 수업 개선을 지원할 가능성이 높아진다. 또한 교사는 자신의 의견과 어려움이 제대로 반영되지 않는 상황으로 인해 수업 리더와의 관계가 악화되어 협력적 성장의 기회를 놓칠 수도 있다. 그렇다면 이러한 문제를 해결하려면 어떻게 해야 할까?

수업 리더에 대한 의뢰인 평가표

이름(의뢰인)		날짜	

수업 코칭 내용

☐ 학습 목표 설정	☐ 수업 대화
☐ 학습 자료 및 교구 제공	☐ 토론 자료
☐ 시범 수업	☐ 피드백 제공
☐ 공동 수업(Co-Teaching)	☐ 공동 설계(Co-Plan)
☐ 수업 아이디어 협의	☐ 공동 성찰(Co-Reflection)
☐ 학생 참여	☐ 소집단 학습
☐ 학생 맞춤형 수업	☐ 학습동기 유발
☐ ____________	☐ 학습 평가
☐ ____________	☐ ____________

수업 리더에 대한 점검 질문	자주	가끔	전혀
• 수업 리더는 나와 열린 마음으로 대화하였나요?	☐	☐	☐
• 수업 리더는 교실 수업 개선에 필요한 자료를 적시에 적절하게 제공하였나요?	☐	☐	☐
• 수업 리더는 교실 수업 개선에 필요한 도움을 하나씩 차근차근 제공하였나요?	☐	☐	☐
• 수업 리더는 내가 잘하는 부분을 더 잘할 수 있도록 공감하고 격려하고 지원하였나요?	☐	☐	☐

〈계속〉

• 수업 리더는 수업 장면에 대해서 구체적이고 체계적으로 피드백을 하였나요?	☐	☐	☐
• 수업 리더는 전문가 학습공동체의 일원으로서 도움을 주었나요?	☐	☐	☐
• 수업 리더는 교실 수업 개선을 위한 나의 열망을 반영하여 수업 설계와 실행 및 성찰에 대한 맞춤형 학습 기회를 제공하였나요?	☐	☐	☐

탐구 과제 47: 수업의 예술성과 수업 성찰

수업의 예술성을 지지하는 연구자들은 보편적이고 타당한 좋은 수업의 존재에 대해 부정적 반응을 보인다. 이들은 자기주도 학습(Self Regulated Learning) 이론을 바탕으로 내부자의 주관적인 성찰과 해석을 통해 교사의 수업 전문성을 신장시킬 수 있다고 믿는다. 더불어 수업의 예술성은 교사 각 개인이 지닌 고유의 특성, 즉 개성이 살아 있는 수업을 추구한다. 그렇다면 이러한 관점을 반영한 수업 성찰과 성장 방향은 무엇인가?

[그림 47-1] 수업의 예술성과 교사 성장

1. 수업의 예술성에 기반한 성찰 요소[1]

이해

① 선생님이 생각하는 좋은 수업은 무엇인가요?

② 선생님이 생각하는 존중과 배려, 공감 및 소통이 살아 있는 수업은 무엇인가요?

---

1) '이해-격려-직면-도전'의 절차는 이규철(2016)의 「수업 코칭」 절차를 따랐고 '직면'은 수업의 과학성 및 학생 배움에 초점을 맞추어 재구성함.

③ 이 수업에서 학생의 배움과 성장에 꼭 필요하다고 생각하여 고민했던 것은 무엇인가요? 그 고민은 해결이 되었나요?(학습 목표, 학습 활동, 학습 평가 등)
④ 이 수업에서 주로 참고한 서적과 학습 자료는 무엇인가요?

격려

① 이 수업에서 선생님의 수업 의도가 가장 잘 드러난 부분은 어디인가요?
② 이 수업에서 공감 및 격려와 지지를 받고 싶은 부분은 어디인가요?

직면

① 학생이 학습 활동에 적극적으로 참여했던 순간은 언제였나요? 그때 학생은 어떤 반응을 보였나요? 학생의 적극적인 학습 활동 참여 유도 및 지속에 필요한 전략은 무엇일까요?
② 학습 활동에 어려움을 겪던 학생이 언제, 어디에서 스스로 한 걸음 더 나아가 학습 활동에 도전하고 참여했나요? 교사의 어떤 지원(Scaffolding)이 학생의 배움에 효과적이었나요? 학생에게 도움이 될 교사의 지원(Scaffolding) 방안에는 무엇이 있을까요?
③ 학생이 서로 질문하고 대화하며 토론하는 모습을 보였던 순간은 언제인가요? 그 경험이 학생의 배움으로 이어졌나요? 학생의 상호작용을 촉진하거나 유지하는 데 필요한 전략에는 무엇이 있을까요?
④ 학생이 배운 내용을 자신의 삶이나 경험과 연결하여 의미를 발견한 순간은 언제였나요? 그 경험이 학습에 어떤 영향을 주었나요? 학생의 배움과 삶을 연결하는 전략에는 무엇이 있을까요?
⑤ 학생이 서로를 존중하고 경청하며 공감하는 학습 태도를 보인 수업 장면은 무엇이었나요? 그러한 태도가 학습 분위기와 배움에 어떤 긍정적 변화를 가져왔나요? 이러한 문화를 형성하고 지속하는 데 필요한 전략에는 무엇이 있을까요?
⑥ 학생 개개인이 자신의 배움과 성장을 인식하고 성찰한 경험은 무엇이었으며, 그러한 평가가 학생에게 어떤 의미로 작용했나요? 이러한 성찰 중심의 평가를 실천하고 내면화하는 데 필요한 전략에는 무엇이 있을까요?

도전

① 이 수업을 다시 한다면 어느 부분을 어떻게 개선하고 싶은가요?
② 다음 수업에서 도전하고 싶은 것은 무엇인가요?

2. 수업의 예술성에 입각한 수업 성찰 사례

다음 자료는 대전○○초등학교(2022년 10월)에서 공개수업을 한 편○○ 교생(공주교대 국어교육)이 실습 후에 제출한 수업 성찰록의 일부이다. 편○○ 교생은 교생실습을 하기 전인 2022년 8월 말부터 9월 초까지 약 5주에 걸쳐서 수업의 과학성에 입각한 수업 관찰 및 해석 방법을 배웠다. 여기에는, ① 열정과 생동감이 살아 있는 수업, ② 설명과 시범이 살아 있는 수업, ③ 질문과 대화 및 토론이 살아 있는 수업, ④ 헷갈리는 내용을 하나씩 차근차근 가르치는 수업, ⑤ 스토리텔링을 활용하여 학생의 몰입과 흥미를 유발하는 수업, ⑥ 짝 학습과 소집단 학습을 활용하여 서로서로 가르치는 수업, ⑦ 존중과 배려, 공감과 소통이 살아 있는 수업, ⑧ 온라인 매체를 활용하여 학생 참여를 높이는 수업 등이 포함된다. 이어서 예비 교사의 모의 수업 실연 동영상(30분 분량)을 앞의 좋은 수업 전략을 바탕으로 관찰하고 해석한 다음에 소집단 토의를 하였다. 이어서 교생실습을 나갔다. 저자는 교생실습 기간에 편○○ 교생의 공개수업을 참관하였고 실습학교에서 제공한 절차에 따라서 동료 교생들과 함께 약 1시간 정도의 협의를 하였다. 그런 다음에 성찰록 작성을 제안하였다. 다음은 그중의 일부이다.

이해

① 선생님이 생각하는 좋은 수업은 무엇인가요?
② 선생님이 생각하는 존중과 배려, 공감 및 소통이 살아 있는 수업은 무엇인가요?
③ 이 수업에서 학생의 배움과 성장에 꼭 필요하다고 생각하여 고민했던 것은 무엇인가요?
그 고민은 해결이 되었나요? (학습 목표, 학습 활동, 학습 평가 등)
④ 이 수업에서 주로 참고한 서적과 학습 자료는 무엇인가요?

③ 이 수업에서 학생의 배움과 성장에 꼭 필요하다고 생각하여 고민했던 것은 무엇인가요? 그 고민은 해결이 되었나요? (학습 목표, 학습 활동, 학습 평가 등)

교생실습 기간 중의 두 번째 수업이고 1학년 학생을 대상으로 한 국어 수업이었다. 학생들이 과연 처음 보는 그림을 보고 완결된 문장을 만들 수 있을지 걱정이 되었다. 이를 해결하기 위해 [활동 1]에서는 완결된 문장을 만드는 과정에 대한 교사의 설명과 시범을 관찰하고 참여하게 하였다. [활동 2]에서는 모둠학습을 통해 다른 학생들과 도움을 주고받으며 문장 만들기를 연습하게 하였고, [활동 3]에서는 학생 주도로 문장 만들기를 완성한 후에 상호 피드백을 하게 하였다. 이러한 단계별 활동 덕분에 모든 학생들이 활동에 적극적으로 참여하며 성취기준에 도달할 수 있었다.

격려

① 이 수업에서 선생님의 수업 의도가 가장 잘 드러난 부분은 어디인가요?
② 이 수업에서 공감 및 격려와 지지를 받고 싶은 부분은 어디인가요?

① 이 수업에서 선생님의 수업 의도가 가장 잘 드러난 부분은 어디인가요?

이 차시는 그림을 보고 다양한 문장을 만드는 것에 목적이 있으며 의사소통 역량을 신장시키는 단원이다. 여러 명이 하나의 그림을 보면서 서로 다른 문장을 쓰려면 각자 그림을 보면서 서로 겹치지 않는 내용을 많이 떠올려야 한다. 순회지도를 하는 중에 "백설공주는 어떤 옷을 입고 있어?" "마녀가 사과를 들고 있어." 등의 서로 다른 문장을 이야기하는 장면을 확인할 수 있었다. 수업의 의도가 가장 잘 드러난 순간이었다.

직면

① 학생이 학습 활동에 적극적으로 참여했던 순간은 언제였나요? 그때 학생은 어떤 반응을 보였나요? 학생의 적극적인 학습 활동 참여 유도 및 지속에 필요한 전략은 무엇일까요?
② 학습 활동에 어려움을 겪던 학생이 언제, 어디에서 스스로 한 걸음 더 나아가 학습 활동에 도전하고 참여했나요? 교사의 어떤 지원(Scaffolding)이 학생의 배움에 효과적이었나요? 학생에게 도움이 될 교사의 지원(Scaffolding) 방안에는 무엇이 있을까요?
③ 학생이 서로 질문하고 대화하며 토론하는 모습을 보였던 순간은 언제인가요? 그 경험이 학생의 배움으로 이어졌나요? 학생의 상호작용을 촉진하거나 유지하는 데 필요한 전략에는 무엇이 있을까요?

④ 학생이 배운 내용을 자신의 삶이나 경험과 연결하여 의미를 발견한 순간은 언제였나요? 그 경험이 학습에 어떤 영향을 주었나요? 학생의 배움과 삶을 연결하는 전략에는 무엇이 있을까요?
⑤ 학생이 서로를 존중하고 경청하며 공감하는 학습 태도를 보인 수업 장면은 무엇이었나요? 그러한 태도가 학습 분위기와 배움에 어떤 긍정적 변화를 가져왔나요? 이러한 문화를 형성하고 지속하는 데 필요한 전략에는 무엇이 있을까요?
⑥ 학생 개개인이 자신의 배움과 성장을 인식하고 성찰한 경험은 무엇이었으며, 그러한 평가가 학생에게 어떤 의미로 작용했나요? 이러한 성찰 중심의 평가를 실천하고 내면화하는 데 필요한 전략에는 무엇이 있을까요?

② 학습 활동에 어려움을 겪던 학생이 언제, 어디에서 스스로 한 걸음 더 나아가 학습 활동에 도전하고 참여했나요? 교사의 어떤 지원(Scaffolding)이 학생의 배움에 효과적이었나요? 학생에게 도움이 될 교사의 지원(Scaffolding) 방안에는 무엇이 있을까요?

[활동 2]에서 그림을 보고 문장으로 표현하는 과제를 진행했을 때, 일부 학생은 무엇을 어떻게 해야 할지 몰라 망설였었다. 어떤 학생은 그림 속 다양한 인물이나 배경을 관찰했지만, 이를 문장으로 표현하는 데 어려움을 느꼈었다. 평소 완결된 문장을 말하거나 쓰는 데 익숙하지 않았던 학생은 문장이 아닌 단어나 짧은 구절만 작성하거나 아예 쓰기를 거부하기도 했었다. 이러한 상황에서는 '도움 주사위'라는 힌트 자료를 활용하도록 유도했었다. 함께 주사위를 굴린 뒤, 제시된 질문에 답하면서 어떤 문장을 쓸 수 있을지 생각해 보도록 했었다.

또한 단어만 작성한 학생에게는 "이 단어를 선택한 이유가 무엇이었나요?" "그림 속 이 단어는 어떤 장면을 나타냈었나요?" "이 단어의 특징은 무엇이었나요?" 등의 발문을 통해 사고를 확장하도록 유도했었다. 이후 칠판에 예시 문장을 제시하고, 이를 참고하여 [활동 1]과 같은 방식으로 자신의 문장을 작성하게 했었다. 이 과정을 통해 학습에 어려움을 느낀 학생에게는 구체적이고 적절한 힌트 제공과 발문이 매우 중요하다는 점을 실감했었다.

탐구 과제 48: 객관적 Data 기반의 e-수업 코칭

코로나19 이후에 비대면 접촉에 대한 관심이 증가하였다. 대표적인 것이 상담 분야에서 매우 활발하게 활용되었던 e-코칭 기법이다(Ribbers & Waringa, 2020). e-코칭 기법을 수업 코칭 분야에 적용한 것이 e-수업 코칭이다. e-수업 코칭(Instructional Coaching)은 e-수업 플랫폼을 활용해 교사의 수업 역량을 향상시키는 온라인 코칭 방법이다. 이는 전통적인 대면 코칭과 달리 화상 통화, 채팅, 이메일 등 다양한 온라인 플랫폼을 기반으로 진행되며 교사의 수업 전문성 신장에 도움이 된다. 그렇다면, e-수업 코칭의 개념과 절차 및 사례는 무엇일까?

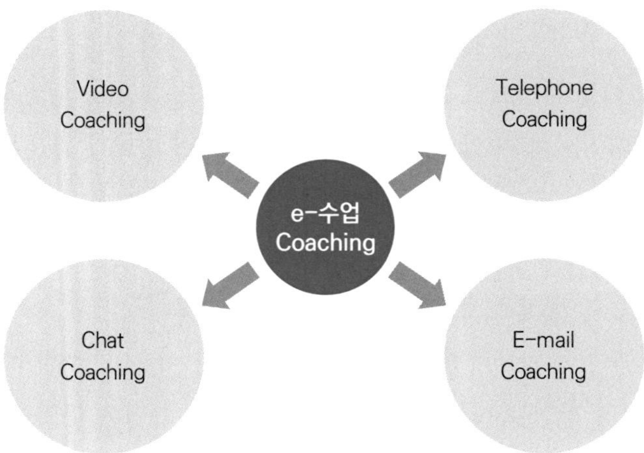

[그림 48-1] 4가지 e-수업 코칭 유형(Ribbers & Waringa, 2015 재구성)[1)]

1) Ribbers & Waringa (2015)는 e-Coaching의 4가지 유형을 제시하였다.

1. e-수업 코칭 플랫폼

e-수업 코칭은 변화하는 교육 환경과 교사의 전문성 개발 요구에 능동적으로 대응하는 전략이다. 디지털 학습 도구의 활용과 원격 수업의 일상화로 인해 교사는 새로운 교수법과 기술을 지속적으로 습득하고 적용해야 한다. 이러한 환경에서 e-수업 코칭은 교사 개개인의 필요에 맞춘 맞춤형 지원을 제공하고 교수 역량의 체계적 향상에 기여할 수 있다. 특히, 교사가 자신의 수업을 영상으로 기록하고 이를 바탕으로 코치와 함께 분석하는 과정은 자기 성찰 역량 신장에 도움이 된다.

리버스와 와린가(Ribbers & Waringa, 2015)에 따르면, e-수업 코칭의 유형을 코칭 방식과 매체에 따라 분류할 수 있다. 영상 기반 코칭은 가장 널리 활용되는 형태이다. 교사는 수업 장면을 녹화한 후 코치와 함께 영상을 분석하며 수업 전략과 상호작용 방식을 검토한다. 이 방식은 구체적인 수업 사례를 기반으로 피드백을 제공하므로 실질적인 개선 효과를 기대할 수 있다. 실시간 화상 코칭도 유용하게 활용할 수 있다. 수업 코치는 온라인으로 참여하여 즉각적인 피드백을 제공하거나 실시간 대화를 통해 강점과 개선점을 함께 탐색할 수 있다. 텍스트 기반 코칭은 이메일이나 메신저를 통해 이루어진다. 교사는 수업 내용을 기술하고 코치는 이에 대해 조언을 제공하면서 시간과 장소에 제약 없이 소통할 수 있다. 이처럼 e-수업 코칭은 교육 환경의 변화에 맞춰 교사의 전문성을 지속적으로 개발하고 학습자의 경험을 향상시키는 실천적이고 효과적인 지원 체계로 자리를 잡고 있다.

2. 객관적 Data 기반의 e-수업 공개와 나눔

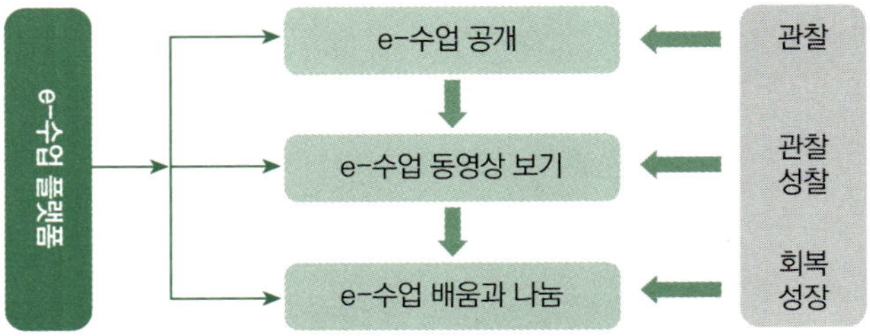

[그림 48-2] 배움과 성장을 위한 e-수업 공개와 나눔

1) e-수업 공개(첫 번째 단계)

먼저, 교사가 자신의 수업 동영상을 온라인 플랫폼에 업로드한다. 이는 동료 교사들이 언제든지 접속하여 해당 수업을 볼 수 있도록 하기 위한 과정이다. 기존의 대면 수업 공개와 달리, 시간과 공간의 제약 없이 수업을 공유할 수 있다는 점에서 큰 장점이 있다. 더불어 수업을 참관하는 동료 교사들로 인해서 교사와 학생 모두에게 긴장감과 부담감을 주었던 불편한 점을 개선할 수 있다.

2) e-수업 관찰(두 번째 단계)

수업 관찰자들은 자신의 편한 시간과 장소에서 온라인 플랫폼에 접속하여 공개된 수업 영상을 본다. 이때 단순한 시청이 아니라 수업 관찰지를 활용하여 수업의 핵심 내용을 분석하고 기록한다. 수업 관찰지는 수업자의 교수법, 학생 참여도, 학습 목표의 달성 여부 등을 기록하는 도구이다. 기록한 내용은 수업자가 자신의 수업을 돌아보는 데 중요한 객관적 자료가 된다. 수업 관찰자들은 자신이 작성한 수업 관찰지를 수업 관찰방에 업로드를 하며 이는 후에 교사(수업자)가 성찰하는 자료로 활용된다.

학생의 눈으로 본 e-수업 점검표(Marzano, 2017 부분 수정)

질문	수행 상황 (관찰 유무)
학습 목표와 피드백	
1. 선생님은 주의집중 도구를 활용하여 흥미를 유발한다.	
2. 선생님은 우리가 무엇을 왜 배워야 하는지 분명하게 알려 준다.	
3. 선생님은 우리의 배움과 성장을 다양한 방법으로 평가한다.	
학습 내용	
4. 선생님은 우리가 학습할 내용이 무엇인지 분명하게 알려 준다.	
5. 선생님은 우리가 학습할 내용을 우리의 배경지식과 연결하여 가르친다.	
6. 선생님은 우리가 잘못 알고 있거나 헷갈리는 내용을 미리 아시고 우리가 알기 쉽게 하나씩 차근차근 가르친다.	
7. 선생님은 우리에게 생각할 시간과 학습 기회를 충분히 주시고 기다린다.	
8. 선생님은 우리가 학습한 내용을 그림, 표 등을 활용하여 설명하게 한다.	
9. 선생님은 우리가 학습한 내용에 대해 다양하게 생각하도록 질문을 한다.	
학습 활동(연습/적용/심화)	
10. 선생님은 우리가 서로 가르치면서 배우는 활동을 장려한다.	
11. 선생님은 우리가 완전히 학습할 때까지 반복해서 연습시킨다.	
12. 선생님은 우리가 학습 속도에 따라 학습 과제나 활동을 선택하게 한다.	
13. 선생님은 우리가 잘못 알거나 헷갈리는 내용을 우리가 그것을 정확하게 알 때까지 반복해서 질문하시고 설명한다.	
14. 선생님은 우리가 학습한 내용을 새로운 상황에 적용할 때마다 친절하게 안내하고 도움을 준다.	
15. 선생님은 학습 내용과 관련된 재미있는 이야기로 우리의 흥미를 끈다.	
학습 분위기	
16. 선생님은 우리의 관심 사항이 무엇인지 잘 안다.	
17. 선생님은 우리를 신뢰하시고 편안하게 대한다.	
18. 선생님은 우리 모두를 존중하시고 가르치시는 것을 좋아한다.	
19. 선생님은 우리에게 기본 학습 규칙과 태도를 분명하게 알려 준다.	
20. 선생님은 우리가 즐거운 마음으로 학습할 수 있는 학습 분위기를 만든다.	

3) e-수업 성찰(세 번째 단계)

일정 시간이 지난 후, 수업자는 자신의 수업 동영상을 다시 시청하거나 동료 교사가 작성한 관찰지를 검토하며 수업을 성찰할 수 있다. 이 과정에서 수업자는 동료의 공감과 격려 및 지지를 받는 동시에 서로 다른 관점을 마주하게 된다. 수업자와 관찰자의 시선이 일치하는 부분에서는 학생의 배움과 성장을 촉진하는 교실 수업 장면을 확인할 수 있으며, 이를 통해 수업자는 자신이 의도한 교수 전략이 실제로 학생들에게 긍정적인 영향을 주었는지를 객관적으로 점검할 수 있다.

반면, 시선이 엇갈리는 부분도 존재한다. 예를 들어, 수업자는 학생들이 적극적으로 참여했다고 느꼈지만, 관찰자는 일부 학생의 소극적인 태도를 주목할 수 있다. 이러한 관점의 차이는 수업자가 자신의 수업을 보다 넓은 시야에서 객관적으로 재구성하도록 돕고 성찰의 깊이와 폭을 확장하는 계기를 마련한다.

수업자는 이처럼 객관적 자료를 활용하여 자신의 교수 활동을 구체적으로 성찰할 수 있다. 수업의 강점을 강화하고 보완이 필요한 부분에 대해서는 개선 방향을 설계하며 실천으로 연결할 수 있다. 성찰 내용을 '성찰록'으로 정리하면 교수·학습 개선의 과정을 체계적으로 기록하고 추적할 수 있으며 전문성 개발의 증거로도 활용이 가능하다.

동료 교사 역시 관찰 과정에서 성찰의 기회를 갖는다. 타인의 수업을 관찰하면서 "내 수업에서는 어떻게 적용할 수 있을까?"라는 질문을 던지고 이를 통해 새로운 교수 전략을 발견하거나 기존의 수업 방식을 재구성한다. 이와 같은 상호 성찰은 수업자 개인의 성장에 그치지 않고 교수·학습 공동체 전체의 협력과 발전을 촉진하는 기반이 된다.

관찰과 성찰이 반복되는 과정 속에서 수업자는 점차 정교한 수업을 설계하고 실행하게 되며 동료 교사와의 신뢰 관계도 더욱 깊어진다. 이러한 변화는 궁극적으로 학생의 배움에 긍정적인 영향을 미친다.

이해 수업 교사의 시선 갖기 → **격려** 수업의 의미 갖기 → **직면** 수업 교사의 고민 머무르기 → (성찰) → **도전** 함께 깨달음 나누기

직면단계 질문
이 수업에서 아쉬웠던 점은 무엇인가요?
여러 가지 질문에 명쾌하게 대답해 주지 못해 아쉬웠다. '풋복숭아'가 복합어인지 묻는 질문에 대답을 명확하게 해 주지 못해 아쉬웠다. 복합어 놀이 시간에 기대했던 복합어를 학생들이 경험하지 못했던 것이 아쉽고 정리 활동 시간에는 활발한 토론과 대화를 통해 학생들이 복합어와 단일어를 많이 정리하기를 바랐는데, 시간도 부족했고 학생들의 대화가 잘 이루어지지 못해 아쉬웠다. 교과서에 있는 모든 문제를 해결하려는 욕심이 생기다 보니 이 부분에서 학생들이 지루함을 느꼈을 것 같아 아쉽다. 생각해 낸 복합어가 맞는지 아닌지에 대한 궁금증이 생겼을 때 국어사전 또는 검색을 하도록 적극적으로 말해 주지 못하였다.
이 수업에서 학생의 적극적인 참여를 유도할 때 어려웠던 점은 무엇인가요?
놀이 규칙을 설명하고 이해시키는 부분에서 기대만큼 진행이 잘 되지 않은 점 또한 놀이를 진행하는 과정을 좀 더 매끄럽게 자연스럽게 진행하지 못해 흐름이 끊기는 느낌을 받으며 진행한 것이 어려웠습니다. 학생의 질문에 명쾌하게 대답해 주지 못한 점이 어려웠습니다.
이 수업에서 일부 학생들이 서로 질문하고 대화하며 토론하는 학습에 적극적으로 참여하지 못하는 이유는 무엇일까?
놀이로 인한 경쟁의식이 과열되어 선생님이 의도한 다양한 복합어의 등장 및 나눔이 이루어지지 못했고, 일부 자신감이 부족한 학생들의 소극적인 참여와 반대로 적극적이고 목소리 큰 학생들 위주로만 등장하는 한정적인 복합어 등이 이유일 것 같습니다.
이 수업에서 학급 절차를 줄이기 위한 디딤돌을 제공할 때 어려웠던 점은 무엇인가요?
학생들이 얼마만큼 복합어를 알고 있는지에 대한 파악이 되지 않아 디딤돌 제공이 힘들었습니다.
이 수업에서 학생의 배움을 삶과 연결시킬 때 어려웠던 점은 무엇인가요?
복합어의 경우 일상 생활 속에서 많이 쓰이는 복합어는 왜 많이 쓰이고, 새롭게 만들어 본 복합어는 왜 쓰이지 않는지에 대한 고민과 이유를 갖게끔 하는 과제나 질문을 주는 것이 어려웠습니다.

4) e-수업 관찰과 나눔 원칙

원칙 ① 수업 협의는 가급적 수업공개 당일에 진행하지 않음

수업 협의는 수업 직후가 아닌 일정한 시간을 두고 진행하는 것이 바람직하다. 수업 직후에는 자신의 수업을 객관적으로 성찰하기 어렵기 때문이다. 특히 충분한 성

찰 없이 이루어진 협의는 단순한 평가나 피드백에 그칠 우려가 있고 교육적 의미가 약화된다. 효과적인 성찰은 비평적이지 않은 객관적 관찰 자료를 바탕으로 할 때 더욱 실질적인 성장을 이끌 수 있다.

원칙 ② 수업은 동영상 녹화를 원칙으로 함

수업 장면은 두 대의 카메라를 활용하여 교사의 지도 장면과 학생의 학습 반응을 동시에 녹화하는 방식으로 운영한다. 이러한 영상 자료를 통해 수업 중에는 놓치기 쉬운 학생들의 다양한 반응을 확인할 수 있고, 이를 바탕으로 자신의 수업을 보다 깊이 성찰할 수 있다. 영상은 반복 시청이 가능하다는 점에서 성찰의 깊이를 더해 주고 수업을 객관적으로 돌아보는 데 도움이 된다.

원칙 ③ 다양한 도구를 활용한 관찰 내용 기록

수업 관찰은 무기명 또는 비판적이지 않은 관찰 도구를 활용하여 객관적이고 사실 중심으로 작성한다. 체크리스트를 사용할 경우, '~하는 장면이 관찰되었음' 또는 '관찰되지 않았음'과 같이 구체적인 사실에 근거하여 기록한다. 이러한 방식은 수업자의 방어적 태도를 줄이고 수업을 있는 그대로 인식하는 데 도움이 되며, 이후 성찰의 기초 자료로 활용할 때 신뢰도를 높여 준다.

원칙 ④ 객관적 관찰 자료를 바탕으로 성찰하고 배우며 성장

의미 있는 성찰은 주관적인 인상이나 평가가 아니라 관찰을 통해 수집된 객관적 자료를 바탕으로 한다. 이 자료는 자신의 수업을 있는 그대로 바라볼 수 있는 '거울'과 같은 역할을 하며 문제점을 인식하고 개선 방향을 모색하는 데 도움을 준다. 특히 '수업 성찰 질문'을 활용하면 성찰의 방향이 명확해지고 그 과정을 통해 배움과 성장이 자연스럽게 이루어진다.

원칙 ⑤ 수업 협의는 온·오프라인, 개별 및 집단 협의 형태로 유연하게 진행

수업 협의는 상황과 여건에 따라 온·오프라인 방식으로 다양하게 운영한다. 온라인 협의는 줌(Zoom)이나 전화, 이메일, 채팅, 문자(SMS) 등 다양한 디지털 매체를 통해 이루어지며 시간과 공간의 제약을 줄이는 데 효과적이다. 오프라인 협의는 대면을 통해 깊이 있는 상호작용이 가능하고 개별 또는 집단의 형태로 유연하게 진행할 수 있다. 이러한 다양한 방식은 교사의 필요와 상황을 고려한 맞춤형 피드백을 가능하게 한다.

원칙 ⑥ 수업 협의는 나눔과 회복, 배움과 성장에 초점

수업 협의는 단순히 피드백을 전달하는 자리가 아니라 교사 간 신뢰와 공감 속에서 나눔과 회복이 이루어지는 배움의 과정이다. '이해–격려–직면–도전'의 단계로 구성된 성찰 질문을 활용하면 수업의 의미를 깊이 있게 되돌아볼 수 있고 진정한 성장을 이끌 수 있다. 또한 수업을 관찰한 교사 역시 타인의 수업을 통해 자신의 수업을 성찰하고 성장하는 계기를 마련할 수 있다.

5) e-수업 관찰 사례

<table>
<tr><td>단원</td><td>8. 아는 것과 새롭게 안 것</td><td>차시</td><td>1/9차시</td><td>교과서</td><td>국어</td></tr>
<tr><td>학습목표</td><td colspan="5">낱말의 짜임을 알 수 있다.</td></tr>
<tr><th colspan="3">질문</th><th colspan="3">수업 사례</th></tr>
<tr><th colspan="6">학습 목표와 피드백</th></tr>
<tr><td colspan="3">1. 선생님은 우리가 무엇을 왜 어떻게 배워야 하는지 분명하게 알려주신다.</td><td colspan="3" rowspan="3">배경지식을 알고 있는 사람과 그렇지 못한 사람이 글을 읽을 때 차이가 난다는 이야기를 해주셔서 이번 단원에 그런 내용을 배울 것 같다는 생각이 들었어요.</td></tr>
<tr><td colspan="3">2. 선생님은 우리 스스로 공부한 내용을 점검하게 도움을 주신다.</td></tr>
<tr><td colspan="3">3. 선생님은 우리의 배움과 성장을 다양한 방법으로 평가하신다.</td></tr>
<tr><th colspan="6">학습 내용</th></tr>
<tr><td colspan="3">4. 선생님은 우리가 학습할 내용이 무엇인지 분명하게 알려주신다.</td><td colspan="3" rowspan="6">교실에 있는 빗자루와 쓰레받기를 보여주시면서 분리되고 합체되는 걸 알려주셨는데, 우리가 알고 있는 내용과 연결해서 가르쳐 주시는 것 같았어요. 그래서 이해가 더 잘 되었어요.

학습 목표 '낱말의 짜임에 대해 알아봅시다'를 읽고 나서, 단일어와 복합어를 배운다고 하셨는데, 이게 낱말의 짜임과 관련이 있는 것인지 잘 이해되지 않았어요. 단일어는 뭐고 복합어는 뭐인지 생각하느라 학습 목표를 놓친 것 같아요. 낱말의 짜임에 대해 알아볼 건데, 크게 단일어랑 복합어로 나뉜다고 간단하게 알려주시면 더 이해하기 쉬웠을 것 같아요.</td></tr>
<tr><td colspan="3">5. 선생님은 우리가 학습할 내용을 우리의 배경지식과 연결하여 가르치신다.</td></tr>
<tr><td colspan="3">6. 선생님은 우리가 잘못 알고 있거나 헷갈리는 내용을 미리 아시고 우리가 알기 쉽게 하나씩 차근차근 가르치신다.</td></tr>
<tr><td colspan="3">7. 선생님은 우리에게 생각할 시간과 학습 기회를 충분히 주시고 기다리신다.</td></tr>
<tr><td colspan="3">8. 선생님은 우리가 학습한 내용을 그림, 표 등을 활용하여 설명하게 하신다.</td></tr>
<tr><td colspan="3">9. 선생님은 우리가 학습한 내용에 대해 다양하게 생각하도록 질문을 하신다.</td></tr>
<tr><th colspan="6">학습 활동(연습/적용/심화)</th></tr>
<tr><td colspan="3">10. 선생님은 우리가 서로 가르치면서 배우는 활동을 장려하신다.</td><td colspan="3" rowspan="6">우리가 헷갈리는 내용을 먼저 알고 설명하시지는 않지만, 우리가 질문할 때 이해가 될 때까지 차근차근 설명해주셔서 이해하기 좋았어요.

새로운 놀이를 하게 되어 어떻게 해야 하는지 잘 몰랐는데, 그림과 함께 예시 단어를 보여주셔서 이해가 바로 되었어요.</td></tr>
<tr><td colspan="3">11. 선생님은 우리가 완전히 학습할 때까지 반복해서 연습을 시키신다.</td></tr>
<tr><td colspan="3">12. 선생님은 우리가 학습 속도에 따라 학습 과제나 활동을 선택하게 하신다.</td></tr>
<tr><td colspan="3">13. 선생님은 우리가 잘못 알거나 헷갈리는 내용을 우리가 그것을 정확하게 알 때까지 반복해서 질문하시고 설명하신다.</td></tr>
<tr><td colspan="3">14. 선생님은 우리가 학습한 내용을 새로운 상황에 적용할 때마다 친절하게 안내하시고 도움을 주신다.</td></tr>
<tr><td colspan="3">15. 선생님은 학습 내용과 관련된 재미있는 이야기로 우리의 흥미를 끄신다.</td></tr>
</table>

<table>
<tr><td>단원</td><td>8. 아는 것과 새롭게 안 것</td><td>차시</td><td>1/9차시</td><td>교과서</td><td>국어</td></tr>
<tr><td>학습목표</td><td colspan="5">낱말의 짜임에 대해 알 수 있다.</td></tr>
<tr><th colspan="3">질문</th><th colspan="3">수업 사례</th></tr>
<tr><th colspan="6">학습 목표와 피드백</th></tr>
<tr><td colspan="3">1. 선생님은 우리가 무엇을 왜 어떻게 배워야 하는지 분명하게 알려주신다</td><td colspan="3" rowspan="3">1. 아이들과 그림을 살펴보면서 무엇을 배울 것인지 묻고 대답하면서 무엇을 배울지 알려주셨다.
2. 놀이와 모둠 활동을 통해 오늘 배운 복합어를 아이들이 스스로 만들고 친구들이 만든 것을 확인하여 새로운 단어를 배울 수 있게 해주었다.
3. 평가보다는 다양한 배움을 만들어 주셨다.</td></tr>
<tr><td colspan="3">2. 선생님은 우리 스스로 공부한 내용을 점검하게 도움을 주신다</td></tr>
<tr><td colspan="3">3. 선생님은 우리의 배움과 성장을 다양한 방법으로 평가하신다.</td></tr>
<tr><th colspan="6">학습 내용</th></tr>
<tr><td colspan="3">4. 선생님은 우리가 학습할 내용이 무엇인지 분명하게 알려주신다.</td><td colspan="3" rowspan="6">4. 판서에 오늘 배울 내용에 대해 쓰고 설명하면서 무엇을 배울 것인지 알려주셨다.
5. 도입에 빗자루와 쓰레받기에 쓰임새를 통해 동기 부여를 해주셨고 오늘 배울 내용으로 연결해 아이들에게 단일어와 복합에 대한 것을 알려주셨다.
6. "복합어 안에 단일어가 있나요?" 라는 질문에 사과나무를 예로 들어 학생의 질문에 대답을 친절히 해주셨다.
7. 배운 것을 아이들이 자유롭게 발표 할 수 있도록 해주었다.
8. ppt를 활용해서 그림으로 설명한다.
9. 질문을 통해 복합어 단어를 만들 수 있게 해주셨다. 아이들에게 질문 보다는 충분한 설명을 통해 이해를 높여 주셨다.</td></tr>
<tr><td colspan="3">5. 선생님은 우리가 학습할 내용을 우리의 배경지식과 연결하여 가르치신다.</td></tr>
<tr><td colspan="3">6. 선생님은 우리가 잘못 알고 있거나 헷갈리는 내용을 미리 아시고 우리가 알기 쉽게 하나씩 차근차근 가르치신다.</td></tr>
<tr><td colspan="3">7. 선생님은 우리에게 생각할 시간과 학습 기회를 충분히 주시고 기다리신다.</td></tr>
<tr><td colspan="3">8. 선생님은 우리가 학습한 내용을 그림, 표 등을 활용하여 설명하게 하신다.</td></tr>
<tr><td colspan="3">9. 선생님은 우리가 학습한 내용에 대해 다양하게 생각하도록 질문을 하신다.</td></tr>
<tr><th colspan="6">학습 활동(연습/적용/심화)</th></tr>
</table>

[동료가 제공하는 객관적 Data에 기반한 수업 성찰]

학생의 눈으로 본 수업 점검표(학생용, Marzano, 2017 부분 수정)					
일시	2023/5/23	대상			
단원	8. 아는 것과 새롭게 안 것	차시	1/9차시	교과서	국어
학습목표	낱말의 짜임을 알 수 있다.				

질문	수업 사례
학습 목표와 피드백	
1. 선생님은 우리가 무엇을 왜 어떻게 배워야 하는지 분명하게 알려주신다.	배경지식을 알고 있는 사람과 그렇지 못한 사람이 글을 읽을 때 차이가 난다는 이야기를 해주셔서 이번 단원에 그런 내용을 배울 것 같다는 생각이 들었어요.
2. 선생님은 우리 스스로 공부한 내용을 점검하게 도움을 주신다.	
3. 선생님은 우리의 배움과 성장을 다양한 방법으로 평가하신다.	
학습 내용	
4. 선생님은 우리가 학습할 내용이 무엇인지 분명하게 알려주신다.	교실에 있는 빗자루와 쓰레받기를 보여주시면서 분리되고 합체되는 걸 알려주셨는데, 우리가 알고 있는 내용과 연결해서 가르쳐 주시는 것 같았어요. 그래서 이해가 더 잘 되었어요. 학습 목표 '낱말의 짜임에 대해 알아봅시다'를 읽고 나서, 단일어와 복합어를 배운다고 하셨는데, 이게 낱말의 짜임과 관련이 있는 것인지 잘 이해되지 않았어요. 단일어는 뭐고 복합어는 뭐인지 생각하느라 학습 목표를 놓친 것 같아요. 낱말의 짜임에 대해 알아볼 건데, 크게 단일어랑 복합어로 나뉜다고 간단하게 알려주시면 더 이해하기 쉬웠을 것 같아요.
5. 선생님은 우리가 학습할 내용을 우리의 배경지식과 연결하여 가르치신다.	
6. 선생님은 우리가 잘못 알고 있거나 헷갈리는 내용을 미리 아시고 우리가 알기 쉽게 하나씩 차근차근 가르치신다.	
7. 선생님은 우리에게 생각할 시간과 학습 기회를 충분히 주시고 기다리신다.	
8. 선생님은 우리가 학습한 내용을 그림, 표 등을 활용하여 설명하게 하신다.	
9. 선생님은 우리가 학습한 내용에 대해 다양하게 생각하도록 질문을 하신다.	
학습 활동(연습/적용/심화)	
10. 선생님은 우리가 서로 가르치면서 배우는 활동을 장려하신다.	우리가 헷갈리는 내용을 먼저 알고 설명하시지는 않지만, 우리가 질문할 때 이해가 될 때까지 차근차근 설명해주셔서 이해하기 좋았어요. 새로운 놀이를 하게 되어 어떻게 해야 하는지 잘 몰랐는데, 그림과 함께 예시 단어를 보여주셔서 이해가 바로 되었어요.
11. 선생님은 우리가 완전히 학습할 때까지 반복해서 연습을 시키신다.	
12. 선생님은 우리가 학습 속도에 따라 학습 과제나 활동을 선택하게 하신다.	
13. 선생님은 우리가 잘못 알거나 헷갈리는 내용을 우리가 그것을 정확하게 알 때까지 반복해서 질문하시고 설명하신다.	
14. 선생님은 우리가 학습한 내용을 새로운 상황에 적용할 때마다 친절하게 안내하시고 도움을 주신다.	
15. 선생님은 학습 내용과 관련된 재미있는 이야기로 우리의 흥미를 끄신다.	
학습 분위기	

학습 활동(연습/적용/심화)	
10. 선생님은 우리가 서로 가르치면서 배우는 활동을 장려하신다.	• [25:30] 모둠 단위의 놀이를 통해 가르치고 배우게 하심. • [36:30] 모둠과의 활동으로 학습내용을 토의하게 하심.
11. 선생님은 우리가 완전히 학습할 때까지 반복해서 연습을 시키신다.	• [07:25] '쪼개서'라는 말을 지속적으로 반복하여 강조하심 • [08:29] 쉬운 문제를 제시하고, 연습하도록 도우심 • [09:35] '시작'라는 단어의 단일어 개념을 설명하심. • [17:16] '햇살'이라는 단어로 단일어 개념을 다시 설명하심
12. 선생님은 우리가 학습 속도에 따라 학습 과제나 활동을 선택하게 하신다.	• 학습 속도에 따라 학습과제나 활동은 전달되지 않았음. 그러나 학습 속도에 관계없이 모든 아이들이 활용할 수 있는 활동지를 준비하여 수업하신 모습이 인상적이었음. 또한 이후, 같은 모둠의 학생들과 답안을 공유하여 성취격차를 줄이심.
13. 선생님은 우리가 잘못 알거나 헷갈리는 내용을 우리가 그것을 정확하게 알 때까지 반복해서 질문하시고 설명하신다.	• [13:05] '복합어'라는 새로운 개념을 반복적으로 설명하심 • [13:30] 복합어 안에 단일어가 있다는 난개념을 설명하심
14. 선생님은 우리가 학습한 내용을 새로운 상황에 적용할 때마다 친절하게 안내하시고 도움을 주신다.	• [09:47] 학생의 삶에서 단일어의 예시를 찾을 때 적절하게 피드백 해주시고, 답변에 대해 친절한 태도를 보이심 • [23:35] 교사의 예시(일손)를 먼저 제공하여, 학생들이 새로운 낱말을 찾을 때 방향을 쉽게 잡도록 설명하심
15. 선생님은 학습 내용과 관련된 재미있는 이야기로 우리의 흥미를 끄신다.	• [14:27] '햇, '덧'이라는 단어의 뜻을 재미있게 설명하심
학습 분위기	
16. 선생님은 우리의 관심 사항이 무엇인지 잘 아신다.	• [11:12] 선수학습에서 다루었던 발음기호에 대해서 한 번 더 짚어주셔서 아이들이 학습에 흥미를 가지도록 함
17. 선생님은 우리를 신뢰하시고 편안하게 대하신다.	• [00:20] 쪽수를 찾기 어려워하는 아이들을 위해 보여주심 • [01:30] 학생과 눈을 마주치시며, 적극적으로 피드백하심 • [04:16] 학생들이 실감나게 읽자 고개를 끄덕이심. • [05:41] 박수를 치시고, 공감하시며 실감나게 공감하심 • [08:00] 크게 리액션을 하시며, 기쁜 마음으로 공감하심 • [09:10] 학생 전체 발화 시 리액션을 크게하심 • [11:42] 학생이 발표 할 때 기쁘고 즐겁게 반응하심 • [17:46] 학생의 난처한 질문을 학습과 연관하여 설명하심
18. 선생님은 우리 모두를 존중하시고 가르치시는 것을 좋아하신다.	• [08:14] 수업 도중 교사의 발화와 함께 말하는 학생을 존중하시며, 수업과 관련한 적절한 답안을 제시하심
19. 선생님은 우리에게 기본 학습 규칙과 태도를 분명하게 알려주신다.	• [17:25] 카운트를 받는 이유(비속어)를 명확하게 제시하심
20. 선생님은 우리가 즐거운 마음으로 학습할 수 있는 학습 분위기를 만드신다.	• [00:54] 학생이 참여하는 수업이 되도록 발표를 유도하심 • [08:48] 학생들이 직접 교과서 내용을 읽도록 제안하심 • [16:19] 카운트를 받은 학생이 낙심하지 않도록 바로 발표를 제안하고, 긍정적인 피드백을 주심 • [32:50] 인본스, 맨투맨 등의 오답에 재미있게 답변하심

참고문헌

Ribbers, A., & Waringa, A. (2015). *E-Coaching: Theory and Practice for a New Online Approach to Coaching*. Routledge.

제3부

학생 주도의 질문과 토론 수업

탐구 과제 49: 질문이 살아 있는 수업

질문 중심의 학습(Question Based Learning)을 '언제, 어디에서, 누가, 누구에게, 무엇을, 왜, 어떻게 가르치고 배울 것인가?'의 관점에서 접근하면, '언제, 어디에서, 왜'는 질문이 이루어지는 수업환경(맥락)에, '누가 질문하며 어떻게 가르칠 것인가?'는 교사의 교수 행위에, '누가 질문하며 어떻게 배울 것인가?'는 학생의 학습 행위에, '무엇을 질문할 것인가?'는 교육과정에 해당한다. 이러한 관점에 따르면, 질문 중심의 학습은 '수업 중에 교사가 학생에게, 학생이 교사나 친구에게 교육과정(학습 내용)에 대해 질문하고 대화하며 가르치고 배우는 상호작용의 과정'으로 정의할 수 있다.

질문 중심 수업은 질문 주체, 질문 수준, 질문 목적, 질문 환경 등이 상호 균형과 조화를 이룰 때에만 가능하다. 숲과 나무가 상호 균형과 조화를 이루며 건강한 생태계를 유지하듯이 질문 중심의 수업 역시 각 요소가 상호 균형과 조화를 이룰 때에 질문이 살아 있는 수업이 가능하다. 한 그루 나무를 가리키면서 숲이라고 하지 않듯이 질문 중심 수업 요소 하나만을 가리키면서 질문이 살아 있는 수업이라고 하지 않는다. 요즘 개념 기반 탐구학습이 강조되면서 교육 현장에서 '사실적 질문, 개념적 질문, 논쟁적 질문'에 대한 관심과 열기가 고조되고 있다. 그러나 이것은 주로 질문 유형에만 초점을 맞춘 것이다. 온전한 개념 기반 탐구학습이 이루어지려면, 질문 주체와 질문 수준, 질문 환경과 질문 목적 등이 각각 유기적 관계를 맺으며 총체적으로 작동해야 한다.

1. 질문 주체

질문은 활발한 학습 분위기를 조성하는 중요한 요소로 학습자의 적극적인 참여를 유도하며 지식 탐구와 구성을 촉진한다. 구체적으로 교사가 학생에게, 학생이 교사에게, 학생들 상호 간에, 그리고 학생 개인이 스스로에게 질문하는 형태로 나타난다.

친과 오스본(Chin & Osborne, 2008)의 연구에 따르면, 교실 내에서 발생하는 질문 중 대다수(93%)가 교사 주도로 이루어지는 반면, 학생 주도의 질문은 전체의 7%에 불과한 것으로 나타났다. 이러한 통계는 교실 내에서 교사 중심의 질문이 지배적임을 시사한다. 그러나 효과적인 학습 환경에서는 교사 주도의 질문뿐만 아니라 학생 주도의 질문 역시 중요한 비중을 차지한다. 더불어 교사와 학생 주도의 질문 사이에 상호균형과 조화가 이루어질 때, 교실은 진정한 의미의 학습 공간으로 변모한다.

따라서 수업을 주도하는 교사는 이러한 다양한 질문 유형을 총체적으로 고려하고 학습자의 참여를 촉진하며 깊이 있는 학습을 가능하게 하는 방법을 모색해야 한다. 이를 통해 학생들이 자신의 학습 과정을 주도적으로 탐구하고 지식을 적극적으로 구성하며 심층적으로 이해할 수 있어야 한다.

지금까지의 내용을 정리하여 표로 제시하면 다음과 같다.

질문 주체	점검			의견
	자주	가끔	전혀	
교사가 학생에게 질문				
학생이 교사에게 질문				
학생이 학생에게 질문				
학생이 본인에게 질문				

2. 질문 수준

질문 수준은 사실적 질문(Factual Question), 해석적 질문(Interprertation Question), 평가적(Evaluative Question) 혹은 적용적 질문(Applied Questionn)으로 구분할 수 있다(박태호, 2021). 사실적 질문은 수렴적 질문으로 오직 단수의 정답만 요구한다. 이 질문에 답변하기 위해서는 텍스트에 제시된 정답만을 회상하면 되기에 고 수준의 고등사고 능력보다는 저 수준의 정보회상 능력이 더 필요하다. 가끔 사실적 질문에 답하기 위해서 텍스트 이곳저곳을 찾아보면서 많은 노력을 기울일 때가 있다. 그때에 이 질문이 사실적 질문인지 아닌지에 대해서 혼란을 겪는 경우가 있다. 그러나 이것 역시 사실적 질문에 해당이 된다. 비록 시간이 걸리고 어려움이 따르기는 했어도 정답은 여전히 텍스트에 존재하기 때문이다. 사실적 질문에는, ① 주인공은 누구인가요?, ② 언제, 어디에서 일어난 일인가요?, ③ 누가 무엇을 하였나요?, ④ 제목은 무엇인가요? 등이 있다.

해석적 질문은 텍스트에 대한 다양한 해석을 보장하기 때문에 복수의 정답이 허용된다. 독자는 텍스트에 제시된 정보를 바탕으로 저자의 의도를 파악해야 하므로 단순한 기억이나 정보의 회상보다는 복잡한 고등 사고 능력이 필요하다. 해석적 질문에는, ① ~가 그렇게 행동한 까닭이 무엇이라고 생각하나요?, ② 다음에 어떤 일이 일어날 것으로 생각하나요?, ③ ~의 행동에 대해 ~가 그렇게 반응한 이유는 무엇일까요?, ④ 만약 ~한 상황이라면, 어떤 결과가 일어날지 설명할 수 있나요?, ⑤ ~의 변곡점은 무엇인가요?, ⑥ ~사건에 감추어진 동기는 무엇인가요? 등이 있다.

적용적 질문은 텍스트를 초월하는 질문이다. 오직 독자의 마음속에만 정답이 존재한다. 독자를 주인공으로 가정을 하고 그런 상황에 있다면 어떤 행동을 취할지를 물어보는 질문(공통의 경험)이나 실생활에서 그런 일이 발생하면 어떻게 할지를 물어보는 질문(가치) 등이 여기에 해당이 된다. 예를 들면, ① 만약 여러분이 ~라면, 어떻게 행동할 것인가요?, ② 이 이야기의 인물과 유사한 경험을 한 적이 있나요? 그때에 어떻게 행동했나요?, ③ 이 글을 읽으면서 특별히 생각하는 사람이나 장면이 있나요?, ④ 이 글을 읽고 느낀 점을 내 삶에 적용한다면? 등이 해당된다. 만약 텍스트 기반의 답변이 하나이면 사실적 질문에, 두 개 이상이면서 무엇인가를 설명해야 한다면 해석적 질문에, 만약 자신의 경험이나 가치 및 텍스트 밖의 문제를 다루고 있으면 적용적(평가적) 질문에 해당이 된다.

사실적 · 해석적 · 적용적 질문 유형에 대한 점검표를 제시하면 다음과 같다.

질문 유형	정답	점검			의견
		자주	가끔	전혀	
사실적 질문	교과서				
해석적 질문	교과서+학습자				
적용적 질문	학습자				

3. 질문 환경

질문 환경을 점검하는 요소 중의 하나가 교사의 질문 행동 점검표이다(Todd Stanley, 2021). 이 점검표를 활용하면 교사의 질문이 학생의 학습과 이해에 어떠한 영향을 미치는지 스스로 점검할 수 있다. 더불어 자기 점검과 성찰의 과정을 바탕으로 교실에서의 질문 활용 능력을 기를 수 있다. 교사의 질문 행동 점검표는 진실성과 정확성을 기반으로 할 때에 효과가 있다. 1에서 5까지의 척도로 된 다음의 10가지 질문을 활용하면 교사의 질문 능력을 기를 수가 있다.

번호	질문 내용	자기 점검 척도				
		1	2	3	4	5
1	학생의 호기심을 자극하거나 궁금증을 유발하는 질문을 제시하여 학습 활동 참여를 유도하나요?					
2	학생이 서로의 질문과 답변을 경청하도록 격려하는 질문을 하나요?					
3	학생의 자기평가를 안내하고 촉진하는 질문을 하나요?					
4	학생에게 질문할 목록들을 사전에 철저히 준비하나요?					
5	학생의 자발적 사고 활동을 유도하는 질문을 하나요?					
6	학생에게 다양한 질문을 하나요?(저 수준의 기억 질문부터 고 수준의 사려 깊은 질문에 이르기까지)					
7	모든 학생이 토론 학습에 참여하도록 촉진하나요?					
8	학생들이 질문에 대해 응답할 때에 서로 말을 하나요, 아니면 선생님에게만 말을 하나요?					
9	학생이 교사의 질문에 응답하기 전에 생각할 시간을 충분히 제공하나요?					
10	학생 스스로 질문하고 대화하며 토론하는 활동을 장려하나요?					

질문 행동 점검표 해석	
45~50	질문 활용 능력이 매우 우수한 교사에 속한다.
39~44	질문 활용 능력이 우수한 교사에 속한다.
33~38	질문 활용 능력이 보통인 교사에 속한다.
27~32	질문 활용 능력을 일부 개선해야 하는 교사에 속한다.
21~26	질문 활용 능력을 꽤 많이 개선해야 하는 교사에 속한다.
0~20	질문 활용 능력을 대폭 개선해야 하는 교사에 속한다.

4. 질문 목적

질문은 수업의 질을 결정짓는 핵심 전략 중 하나이다. 질문은 학생의 주의집중 및 학습 동기를 유발하고 적극적인 학습 활동 참여를 촉진한다. 특히 호기심을 자극하는 질문은 학생의 관심을 자연스럽게 학습 과제로 이끈다(Campbell & Mayer, 2009).

질문은 또한 전시 학습을 상기시키고 새로운 학습 내용과 기존의 배경지식을 연결하는 기능을 한다. 교사는 학생에게 선수 학습 내용을 떠올리도록 유도하여 기존 지식과 새로운 개념 사이의 의미 있는 연결을 돕는다. 이는 학습 내용을 구조화하고 이해의 깊이를 더하는 데 효과적이다. 아울러 교사는 질문을 통해 학생이 개념을 얼마나 이해하고 있는지 진단하고 그 결과를 바탕으로 설명을 보완하거나 활동의 난이도를 조절한다. 이처럼 질문은 수업의 흐름을 유연하게 운영하는 데 필요한 정보 수집의 수단이 된다.

더 나아가 학생의 호기심을 자극하고 집중력을 유지시키기 위해 개방형 질문이나 탐구 중심 질문을 활용할 수 있다. 이러한 질문은 단순한 정답을 요구하지 않고 다양한 생각을 유도하므로 학생의 능동적 참여와 사고 역량을 신장시킨다(Myhill & Dunkin, 2005). 질문은 학생의 다양한 사고력을 신장시키는 데도 기여한다. 분석적·평가적 질문과 같은 고차 사고 수준의 질문은 학생이 자신의 생각을 정교하게 구성하고 논리적으로 표현하도록 유도한다(Nappi, 2017). 이를 통해 학생은 단순한 사실 확인을 넘어서 사고의 깊이를 더하게 된다. 또한 질문 중심의 수업은 학생의 탐구 역량 신장 및 자기 주도학습 능력 신장에 효과적이다. 학생은 탐구 기반 질문을 통해 문제를 스스로 탐색하고 해결하는 과정에 적극적으로 참여하게 된다(Davoudi & Sadeghi, 2015).

마지막으로, 질문은 학생 간의 상호작용을 촉진하여 공감 및 소통 능력 신장에 중요한 역할을 한다. 질문을 중심으로 한 토론과 대화는 다양한 관점을 이해하고 존중하는 태도를 길러 주며 학급 내 신뢰와 협력의 분위기를 조성한다. 질문에 응답하고 다시 질문을 제기하는 경험은 언어적 표현력뿐 아니라 공동체 구성원 간의 상호 이해 능력신장에도 도움이 된다(Arslan, 2006).

결국 질문은 단순한 교수법을 넘어, 학습자의 인지적 · 정의적 · 사회적 발달을 통합적으로 이끄는 도구라고 할 수 있다. 교사가 질문의 목적과 수준을 의도적으로 설계하고 활용할 때 수업은 더욱 의미 있고 깊이 있는 배움의 장이 될 수 있다.

질문 목적	점검			의견
	자주	가끔	전혀	
1. 주의집중 및 학습동기 유발				
2. 전시학습 상기				
3. 학생 이해도 파악 및 반영				
4. 주의집중 및 호기심 유발				
5. 다양한 사고력 신장				
6. 질문 중심의 탐구학습 능력 신장				
7. 질문에 답을 하거나 질문하는 능력 신장				
8. 공감과 소통 능력 신장				

지금까지의 내용을 바탕으로 질문이 살아 있는 수업 점검표를 제시하면 다음과 같다.

<table>
<tr><td colspan="3">교과</td><td colspan="3"></td><td colspan="3">학년–학기</td><td colspan="3"></td><td colspan="3">단원</td></tr>
<tr><td colspan="6">핵심역량 · 교과역량</td><td colspan="9"></td></tr>
<tr><td colspan="6">성취기준</td><td colspan="9"></td></tr>
<tr><td colspan="6">학습 목표</td><td colspan="9"></td></tr>
<tr><td rowspan="3"></td><td colspan="4">질문 주체</td><td colspan="7">질문 목적</td><td colspan="3">질문 유형</td></tr>
<tr><td rowspan="2">교사가 학생</td><td rowspan="2">학생이 교사</td><td rowspan="2">학생이 학생</td><td rowspan="2">학생이 자신</td><td rowspan="2">주의집중 및 동기유발</td><td rowspan="2">전시학습 상기</td><td rowspan="2">학생 이해도 점검</td><td rowspan="2">사고력 신장</td><td rowspan="2">질문중심 탐구학습</td><td rowspan="2">질문능력 신장</td><td rowspan="2">공감과 소통능력 신장</td><td colspan="3">Raphael (1986)</td></tr>
<tr><td>사실적</td><td>해석적</td><td>적용적</td></tr>
<tr><td>관찰</td><td></td><td></td><td></td><td></td><td></td><td></td><td></td><td></td><td></td><td></td><td></td><td></td><td></td><td></td></tr>
<tr><td>해석</td><td colspan="4"></td><td colspan="7"></td><td colspan="3"></td></tr>
</table>

(○는 자주, △은 가끔, ×는 전혀)

참고문헌

박태호(2021). 소크라틱 세미나(Socratic Seminar)의 질문과 대화 유형 연구. **한국초등국어교육**, 71, 91-114.

Arslan, A. (2006). The relationship between student learning strategies and their academic achievement. *Educational Sciences: Theory and Practice*, *6*(1), 93–99.

Campbell, J. R., & Mayer, R. E. (2009). Question asking and learning. Educational Psychologist, 44(3), 213-233.https://doi.org/10.1080/00461520903029173

Chin, C., & Osborne, J. (2008). Students' questions: A potential resource for teaching and learning science. *Studies in Science Education, 44*(1), 1-39. https://doi.org/10.1080/03057260701828101

Davoudi, M., & Sadeghi, N. A. (2015). A systematic review of research on questioning as a high-level cognitive strategy. *English Language Teaching, 8*(10), 76-90. https://doi.org/10.5539/elt.v8n10p76

Myhill, D., & Dunkin, F. (2005). Questioning learning. *Language and Education, 19*(5),

415 - 427. https://doi.org/10.1080/09500780508668694

Nappi, J. S. (2017). The teacher's role in promoting critical thinking. *Delta Kappa Gamma Bulletin, 84*(1), 30 - 34.

Raphael, T. E. (1986). Teaching question-answer relationships. *The Reading Teacher, 39*(6), 516 - 522.

Stanley, T. (2021). How to Ask Questions That Matter: Research-Based Strategies for Effective Questioning. Routledge.

Tienken, C. H., Goldberg, S., & DiRocco, D. (2009). Questioning the questions. *Kappa Delta Pi Record, 46*(1), 39 - 43.https://doi.org/10.1080/00228958.2009.1051656

탐구 과제 50: 5E's 질문과 학생 사고력 신장

학생 주도의 탐구학습 능력을 기를 수 있는 방법 중 하나가 5E's 탐구 질문 전략이다. 예를 들어, "이 개념이 우리의 일상과 어떻게 연결될까?" "다른 상황에서는 결과가 어떻게 달라질까?" "이 문제를 해결하려면 어떤 방법을 시도할 수 있을까?"와 같은 5E's 질문을 던지면, 학생들은 학습 내용을 능동적으로 탐색하고 창의적인 해결책을 모색할 수 있다. 그렇다면 학생 주도의 탐구학습 능력을 신장시키는 5E's 질문은 무엇이고 어떻게 가르쳐야 할까?

1. 5E's 수업 모형: 교육적 혁신과 발전 방향

1987년에 미국 생물교육연합(Biological Sciences Curriculum Study: BSCS)의 로드거 바이비(Rodger Bybee)는 학생들이 학습 내용을 직접 탐색하고 의미를 구성할 수 있도록 돕기 위해 5E's 모형을 제안했다. 이는 당시 주입식 교육이 학습자의 고등 사고 능력 신장에 한계를 보인다는 비판을 반영한 것이다. 구성주의 학습 이론에 기초한 이 모형은 학습자가 직접 개념을 구성하고 응용할 수 있는 5단계(Engage, Explore, Explain, Elaborate, Evaluate) 모형으로 구성되었다.

이 모형의 핵심 가치는 학습자가 스스로 사고하고 탐구하며 문제를 해결하는 학습 활동을 추구하는 것이다. 기존의 강의식 교육이 정보를 일방적으로 전달하는 방식이라면, 5E's 모형은 학생들이 먼저 경험하고 발견하며 스스로 개념을 정리하도록 유도한다. 예를 들어, '탐색(Explore)' 단계에서는 교사가 먼저 개념을 설명하기 보다는 학생들이 실험이나 프로젝트를 통해 직접 개념을 찾아내도록 한다. 이는 기존의 '개념 전달 후 적용' 방식에서 벗어나 경험을 통해 개념을 구성하는 순환적 접근법을 강조한다. 이와 같은 방식은 학습자의 고등 사고 능력 신장에 도움이 되고 학습한 개념을 실생활에 적용할 수 있다는 점에서 교육적 가치가 크다.

2. 5E's 수업 모형의 실제 적용 사례

1) 과학 수업

서울대학교 과학교육연구소의 연구에 따르면, 5E's 수업 모형은 과학 교육뿐만 아니라 다양한 교과에서 활용될 수 있다(서울대학교 과학교육연구소, 2022). 다음은 과학 수업에서 5E's 모형을 적용한 사례를 살펴보면 다음과 같다.

- **참여(Engage) 단계**

교사는 학생들의 흥미를 유발하고 선행 지식을 활성화하기 위해 흥미로운 질문이나 영상 자료를 제시한다. 학생은 자신의 경험을 바탕으로 질문에 답하며 제시된 자료를 통해 주제에 대해 예측하고 자신의 생각을 발표한다.

(예시)

교사: 비가 온 후 잎사귀 위에 남아 있는 물방울을 본 적이 있나요? 왜 물방울이 잎사귀 위에서 둥근 형태를 유지할까요?

학생: 물이 잎사귀에 흡수되지 않아서 그런 것 같아요.

교사: 그렇다면 물을 흡수하는 표면과 그렇지 못한 표면에는 무엇이 있을까요?

학생: 유리나 방수 천은 물을 흡수하지 않아요.

- **탐색(Explore) 단계**

교사는 학생들이 개념을 직접 탐구할 수 있도록 실험 기구나 시뮬레이션 자료를 제공한다. 학생은 제공된 자료를 활용하여 실험을 수행하고 결과 데이터를 분석하며 관련 개념을 스스로 탐색한다.

(예시)

교사: 물방울이 세 가지 다른 재료(유리, 방수 천, 나뭇잎) 위에서 어떻게 반응하는지 관찰하여 봅시다.

학생 1: 유리 위에서는 물이 퍼지는 것 같아요.

학생 2: 방수 천에서는 동그란 물방울이 생겼어요.

학생 3: 잎사귀 위에서도 동그란 물방울이 생기네요.

교사: 이 현상을 설명할 수 있는 과학적 개념은 무엇일까요?

- **설명(Explain) 단계**

교사는 학생들의 탐구 결과를 경청한 뒤, 이를 과학적 개념과 연결하여 명확하게 설명한다. 학생은 탐구한 내용을 바탕으로 핵심 개념을 정리하고 자신의 생각을 발표한다.

예시

학생 1: 나뭇잎과 방수 천은 물을 튕겨 내는 것 같아요.

교사: 이 현상을 '소수성(Hydrophobic)'이라고 합니다. 소수성 물질은 물과의 결합력이 약하기 때문에 물방울이 구 형태를 유지하죠.

학생 2: 그럼 유리는 친수성(Hydrophilic)인가요?

교사: 맞아요! 친수성 물질은 물과의 결합력이 강해서 물이 넓게 퍼지게 됩니다.

- **정교화(Elaborate) 단계**

교사는 학습한 개념을 실생활과 연결할 수 있도록 추가적인 문제 상황이나 과제를 제시한다. 학생은 이를 바탕으로 개념을 새로운 상황에 적용하며 응용 능력을 기른다.

예시

교사: 소수성 원리를 활용하면 어떤 실용적인 제품을 만들 수 있을까요?

학생 1: 방수 옷을 만들 수 있어요.

학생 2: 자동차 유리에 물방울이 맺히지 않는 코팅도 있을 것 같아요.

교사: 좋아요. 팀별로 방수 제품을 설계하는 아이디어를 발표해 봅시다.

• **평가(Evaluate) 단계**

교사는 학생들이 학습한 내용을 점검하고 이해도를 확인한 뒤 개별적 또는 전체적인 피드백을 제공한다. 학생은 자신의 학습 과정을 스스로 반성하고 배운 개념을 어떻게 응용할 수 있을지에 대해 친구들과 함께 논의한다.

예시

교사: 오늘 배운 개념을 활용해 본인이 알고 있는 사례를 이야기해 볼까요?

학생 1: 부모님이 주방에서 기름과 물이 섞이지 않는다고 하셨는데, 그것도 소수성 때문인가요?

교사: 맞아요. 기름은 소수성이 강해서 물과 섞이지 않습니다. 다른 예시도 있을까요?

학생 2: 스마트폰 방수 기능도 관련이 있나요?

교사: 네, 방수 코팅 기술이 소수성 원리를 활용한 대표적인 예입니다.

2) 국어 수업

• **참여(Engage) 단계**

교사: 여러분, 지금까지 읽은 이야기 중 기억에 남는 인물이 있나요? (Engage)

하늘: 네. 용감한 주인공이요.

마루: 저는 착한 인물이요.

교사: 좋아요. 우리가 읽은 이야기 속 인물의 성격을 알아볼까요?

• **탐색(Explore) 단계**

교사: 주인공이 어떤 행동을 했나요? (Explore)

강산: 친구를 도와줬어요.

하늘: 위험한 상황에서도 포기하지 않았어요.

교사: 그렇다면 주인공의 성격은 어떤가요?

마루: 용감하고 친절해요.

- **설명(Explain) 단계**

교사: 용감하고 친절하다는 걸 어떻게 알 수 있죠? (Explain)

하늘: 어려운 순간에도 친구를 도왔어요.

강산: 남을 먼저 생각했어요.

교사: 맞아요. 행동을 보면 성격을 알 수 있어요.

- **정교화(Elaborate) 단계**

교사: 우리도 주인공처럼 행동한 적이 있나요? (Elaborate)

마루: 친구가 힘들 때 도와준 적 있어요.

하늘: 동생을 챙겨 줬어요.

교사: 참 잘했어요. 주인공의 성격을 본받아 우리도 좋은 행동을 해 보아요.

- **평가(Evaluade) 단계**

교사: 오늘 이야기 속 인물의 성격을 어떻게 정리할 수 있을까요? (Evaluation)

강산: 용감하고 친절했어요.

하늘: 그래서 저도 친구들에게 친절해야겠다고 생각했어요.

교사: 아주 좋아요! 오늘 배운 내용을 생활 속에서 실천해 봅시다.

3) 5E'S 탐구 질문의 통합 적용

교사: 여러분, 책을 읽다 보면 기억에 남는 인물이 있죠? 어떤 인물이 가장 인상적이었나요? (Engage)

하늘: 저는 용감한 인물이 좋아요.

마루: 저는 착한 인물이 좋아요.

교사: 좋아요! 우리가 읽은 이야기 속 주인공은 어떤 행동을 했나요? (Explore)

강산: 친구를 도와줬어요.

하늘: 위험한 상황에서도 포기하지 않았어요.

교사: 그렇다면 주인공은 어떤 성격인가요? (Explain)

마루: 용감하고 친절해요.

강산: 처음엔 망설였지만 결국 용기를 냈어요.

교사: 맞아요. 우리도 이런 성격을 키우려면 어떻게 해야 할까요? (Elaborate)

하늘: 친구가 힘들어하면 먼저 도와줘야겠어요.

마루: 저도 용기를 내서 도전해 보려고 해요.

교사: 아주 좋아요! 오늘 배운 내용을 어떻게 정리할 수 있을까요? (Evaluate)

강산: 용기와 친절이 중요하다는 걸 배웠어요!

하늘: 작은 행동도 다른 사람에게 큰 영향을 줄 수 있어요.

교사: 맞아요! 우리가 배운 내용을 생활 속에서 실천해 봅시다.

<table>
<tr><th rowspan="3"></th><th colspan="5">질문 유형</th></tr>
<tr><th colspan="5">5E 질문</th></tr>
<tr><th>참여하기
(Engage)</th><th>탐색하기
(Explore)</th><th>설명하기
(Explain)</th><th>정교화하기
(Elaborate)</th><th>평가하기
(Evaluate)</th></tr>
<tr><td>관찰</td><td></td><td></td><td></td><td></td><td></td></tr>
<tr><td>해석</td><td colspan="5">• 동료의 공감과 지지 및 격려를 받고 싶은 부분은?
• 함께 나누며 더 배우고 성장하고 싶은 부분은?</td></tr>
</table>

(○는 자주, △은 가끔, ×는 전혀)

참고문헌

박태호(2021). 소크라틱 세미나(Socratic Seminar)의 질문과 대화 유형 연구. **한국초등국어교육, 71**, 91-114.

서울대과학교육연구소(2022). 초등과학 탐구 중심 수업 자료: 물질과 물질의 상태. 서울대학교 사범대학 과학교육과.

Bybee, R. W. (2015). *The BSCS 5E instructional model: Creating teachable moments*. Arlington, VA: National Science Teachers Association Press.

Chitman-Booker, L., & Kopp, K. (2013). *The 5Es of inquiry-based science*. Huntington Beach, CA: Shell Education.

Raphael, T. E. (1986). Teaching question-answer relationships. *The Reading Teacher, 39*(6), 516-522.

탐구 과제 51: DOK(Depth of Knowledge) 질문과 학생 사고력 신장

웹(Webb, 1997)은 학습자가 개념을 얼마나 깊이 이해하고 활용하는지를 평가하기 위해 DOK(Depth of Knowledge)를 제안했다. DOK는 학습자가 정답을 도출하는 과정에서 요구되는 사고의 깊이에 초점을 맞춘다. 단순한 정보 기억을 넘어서 개념을 분석하고 적용하며 창의적으로 확장할 수 있도록 사고 수준을 점진적으로 높이는 것이 핵심이다. 그렇다면 DOK를 효과적으로 활용하여 학생들의 사고력을 심화시킬 수 있는 방안은 무엇일까?

1. DOK 개념

DOK는 학습자의 사고 수준을 네 단계로 구분하며 각 수준은 개념을 얼마나 깊이 이해하고 활용하는지가 기준이 된다. 첫 번째 수준인 DOK 1은 기억과 재현 수준이다. 학생이 단순한 사실, 용어, 절차를 기억하거나 그대로 따라 하는 사고 능력을 요구한다. 여기에는 개념 정의, 공식을 이용한 계산 등과 같은 낮은 수준의 인지 활동이 포함된다. 두 번째 수준인 DOK 2는 기능과 개념 이해의 수준이다. 학생이 정보를 해석하고 분류하거나 절차를 선택하여 적용하는 사고 능력을 요구한다. 이 단계에는 두 개념을 비교하거나 대조하고 자료를 정리하거나 조직화하는 활동이 포함된다. 세 번째 수준인 DOK 3은 전략적 사고 수준이다. 학생이 논리적 추론을 하거나 근거 있는 판단을 내리며 복잡한 문제를 해결하는 사고 능력을 요구한다. 이 단계에는 자신의 사고 과정을 설명하고 그 타당성을 입증하는 활동이 포함된다. 네 번째 수준인 DOK 4는 확장된 사고 수준이다. 학생이 다양한 개념이나 정보를 통합하고 장기간에 걸쳐 탐구하거나 복잡한 문제를 해결하면서 지식을 새롭게 구성하는 사고 능력을 요구한다. 여기에는 새로운 해결책을 고안, 계획 수립, 종합적인 프로젝트를 수행 등의 활동이 포함된다.

2. DOK 유형별 수업 적용 사례

교사(DOK 1: 기억과 재현): 이야기의 주요 인물은 누구였나요?

지후: 소년과 나무요. 이야기의 처음부터 끝까지 두 인물이 중심이에요.

교사(DOK 1: 기억과 재현): 이야기가 전개되는 배경은 어디인가요?

서윤: 조용한 숲이에요. 도시처럼 시끄럽거나 복잡하지 않고, 두 인물만 존재하는 공간 같았어요.

교사(DOK 2: 개념적 이해): 이 숲이라는 배경이 두 인물의 관계에 어떤 영향을 주었다고 생각하나요?

지후: 숲이라는 배경 덕분에 소년과 나무는 외부의 방해 없이 오롯이 관계를 이어 갈 수 있었던 것 같아요.

서윤: 맞아요. 도심처럼 바쁘고 복잡한 곳이었다면, 소년이 나무를 찾을 기회도 적었을 거예요.

교사(DOK 2: 개념적 이해): 자연이라는 배경이 나무의 행동이나 상징성과도 연결된다고 볼 수 있을까요?

지후: 그럴 수 있어요. 자연은 주로 조건 없이 주는 존재로 그려지는데, 나무도 그런 이미지를 가지고 있어요.

교사(DOK 3: 전략적 사고): 만약 소년이 나무에게 아무런 도움도 받지 않고 스스로 문제를 해결했다면 이야기는 어떻게 달라졌을까요?

서윤: 그랬다면 소년은 더 성숙한 인물로 성장했을 수 있어요. 나무도 덜 상처받았을 거고요.

지후: 결국 두 인물의 관계가 희생과 의존보다는 협력이나 자립 쪽으로 바뀌었을지도 모르겠네요.

교사(DOK 4: 확장된 사고): 이 이야기를 오늘날의 기후 위기나 자원 고갈과 연결해 본다면 어떻게 재구성할 수 있을까요?

서윤: 소년은 무분별하게 자원을 사용하는 현대인 같고 나무는 지구처럼 점점 고갈되

어 가는 존재일 수 있어요.

지후: 그렇다면 결말도 바뀌어야겠죠. 소년이 후회하고 지구를 회복하기 위해 행동하는 쪽으로요.

교사(DOK 4: 확장된 사고): 이제 여러분이 이 이야기를 현대적으로 재해석해 보고 새로운 결말을 만들어 보는 글쓰기를 해 봅시다.

	질문 유형			
	DOK 질문			
	DOK 1	DOK 2	DOK 3	DOK 4
	기억과 재현	개념 이해	전략적 사고	확장된 사고
관찰				
해석	• 동료의 공감과 지지 및 격려를 받고 싶은 부분은? • 함께 나누며 더 배우고 성장하고 싶은 부분은?			

(○는 자주, △은 가끔, ×는 전혀)

참고문헌

Webb, N. L. (1997). *Criteria for alignment of expectations and assessments in mathematics and science education* (Research Monograph No. 6). Washington, DC: Council of Chief State School Officers.

탐구 과제 52: 블룸의 질문과 학생 사고력 신장

블룸(Bloom)의 교육목표 분류법은 학습자의 인지 수준을 체계적으로 구분하여 교육목표를 설정하는 데 활용된다. 개정된 블룸의 분류 체계는 기억하기(Remembering), 이해하기(Understanding), 적용하기(Applying), 분석하기(Analysing), 평가하기(Evaluating), 창안하기(Creating)의 여섯 단계로 구성되며, 학습자가 단순한 정보 습득에서 점진적으로 심화된 사고를 할 수 있도록 유도한다. 이 분류법은 교육자가 학생들의 학습 목표를 명확하게 설정하고 교수·학습 활동을 설계하며 평가 기준을 정하는 데 중요한 역할을 한다. 또한 학습자가 개념을 단순히 암기하는 것이 아니라 분석하고 적용하며 새로운 아이디어를 창안하도록 돕는다. 그렇다면, 교사들은 블룸의 교육목표 분류법을 어떻게 활용하여 학생들의 사고력을 효과적으로 발전시킬 수 있을까?

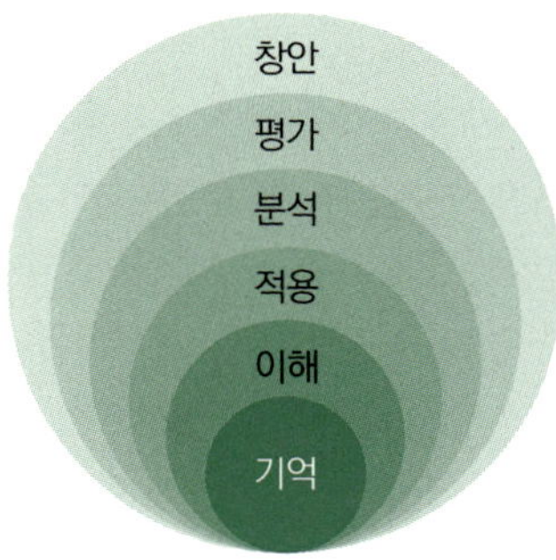

[그림 52-1] 개정된 블룸의 인지 수준 분류

출처: Anderson & Krathwohl (2001).

1. 개정된 블룸의 질문 유형과 비판적 사고

블룸(Bloom, 1956)은 교육목표를 인지적 영역, 정의적 영역, 심동적 영역의 세 부분으로 분류하였다. 그러나 교육 현장에서는 주로 인지적 영역을 활용하였다. 인지과학자들이 분류하는 지식의 유형에 부합하고 학습자의 행동 차원을 비교적 체계적으로 기술하였기 때문이다. 이후에 교육목표 분류체계는 교육과정과 수업 및 평가의 영역에서 다양하게 활용되었다. 예를 들면, 수업 목표를 구체적이고 명시적으로 제시하는 질문, 검사 문항 준비하는 질문, 학생의 사고 능력을 향상시키는 질문, 학습 활동을 촉진하는 질문 만들기 등에 활용되었다(강현석, 2005: 박재철, 남상준, 2017: 32에서 재인용). 그러나 동시에 블룸(Bloom, 1956)의 교육목표 분류체계에 제시된 인지과정 차원의 위계 구조가 비논리적이라는 비판도 제기되었다. 예를 들면, 인지과정 차원의 최상위 위계에 속하는 '평가'가 항상 최상위 위계에서만 작동하지 않는다는 것이다. 때로는 새로운 지식을 습득하는 단계에서, 때로는 새로운 지식을 분석하고 종합하는 단계에서도 작동할 수 있다는 것이다(Marzano, 2001; 양지선, 이경숙, 2018: 133에서 재인용). 한편, 인지과정 차원의 하위 요소(지식, 이해, 적용, 분석, 종합, 평가)를 명사 형태의 일차원적인 구조로 제시하여 사고의 본질과 학습의 관련성을 단순화시켰다는 비판도 제기되었다. 앤더슨과 크래스올(Anderson & Krathwohl, 2001: 28)은 이러한 문제점을 극복하고자 블룸의 신교육목표 분류체계를 제안하였다. 이 분류체계에서는 1차원적으로 접근을 하였던 기존과 달리 명사 형태의 지식 차원과 동사 형태의 인지과정 차원으로 구분하는 2차원적 접근을 하였다. 지금까지의 내용을 정리하면 〈표 52-1〉과 같다.

〈표 52-1〉 블룸의 신교육목표 분류체계(Anderson & Krathwohl, 2001: 28)

지식 차원 (Knowledge dimension)	인지 과정 차원(Cognitive process dimension)					
	1. 기억하다	2. 이해하다	3. 적용하다	4. 분석하다	5. 평가하다	6. 창안하다
A. 사실적 지식						
B. 개념적 지식						
C. 절차적 지식						
D. 메타인지적 지식						

앤더슨과 크래스올(Anderson & Krathwohl, 2001: 46)은, 먼저 기존의 교육목표 분류

체계에서 지식을 독립시켜 네 가지 유형으로 세분하였다(강현석 외 2005: 52; 양지선, 이경숙, 2018: 134; 이민정, 이경숙, 유태명, 2011: 56). 여기에는 사실적 지식, 개념적 지식, 절차적 지식, 메타인지 지식이 포함된다. 사실적 지식은 전문 용어에 대한 지식, 구체적 사실과 요소에 대한 지식이고 주로 교과나 교과의 문제 해결에 필요한 요소들로 구성된다. 개념적 지식은 분류와 유목에 대한 지식, 원칙과 일반화에 대한 지식, 이론과 모형 및 구조에 대한 지식이고 주로 상위 구조에서 기본 요소들 사이의 상호관계를 나타낸다. 절차적 지식은 특정 교과의 기능과 알고리즘에 대한 지식, 특정 교과의 기법과 방법에 대한 지식, 적절한 절차를 적절한 시기에 사용하는 평가척도에 대한 지식이고 주로 방법(수행 방법, 탐구 방법, 기능 활용 준거, 기법 등)에 관한 요소들로 구성된다. 메타인지적 지식은 전략적 지식, 적절한 맥락적 지식과 조건적 지식을 포함하는 인지 과제에 대한 지식, 자기 지식이다. 이러한 지식 차원은 구체적인 지식 수준에서 추상적인 지식 수준으로 제시할 수 있다. 지금까지의 내용을 정리하면 〈표 52-2〉와 같다.

〈표 52-2〉 지식 차원(Anderson & Krathwohl, 2001)

구체적 지식 ——————→ 추상적 지식			
사실적 지식	개념적 지식	절차적 지식	메타적 지식
• 용어 지식 • 특수 사상 및 요소 지식	• 분류와 유목 지식 • 원리와 일반화 지식 • 이론과 모형 및 구조 지식	• 특정 영역 기능과 알고리즘 지식 • 특정 영역 기능과 방법 지식 • 적절한 절차를 적용하는 시기를 결정하는 판단 기준 지식	• 전략적 지식 • 맥락 및 조건적 지식을 포함하는 인지 전반에 관한 지식 • 자기 지식

다음으로 앤더슨과 크래스올(Anderson & Krathwohl, 2001: 67-68)은 명사 형태로 제시된 기존의 교육목표 분류체계 유목(기억, 이해, 적용, 분석, 종합, 평가)을 동사 형태로 교체하였고 지식을 '기억하다'로 대체하였으며 '평가'와 '종합'의 위치를 바꾸면서 '종합'이라는 용어 대신에 '창안하다'라는 용어를 신설하였다. 이것을 그림 자료로

제시하면 [그림 52-2]와 같다.

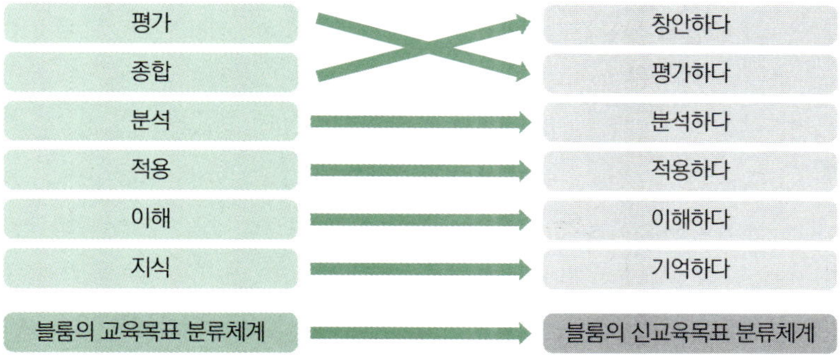

[그림 52-2] 블룸(Bloom, 1956)의 교육목표 분류학과 신교육목표 분류학 비교

'기억하다'라는 장기 기억에서 관련된 지식을 인출하는 것으로, 여기에는 제시된 자료와 일치하는 지식을 장기 기억에 저장하는 '재인하기'와 장기 기억에서 관련된 지식을 인출하는 '회상하기'가 있다. '이해하다'라는 구두, 문자, 그래픽을 포함한 메시지에서 의미를 구성하는 것으로, 기존의 지식과 새로 학습한 지식을 상호 관련을 지을 때 발생한다. 여기에는 '해석하기' '예증하기' '분류하기' '요약하기' '추론하기' '비교하기' '설명하기'가 포함된다. '적용하다'라는 특정 상황에 특정 절차를 적용하는 절차적 지식과 관련이 깊다. 여기에는 '집행하기'와 '실행하기'가 포함된다. '분석하다'라는 자료를 부분으로 나누고 각 부분 간의 관계나 전체와 부분의 관계를 파악하는 것이다. 여기에는 '구별하기'와 '조직하기' '귀속하기'가 포함된다. '평가하다'라는 준거나 기준에 따라 판단하는 것이다. 여기에는 '점검하기'와 '비판하기'가 포함된다. '창안하다'라는 부분들을 결합해서 새롭고 일관성이 있는 전체를 구성하거나 독창적인 산물을 만들어 내는 것이다. 여기에는 '생성하기' '계획하기' '생산하기'가 포함이 된다(강현석 외, 2005: 76-77; 양지선, 이경숙, 2018: 134; 위대현 외, 2019: 17). 이것을 정리하면 〈표 52-3〉과 같다.

〈표 52-3〉 인지과정의 차원(Anderson & Krathwohl, 2001: 67-68)

저 수준의 사고 →					고 수준의 사고
1. 기억하다	2. 이해하다	3. 적용하다	4. 분석하다	5. 평가하다	6. 창안하다
1.1 재인하기 1.2 회상하기	2.1 해석하기 2.2 예증하기 2.3 분류하기 2.4 요약하기 2.5 추론하기 2.6 비교하기 2.7 설명하기	3.1 집행하기 3.2 실행하기	4.1 구별하기 4.2 조직하기 4.3 귀속하기	5.1 평가하기 5.2 비판하기	6.1 생성하기 6.2 계획하기 6.3 산출하기

2. 블룸의 범교과 질문 유형 사례

1) 기억하기(Remembering)

① ~은 무엇인가요?, ② ~은 어디인가요?, ③ 언제, 어디에서 일어난 일인가요?, ④ ~에 해당하는 것은 무엇인가요?, ⑤ ~이 일어난 까닭은 무엇인가요?, ⑥ ~을 떠올릴 수 있나요?, ⑦ ~은 누구인가요?, ⑧ ~에서 가장 중요한 것(사건, 배경, 인물) 세 가지를 든다면?, ⑨ ~을 해결하는 방법은 무엇인가요?, ⑩ ~의 이름은 무엇인가요?, ⑪ ~라고 말하거나 행동한 사람은 누구인가요?, ⑫ ~가 ~에 대해서 뭐라고 말하였나요?, ⑬ ~의 의미는 무엇인가요?, ⑭ ~ 중에서 ~을(를) 나열한다면?

2) 이해하기(Understanding)

① 여러분 자신의 말로 ~의 뜻을 설명할 수 있나요?, ② ~의 또 다른 예는 무엇인가요?, ③ 여러분의 삶에서 ~의 예를 찾을 수 있나요?, ④ ~을 다른 사람에게 설명한다면 어떻게 설명할 수 있나요?, ⑤ ~의 중심 내용과 뒷받침 내용은 무엇인가요?, ⑥ 그림과 도표를 활용해서 ~을 설명할 수 있나요?, ⑦ ~을 다른 범주나 항목으로 묶을 수 있나요?, ⑧ ~을 다른 범주나 항목으로 묶을 때 적용한 규칙이나 특징은 무엇인가요?, ⑨ 방금 이야기한 내용을 간단하게 정리할 수 있나요?, ⑩ 이 맥락에서 볼 때 ~가 그렇게 말하거나 행동하는 이유가 무엇일까요? ⑪ 이 사건과 그 사건이

어떤 관계가 있을까요?, ⑫ 다음에 어떤 일이 일어날지 미루어 짐작한다면?, ⑬ A와 B의 유사점과 차이점은 무엇인가요?, ⑭ ~이 일어난 원인을 설명한다면?

3) 적용하기(Applying)

① 지금까지 공부한 내용을 가지고 이 문제를 어떻게 해결(발전/전개)할 수 있나요?, ② 지금까지 공부한 내용을 또 다른 상황에 어떻게 적용할 수 있나요?, ③ 이 문제를 해결하려면 어떤 방법을 적용해야 할까요?, ④ 이 문제를 해결할 수 있는 또 다른 방법이 있나요?, ⑤ ~에 대한 이해 정도를 입증할 수 있는 방법은 무엇인가요?, ⑥ ~을 설명하는 또 다른 방법은 무엇인가요?, ⑦ 면담할 때 사용할 질문 목록은 무엇인가요?, ⑧ ~을 입증하기 위해서 ~을 어떻게 조직할 것인가요?, ⑨ ~을 입증하기 위해 활용할 수 있는 방법은 무엇인가요?, ⑩ ~에 적용할 수 있는 가장 최선의 방법은 무엇인가요?, ⑪ ~을 입증하기 위해서 사용한 사실과 자료는 무엇인가요?, ⑫ ~의 결과 어떤 일이 일어날까요?, ⑬ ~의 활용 방법은 무엇인가요?

4) 분석하기(Analysing)

① ~의 구성 요소는 무엇인가요?, ② ~의 기능(특징)은 무엇인가요?, ③ ~과 ~은 어떤 관계인가요?, ④ ~에서 공통적으로 드러나는 것은 무엇인가요?, ⑤ A와 B를 어떻게 결합하고 조합할 수 있나요?, ⑥ 다양한 정보 중에서 어떤 정보가 타당한가요?, ⑦ ~을 어떻게 분류(범주화)할 수 있나요?, ⑧ ~중에서 어떤 것이 사실이거나 의견인가요?, ⑨ A와 B 중에서 어떤 것이 좋을까요? 그렇게 생각하는 까닭은 무엇인가요?, ⑩ 어떤 정보나 증거나 가장 중요하다고 생각하나요?, ⑪ 두 입장을 뒷받침하는 근거는 무엇인가요?, ⑫ ~의 이면에 내재된 동기는 무엇인가요?, ⑬ ~에 대한 정보를 가장 익숙하게 파악하는 방식은 무엇인가요?, ⑭ ~을 또 다른 관점에서 파악한다면?

5) 평가하기(Evaluating)

① ~의 행동(결과)에 대해서 찬성(반대)하는 이유는 무엇인가요?, ② ~의 중요성

이나 가치를 판단할 수 있나요?, ③ 만약 ~이라면, 어떤 것이 더 좋을까요?, ④ ~을 추천한 까닭은 무엇인가요?, ⑤ ~의 비율을 어떻게 정할 것인가요?, ⑥ 이 논증은 근거가 확실한가요?, ⑦ 제시된 자료나 증거에서 오류는 없나요?, ⑧ ~중에서 가장 최우선으로 생각하는 것은 무엇인가요?, ⑨ 주장의 근거는 타당한가요?, ⑩ ~이 더 좋다고 생각하는 까닭은 무엇인가요?, ⑪ ~이 더 도덕적이라고(논리적이다, 타당하다, 중요하다, 적합하다) 판단하는 근거는 무엇인가요?, ⑫ ~에 대해서 점수를 주거나 판단한다면, 어떤 방식으로 할 건가요?, ⑬ ~에 대한 칭찬과 비판 및 판단의 근거를 제시한다면? ⑭ ~의 가설을 검증할 때 더 적합한 자료는 무엇인가요?

6) 창안하기(Creating)

① 원하는 최적의 결과를 성취하려면 무엇을 새로 만들어야 할까요?, ② 준비한 계획을 실천하기 위한 다음 단계는 무엇인가요?, ③ 지금까지 미처 생각하지 못했던 문제점을 해결하는 방안은 무엇인가요?, ④ ~에 대한 대안을 제시할 수 있나요?, ⑤ ~에 대한 근거(접근 방법, 관점 등)를 새로운 관점에서 정교하게 다듬을 수 있나요?, ⑥ 지금까지와는 다른 방식으로 이 문제를 해결(개선)하려면 무엇을 더 추가해야 할까요?, ⑦ ~에 대한 계획을 어떻게 변화시켜야 할까요?, ⑧ ~에 대한 새로운 가설을 만들 수 있나요?, ⑨ ~에 대해서 독창적인 아이디어를 제시할 수 있나요?, ⑩ 만약 A라는 문제에 대해서 B라는 방안을 적용한다면 어떤 일이 일어날까요? 그렇게 생각하는 근거는 무엇인가요?, ⑪ ~을 최소화(최대화)하려면, 무엇을 어떻게 바꾸어야 할까요?, ⑫ 만약에 ~이 일어난다면, 당신은 무엇을 할 것인가?

3. 블룸의 이야기 텍스트 질문 유형 사례

1) 기억하기(Remembering)

① 이 이야기에 나오는 인물은 누구누구인가요?, ② 이 이야기에서 일어난 일을 세 가지만 말한다면 무엇 무엇인가요?, ③ 이 이야기는 언제, 어디에서 일어난 일인가요?, ④ 이 이야기에서는 누가 무엇을 어떻게 하였나요?, ⑤ 이야기에 나오는 인물

의 말과 행동은 무엇인가요?

2) 이해하기(Understanding)

① 이 이야기에 나오는 주요 인물에 대해 여러분의 말로 설명할 수 있나요?, ② 이 이야기에서 주인공이 겪고 있는 문제는 무엇이고 해결방안은 무엇인가요?, ③ 이 이야기의 주요 사건을 순서대로 간추려서 말할 수 있나요?, ④ 이야기 초반에 주인공의 기분은 어땠나요?, ⑤ 만약에 여러분이 이 이야기의 작가라면, 어떤 내용을 더 추가할 것인가요?, ⑥ 여러분이 이 이야기의 인물이 되어 일기를 쓴다면 어떤 내용으로 쓸 것인가요?

3) 적용하기(Applying)

① 만약 여러분이라면, 이 문제를 어떻게 해결할 것인가요?, ② 이 이야기의 인물과 비슷한 경험을 한 적이 있나요?, ③ 만약에 여러분이 이 이야기의 인물을 만난다면, 꼭 물어보고 싶은 질문 세 가지는 무엇인가요?, ④ 여러분이 읽은 이야기의 중요 장소와 사건을 그림지도로 표현할 수 있나요?, ⑤ 이 이야기와 비슷한 이야기에는 어떤 것이 있을까요?, ⑥ 친구에게 이 이야기를 추천하는 글을 쓸 수 있나요?

4) 분석하기(Analysing)

① 이 이야기에서 인물의 생각과 느낌을 찾아 서로 비교한다면?, ② 이 이야기를 몇 개의 장면으로 구분하고 각각의 장면에 알맞은 제목을 붙일 수 있나요?, ③ 인물의 말과 행동 중에서 어떤 것이 사실이고 어떤 것이 거짓인가요?, ④ 여러분이 읽고 있는 이야기의 세계(사건, 인물, 배경)와 여러분이 사는 세상을 비교할 수 있나요?

5) 평가하기(Evaluating)

① 이 이야기는 100점 만점 중에서 몇 점일까요? 그렇게 생각하는 까닭은 무엇인가요?, ② 여러분은 주인공의 행동에 대해 찬성하나요? 그렇게 생각하는 까닭과 그렇게 생각하지 않는 까닭은 무엇인가요?, ③ 이 이야기에서 여러분이 가장 만나고

싶은 인물은 누구이고 그 까닭은 무엇인가요?, ④ 이 이야기의 문제점은 무엇이고 그것을 개선하는 방안은 무엇인가요?, ⑤ 이 이야기의 결말은 적절한가요? 그렇게 생각하는 까닭과 그렇게 생각하지 않는 까닭은 무엇인가요?, ⑥ 이 이야기를 소개하는 글을 방송국에 투고하려고 한다면 어떤 내용을 추가해야 하나요?, ⑦ 이 이야기에 나오는 인물을 활용하여 또 다른 이야기를 만들 수 있나요?

6) 창안하기(Creating)

① 여러분 주변 사람들을 이야기의 주인공으로 삼아서 이 이야기와 비슷한 이야기를 만들 수 있나요?, ② 인물, 사건, 배경을 바꾸어서 이 이야기를 바꾸어 쓸 수 있나요?, ③ 만약 여러분이 이야기의 주인공이라면, ~에 대해서 어떻게 반응할 것인가요?, ④ 이 이야기에 알맞은 제목과 표지를 만들 수 있나요?, ⑤ 만약 긴급한 재난 사태가 발생한다면, 여러분은 이 이야기의 인물 중에서 누구를 제일 먼저 구할 것이고 그렇게 생각하는 까닭은 무엇인가요?, ⑥ 이야기의 결말을 바꾸어 쓸 수 있나요?

<table>
<tr><th colspan="6">개정된 블룸(Bloom)의 질문 유형</th></tr>
<tr><td>기억</td><td>이해</td><td>적용</td><td>분석</td><td>평가</td><td>창안</td></tr>
<tr><td>관찰</td><td></td><td></td><td></td><td></td><td></td></tr>
<tr><td>해석</td><td colspan="5">• 동료의 공감과 지지를 받고 싶은 부분
• 함께 나누며 더 배우고 성장하고 싶은 부분</td></tr>
</table>

(○는 자주, △는 가끔, ×는 전혀)

참고문헌

강현석, 강이철, 박영무, 이원희, 조영남, 주동범, 최호성 공역(2005). 신교육목표분류학의 설계. 아카데미프레스.

박재철, 남상준(2017). “초등 사회 교과서 지리 단원의 질문 유형과 수준” 한국지리환경교육학회, 25(2). 29-40.

박태호(2021). Bloom의 신교육목표 분류 체계에 따른 질문 사례: 이야기 텍스트의 질문 만들기를 중심으로. 교육논총, 58(4), 39-56.

양지선, 이경숙(2018). Bloom의 신교육목표 분류체계에 기초한 4차 산업혁명 시대에 요구하는 지식과 역량 분석: 2015 개정(기술 · 가정) 교육과정의 가정과 성취기준을 대상으로, **한국가정과교육학회지**, 30(3). 129-149.

이민정, 이경숙, 유태명(2011). Bloom의 신교육목표 분류체계에 기초한 2007 개정 7학년 기술 · 가정 교과서 분석: 가정 영역을 중심으로. **실과교육연구**, 17(2), 149-176.

위대현(2019). Bloom의 신교육목표분류학에 기반한 초등 사회과 수업 목표 분석. 서울교육대학교 석사학위논문.

Anderson, L. W., & Krathwohl, D. R. (Eds.). (2001). *A Taxonomy for Learning, Teaching, and Assessing: A Revision of Bloom's Taxonomy of Educational Objectives*. New York, NY: Longman.

Bloom, B. S. (Ed.). (1956). *Taxonomy of educational objectives: The classification of educational goals*. Handbook I: Cognitive domain. NY: David McKay.

탐구 과제 53: 개념 기반 탐구학습 질문과 학생 사고력 신장

개념 기반 탐구학습은 학습자가 단순한 지식의 습득을 넘어서 개념을 중심으로 사고하고 이를 실제 맥락에 적용하는 전이학습을 추구한다. 이때 교사의 질문은 학습자의 인지적 참여 유도와 개념 이해 및 심화에 초점을 맞춘다. 래닝과 브라운(Lanning & Brown, 2020: 61)은 개념 기반 탐구학습 질문 유형을 세 가지로 제시하였다. 사실적 질문, 개념적 질문, 논쟁적 질문이다. 이 세 가지 질문 유형은 사고 수준에 따라 위계적으로 조직되며 탐구의 방향성과 깊이를 조절하는 수단으로 작용한다. 그렇다면 이 세 가지 유형의 질문은 무엇이고 교실 수업에서 어떻게 활용해야 하는가?

1. 사실적 질문

사실적 질문(Factual Questions)은 학습자가 교과서, 실험, 자료 등에서 확인 가능한 객관적 사실을 묻는다. 정답이 명확하며 개념 탐색의 기초 자료가 된다(Lanning & Brown, 2020: 61). 예를 들어, "이 시의 제목은 무엇인가요?" "3의 배수에는 어떤 수들이 포함되나요?" "6 · 25 전쟁은 언제 발생했나요?" "물은 몇 도에서 끓기 시작하나요?" "도레미파솔라는 어떤 음계 체계에 속하나요?" 등과 같은 질문이 사실적 질문이다. 이 질문들은 폐쇄형 구조를 가지며 기억이나 기초 정보 확인에 초점을 둔다.

2. 개념적 질문

개념적 질문(Conceptual Questions)은 사실을 단순히 나열하는 데 그치지 않고 개념 간 관계를 탐색하고 일반화를 이끌어 낸다. 학습자는 비교, 분류, 관계화 등의 인지 전략을 활용하여 개념의 본질에 접근한다(Lanning & Brown, 2020: 62). 예를 들어,

"이야기의 갈등 구조는 인물의 성격과 어떤 관련이 있나요?" "왜 곱셈은 덧셈보다 계산 효율이 높다고 할 수 있나요?" "국가 간 무역이 사회에 미치는 영향은 무엇인가요?" "과학 탐구에서 증거 기반 추론은 어떤 역할을 하나요?" "리듬은 감정 표현과 어떤 관련이 있나요?" 등과 같은 질문들이 개념 탐구를 유도한다. 이 질문들은 추론, 설명, 해석의 사고 활동을 요구하며 하나의 정답보다는 논리적 설명과 근거 중심의 사고를 강조한다.

3. 논쟁적 질문

논쟁적 질문(Debatable Questions)은 정답이 고정되어 있지 않다. 이 질문은 비판적 사고, 가치 판단, 논증 능력을 함양하는 데 효과적이다(Lanning & Brown, 2020: 63). 예를 들어, "소설 속 주인공의 행동은 정당했다고 볼 수 있을까요?" "수학은 모든 문제 해결에 반드시 필요한 도구일까요?" "모든 사람에게 기본소득을 지급해야 할까요?" "유전자 조작 기술은 인류의 미래에 긍정적일까요, 부정적일까요?" "예술 작품은 평가받을 수 있는 대상일까요?" 등과 같은 질문들이 논쟁적 질문 유형에 해당한다. 이러한 질문들은 고등 사고 활동을 자극하고 학습자 간 토론을 활성화하여 민주적 의사소통 역량을 강화한다.

4. 『무지개 물고기』를 활용한 개념 기반 탐구학습 질문 사례

교사(사실적 질문): 얘들아, 무지개 물고기는 어떤 물고기였지?

학생 A: 반짝반짝 빛나는 비늘을 가진 물고기요.

교사(사실적 질문): 맞아. 다른 물고기들은 무지개 물고기에게 뭐라고 했니?

학생 B: 반짝이는 비늘 하나만 달라고 했어요.

교사(개념적 질문): 그런데 무지개 물고기는 왜 처음엔 그 비늘을 주지 않았을까?

학생 C: 그게 제일 예쁜 거라서 아까웠던 것 같아요.

교사(개념적 질문): 맞아. 그 비늘은 무지개 물고기에게 아주 **소중한 것**이었고, 자기만의

특별한 물건이었을 거야. 우리도 그런 게 있지? **나만 소유하고 싶은 물건**, 누구에게도 주기 싫은 물건 말이야. 너희는 그런 걸 누가 달라고 했을 때, 어떤 마음이 들었니?

학생 D: 저는 친구가 제 색연필 빌려 달라고 했는데, 제일 좋아하는 색이라 못 줬어요.

교사(논쟁적 질문): 그래, **소유하고 싶은 마음**이 들기도 하고, 또 때로는 **나누고 싶은 마음**도 생겨. 그럼, 친구랑 잘 지내려면 꼭 물건을 나눠야 할까?

5. 『게티스버그 연설』을 활용한 개념 기반 탐구학습 질문 사례

교사(사실적 질문): 얘들아, 링컨은 이 연설을 어디에서, 어떤 상황에서 했을까?

학생 A: 남북전쟁 중에 게티스버그 전투가 끝난 뒤, 전사자들을 위한 추모식에서 했어요.

교사(사실적 질문): 맞아. 많은 병사가 목숨을 잃었지. 링컨은 그들을 어떻게 표현했니?

학생 B: 나라를 위해 끝까지 헌신한 사람들이라고 했어요.

교사(개념적 질문): 그런데 왜 링컨은 병사들의 죽음을 그냥 '슬픈 일'로 말하지 않고, 나라의 미래와 연결해서 이야기했을까?

학생 C: 그 병사들이 나라가 무너지지 않게 막았기 때문이에요. 우리가 지금처럼 살 수 있게 한 거잖아요.

교사(개념적 질문): 그래, 우리가 누리는 자유와 평등은 그냥 생긴 걸까? 아니면 누군가 지켜 낸 결과일까?

학생 D: 지키려는 사람들이 있었기 때문이에요. 그냥 얻어진 건 아닌 것 같아요.

교사(개념적 질문): 링컨은 "국민의, 국민에 의한, 국민을 위한 정부"라고 말했어. 이 말이 왜 중요하다고 생각해?

학생 E: 국민이 나라의 주인이라는 뜻이니까요. 우리가 나라를 움직이게 하는 거예요.

교사(논쟁적 질문): 그런데 지금 우리는 진짜 그렇게 살고 있을까? 나라의 일에 관심을 갖고 있다고 생각해?

학생 F: 잘 모르겠어요. 뉴스도 안 보는 사람 많고, 선거 때 투표 안 하는 사람도 많아요.

학생 G: 하지만 요즘은 우리도 목소리를 낼 수 있는 기회가 많아졌다고 생각해요.

참고문헌

Lanning, L. A., & Brown, T. (2020). Concept-based literacy lessons: Designing learning to ignite understanding and transfer, Grades 4-10. Corwin Press.

탐구 과제 54: 맥타이와 위긴스의 4가지 질문 유형

교사의 질문은 학습자의 사고를 자극하고 개념 이해를 촉진하며 수업의 방향을 설정한다. 하지만 모든 질문이 동일한 교육적 효과를 내는 것이 아니다. 질문의 구조와 목적에 따라 사고 수준과 반응 방식이 달라지기 때문이다. 이에 교사는 질문을 유형별로 구분하고 전략적으로 활용할 필요가 있다. 맥타이와 위긴스(McTighe & Wiggins, 2013)는 교실에서 자주 사용되는 질문을 '흥미유발 질문, 정답 유도 질문, 탐색 유도 질문, 본질적 질문'의 네 가지 유형으로 분류하였다. 그렇다면 수업에서 이 네 가지 유형의 질문을 어떻게 사용해야 할까?

1. 흥미유발 질문

흥미유발 질문(Hook Questions)은 학습자의 주의를 환기하고 학습 주제에 대한 호기심을 자극하는 질문이다. 이 질문은 정답을 요구하는 열린 질문이거나 감정적 반응이나 직관적 추측을 유도하는 경우가 많다.

예를 들어, 과학 수업에서 "우리가 지금 마시는 물은 공룡도 마셨던 물일까요?"라는 질문은 학생의 상상력을 자극하며 물의 순환 개념에 대한 탐구를 자연스럽게 유도한다. 국어 수업 시간에 "왜 어떤 시는 한 줄만 읽어도 마음이 흔들릴까요?"라는 질문은 정서적 공감대를 형성하고 문학에 대한 감각적 몰입을 유도한다. 이처럼 흥미유발 질문은 학습자의 감정과 주제를 연결하고 학습 동기를 자극하는 심리적 촉진제 역할을 한다.

2. 정답 유도 질문

정답 유도 질문(Leading Questions)은 명확한 정답을 전제로 하며 학생이 기억하거나 이해한 정보를 정확하게 제시할 수 있는지를 확인하기 위해 사용한다. 교사는 이 질문을 통해 학생의 지식 습득 여부를 점검하거나 학습 내용이해 여부를 정검할 때 사용한다. 정답을 제시할 때까지 반복하여 질문할 수 있고 논증이나 근거를 요구하지는 않는다. 주로 기억이나 이해와 같은 저 수준의 정답 유도 질문이 여기에 해당한다.

예를 들어, 수학 수업에서 "7 곱하기 8은 얼마인가요?"라는 질문은 연산 능력의 정확성을 확인하기 위한 질문이다. 사회 수업에서 "대한민국의 수도는 어디인가요?"라는 질문은 기초 지식의 습득 여부를 점검하기 위한 질문이다. 국어 수업에서 "이 글의 중심 문장은 무엇인가요?"라는 질문은 글의 핵심 내용을 이해 정도를 확인하는 질문이다. 이처럼 정답 유도 질문은 수업의 흐름을 조율하고 학생의 학습 상태를 즉각적으로 파악할 수 있는 기능을 한다.

3. 탐색 유도 질문

탐색 유도 질문(Guiding Questions)은 학생이 주어진 정보를 해석하거나 추론을 통해 사고를 전개하도록 유도한다. 이 질문은 하나의 정답만을 추구하지 않고 다양한 접근과 해석을 허용한다. 교사는 학생에게 사고의 방향을 제시하되 답을 직접 제공하지 않고 사고 과정을 안내한다. 탐색 유도 질문은 수업 중에 반복해서 활용할 수 있고 학습자의 인지적 참여 촉진에 도움이 된다.

예를 들어, 과학 수업에서 "왜 쇠는 가라앉고 나무는 뜰까요?"라는 질문은 밀도 개념을 유도하며 학생의 개념적 추론 활동을 유도한다. 국어 수업에서 "이 인물은 왜 그런 선택을 했을까요?"라는 질문은 인물의 성격, 사건의 전개, 맥락적 요소를 종합적으로 해석하게 한다. 수학 수업에서 "왜 이 문제는 소수로 바꾸는 게 더 유리할까요?"라는 질문은 문제 해결 전략의 비교를 통해 수학적 사고의 확장을 유도한다. 이처럼 탐색 유도 질문은 학생이 개념을 정교하게 이해하고 논리적으로 설명하는 데 도움이 된다.

4. 본질적 질문

본질적 질문(Essential Questions)은 학습자가 단기간에 정답을 제시하기 어려운 개념적 깊이와 철학적 성찰을 요구하는 질문이다. 이 질문은 수업의 전 과정에 걸쳐 반복적으로 제시되며 정답이 정해져 있지 않다. 학생은 자신의 견해를 논리적으로 정당화해야 하며 새로운 질문을 계속해서 생성하고 탐구하는 과정을 지속한다. 본질적 질문의 사고 수준은 매우 높고 개념 전이와 통합적 이해를 지향한다.

예를 들어, 국어 수업에서 "이야기는 인간에게 어떤 의미일까요?"라는 질문은 문학의 존재 이유와 인간 삶의 본질을 탐구하게 한다. 사회 수업에서 "정의로운 사회란 어떤 모습이어야 할까요?"라는 질문은 법, 윤리, 제도, 공동체 등의 통합적 개념을 사고하게 한다. 수학 수업에서 "수학은 실제 세계를 이해하고 개선하는 데 어떤 기여를 할 수 있을까요?"라는 질문은 수학의 본질과 삶과의 연결성을 재해석하게 한다. 이처럼 본질적 질문은 학생이 교과 지식을 넘어서 삶의 맥락 속에서 사고하고 해석하도록 이끄는 고차원적인 질문이다.

네 가지 질문 유형은 각기 다른 교육적 기능을 수행하며, 수업의 전개 방식과 사고 유도 수준에 따라 전략적으로 활용될 수 있다. 교사는 질문의 구조와 의도를 정확히 인식하고, 수업의 목적과 학습자의 사고 수준에 맞게 적절히 배치함으로써 깊이 있는 배움을 설계할 수 있다.

5. 『어린왕자』를 활용한 맥타이와 위긴스의 4가지 질문 유형

교사(흥미유발 질문): 여러분, 어른이 되면 별이 예전처럼 아름답게 보이지 않을 수도 있을까요?

학생: 어른이 되면 그런 걸 잘 느끼지 못할 수도 있어요.

교사(정답 유도 질문): 어린 왕자는 어느 별에서 왔나요?

학생: B612번 소행성이요.

교사(탐색 유도 질문): 어린 왕자가 장미를 떠난 이유는 무엇일까요?

학생: 장미가 마음을 표현하지 않아서 서운했어요.

교사(본질적 질문): 여러분, 사랑은 어떤 책임을 요구하는 걸까요?

학생: 지속적인 관심과 사랑을 표현하는 책임이요.

교사(탐색 유도 질문): 여우는 왜 '가장 중요한 것은 눈에 보이지 않는다.'라고 말했을까요?

학생: 마음으로 느껴야 하는 것들은 눈에 안 보이기 때문이에요.

교사(정답 유도 질문): 어린 왕자가 지구에서 처음 만난 존재는 누구였나요?

학생: 뱀이요.

교사(흥미유발 질문): 여러분은 사막에서 우물을 찾을 수 있다고 생각하나요?

학생: 현실에서는 어렵지만, 이야기 속에서는 가능하다고 생각해요.

교사(본질적 질문): 어린 왕자는 왜 자기 별에 있는 장미에게 꼭 돌아가야 한다고 느꼈을까요?

학생: 장미가 자기한테 정말 소중한 존재고, 책임져야 한다고 생각했기 때문이에요.

참고문헌

McTighe, J., & Wiggins, G. (2013). *Essential questions: Opening doors to student understanding*. ASCD.

탐구 과제 55: 자세히 읽고 질문하기

모바일 세대 학생들은 '훑어 읽기' 능력이 우수하다. 외식할 때에 가장 신속하고 정확하게 맛집을 찾아서 안내하는 가족은 바로 자녀들이다. 짧은 시간에 후기까지 검색해서 맛집을 찾아내는 능력은 감히 따라갈 수가 없다. 정보화시대에는 이러한 능력이 최고의 능력이었다. 그러나 4차 산업혁명 시대에는 이러한 정보탐색 능력을 넘어서서 정보를 비판적으로 재해석하고 재구성하는 비판적 사고 역량이 필요하다. 비판적 사고 역량을 신장시키는 핵심 요소 중의 하나가 자세히 읽고(Close Reading) 질문을 만드는 능력이다. 그렇다면, 이러한 능력을 기르기 위해서는 무엇을 어떻게 해야 할까?

1. 모바일 세대 훑어 읽기의 문제점

덴마크 출신 전산학자인 제이컵 닐슨(Jakob Nielsen)은 눈동자 추적(eye-tracking) 기술을 활용하여 디지털 화면을 보는 232명의 눈동자 움직임을 관찰하고 분석했다. 그리고 이러한 연구 결과를 NNG(Nielsen Norman Group) 'F자형 읽기'로 소개하였다. 연구 결과, 대부분의 사람이 디지털 화면의 정보를 10초 이내로 훑어 읽으면서 파악한다는 놀라운 사실을 발견하였다. 참여자 대부분이 종이책을 한 줄 한 줄씩 끝까지 읽던 기존의 읽기 양상과는 다른 양상을 보였기 때문이다. 실험 참여자들도 첫 번째 문장에서 세 번째 문장까지는 종이책을 읽을 때와 유사한 방식으로 왼쪽에서 오른쪽으로, 위에서 아래로 진행하며 하나씩 차근차근 읽었다. 그러나 그 후에는 문장의 처음에 나오는 낱말만 집중해서 읽고 이어지는 낱말들은 건너뛰면서 읽는 독서 양상을 보였다. 그렇게 문장과 문장을 건너뛰며 읽다가 중간 부분의 한두 문장을 다시 자세하게 읽고 이어지는 문장은 다시 건너뛰며 읽는 독서 경향을 보였다. 이 연구에 따르면, 실험 참여자들은 디지털 매체에 제시된 100개의 단어를 4.4초 만에 읽은 것이다.

아무리 우수한 독자라도 4.4초 만에 읽을 수 있는 단어 수는 18개 정도에 불과하므로 실험 참여자들은 결국 글을 거의 읽지 않았다는 것을 입증한 셈이다. 이것을 자료로 제시하면 다음과 같다.

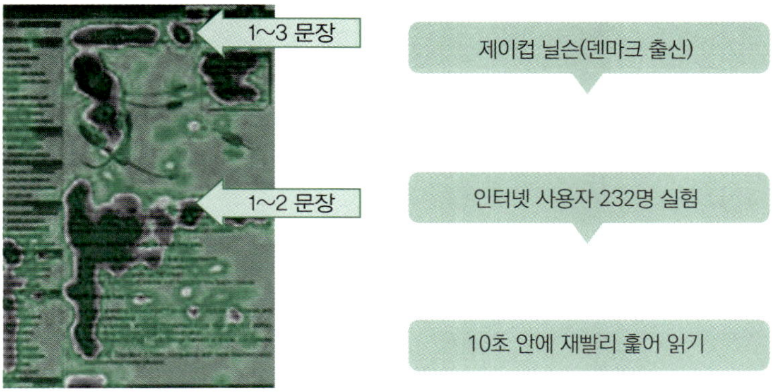

[그림 56-1] F자형 읽기

모바일 기기의 급속한 보급과 동시에 학생 문해력도 점점 떨어지는 현상은 우연의 일치가 아니다. 한국언론진흥재단이 발간한 '2022년 10대 청소년 미디어 이용조사' 보고서를 보면 한국 초등학생(4~6학년, 이하 동일)과 중고생의 인터넷 이용 시간은 모바일 기기와 PC를 합쳐서 하루 평균 479.6분(약 8시간)으로 분석됐다. 2019년에 조사했을 때는 하루 평균 267.2분(약 4시간 반)을 기록해 2016년 조사한 결과(199.9분, 약 3시간 20분)보다 1시간 남짓 늘어난 수준이었는데, 2년 사이에 약 1.8배로 확대한 것이다. 이번 보고서에서 10대들의 인터넷 사용 시간은 평일 평균 약 7.1시간, 주말 평균 9.1시간으로 분석됐다. 여기서 청소년의 모바일 사용 시간만을 따로 제시하면, 2016년에는 모바일 사용 시간이 약 2.3시간에서 2019년에는 3.3시간으로 증가하였으나 2022년에는 6시간으로 대폭 증가하였다.[1] 이것을 그림으로 제시하면 다음과 같다.

---

1) https://www.yna.co.kr/view/AKR20221201085700005

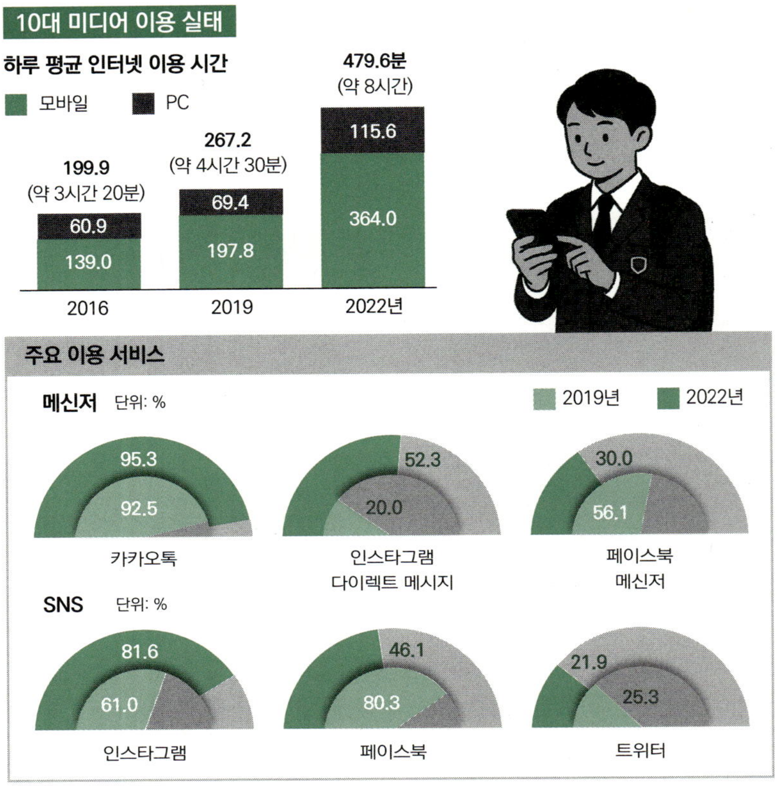

[그림 56-2] 10대 미디어 이용 실태

출처: 연합뉴스(2022).

2021년에 한국교총이 전국의 초·중등 교사 1,152명을 대상으로 한 조사 결과에 따르면, 설문에 참여한 교사들 10명 중에서 4명이 학생들의 문해력 수준을 70점대(C등급)로 진단하면서 유튜브와 같은 영상 매체 시청(73%)이나 독서 활동 부족(54.3%)을 그 대표적 원인으로 꼽고 있다.

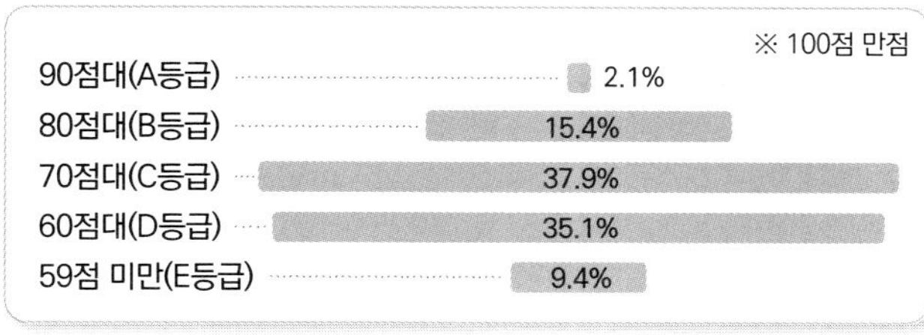

교사들이 생각하는 문해력 하락 원인 ※ 중복 응답

유튜브 등 영상 매체에 익숙해져서	73.0%
독서를 소홀히 해서	54.3%
한자 교육을 소홀히 해서	16.6%
학교에서 어휘 교육을 소홀히 해서	13.9%
기타(기초학력 경시 분위기/진보 교육감의 받아쓰기 · 일기 쓰기 금지/지식 교육보다 활동 위주 교육 강화 등)	

※ 한국교총이 2021년 4월 9~16일 전국 초 · 중 · 고 교사 1,152명 대상으로 설문

[그림 56-3] 교사들이 점수로 매긴 요즘 학생들 문해력 수준

출처: 연합뉴스(2021).[2)]

서울의 어느 한 중학교 국어 수업 시간에 교사와 학생 사이에 오간 대화이다. 이것을 보면, 우리나라 청소년의 문해력 저하 현상이 얼마나 심각한지를 알 수 있다.

대화 주체	교실 대화
교사	"여러분 '선무당이 사람 잡는다.'라는 속담을 알고 있죠? 이 속담에서 '선무당'의 뜻을 아는 사람이 있나요?"
학생 1	"서 있는 무당이요."
교사	"무당이 '서 있는 무당'이라면 선과 무당 사이를 띄어 써야 하지 않을까요?"
학생 2	"선착순 할 때의 '선(先)' 아니에요?"
교사	"그 말이 맞다면 '후(後)무당'이라는 말도 있어야 하지 않을까요? 후무당이라는 말을 들어 봤나요?"

2) https://www.yna.co.kr/view/AKR20211207157600501

그렇다면 점점 증가하는 청소년의 문해력 저하 현상을 방치하면 어떤 일이 벌어질까? 경제협력개발기구(OECD)가 2013년에 발표한 국제성인역량조사(PIAAC, 16~65세 대상)에서 문해력과 좋은 일자리는 깊은 관련이 있는 것으로 드러났다. 문해력 수준이 가장 높은 사람들이 최하위 수준의 사람들에 비해서 평균 시급은 60% 이상 높았고 취업 가능성은 2배 이상 높았다고 한다. 또한 문해력 수준이 높을수록 더 건강한 생활을 영위하였고 신뢰도가 높았으며 자원봉사를 비롯한 지역사회 활동에 더욱 자주 참여하는 것으로 나타났다. 국가평생교육진흥원(2016)이 시행한 성인의 문해능력 조사에서도 문해력 점수가 높을수록 가구별 소득이 높다는 것을 알 수 있다. 월 소득이 100만 원 미만에 해당하는 가구의 문해력 평균 점수는 40.8점, 100~299만 원에 해당하는 가구의 문해력 점수는 72.8점, 300~499만 원에 해당하는 가구의 문해력 점수는 85.8점, 500만 원 이상에 해당하는 가구의 문해력 점수는 90점으로 나타났다.

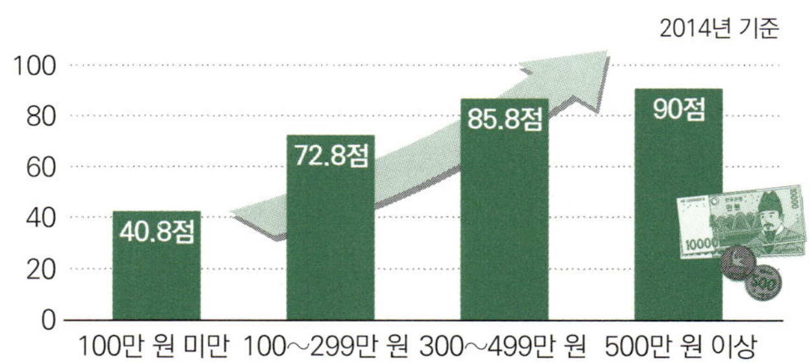

[그림 56-4] 소득 수준에 따른 문해력 테스트 결과

문해력의 약화는 개인이나 특정 집단뿐만 아니라 전체 사회에 심각한 문제를 초래할 수 있다. 특히 문해력이 비판적이고 분석적인 사고의 필수 기반이라는 점에서, 이러한 상황을 방치하면 중대한 결과를 초래할 가능성이 크고 이를 개선하기 위한 교육적이고 사회적인 비용 역시 만만치 않을 것이다. 로스앤젤레스 캘리포니아대학(UCLA)의 난독 연구센터장이자 문해력 분야의 세계적 권위자인 매리언 울프 교수는 그녀의 저서 『다시, 책으로』에서 문해력 저하가 개인의 정보 해석 및 사회적 참여에 걸림돌이 될 뿐만 아니라 이로 인해 발생한 정보의 왜곡과 오해가 민주적 의사결정과정을 훼손할 수 있다고 지적한다.

청소년의 문해력 문제는 교육 정책의 문제를 넘어서 사회적 · 정치적 문제로 비화하고 있다. 이제 교육부와 관련 정책 입안자 및 연구자들은 청소년의 문해력 증진을 위한 효과적인 전략을 개발하고 교육 현장은 이것을 더욱 적극적으로 실천해야 한다.

2. '사해적' 질문 만들기와 토론하기

라파엘과 하이필드(Raphael & Higfield, 2006)는 텍스트 기반의 질문 만들기 유형으로 QAR(Question-Answer-Relationship)을 제안하였다. QAR은 네 가지 유형의 질문으로 구성된다. 첫 번째 질문 유형은 Right there(답이 바로 여기에)이다. 이 질문에 대한 답이 텍스트에 명시적으로 제시되어 있다는 점에서 텍스트 명시적 질문이라고도 한다. 미국 독립 혁명과 관련된 짧은 텍스트를 예로 들면, "영국 식민지였던 미국의 국민은 우표법에 어떻게 대항을 하였나요?" "자유의 아들들은 누구누구인가요?" 등이 이 유형의 질문에 해당된다.

두 번째 질문 유형은 Think and Search(답은 생각하고 찾기)이다. 이 질문에 대한 답은 텍스트에 명시적으로 제시되어 있지만 '바로 여기'가 아닌 텍스트 여기저기에 산재된 정보를 종합하여 제시해야 한다. 여기에는 "보스턴 차 사건이 일어난 주요 원인 두 가지 이상을 찾아서 설명할까요?" "보스턴 차 사건 이후에 영국 정부가 어떤 반응을 보였고, 그것이 식민지 사람들에게 준 영향은 무엇인가요?" 등이 해당한다.

세 번째 질문 유형은 Author and You(답은 작가와 당신이)이다. 이 질문에 대한 답은 텍스트의 정보를 바탕으로 독자가 자신의 생각을 결합하여 제시한다는 점에서 텍스트 명시적이고 함축적인 질문이라고 할 수 있다. 여기에는 "왜 신생 정부인 미국은 강력한 중앙 집권 대신에 다소 느슨하고 유연한 연방제를 택했을까요?" "존 아담스가 영국과의 무역협상에 어려움을 겪은 까닭은 무엇일까요?" 등의 질문이 해당된다.

네 번째 질문 유형은 On Your Own Question(답은 바로 당신이)이다. 이 질문에 대한 답은 독자가 텍스트의 정보를 삶과 관련을 지을 때에 답할 수 있다는 점에서 텍스트 함축적인 동시에 텍스트 초월적이라고 할 수가 있다. 여기에는 "미국의 독립전쟁

기간 중에 애국주의자들은 소수에 불과했다. 소수에 불과한 이들이 여전히 영국에 충성하기를 원하는 다수의 국민을 상대로 행동할 권리가 있었을까? 이에 대한 당신의 생각을 말한다면?" "영국이 미국 독립전쟁 중에 많은 도시들을 많이 점령했지만 실제 전쟁에서는 패전하였다. 그 이유는 무엇일까?" "오늘날에도 과연 그러한 일들이 가능할까?" 등이 이러한 질문에 해당된다.

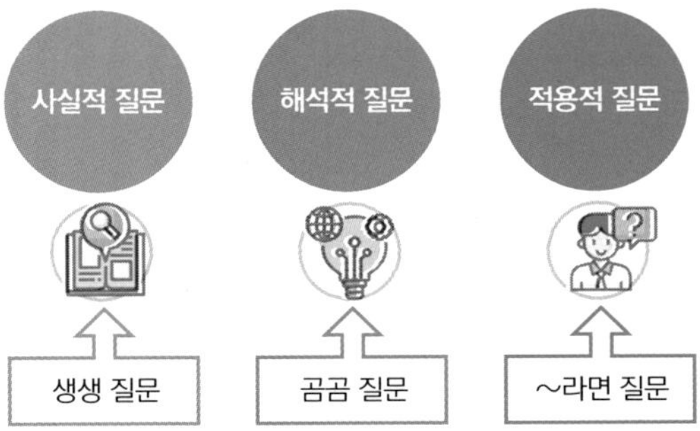

[그림 56-5] 사실적 · 해석적 · 적용적 질문[3)]

1) 사실적 질문

- 책에 명확하게 제시된 정보의 회상과 기억 요구
- 바로 여기 질문(Right There)
- 주로 5WH 질문이 해당(언제, 어디에서, 누가, 무엇을 하였나?)
- 답이 책에 명확하게 제시됨

2) 해석적 질문

- 텍스트에 암시적(暗示的)으로 제시된 정보에 독자의 생각 추가
- Detective Question(탐정 질문: 텍스트 정보+독자)
- 주로 Why 질문이 해당(답이 텍스트에 함축적으로 드러남)

---

3) 생생 질문, 곰곰 질문, ~라면 질문은 사실적 질문, 해석적 질문, 적용적 질문을 학생 눈높이에 맞게 교육현장에서 변환하여 사용한 것을 소개한 것이다.

3) 적용적 질문

- 정보(정답)는 오직 독자의 마음
- 정답이 책을 벗어나는 질문(Text to Word)
- 답은 오직 독자의 머릿속에만 존재(ON Your Own)

3. 연습하기

1) 그림 자료 자세히 읽고 질문 만들기(예시)

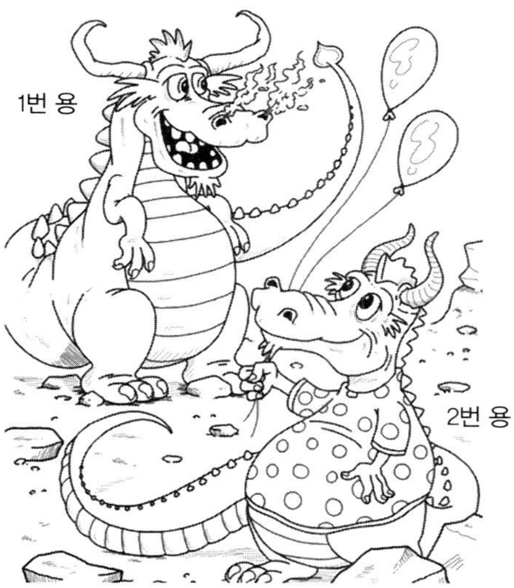

(1) 사실적 질문

- 풍선을 들고 있는 용은 몇 번 용인가요?
- 코에서 불과 연기를 뿜고 있는 용은 몇 번 용인가요?
- 물방울무늬 옷을 입고 있는 용은 몇 번 용인가요?
- 풍선은 몇 개인가요?

(2) 해석적 질문

- 2번 용이 풍선을 들고 있는 까닭은 무엇인가요?

- 1번 용이 코에서 불과 연기를 뿜고 있는 까닭은 무엇인가요?
- 1번 용과 2번 용은 어떤 관계일까요? 친구일까요, 가족일까요?
- 2번 용이 들고 있는 풍선은 어떻게 될까요? 2번 용이 풍선을 들고 있는 까닭은 무엇인가요?

(3) **적용적 질문**

- 여러분이 2번 용이라면 1번 용에게 어떤 말을 할 것인가요?
- 1번 용이 갑자기 불을 내뿜지 않는다면, 상황이 어떻게 달라질까요?
- 풍선이 바람에 날아가 버린다면 2번 용은 어떻게 행동할까요?
- 여러분이 2번 용이라면, 1번 용과 함께 무엇을 하고 싶나요?

2) 「모서리」라는 시를 자세히 읽고 질문 만들기(예시)

모서리

이혜영

"아야!
아유, 아파."
책상 모서리를 흘겨봤다.
"내 잘못 아냐."
모서리도 눈을 흘긴다.
[중략]

※「모서리」 찾아 읽고 질문 만들기

(1) **사실적 질문**

- 시의 화자는 책상 모서리에 부딪힌 후 어떤 말을 했나요?
- 화자는 모서리를 보고 어떤 행동을 했나요?
- 모서리는 화자에게 어떤 표정과 말로 반응했나요?
- 시의 마지막에서 화자는 무엇이 더 아프다고 느꼈나요?

(2) **해석적 질문**

- 화자가 책상 모서리를 흘겨본 이유는 무엇일까요?
- 모서리가 화자에게 눈을 흘긴 것은 어떤 의미일까요?
- "나도 그렇게 지나쳤겠지?"라는 말에서 화자는 무엇을 깨달았을까요?
- "부딪힌 무릎보다 마음 한쪽이 더 아파 온다."라는 표현은 어떤 감정을 나타내고 있나요?

(3) **적용적 질문**

- 여러분도 누군가에게 모서리처럼 날카롭게 대했던 경험이 있나요?
- 만약 화자가 다른 사람과 부딪힌 상황이라면, 어떻게 행동하는 것이 좋을까요?
- 일상에서 상대방의 감정을 이해하고 배려하는 방법에는 어떤 것이 있을까요?
- "내가 조심해야지."라는 말처럼, 스스로를 돌아보는 태도가 중요한 이유는 무엇인가요?

3) 「염소탓」이라는 시로 질문 만들기(예시)

염소탓

성명진

할아버지가 염소에 이끌려 갑니다.
할머니와 다투고 나온 터라
집에 그냥 들어가기가 멋쩍은
할아버지입니다.
[중략]

※ 「염소탓」 찾아 읽고 질문 만들기

(1) **사실적 질문**

- 할아버지가 집을 나간 까닭은 무엇인가요?
- 할아버지는 지금 무엇을 하고 있나요?

- 할아버지는 염소에게 뭐라고 말했나요?

(2) 해석적 질문

- 제목을 「염소탓」으로 정한 까닭은 무엇일까요?
- 할아버지가 할머니와 다툰 까닭은 무엇일까요?
- 할아버지가 못 이기는 척 끌려가는 이유는 무엇일까요?
- 할아버지는 왜 염소를 탓하고 있을까요?
- 할아버지는 왜 할머니가 듣게 큰 소리로 "그만 끌어 이것아."라고 했을까요?
- 할아버지는 집에 들어가서 할머니에게 뭐라고 말했을까요?

(3) 적용적 질문

- 여러분도 ~ 때문에 억울한 일을 당한 적이 있나요? 그래서 어떻게 되었나요?
- 여러분도 가족 중의 누군가와 싸워서 집에 들어가기가 싫거나 불편했던 적이 있나요? (엄마/아빠/형/누나/동생 등)
- 할아버지와 할머니의 표정과 목소리로 대화해 봅시다.

4) 『꽃들에게 희망을』이라는 이야기로 질문 만들기(예시)

애벌레들은 꼭대기에 오르려고 기를 쓰는 것 같았습니다. 그러나 꼭대기는 구름에 가려 있어서, 그곳에 무엇이 있는지 호랑 애벌레는 알 수가 없었습니다. 호랑 애벌레는 새봄이 물이 오르는 나무처럼 새로운 흥분을 느꼈습니다. "그래, 내가 찾으려는 것이 어쩌면 저곳에 있을지도 몰라." 호랑 애벌레는 들뜬 마음으로 옆에 있는 애벌레에게 물었습니다. "저 애들이 지금 무얼 하고 있는지 아니?" 그러자 그 애벌레가 말했습니다. "나도 방금 도착했어. 아무도 설명해 줄 시간이 없나 봐. 다들 저 꼭대기로 올라가려고 애쓰느라 바쁘거든."

[중략]

※ 『꽃들에게 희망을』 찾아 읽고 질문 만들기

출처: 김석희 역(1999).

(1) 사실적 질문

- 애벌레들이 힘을 다해 올라가려는 곳은 어디인가요?
- 호랑 애벌레가 꼭대기를 볼 수 없었던 이유는 무엇인가요?
- 호랑 애벌레가 가슴이 설렜던 이유는 무엇인가요?
- 호랑 애벌레가 말한 '저곳'은 어디를 뜻하나요?
- 호랑 애벌레는 왜 '어쩌면'이라는 말을 썼을까요?
- 호랑 애벌레는 옆에 있는 애벌레에게 어떤 질문을 했나요?
- 옆에 있던 애벌레는 뭐라고 대답했나요?
- 아무도 설명해 줄 수 없는 이유는 무엇인가요?

(2) 해석적 질문

- 책 제목이 왜 『꽃들에게 희망을』일까요?
- 애벌레들에게 꼭대기는 어떤 뜻일까요?
- 호랑 애벌레가 찾고 싶은 것은 무엇일까요?
- 애벌레들이 아무 말 없이 꼭대기만 바라보며 올라가는 모습은 어떤 느낌이 드나요?
- 모두가 바빠서 아무도 설명해 주지 않는 상황은 어떤 문제일까요?
- 구름에 가려진 꼭대기는 무엇을 나타내는 걸까요?
- 호랑 애벌레가 마음이 두근두근 설렜던 이유는 무엇일까요?
- "나도 방금 도착했어."라는 말을 들은 호랑 애벌레는 어떤 기분이었을까요?

(3) 적용적 질문

- 꼭대기를 '내가 이루고 싶은 꿈'이라고 한다면, 구름은 그 꿈을 방해하는 걸림돌이 될 수 있어요. 여러분 삶에서 그런 구름은 무엇인가요?
- 여러분도 무언가를 열심히 찾거나 알고 싶어서 노력했던 적이 있나요? 그때 어땠나요?
- 다른 친구들이 똑같은 목표를 향해 가고 있을 때, 나는 무슨 생각이 들었나요?

- 아무도 알려 주지 않는 낯선 상황에 있을 때, 나는 어떻게 했나요?
- 다른 사람들이 바빠 보여서 말을 못 걸었던 적이 있나요? 그때 어떤 기분이었나요?
- 여러분이 생각하는 '꼭대기'는 어떤 모습인가요?
- 여러분도 호랑 애벌레처럼 두근거리고 기대되는 순간을 느낀 적 있나요?
- 요즘 나는 어떤 걸 알고 싶고, 무엇을 찾고 있나요?

5) 〈칭찬고래〉라는 노랫말을 활용한 자세히 읽기(예시)

노래: 김다현
작사: 신유
작곡: 미라클
편곡: KIYU

> 어머나 또 늦었네/가슴이 콩닥콩닥
> 아침부터 엄마에게 혼날 생각에/심장이 두근두근
> 허둥지둥 돌아보니/내 방에 고래 한 마리
> [중략]

※ 〈칭찬고래〉 노랫말 찾아서 질문 만들고 답변하기

(1) 사실적 질문

- 가슴이 콩닥콩닥한 이유는?

  예상 답변 또 늦었기 때문에
- 심장이 두근두근한 이유는?

  예상 답변 엄마에게 혼날 생각 때문에
- 허둥지둥 방을 돌아보니 갑자기 무엇이 보였나요?

  예상 답변 고래 한 마리

- 고래를 칭찬한 이유는 무엇인가요?

  예상 답변 고래의 까만 눈이 귀여워서

- 고래가 춤을 춘 이유는 무엇인가요?

  예상 답변 칭찬을 받아서

- '칭찬을 해 준다면' 나는 무엇을 어떻게 한다고 하였나요?

  예상 답변 나도 춤을 출 것이다.

- 고래와 춤을 추는 율동을 하는 도중에 두 글자로 뭐라고 말하였나요?

  예상 답변 고래

(2) 해석적 질문

- '나'는 왜 또 늦었을까요?

  예상 답변 어제 늦게까지 게임을 하다가 늦잠을 잤다.

- 혼이 날까 심장이 두근두근하는 '나'에게 엄마에게 어떻게 하실까요?

  예상 답변 인자하게 타이르실 것 같다. 불같이 화를 낼 것 같다. 소리를 지를 것 같다.

- '나'는 왜 방안을 허둥지둥 돌아보았을까요?

  예상 답변 준비물, 실내화, 가방 등을 빨리 찾아야 해서

- 이 노랫말에 고래가 등장하는 이유는 무엇일까요?

  예상 답변 칭찬을 받으면 고래가 춤을 추는 것처럼 '나'도 칭찬을 받고 싶다.

- 가끔은 부족하더라도 듣고 싶은 따뜻한 소리와 인정받은 소리는 무엇일까요?
- 오늘의 나를 사랑해 준다면, 더 나은 내일을 살 수 있다고 말한 이유는?

  예상 답변 부족하더라도 지금의 나를 인정하고 칭찬하고 사랑해 줘야 점점 더 멋진 모습으로 자랄 수 있기 때문에

- '우린 모두 사랑받고 싶어 해요.' 다음에 '고래가 춤을 춥니다.'라는 노랫말을 이어서 제시한 까닭은?

  예상 답변 칭찬받은 고래가 신이 나서 춤을 추는 것처럼, 우리도 칭찬받으면 신이 나서 춤을 출 것이다.

(3) 적용적 질문

- '나'도 가슴이 두근두근하거나 심장이 콩닥콩닥 뛰는 일을 겪은 적이 있나요? 그때 나는 어떻게 하였나요? 주변 사람들은 나에게 어떻게 하였나요?
- 만약에 여러분이라면, 가슴이 콩닥콩닥 뛰고 심장이 두근거리는 주인공에게 어떤 위로와 격려의 말을 할 것인가요?
- 내 마음의 고래는 어떤 때에 춤을 출까요?

  예상 답변 좋은 성적을 받았을 때나 친구들이 나의 노력을 인정하였을 때
- 내가 들었던 따뜻한 말, 인정받는 말, 칭찬하는 말은 무엇이고 그때 어떤 생각과 느낌이 들었을까요?

  예상 답변 다음에는 더 잘 하자. 괜찮아 누구나 실수를 할 수 있어.
- 우리가 사람들을 자꾸 칭찬하면 나에게 어떤 일이 일어날까요?

  예상 답변 우리가 주변 사람들을 칭찬하면 우리 자신도 더 행복하고 긍정적인 마음을 가질 수 있을 것 같아요. 그래서 서로를 칭찬하고 사랑하는 것이 중요하다고 생각해요.
- 만약 우리가 서로를 칭찬하지 않으면 어떤 일이 일어날까요?

  예상 답변 만약 우리가 서로를 칭찬하지 않으면 우리가 모두 서로를 인정받지 못하고 서로를 이해하지 못하는 상황이 될 수 있어요. 그래서 서로를 칭찬하고 사랑하는 것이 중요하다고 생각해요.

6) 〈어느 작은 산골 소년의 사랑이야기〉 노랫말로 질문 만들기

어느 작은 산골 소년의 사랑이야기

작사: 예민
작곡: 예민
노래: 예민

풀잎새 따다가 엮었어요/예쁜 꽃송이도 넣었고요
그대 노을빛에 머리 곱게 물들면/예쁜 꽃 모자 씌어주고파

냇가에 고무신 벗어놓고/흐르는 냇물에 발 담그고
언제쯤 그 애가 징검다리를 건널까 하며/가슴은 두근거렸죠
[중략]

※ 〈어느 작은 산골 소년의 사랑이야기〉 찾아서 질문 만들기

(1) 사실적 질문

- 소년은 무엇으로 꽃 모자를 만들었나요?
- 그대가 노을빛에 물들면 소년은 어떤 행동을 하고 싶어 하나요?
- 소년은 어디에 고무신을 벗어 놓았나요?
- 소년은 누구를 기다리며 징검다리를 바라보았나요?
- 노을빛 냇물 위에 떠간 것은 무엇인가요?

(2) 해석적 질문

- 소년이 꽃 모자를 씌워 주고 싶어 한 이유는 무엇일까요?
- 징검다리를 바라보며 가슴이 두근거렸다는 것은 어떤 감정일까요?
- 노을빛 냇물 위에 꽃 모자가 떠가는 장면은 어떤 느낌을 주나요?
- 이 이야기에서 '그대'는 소년에게 어떤 존재였을까요?
- '슬픈 사랑 이야기'라고 하는 이유는 무엇이라고 생각하나요?

(3) 적용적 질문

- 여러분도 누군가를 기다리며 가슴이 두근거린 적이 있나요? 언제였나요?
- 예쁜 것을 만들어서 누군가에게 주고 싶었던 적이 있나요? 어떤 것이었나요?
- 좋아하는 친구에게 마음을 전해 본 적이 있나요? 그때 어땠나요?
- 소년처럼 마음속 이야기를 직접 말하지 못했을 때, 여러분은 어떻게 했나요?

7) 〈영영〉 노랫말을 활용한 자세히 읽기(예시)

영영

작사: 나훈아
작곡: 나훈아
노래: 나훈아

잊으라 했는데/잊어달라했는데/
그런데도 아직 난/너를 잊지 못하네
어떻게 잊을까/어찌하면 좋을까
[중략]

※ 〈영영〉 노랫말 찾아서 질문 만들기

(1) 사실적 질문

- 화자는 누구에게 '잊으라' '잊어달라'는 말을 들었나요?
- 화자는 그 사람을 지금 잊었나요, 잊지 못하고 있나요?
- 화자는 왜 '세월이 가도' 그 사람을 잊지 못한다고 하나요?
- 화자는 언제까지 그 사람을 잊지 못할 거라고 말하나요?
- 이 노래에서 반복되는 표현은 어떤 문장인가요?

(2) 해석적 질문

- '잊으라 했는데 / 잊어달라 했는데'라는 표현에 담긴 두 사람의 관계는 어땠을까요?
- '세월이 가도 아직 난 너를 못 잊어하네'라는 문장은 화자의 어떤 감정을 보여주나요?
- '내가 죽어도 영영 못 잊을 거야'라는 표현에서 알 수 있는 화자의 태도는 무엇인가요?
- '사랑하고 있나 봐' '잊을 수가 없나 봐'라는 반복 표현은 화자의 어떤 감정을 드러내고 있나요?

- 이 노래의 전반적인 분위기와 감정을 한 단어로 표현한다면 어떤 단어가 어울릴까요? 이유는요?

(3) 적용적 질문

- 여러분은 누군가를 쉽게 잊지 못해 힘들었던 적이 있나요? 그때 어떤 감정이 들었나요?
- 누군가를 놓아줘야 할 때, 나는 어떤 선택을 할 것 같나요?
- 이 노래 가사처럼 후회하거나 그리움이 남지 않도록, 지금 내가 소중히 해야 할 사람은 누구인가요?

참고문헌

국가평생교육진흥원 기획조정실(2016). 2014년 성인문해능력조사.
폴러스, 트리나(1999). **꽃들에게 희망을**(김석희 역). 시공주니어.

연합뉴스(2022년 12월 1일 목요일). "10대 청소년, 하루 8시간 인터넷 사용" …… 평균 수면 시간과 비슷. 이세원 기자 작성, https://news.zum.com/articles/79857156.
연합뉴스(2021년 12월 17일) "여러분 중에 '선무당이 사람 잡는다.'라는 속담에서 '선무당'이 무슨 뜻인지 아는 사람 있나요?". 권선미 기자 문혜원 인턴기자, https://www.yna.co.kr/view/AKR20211207157600501

탐구 과제 56: 이해의 6가지 유형

이해는 단순한 지식의 암기를 넘어 개념을 깊이 있게 파악하고 다양한 방식으로 사고하며 실생활과 연결할 수 있는 능력을 말한다. 이를 위해 위긴스와 맥타이(Wiggins & McTighe, 2012)는 참된 이해를 여섯 가지 유형으로 제시하였다. 첫째, 설명은 현상이나 개념의 원리를 논리적으로 밝히는 능력이다. 둘째, 해석은 자료나 경험에 의미를 부여하고 새롭게 바라보는 능력이다. 셋째, 적용은 배운 지식을 실제 상황이나 새로운 맥락에 활용하는 능력이다. 넷째, 관점은 다양한 입장과 시각에서 사안을 이해하는 사고이다. 다섯째, 공감은 타인의 감정과 경험을 정서적으로 이해하는 능력이다. 여섯째, 자기지식은 자신의 사고방식과 한계를 성찰하는 능력이다. 이처럼 여섯 가지 이해 유형은 상호 연결되며, 학생의 사고력과 인성, 실천 역량을 균형 있게 발달시키는 데 기여한다. 그렇다면 우리는 수업 속에서 이 여섯 가지 이해를 어떻게 효과적으로 발현시킬 수 있을까?

1. 설명

설명(Explanation)이란 특정 개념이나 사건의 원인, 절차, 원리를 논리적으로 밝히고 타인에게 이해시키는 사고 활동이다. 정보를 조직하고 연결하여 인과관계를 바탕으로 내용을 명확하게 전달해야 한다.

설명을 이끄는 질문에는 "왜 그런가요?" "그 원인은 무엇인가요?" "그것이 어떻게 작동하나요?" "무엇 때문에 그런 결과가 나타났나요?" 등과 같은 언어 표현이 사용된다. 이러한 질문은 학습자가 단순히 결과를 말하는 데 그치지 않고, 그 이면의 이유와 과정을 사고하도록 유도한다. 이에 대한 교과별 질문 사례는 다음과 같다.

- 국어: 이 시에서 화자의 감정 변화가 왜 일어났는지 설명해 볼 수 있나요?

- **과학**: 지구의 자전이 낮과 밤을 만드는 원리를 설명해 볼까요?
- **사회**: 선거 제도가 민주주의의 핵심 요소인 이유는 무엇인가요?

2. 해석

해석(Interpretation)은 문학 작품, 시각 자료, 사건 등을 새로운 관점에서 바라보며 의미를 구성하는 사고 활동이다. 학습자는 자신의 배경지식과 감정을 토대로 텍스트나 상황에 내재된 의미를 끌어낸다. 해석을 요구하는 질문에는 "이것은 무슨 의미인가요?" "그 표현은 무엇을 상징하나요?" "이 상황을 어떻게 이해할 수 있을까요?" 등이 있다. 학습자가 다양한 의미를 추론하고 상상할 수 있도록 열려 있는 질문을 제시하는 것이 핵심이다. 이에 대한 교과별 질문 사례는 다음과 같다.

- **국어**: 이 소설에서 반복되는 상징은 어떤 의미를 내포하고 있나요?
- **음악**: 이 곡의 느린 리듬은 어떤 분위기와 감정을 전달하고 있나요?
- **사회**: 이 사진 자료는 당시 사람들의 어떤 모습을 상징적으로 보여 주고 있나요?

3. 적용

적용(Application)은 학습한 개념이나 원리를 새로운 상황에 연결하거나 실제 문제 해결에 활용하는 사고 활동이다. 학습자는 익힌 지식을 실생활이나 다양한 맥락에 전이시켜야 한다. 적용을 유도하는 질문에는 "이것을 어디에 사용할 수 있을까요?" "우리 주변의 어떤 사례에 이 원리를 적용할 수 있나요?" "이 상황에서 배운 개념을 어떻게 활용할 수 있을까요?" 등이 있다. 실생활과의 연결을 통해 학습의 실천적 가치를 끌어내는 데 초점이 있다. 이에 대한 교과별 질문 사례는 다음과 같다.

- **수학**: 이 비례식을 이용하면 실제 할인 가격을 어떻게 계산할 수 있을까요?
- **과학**: 온실효과 원리를 우리 지역의 기후변화 문제에 어떻게 적용할 수 있을까요?

- **체육**: 이번 수업에서 배운 스트레칭 방법을 축구 경기 전에 활용할 수 있는 방법은?

4. 관점

관점(Perspective)은 하나의 사안이나 상황을 다양한 시각에서 바라보며 의미를 재구성하는 사고 활동이다. 학습자는 자신의 입장 외에도 타인의 시선과 입장을 이해해야 한다. 관점을 자극하는 질문에는 "이 상황을 다른 사람의 입장에서 보면 어떨까요?" "다른 시대나 문화에서는 이 행동을 어떻게 받아들였을까요?" "이 사안을 반대 입장에서 보면 어떤 주장도 가능할까요?" 등이 있다. 이에 대한 교과별 질문 사례는 다음과 같다.

- **사회**: 자유무역에 대해 선진국과 개발도상국은 각각 어떤 입장을 가질 수 있을까요?
- **국어**: 이야기 속 사건을 주인공이 아닌 주변 인물의 시선에서 다시 설명해 본다면 어떻게 될까요?
- **미술**: 이 그림을 그렸던 작가의 입장과 당시 대중의 반응은 어떻게 달랐을까요?

5. 공감

공감(Empathy)은 타인의 감정, 상황, 사고를 정서적으로 이해하고 내면화하는 사고 활동이다. 학습자는 타인의 입장에서 생각하고 느끼며, 인간적 이해를 확장한다. 공감을 이끄는 질문에는 "그 사람의 입장이라면 어떤 기분이 들었을까요?" "그 상황에서 나는 어떻게 느꼈을까요?" "이 인물은 어떤 마음으로 이런 행동을 했을까요?" 등이 있다. 인간적 감정과 상황 맥락을 중심으로 한 질문이 주를 이룬다. 이에 대한 교과별 질문 사례는 다음과 같다.

- 국어: 이 작품 속 인물이 겪은 상실감을 우리는 어떻게 이해할 수 있을까요?
- 역사: 강제징용을 당한 조선 청년의 하루를 상상해 본다면 어떤 감정이 들까요?
- 음악: 이 곡을 작곡한 사람은 어떤 감정을 표현하고 싶었을까요?

6. 자기지식

자기지식(Self-Knowledge)은 학습자가 자신의 사고방식, 신념, 감정, 한계, 학습 습관 등을 성찰하는 사고 활동이다. 이를 통해 학습자는 스스로를 이해하고 성장의 방향을 설정할 수 있다. 자기지식을 유도하는 질문에는 "나는 이 개념을 어떻게 이해했나요?" "이번 활동에서 가장 어려웠던 점은 무엇이었고, 왜 그랬을까요?" "앞으로 더 나은 학습을 위해 나는 어떤 점을 바꿔야 할까요?" 등이 있다. 이에 대한 교과별 질문 사례는 다음과 같다.

- 국어: 이 글을 읽으며 가장 깊은 인상을 받은 부분은 무엇이고 이유는?
- 수학: 이 문제 유형에서 자주 실수하는 원인은 무엇이고 극복할 수 있는 방법은?
- 체육: 이번 경기에서 나타난 나의 집중력은 얼마나 효과적이었나?

이와 같은 6가지 이해의 질문 유형은 교사의 발문을 더욱 깊이 있게 만들고 학습자의 사고를 확장하며 수업의 질을 높이는 핵심 전략이 된다. 교사는 각 유형의 특징적 질문 언어를 숙지하고 교과의 성격에 맞게 변형하여 사용할 수 있어야 하며 이를 통해 학습자의 다차원적 이해와 성찰 능력을 길러 줄 수 있다.

참고문헌

Wiggins, G., & McTighe, J. (2005). *Understanding by design* (Expanded 2nd ed.). Alexandria, VA: ASCD.

탐구 과제 57: 5key 후속 질문과 학생 사고력 신장

후속 질문(Follow-up Question)은 탐구중심의 심층적 질문이다. 후속 질문은 명료성과 타당성 및 다양성 그리고 적절성과 확장성 등을 요구하여 학생의 비판적 사고 활동을 촉진한다. 후속 질문이 존재하지 않는다면, 다양한 학습 내용을 탐구하고 확장하며 심화시키는 지적 대화의 과정이 수반되지 않는다. 그렇다면, 학생의 고등 사고능력과 학습 능력을 신장시키는 후속 질문 전략에는 무엇이 있을까?

1. 5key 후속 질문(박태호, 2022)

① **초점화하게 하기**(refocusing)는 학생의 첫 반응이 교사의 핵심 질문에서 이탈되었을 때, 초점을 바로잡고자 할 때에 사용한다. 이에 대한 사례는 다음과 같다.

교사: 『아낌없이 주는 나무』에서 나무와 소년의 관계는 시간이 지나면서 어떻게 변하였나요?

학생: 요즘 사람들은 자연을 너무 함부로 대하는 것 같아요. 숲도 사라지고요.

교사(초점화): 네, 자연을 아끼지 않는 요즘 모습과도 연결해 볼 수 있겠네요. 그런데 지금은 이야기 속 나무와 소년의 관계 변화를 살펴보고 있었지요. 소년은 시간이 지나면서 나무에게 어떻게 대해 왔던가요?

학생: 음. 소년은 어릴 땐 나무와 놀았지만, 크고 나서는 자기가 필요한 것만 가져가요.

② **입증하게 하기**(verifying)는 학생이 교사의 발문에 반응하였을 때, 관련 정보의 출처를 밝히도록 요구하여 정보의 정확성을 한층 높이고자 할 때에 사용한다. 일반적으로는 "________을 어떻게 알았는가?"의 형식으로 물으면 된다. 이에 대한 사례는 다음과 같다.

교사: 소년은 정말로 나무를 사랑하였다고 생각하였나요?

학생: 아니요. 필요할 때만 찾아온 것 같아요.

교사(입증화): 그렇게 생각한 까닭은 무엇인가요? 책 속에서 그렇게 느낀 장면을 함께 찾아볼 수 있을까요?

학생: 소년이 나무에게 고맙다는 말도 안 하고 계속 뭔가를 요구했어요.

교사(입증화): 그 장면을 통해 소년은 어떤 성격을 지닌 인물이라고 볼 수 있을까요?

③ **명료화하게 하기**(clarifying)는 학생에게 새로운 개념을 물어보거나 학생이 다소 불분명하거나 부적절한 용어로 표현하여 기대에 미치지 못하는 경우에 사용한다. 이에 대한 사례는 다음과 같다.

교사: 나무는 소년을 정말 사랑하였다고 말할 수 있을까요?

학생: 네, 뭐든지 다 줬으니까요.

교사(명료화): 그렇다면 '사랑'이라는 말은 어떤 의미로 이해하면 좋을까요? 소년도 나무를 사랑하였다고 볼 수 있을까요?

학생: 사랑은 서로 도와주는 거라고 생각해요. 그런데 소년은 받기만 한 것 같아요.

교사(명료화): 그렇다면 이 이야기에서 나타난 사랑은 우리가 일반적으로 생각하는 사랑과 어떤 점에서 다르다고 볼 수 있을까요?

④ **정교화하게 하기**(elaborating)는 교사의 발문에 답한 학생 응답이 정답의 범주에는 포함되나, 너무 기본적이거나 간결한 경우에 더 구체적인 대답을 요구할 때에 사용한다.

교사: 이 이야기에서 가장 중요한 주제는 무엇이라고 생각하였나요?

학생: 희생이요. 나무가 다 줬잖아요.

교사(정교화): 무엇을 희생했는지 좀 더 구체적으로 설명할 수 있나요? 나무는 소년을 위해 어떤 것들을 주었나요?

학생: 사과, 가지, 줄기, 몸통… 마지막에는 앉을 자리만 남았어요.

⑤ 확장하게 하기(expanding)는 동일 내용에 대한 학생의 다양한 반응을 요구할 때에 사용한다. 이에 대한 사례는 다음과 같다.

교사: 나무와 소년의 관계는 부모와 자녀의 관계와 비슷하다고 느껴졌나요?

학생: 네, 부모도 자식을 위해 다 내어 주는 경우가 많잖아요.

교사(확장화): 부모와 자녀의 관계는 꼭 희생적이기만 해야 할까요? 서로 주고받는 다른 모습도 있을까요?

학생: 음……, 꼭 희생만 있는 건 아니에요. 서로 도우면서 좋은 관계를 만들 수 있을 것 같아요.

교사(확장화): 그렇다면 우리가 바람직하다고 생각하는 가족 관계는 어떤 모습이어야 할까요?

2. 과학과 후속 질문 사례

대화	대화 내용
교사	① 요즘 지구 기온에 어떤 변화가 일어나고 있나요?
학생 1	② 점점 더워지고 있습니다.
교사	③ 기온이 상승한다는 것을 어떻게 알았나요? 주장에 대한 근거는 무엇인가요?
학생 1	④ 뉴스에서 봤습니다. 요즘 날씨가 예전만큼 춥지 않다고 합니다.
교사	⑤ 기온 상승에 대한 뉴스를 들은 또 다른 친구가 있나요?
학생 2	⑥ 신문에서 지구 온난화에 대한 기사를 봤습니다.
교사	⑦ 아, 신문기사에 실린 지구 온난화에 대해서 공부를 했군요? ⑦ 지구 온난화의 개념은 무엇인가요? 그렇다면 신문 기사를 쓴 사람은 지구 온난화가 일어나고 있다는 가정을 하고 기사를 쓴 것인가요? 기자들은 그것을 어떻게 알았을까요?
학생 3	⑧ 지구의 기온이 점점 올라간다는 것입니다. 제 생각에 신문기자들은 과학자들에게서 들은 것 같습니다.
교사	⑨ 만약 그 말이 사실이라면, 과학자들은 지구 온난화 문제를 어떻게 알았을까요?

〈계속〉

학생 4	⑩ 과학자들에게는 기후측정 장비가 있습니다. 그 장비를 이용해서 지구의 기온을 재는 것 같습니다.
교사	⑪ 그렇다면 과학자들이 연구한 기간은 어느 정도가 될까요?
학생 5	⑫ 한 100년 정도된 것 같습니다.
학생 3	⑬ 1680년 이후이므로 거의 140년이 되었습니다.
교사	와우! 우리가 태어나기도 전입니다. ⑭ 어떻게 알았습니까? 그렇게 생각하는 까닭은 무엇인가요?
학생 6	⑮ 공해 때문입니다.
교사	⑯ 공해가 기온 상승의 주범이라는~의 생각에 대한 여러분의 의견은?
학생 7	⑰ 자동차나 공장에서 배출되는 일산화탄소가 공해의 원인이 됩니다.
학생 8	⑱ 헤어스프레이도 공해의 주범 중의 하나입니다.
질문 유형	③ 입증화 ⑤ 확장화 ⑦ 명료화 ⑨ 입증화 ⑪ 정교화 ⑭ 입증화 ⑯ 확장화

3. 사회과 후속 질문 사례

교사: 신라는 삼국 통일을 이뤄 낸 나라예요. 여러분, 신라가 삼국을 통일하는 과정에서 어떤 외교 전략을 사용했나요?

학생 1: 신라는 당나라와 손잡았어요. 그래서 백제랑 고구려를 차례로 공격했어요.

교사(입증화): 신라가 당나라와 손잡았다는 말이 있었죠. 그렇게 판단한 이유는 무엇인가요? 교과서나 다른 자료에서 본 내용이 있다면 이야기해 볼까요?

학생 1: 교과서에 그렇게 나와 있어요. 백제를 먼저 공격하고, 나중에는 고구려까지 공격했다고요.

교사(정교화): 좋아요. 그런데 지금 우리가 이야기하는 건 '신라의 외교 전략'이에요. 백제와 고구려를 공격한 것은 군사적 전략인데, 외교적으로 당나라와 손을 잡은 이유는 무엇일까요?

학생 2: 혼자서는 힘이 부족하니까 강한 나라랑 손잡은 거예요. 당나라가 강했으니까요.

교사(명료화): 맞아요. 그런데 여기서 '외교 전략'이라는 말의 의미를 조금 더 구체적으로 설명해 볼 수 있을까요? 그냥 나라 간의 우정인가요, 아니면 더 구체적인 이익이 오갔던 걸까요?

학생 2: 음……. 신라는 군사 지원을 받았고, 당은 신라를 통해 동북아시아에서 영향력을 넓히려 했던 것 같아요.

교사(정교화): 잘 정리해 주었네요. 그렇다면 신라가 삼국 통일 후 당나라와 갈등을 겪게 되는 상황도 있었죠? 신라는 왜 당나라와 전쟁까지 하게 되었을까요?

학생 3: 당나라가 한반도를 자기들 땅처럼 하려고 해서요. 신라는 그걸 막으려고 싸웠어요.

교사(확장화): 그렇다면 신라가 최종적으로 삼국을 통일했을 때, 이 통일이 갖는 의미는 무엇일까요? 우리가 오늘날 통일을 이야기할 때와 어떤 점에서 연결될 수 있을까요?

학생 4: 그때는 전쟁을 통해 통일했지만, 지금은 평화롭게 통일하려고 해요. 통일의 방법과 가치가 많이 달라졌다고 생각해요.

참고문헌

박태호(2022). 책임이양에 따른 IRF 수업대화 관찰과 해석. **교육논총**, 59(3), 58-80.

Hughes, C. (1987/1988). Quality Questioning in the Classroom.

Walsh, J. A., & Sattes, B. D. (2005). Quality Questioning: Research-Based Practice to Engage Every Learner. Corwin Press.

교과		학년-학기		단원	
핵심역량 · 교과역량					
성취 기준					
학습 목표					

	질문 주체				질문 목적							질문 유형																	후속 질문					질문 전략						
												개정된 Bloom (2001)						Raphael (1986)			개념 탐구 질문			5E 질문																
												지식 습득		지식 심화		지식 창출																								
	교사가 학생	학생이 교사학사	학생이 학생	학생이 자신	주의집중 및 동기유발	전시학습 상기	학생 이해도 점검	사고력 신장	질문중심 탐구학습	질문능력 신장	공감과 소통능력	기억하기	이해하기	적용하기	분석하기	평가하기	창안하기	사실적	해석적	적용적	사실적	개념적	논쟁적	참여하기	탐색하기	설명하기	정교화하기	평가하기	초점화하기	확장화하기	명료화하기	입증화하기	정교화하기	힌트주기	칭찬하기	기다리기	맞장구치기	딴청부리기	책임공유하기	슬라이싱 질문하기
관찰																																								
해석																																								

(○는 자주, △은 가끔, ×는 전혀)

탐구 과제 58: 학생의 말을 경청하고 존중하는 듣기 전략

교사가 학생과 효과적으로 소통하기 위해서는 단순히 듣는 활동을 넘어 의미 있는 대화를 해야 한다. 학생은 자신의 말이 가치 있다고 느낄 때 학습 활동에 적극 참여 하고 교사와의 관계도 긍정적으로 변한다. 하지만 교사의 듣기 방식에 따라 학생의 학습 태도와 정서적 안정감이 달라질 수 있다. 따라서 교사는 형식적인 듣기를 넘어서 학생의 사고를 확장하고 학습을 촉진하는 듣기 전략을 적극적으로 활용해야 한다. 그렇다면 효과적인 듣기 전략의 요소는 무엇일까?

1. 효과적인 듣기 전략

킨스배터, 윌런과 이쉴러(Kindsvatter, Wilen, & Ishler, 1996)는 교사가 학생의 말을 경청하고 존중하는 데 필요한 여섯 가지 듣기 전략을 제시하였다. 이 전략들은 학생의 사고를 확장하고 주도적인 학습 활동 참여를 이끌어 내는 데 효과적이다.

첫째, 교사는 눈 맞춤과 몸짓언어(Body Language)를 적극적으로 활용해야 한다. 학생과 눈을 맞추고 고개를 끄덕이며 반응하면 학생은 자신이 존중받고 있다고 느낀다. 반대로 시선을 회피하거나 무표정한 얼굴로 학생의 발표를 들으면 교사가 자신에 대해 관심이 없다고 오해할 수 있다. 예를 들어, 학생이 어떤 개념이 어렵다고 말할 때, 교사가 미소를 지으며 고개를 끄덕이면서 힌트를 동반한 질문을 던지면 학생은 자신이 존중받고 있다고 생각한다. 이러한 비언어적 소통은 학생과의 신뢰 형성에 중요한 역할을 한다.

둘째, 교사는 적절한 침묵을 유지해야 한다. 질문을 던진 직후에 정답을 제시하면 학생은 스스로 사고할 기회를 잃게 된다. 반면, 질문 후 잠시 기다리는 침묵의 시간은 학생이 자신의 생각을 정리하고 답변할 수 있는 여유를 제공한다. 예를 들어, 교사가 문제 해결 방법에 대해 질문한 뒤 잠시 침묵하며 기다릴 경우, 이 시간은 학생의 사고를 촉진하고 주도적인 학습 태도를 기르는 데 기여한다.

셋째, 교사는 학생의 사고를 확장하는 추가 질문을 적절히 활용해야 한다. 단순한 칭찬보다는 학생의 발언에 질문을 덧붙임으로써 사고를 더욱 깊이 탐색하도록 도울 수 있다. 예를 들어, 학생이 "이 장면이 감동적이었다."라고 말했을 때, "어떤 점에서 그렇게 느꼈나요?"라고 되묻는다면 학생은 자신의 감정을 구체적으로 표현하게 된다. 이러한 상호작용은 학생으로 하여금 자신이 존중받고 있다고 느끼며, 수업 참여에 대한 자발성과 자신감을 높이는 데 기여한다.

넷째, 교사는 재진술과 요약을 통해 학생의 말을 정리할 필요가 있다. 교사가 학생의 발언을 짧고 정확하게 요약해 주면 학생은 자신의 생각이 정확하게 전달되었는지를 확인할 수 있다. 이는 교사와 학생 간의 상호 이해를 돕고 대화의 흐름이 자연스럽게 이어지도록 한다. 예를 들어, 학생이 "이 작품이 희망적인 메시지를 준다."라고 말했을 때, 교사가 "긍정적인 미래를 보여 준다고 해석할 수 있겠군요."라고 정리해 주면 학생은 자신의 생각이 존중받았다고 느끼고 더욱 자신감 있게 논의를 이어 갈 수 있다.

다섯째, 교사는 학생의 답변을 더욱 깊이 있게 이끌어 내기 위해 확장 질문을 던져야 한다. 단순하거나 추상적인 응답에 구체적인 질문을 덧붙이면 학생은 자신의 생각을 더 정교하게 설명하고 탐색하게 된다. 예를 들어, 학생이 "이 인물이 현실적이지 않다."라고 말했을 때, "어떤 점에서 그렇게 느꼈나요?"라고 질문하면, 학생은 보다 구체적인 근거를 제시하고 이를 통해 논리적 사고력도 함께 기를 수 있다.

여섯째, 교사는 학생의 감정을 읽고 공감적으로 반응해야 한다. 학생의 표정이나 말투, 목소리의 변화에서 감정을 읽어 내고 이에 적절히 반응하는 것은 학생의 정서적 안정감을 형성하는 데 큰 도움이 된다. 예를 들어, 학생이 한숨을 쉬며 "시험이 어려웠어요."라고 말했을 때, "어떤 문제가 특히 어려웠나요?"라고 부드럽게 되묻는다면 학생은 자신의 감정을 솔직하게 표현할 수 있으며 교사와의 관계에서도 심리적 지지를 경험하게 된다.

이와 같은 듣기 전략을 실천하면 교사와 학생 간의 신뢰가 깊어지고, 학생들은 수업에 더욱 적극적으로 참여하게 된다. 교사가 학생의 말을 진지하게 듣고 반응하는 과정은 학생이 자신의 생각을 가치 있는 것으로 인식하게 만들며 수업을 더욱 의미 있는 경험으로 전환시킨다.

2. 교사의 듣기 전략 점검표

교사는 다음과 같은 점검표를 활용하여 자신의 듣기 전략을 점검할 수 있다. 각 항목을 '자주' '가끔' '전혀'로 평가하여 스스로 듣기 습관을 돌아볼 수 있다.

항목		자주	가끔	전혀
학생과 눈을 맞추고 몸짓 언어를 활용하여 반응하나요?				
학생의 답변을 기다리며 적절한 침묵을 유지하나요?				
학생이 의견을 확장할 수 있도록 추가 질문을 하나요?				
학생의 말을 요약하거나 재진술하여 정확성을 확인하나요?				
학생의 답변이 추상적일 경우 확장 질문을 하나요?				
학생의 감정을 읽고 적절하게 반응하나요?.				
(성찰)	• 공감과 지지 및 격려를 받고 싶은 부분은? • 함께 나누며 더 성장하고 싶은 부분은?			

참고문헌

Kindsvatter, R., Wilen, W., & Ishler, M. (1996). *Dynamics of effective teaching* (3rd ed.). White Plains, NY: Longman Publishers.

부록

[논문 1] 소크라틱 세미나의 질문과 대화 유형

[논문2] 소크라틱 세미나의 절차와 사례

–아낌없이 주는 나무를 중심으로–

논문 1

소크라틱 세미나(Socratic Seminar)의 질문과 대화 유형*

Ⅰ. 여는 말

최근에 세계 여러 나라는 4차 산업혁명 시대를 주도할 미래형 인재의 구비 조건으로 '핵심역량'을 주목하고 있다. OECD는 2030 프로젝트(2015)에서 미래형 핵심역량으로 지식(전통적 지식, 현대적 지식, 주제 등에 대한 학제적 연구), 기능(창의적 사고 능력, 비판적 사고 능력, 의사소통 능력, 협업 능력), 인성(마음 챙김, 용기, 회복탄력성 등), 메타학습(메타인지, 성장 마인드셋)을 제시하였다(윤현진 외 2007; 황치성 외 2014). 세계경제포럼(World Economic Forum, 2015)은 21세기에 필요한 열여섯 가지 핵심 기술로 기초문해(문해, 수해, 과학 문해, ICT 문해, 재정 문해, 문화 및 시민 문해), 역량(비판적 사고력/문제해결력, 창의력, 의사소통력, 협업력), 인성(호기심, 주도성, 일관성과 도전정신, 적응력, 리더십, 과학 및 문화)을 제시하였다. 21세기 교육체계를 연구한 P21(Partner Ship for 21st Century Skills)은 미래형 핵심역량으로 디지털 활용 능력, 삶과 직업 능력, 4C 학습 능력(Creativity, Critical Thinking and Problem Solving, Communication, Collaboration)을 제시하였다(한국교육개발원, 2013).

우리나라도 이러한 추세를 반영하여 핵심역량 기반의 2015 개정 교육과정을 공포하였다. 교육부(2015)는 교육과정 총론에서 미래형 핵심역량으로, ① 자기관리 역량, ② 지식정보처리 역량, ③ 창의적 사고 역량, ④ 심미적 감성 역량, ⑤ 의사소통 역량, ⑥ 공동체 역량의 여섯 가지를 제안하였다. 국어과 교육과정 역시 총론에서 제시

* 박태호(2021). 소크라틱 세미나(Socratic Seminar)의 질문과 대화 유형 연구. 한국초등국어교육, 71, 한국초등국어교육학회.

한 핵심역량을 기반으로 하되, 국어과 고유의 특수성을 반영하여 ① 비판적 · 창의적 사고 역량, ② 자료 · 정보 활용 역량, ③ 의사소통 역량, ④ 공동체 · 대인 관계 역량, ⑤ 문화 향유 역량, ⑥ 자기성찰 · 계발 역량의 여섯 가지를 제시하였다. 이후 2015 개정 국어과 교육과정에 따라 개발된 국어 교과서가 2017년부터 초등학교 1~2학년을 시작으로 교실 현장에 순차적으로 보급되었다. 동시에 2015 개정 국어과 교육과정 및 국어 교과서 활용 연수가 전국적으로 실시되었다. 그 결과 2015 개정 국어과 교육과정에 대한 현장 교사들의 이해도와 개정 취지에 대한 공감도는 상승하였다. 그러나 핵심역량 기반의 국어 수업 설계와 실행에 대한 현장 교사들의 어려움은 여전히 해소되지 않았다(이은하, 최은정, 2015). 이에 대해 조은순(2018: 307)에서는 이러한 문제점을 극복하기 위한 교실 수업 방안으로 소크라테스 학습, 프로젝트 학습, 문제 기반 학습, 토론학습, 협동학습 등을 제안하였다.

이 연구에서는 핵심역량 기반의 국어 학습 방안 중의 하나로 소크라틱 세미나(Socratic Seminar)를 주목하고자 한다. 선행 연구에 따르면, 소크라틱 세미나는 학생의 비판적 사고 능력(Copeland, 2005; Fischer, 2019; Hunter, 2019; Strong, 1997), 창의적 사고 능력(Copeland, 2005; Fischer, 2019; Lambright, 1995), 협력학습 능력(Copeland, 2005; Fischer, 2019; Hunter, 2019; Lambright, 1995), 의사소통 능력(Copeland, 2005; Fischer, 2019; Hunter, 2019), 비판적 읽기 능력 및 향유 능력, 듣기와 말하기 및 쓰기 능력(Copeland, 2005; Hunter, 2019), 비판적 성찰과 갈등 조정 능력을 신장시키고(Copeland, 2005), 학생의 자신감과 자존감을 높여 주며(Strong, 1996), 학생이 교실 대화의 주도권을 쥐고 능동적으로 참여하는 학습 환경을 조성한다(Lambright, 1995; Fischer, 2019; Strong, 1996). 여기서 '비판적 사고 능력' '창의적 사고 능력' '협력학습 능력' '의사소통 능력'은 OECD 2030 프로젝트(2015), 세계경제포럼(World Economic Forum, 2015), P21 미래 교육체계 등이 제시한 4C 핵심역량과 일치한다. 또한, 2015 개정 국어과 교육과정에 제시된 '비판적 · 창의적 사고 역량' '자료 · 정보 활용 역량' '의사소통 역량' '공동체 · 대인 관계 역량'과도 연결된다. 더불어 듣기와 말하기, 읽기, 쓰기 능력 신장은 도구 교과로서의 국어 활용 능력과 직결된다.

최근 교육 현장에서도 일부 교사들이 소크라틱 세미나를 활용한 국어 수업 개선을 시도하고 있다. 대표적인 것이 『토론이 수업이 되려면』에 실린 경윤영 선생님(송호중학교)의 소크라틱 세미나에 기반한 국어 수업 사례이다(경기도토론교육연구회, 2019). 학생들은 '라퐁텐 우화의 열네 번째 이야기: 세 명의 시인'[1]에 대한 폭넓고 심층적인 이해를 바탕으로 학생 주도의 지적이고 탐구적이며 상호협력적인 대화를 이끌어 간다. 연구자는 이 수업 텍스트를 보면서 소크라틱 세미나를 활용한 국어 수업의 일반화 가능성을 발견하였다. 이에 경 교사의 수업 텍스트를 해석하고 추론하면서 느꼈던 궁금한 점을 바탕으로 연구 요소를 추출하였다. 첫째, 교육 현장의 실천 사례를 읽으면서 소크라틱 세미나의 유래와 전개 동향 및 개념이 궁금하였다. 둘째, 텍스트에 명시적으로 제시된 정보를 활용해서 답변할 것을 요구하는 장면, 텍스트에 제시된 정보와 독자의 배경지식을 바탕으로 추론한 정보를 활용해서 답변할 것을 요구하는 장면 등을 보면서 소크라틱 세미나에서 추구하는 질문의 유형이 무엇인지 궁금하였다. 셋째, 폭넓고 심층적인 사고 활동을 위해 명확한 개념 설명을 요구하거나 근거 자료에 대한 입증을 요구하는 장면, 주제에서 벗어난 대화를 원래의 주제로 되돌리는 장면, 구체적이고 상세한 정보를 요구하는 장면 등에 적용되는 후속 질문(Follow-up Question) 유형이 무엇인지 궁금하였다. 넷째, 소크라틱 세미나는 상호협력과 존중, 이해와 공유, 공감과 소통, 개방성과 허용성 등을 바탕으로 하는 '대화'를 중시한다. 이것이 논쟁이나 전통적인 교사 주도의 질의응답형 수업과 구별되는 중요한 특징이다. 그렇다면, 동료의 생각을 바탕으로 내 생각을 정교하게 다듬을 때, 동료의 적극적인 참여를 유도할 때, 나와 다른 관점을 수용할 때, 동료의 생각을 예의 바르게 반대할 때 등에 사용되는 대화 유형이 무엇인지 궁금하였다.

이 연구에서는 이를 위해 먼저 Adler(1982), Lambright(1995), Fischer(2019) 등의 연구 결과를 바탕으로 소크라틱 세미나의 유래와 개념 및 특징을 살펴보고자 한다. 그런 다음에 Copeland(2005), Moeller와 Moeller(2015)의 연구를 바탕으로 소크라틱 세미나의 질문 및 후속 질문 유형을, Valdez 외 2인(2013), Walsh와 Sattes(2015), 박태호(2019)를 참고하여 소크라틱 세미나의 대화 유형을 탐구하고자 한다.

---

1) 다니구치 에리야 (2016). 라퐁텐 우화 1. 황금부엉이, pp. 52–55.

II. 소크라틱 세미나의 특징

1. 소크라틱 세미나의 유래

소크라틱 세미나는 질문과 대화를 활용한 지식 탐구를 강조하였던 소크라테스(BC 470-399)의 교육 방법에서 유래하였다. 소크라테스는 자신의 교육 철학이나 방법을 기록으로 남기지 않았기에 그의 제자였던 플라톤(Platon)의 기록에 의존할 수밖에 없다. 소크라테스는 학생이 신뢰할 만한 지식을 획득할 수 있는 유일한 방법으로 질문을 매개로 한 대화 과정에의 참여를 설정하였다. 질문을 답을 구하는 도구가 아닌 진실 탐색이나 자아 인식의 도구로 생각하였기 때문이다(Elbers & Hajer, 2009; Kenzic, Wubbels, Elbers & Hajer, 2009;). 소크라테스의 대화법은 반어법과 산파술로 이루어진다. 반어법은 소크라테스의 질문에 대화 상대방이 대답하면서 스스로 자신의 오개념을 자각하게 하는 대화법이다. 소크라테스는 오개념을 자각한 상대방에게 스스로 생각하는 힘을 길러 주고자 질문을 하였는데 이것이 산파술이다(김성준, 2008: 12; 심태원, 2014: 40). 당시 소크라테스 어머니의 직업은 산파였다. 산파가 산모의 출산을 돕는 것처럼 소크라테스 역시 조력자이자 촉진자의 입장에서 학생의 지식 이해를 돕고 싶었던 자신의 역할을 산파에 비유한 것이다. 소크라테스의 교육법은 중세 암흑기를 거치면서 역사에서 점점 사라져 갔다. 그러다가 르네상스 시대를 맞이하면서 그 가치가 재조명되었다. 근대에는 독일 GÖtingen 대학의 철학 교수이자 신칸트주의자였던 넬슨(Nelson)이 철학과 학생들을 대상으로 플라톤의 대화에 나타난 소크라테스의 산파술을 일부 적용하였다. 넬슨은 질문하기와 선험적 지식에 대한 칸트의 검증법을 활용하여 학생들이 스스로 생각하는 법을 가르쳤다(Kneic et al, 2009).

소크라틱 세미나라는 공식 명칭을 최초로 사용한 사람은 1937년에 세인트 존 대학의 교수였던 스콧 뷰캐넌(Scott Buchnam)이다(Strong 1996: 5). 당시는 고전중심의 대학 교육과정 편성을 강력히 요구하였던 고전운동(The Great Book Movement)이 활발하게 전개되던 시기였다. 고전중심의 교육과정은 1910년대에서 1940년대 사이에 Meiklejohn(애머스트 대학), Erskine(컬럼비아 대학), Barr(버지니아 대학), Adler &

Hutchins(시카고 대학) 등이 주도를 하였다. 이들은 교양교육을 서구 문명 중심의 고전 과목으로 편성 · 운영하고자 하였고 소크라틱 질문법을 교수법으로 활용하고자 하였다(신의항, 2009: 2-3; Copeland, 2005: 8). 당시에 고전운동의 강력한 지지자였던 스콧 뷰캐넌은 서구 문명의 위대한 사상을 집대성한 100개의 고전 목록을 작성하여 전공 및 선택 과목 자체를 구분하지 않는 대학 교육과정을 운영하였다. 그리고 각 교육과정마다 독서와 질문 그리고 탐구적 대화로 구성된 세미나를 운영하였다.

소크라틱 세미나를 초 · 중등 교육현장(K-12)에 적용하고 확산시킨 사람은 아들러(Adler)이다. 아들러는 1982년에 민간주도의 공교육 개혁안인 「파이데이아 제안: 교육선언(The Paideia Proposal: An Educational Manifesto」을 발표하였다. 아들러를 포함한 교육학자와 교육 실천가 및 교육 개혁가 등으로 구성된 22명의 전문가들은 학교 교육의 질적 회복을 위한 공교육의 역할 개선을 촉구하였다. 이를 위해 초 · 중등 학교의 필수 교과 영역을 '조직화된 지식의 습득(I열)' '지적 기술의 발달(학습 방법의 학습-학습 기술 발달(II열)' '관념과 가치에 대한 확장된 이해(III열)'의 세 영역으로 구분하였다. 그런 다음에 I열에서는 강의와 질의응답의 교수법을, II열에서는 코칭과 연습 및 실습의 교수법을, III열에서는 산파술 혹은 소크라테스식 질문법에 기초한 능동적 학습법을 교육 방법으로 추천하였다(김희주, 2016: 42). 아들러는 열린 질문과 토론에 기반한 소크라테스 학습법을 바탕으로 텍스트에 대한 학생의 이해 능력을 신장시키고자 하였다. 이후에 소크라틱 세미나는 교육학자 및 교육 실천가들의 적극적인 호응 속에 교실 수업 현장으로 급속히 확산되었다. 오늘날 소크라틱 세미나의 명칭은 'Paideia Seminar' 'Socratic Circle' 'Touchstones Discussion' 'Shared Inquiry Discussions' 'Socratic Cafes' 'Spider Web Discussions' 'Harkness Method' 등으로 다양하게 사용된다. 그러나 독서 및 질문에 기초한 지적이고 협력적인 탐구형 대화를 추구한다는 공통점은 변함이 없다(Fischer, 2019: 8).

2. 소크라틱 세미나의 개념

아들러는 소크라틱 세미나의 개념을 '질문과 토론을 기반으로 특정 텍스트를 보다 더 잘 이해하고 감상할 수 있도록 도움을 주는 일종의 산파술'로 정의하였다(Adler, 1982: 29). 아들러는 전통적인 교사 전달 학생 암송의 교육 방식으로는 학생의 학습 능력을 신장시킬 수 없다고 믿었다. 진정한 학습은 교사가 지식의 산파(조력자 혹은 촉진자)가 되어 텍스트에 대한 질문과 토론을 유도하면서 이해와 감상을 확장시킬 때에 발생한다고 믿었기 때문이다. 아들러의 교육 철학과 이념을 계승한 Lambright(1995: 30)는 소크라틱 세미나의 개념을 '특정 텍스트에 기반한 지적이고 탐구적인 대화'로 정의하였고, The National Paideia Center(2003)는 여기에 협력적 요소를 추가하여 '특정 텍스트에 대한 열린 질문에 의해 촉발되는 지적이고 협력적인 대화'로 정의하였다(Billings & Roberts, 2003: 16). 소크라틱 세미나에 참여하는 학생들은 특정 텍스트의 가치와 이슈 및 아이디어 등을 스스로 탐색하면서 궁금한 부분에 대해서는 스스로 질문한다. 이때에 개방적이고 허용적인 열린 질문, 독자의 삶과 관련된 보편적 주제를 다루는 질문, 문학 작품의 분석 및 해석과 관련된 질문 등이 모두 허용된다. 다음으로 학생은 이러한 질문들을 매개로 텍스트 기반의 탐구형 대화, 지적 대화의 과정에 적극적으로 참여하면서 텍스트의 다양한 의미를 비판적으로 해석하고 분석하며 표현하는 능력을 기르게 된다.

Carter(2013), Walsh-Moorman(2016)은 소크라틱 세미나의 개념을 '텍스트의 이해와 해석에 대한 상호 교섭 및 공감대 형성을 목적으로 하는 학생 주도 대화'로 정의하면서 이 점이 상호경쟁에 기반한 논쟁과 다른 점이라고 강조하였다(Carter, 2013; Walsh-Moorman, 2016). Fischer(2019: 3-4) 역시 '학생이 소모적 논쟁에서 벗어나 질문과 대화를 기반으로 텍스트가 추구하는 본질적 의미를 파악하고 진리를 탐구하는 것'으로 정의하면서 논쟁과 구별되는 대화를 강조하였다. 논쟁과 구별되는 소크라틱 세미나의 대화적 속성은 Copeland(2005: 47)[2]를 참고할 수 있다. 이 연구자는 '논쟁과 대화'의 차이점을 스무 가지로 구분하여 명확하게 제시한다. ① 대화는 다양한 생각을 반영한다는 점에서 협력적이지만 논쟁은 상대의 오류 입증에 초점을 맞춘다는 점에서 경쟁적이다. ② 대화의 궁극적 목적은 공통의 이해 기반을 구축하는 것이지

2) Saskatchewan Education's Curriculum Guide for law 3.0을 인용함.

만 논쟁의 궁극적 목적은 논쟁에서 승리하는 것이다. ③ 대화에서는 상호 이해와 합의점을 찾기 위해서 경청을 하지만 논쟁은 상대의 약점을 찾고 반박하기 위해서 경청을 한다. ④ 대화는 특정 관점의 확장 및 변화가 가능하다는 점에서 개방적이지만 논쟁은 특정 관점만을 고수한다는 점에서 폐쇄적이다. ⑤ 대화는 합의를 위해 특정 이슈 및 관점을 복잡하게 파악하지만 논쟁은 승리를 위해 특정 이슈 및 관점을 단순하게 파악한다. ⑥ 대화에서 가정은 언제든지 변화가 가능하지만 논쟁에서 가정은 반드시 방어해야 할 일종의 진리이다. ⑦ 대화는 자신을 성찰하는 도구가 되지만 논쟁은 타인을 공격하는 도구가 된다. ⑧ 대화는 특정 관점에 대한 입장 변화를 허용하지만 논쟁은 패배로 인식하여 불허한다. ⑨ 대화는 융통성을 허용하지만 논쟁은 융통성을 허용하지 않는다. ⑩ 대화는 다양한 의견을 종합하는 능력을 강조하지만 논쟁은 분석하는 능력을 강조한다. ⑪ 대화는 최초의 안보다 더 좋은 해결 방안이 존재한다고 믿지만 논쟁은 최초의 안을 가장 최선의 안으로 생각하여 그것을 고수한다. ⑫ 대화는 다양한 관점을 추구하지만 논쟁은 단일한 관점을 고집한다. ⑬ 대화는 협력을 기반으로 다양한 의견을 개진하지만 논쟁은 타인의 관점을 반대하면서 자신의 논점을 확장한다. ⑭ 대화는 의견 변화에 대한 열린 마음과 태도를 지니지만 논쟁은 자신의 주장만 고수하는 폐쇄적 태도를 지닌다. ⑮ 대화는 공통의 합의를 추구하지만 논쟁은 양자의 차이점을 부각시킨다. ⑯ 대화는 신념의 일시적 유보를 허용하지만 논쟁은 신념을 고수한다. ⑰ 대화는 상대의 입장을 고려하고 장점을 탐색하지만 논쟁은 자신의 입장만 고려하고 상대의 약점만 찾는다. ⑱ 대화는 상대의 관심사를 배제하거나 자극하지 않지만 논쟁은 상대를 배척하고 비난하고 경멸한다. ⑲ 대화는 이분법적 접근을 거부하고 다양한 의견의 결합을 추구하지만 논쟁은 이분법적 접근을 선호하고 하나의 정답만을 인정한다. ⑳ 대화는 참여자 모두가 문제해결 방안을 제시할 수 있지만 논쟁은 논쟁의 승리자만이 해결방안을 제시할 수 있다. 지금까지의 내용을 정리하면, 대화가 협력, 공유 및 공감을 위한 경청, 허용과 존중, 상호존중과 집단지성에 기초한 열린 결말을 추구한다는 점에서 경쟁, 상대의 약점 파악 및 반박과 방어를 위한 경청, 엄격성과 공경석, 폐쇄성과 단일성에 기초한 닫힌 결말을 추구하는 논쟁과는 완전히 다르다는 것을 알 수 있다.

지금까지 Adler(1982), Lambright(1995), The National Paideia Center(2003), Carter(2013), Walsh-Moorman(2016), Fischer(2019) 등이 정의한 소크라틱 세미나의 개념을 살펴보았다. 비록 세부적인 사항은 연구자마다 조금씩 다르나 공통 요소는 추출할 수 있다. 바로 '텍스트' '질문' '학생 주도의 지적이고 탐구적인 대화' '협력적 분위기'이다. 여기에서는 이것을 기반으로 소크라틱 세미나의 개념을 '특정 텍스트에 대한 열린 질문을 바탕으로 상호 협력의 관계에서 진행되는 지적이고 탐구적인 학생 주도의 대화'로 정의하고자 한다.

Ⅲ. 소크라틱 세미나의 질문 및 대화 유형

1. 소크라틱 세미나의 질문 유형

1) 소크라틱 세미나의 사실적-해석적-평가적 질문 유형

소크라틱 세미나의 질문 유형은 사실적 질문(Factual Question), 해석적 질문(Interprertation Question), 평가적 질문(Evatulation Question)으로 구분할 수 있다. 이 질문 유형은 미국의 교육 철학자이자 개혁가였던 Adler(1948)가 그의 저서 『A guide for leader of Great Books Discussion Groups』에서 주장하였던 내용을 바탕으로 만들어진 것이다. "이 글에서 저자가 말하는 내용은 무엇인가?" "이 글에서 저자가 전하려는 의도는 무엇인가?" "지금의 당신과 관련을 지을 때에 그것은 사실인가?"라는 이 세 가지 질문이 오늘날 '사실적 질문' '해석적 질문' '평가적 질문'[3]으로 발전하였다(Copeland, 2005: 66; The Great Book Foundation, 2014; Moeller & Moeller, 2015: 29).

사실적 질문은 수렴적 질문으로 오직 단수의 정답만 요구한다. 이 질문에 답변하

---

3) 텍스트 이해와 관련하여 소크라틱 세미나에서 제시하는 '사실적 질문, 해석적 질문, 평가적 질문'의 유형과 읽기 교육 분야에서 제시하는 '자구적 질문, 해석적 질문, 적용적 질문'(노명완 외, 1988; Raphael & Higgfield, 2006; Ruddel, 2002)의 유형이 유사하다. 그러나 상호 어떤 영향을 주고받았는지에 대한 관련성을 언급한 연구물은 찾기가 어려웠다. 이 부분은 후고로 미룬다.

기 위해서는 텍스트에 제시된 정답만을 회상하면 되기에 고수준의 고등사고 능력보다는 저수준의 정보회상 능력이 더 필요하다. 가끔 사실적 질문에 답하기 위해서 텍스트 이곳저곳을 찾아보면서 많은 노력을 기울일 때가 있다. 그때에 이 질문이 사실적 질문인지 혹은 아닌지에 대해서 혼란을 겪는 경우가 있다. 그러나 이것 역시 사실적 질문에 해당이 된다. 비록 시간이 걸리고 어려움이 따르기는 했어도 정답은 여전히 텍스트에 존재하기 때문이다. 사실적 질문에는, ① 주인공은 누구인가요?, ② 언제, 어디에서 일어난 일인가요?, ③ 누가 무엇을 하였나요?, ④ 제목은 무엇인가요? 등이 있다.

해석적 질문은 텍스트에 대한 다양한 해석을 보장하기 때문에 복수의 정답이 허용된다. 독자는 텍스트에 제시된 정보를 바탕으로 저자의 의도를 파악해야 하므로 단순한 기억이나 정보의 회상보다는 복잡한 고등 사고 능력이 필요하다. 이런 점에서 보면, 소크라틱 세미나에서 해석적 질문이 차지하는 비중이 가장 크다고 할 수 있다. 해석적 질문에는, ① ~가 그렇게 행동한 까닭이 무엇이라고 생각하나요?, ② 다음에 어떤 일이 일어날 것으로 생각하나요?, ③ ~의 행동에 대해 ~가 그렇게 반응한 이유는 무엇일까요?, ④ 만약 ~한 상황이라면, 어떤 결과가 일어날지 설명할 수 있나요?, ⑤ ~의 변곡점은 무엇인가요?, ⑥ ~사건에 감추어진 동기는 무엇인가요? 등이 있다.

평가적 질문은 독자 자신의 가치와 경험을 반영한 답변을 요구하는 질문이다. 독자를 주인공으로 가정을 하고 그런 상황에 있다면 어떤 행동을 취할지를 물어보는 질문(공통의 경험)이나 실생활에서 그런 일이 발생하면 어떻게 할지를 물어보는 질문(가치) 등이 여기에 해당이 된다. 예를 들면, ① 만약 여러분이 ~라면, 어떻게 행동할 것인가요?, ② 이 이야기의 인물과 유사한 경험을 한 적이 있나요? 그때에 어떻게 행동했나요?, ③ 이 글을 읽으면서 특별히 생각하는 사람이나 장면이 있나요?, ④ 이 글을 읽고 느낀 점을 내 삶에 적용한다면? 등이 해당된다. 만약 텍스트 기반의 답변이 하나이면 사실적 질문에, 두 개 이상이면서 무엇인가를 설명해야 한다면 해석적 질문에, 만약 자신의 경험이나 가치 및 텍스트 밖의 문제를 다루고 있으면 평가적 질문에 해당이 된다.

소크라틱 세미나의 질문 유형을 William Saroyan의 단편 소설 『Gaston』에 적용하면 다음과 같다(Moeller & Moeller, 2015: 31). 사실적 질문에는, ① 아빠는 자신의 집을 무엇에 비유했나요?, ② 아빠는 딸을 위해서 복숭아 몇 kg을 샀나요?, ③ 아빠는 자신의 딸이 엄마가 있는 뉴욕으로 다시 돌아간다고 했을 때의 무엇을 느꼈나요? 등이 해당이 되고 이에 대한 답변은 텍스트에 명시적으로 제시되어 있다. 해석적 질문에는, ① 엄마가 곤충을 벌레라고 부르는 것에 비해 아빠는 곤충에게 마치 사람처럼 이름을 지어 주고 부르는 이유는 무엇인가요?, ② 엄마가 아빠와는 달리 자신의 딸을 자신과 함께 살자고 설득한 까닭은 무엇인가요?, ③ 소녀의 부모가 이혼한 까닭은 무엇인가요?, ④ 소녀가 아버지가 아닌 엄마와 살기로 결정한 까닭은 무엇인가요?, ⑤ 어머니는 아버지를 비난했지만 아버지는 어머니를 비난하지 않은 까닭은 무엇인가요?, ⑥ 소녀가 Gaston을 죽이기 전에 슬퍼 운 까닭은 무엇인가요?, ⑦ 소녀가 Gaston의 집을 '파괴된 집'으로 묘사하는 이유는 무엇인가요?, ⑧ 결말 부분에서 아버지가 자신의 처지를 Gaston의 처지와 비슷하게 느끼는 까닭은 무엇인가요? 등이 해당되고 텍스트의 정보에 기초한 독자의 생각이 해석적 질문에 대한 답이 된다. 평가적 질문에는, ① 만약 여러분이라면, 소녀의 아빠나 엄마 중 누구와 살 것인가요?, ② 일부 이혼 가정의 자녀들이 직면하는 어려움은 무엇일까요? ③ 여러분도 주인공처럼 징그러운 벌레를 죽인 적이 있나요?, ④ 여러분도 이야기의 주인공처럼 벌레에게 이름을 지어 주고 사람처럼 대한 적이 있나요? 등이 해당이 되고 이에 대한 답변은 오직 독자의 머릿속에만 존재한다. 이러한 점에서 평가적 질문은 텍스트 초월적 질문이라고도 한다.

2) 소크라틱 세미나의 후속 질문(Follow up-) 유형

후속 질문(Follow-up Question)은 탐구중심의 심층적 질문이다. 후속 질문은 주장과 근거의 명료성과 타당성 및 다양성 그리고 적절성과 확장성 등을 검토하고 확증하는 사고 활동을 촉진한다. 만약에 후속 질문이 존재하지 않는다면, 소크라틱 세미나는 단편적이고 피상적인 대화나 잡담으로 전락할 수 있다. 개념에 대한 증거나 논리, 폭넓고 심층적인 사고에 기반한 탐구적인 대화가 아니기 때문이다. 더불어 적절한 후속 질문이 없다면, 학생들은 자신들의 생각에 대해 확신하지 못하고 혼란스러워할 것이다. 양파 껍질처럼 다양한 층위로 구성된 텍스트의 내용을 드러내고 탐구하며 근거를 제시하는 지적 대화의 과정이 수반되지 않기 때문이다.

후속 질문의 유형에 대한 연구는 Moeller와 Moeller(2015), 박태호(2019)를 참고할 수 있다. Moeller와 Moeller(2015: 46)는 학생 반응을 촉진하는 후속 질문의 유형으로, ① 명료화하기, ② 입증하기, ③ 보충・심화하기, ④ 관련짓기, ⑤ 반응 확인하기, ⑥ 문제해결 요구하기, ⑦ 일관성 평가하기의 일곱 가지를 제시하였고 Valdez 외 2인(2013)[4]은, ① 명료화하기, ② 입증하기, ③ 초점화하기, ④ 참여하기, ⑤ 추가하기, ⑥ 표현하기, ⑦ 방해하기, ⑧ 반대하기의 여덟 가지를 제시하였다. 박태호(2019)는 수업대화 분석 도구를 개발한 선행 연구(박태호, 2003, 박태호, 이수진, 2003; 박태호, 2004)를 바탕으로 학생의 독해를 촉진하는 질문 전략의 유형으로, ① 명료화하기, ② 입증하기, ③ 확장하기, ④ 정교화하기, ⑤ 초점화하기의 다섯 가지를 제안하였다. 먼저, Moeller와 Moeller(2015), Valdez 외 2인(2013), 박태호(2019)의 연구에서 공통적으로 제시한 후속 질문인 명료화하기와 입증하기는 그대로 사용하고, 확장하기와 정교화하기(박태호, 2019)는 보충・심화하기(Moeller & Moeller, 2015)로 통합하고자 한다. 양자를 구분하기보다는 통합하는 것이 교실 수업 적용에 더 효과적이기 때문이다. 다음으로 Moeller와 Moeller(2015)는 제시하지 않았던 초점화하기(Valdez 외 2인, 2013; 박태호, 2019)를 추가하고자 한다. 초점화하기는 질문자에 대한 학생 반응이 원래의 의도나 목적 및 기대 등을 이탈했을 때에 다시 원래의 의도에 맞게 대화의 내용이나 방향 및 흐름을 되돌리는 질문이다. 이 경우에 학생 반응을 촉진하는 후속 질문의 유형을, ① 명료화하기, ② 입증하기, ③ 보충・심화하기, ④ 초점화하기, ⑤관련짓기, ⑥ 반응 확인하기, ⑦ 문제해결 요구하기, ⑧ 일관성 평가하기의 여덟

---

4) 원전에서는 ②를 '고등사고 능력 신장을 위한 탐색하기'로, ③을 '세미나 방향 다시 지시하기'로, ④를 '동료를 대화에 초대하기'로, ⑤를 '다른 사람의 말을 기반으로 하여'를 제시하고 있다. 그러나 구체적 용례를 살펴보면, ②는 이 연구에서 말하는 '입증하기'로, ③은 '초점화하기'로, ⑤는 '추가하기'로 대체가 가능하다. 한편, Valdez(2013) 외 등은 이 연구에서 추구하는 후속 질문과 대화 유형을 구분하지 않았다. 이 연구에서는 Valdez(2013) 외 등이 제시한 ①~③을 후속 질문 유형으로, ④~⑧을 대화 유형으로 구분하였다.

가지로 제시할 수 있다.

① 명료화하기의 예에는 "당신이 말한 ~의 의미는 무엇인가요?" "~에 대한 보다 정확한 의미를 설명해 줄 수 있나요?" "그렇다면 당신의 의도는 무엇인가요?" "~대해서 한번 더 설명을 부탁해도 될까요?" 등이 해당된다. ② 입증하기의 예에는 "이 자료의 어느 부분을 답변의 근거로 삼았나요?" "~에 대해서 어떻게 알았나요?" "가장 인상이 깊었던 부분은 무엇이고 그렇게 생각하는 까닭은 무엇인가요?" 등이 해당된다. ③ 보충·심화하기의 예에는 "~에 대해 찬성하는 까닭을 구체적인 예를 들면서 설명을 한다면?" "~에 대해 반대하는 까닭을 자세하게 설명한다면?" "영수의 생각에 내 생각을 덧붙여서 말을 한다면?" "나는 ~의 생각에 동의합니다. 더불어 ~의 생각도 ~라는 점에서 동의합니다." 등이 해당된다. ④ 초점화하기의 예에는 "~의 관점으로 돌아가서 다시 생각한다면?" "이 논의를 통해서 우리가 꼭 알아야 할 것이 있다면 무엇인가요?" "원래 우리가 탐색하고자 했던 내용은 무엇인가요?" 등의 질문이 여기에 해당된다. ⑤ 관련짓기의 예에는 "내가 만약 이야기의 주인공이라면 동일한 상황에서 어떻게 행동할 것인가요?" "이 이야기(사건, 인물, 배경 등)와 유사한 이야기는 무엇인가요?" "이야기의 인물과 유사한 사람을 우리 주변에서 찾는다면 누구일까요?" 등이 해당된다. ⑥ 반응 확인하기의 예에는 "(호명), ~의 이야기는 A일까요 아니면 B일까요?" "(호명), 조금 전에 한 말의 뜻이 ~인 것이 맞나요?" 등이 해당된다. ⑦ 문제해결 요구하기의 예에는 "(호명), ~에 대한 답변은 무엇인가요?" "(호명), ~에 대한 다른 답변은 무엇인가요?" 등이 해당된다. ⑧ 일관성 평가하기의 예에는 "(호명), 만약 네 생각이 옳다면 그것을 어떻게 설명할 수가 있을까?"가 해당된다.

지금까지 Moeller & Moeller(2015), 박태호(2019)의 연구 결과를 바탕으로 소크라틱 세미나에 적용할 후속 질문의 유형을 살펴보았다. 다음 〈표 1-1〉과 〈표 1-2〉는 단편 소설 『Gaston』의 특정 장면을 기반으로 이루어진 소크라틱 세미나의 질문과 후속 질문 유형을 제시한 것이다. 먼저, 1 모둠의 대화 장면에 나타난 질문과 후속 질문의 유형을 살펴보면 〈표 1-2〉와 같다.

〈표 1-1〉 1 모둠의 대화 장면에 나타난 질문 및 후속 질문 유형

학생 1	① 엄마가 자신과 함께 살자고 딸을 설득합니다. 이에 비해 아빠는 딸에게 본인이 원하는 대로 결정하는 것이 중요하다고 말합니다. 아빠가 그렇게 말한 까닭은 무엇일까요?	
학생 2	② 엄마는 자신의 감정에만 충실한 이기적인 사람입니다. 그래서 딸이 아버지와 함께 있는 것이 더 행복하다는 것을 전혀 생각하지 못했습니다.	
후속 질문 1	③ 엄마가 이기적이라고 생각하는 근거는 무엇인가요?	
후속 질문 2	④ ~는 ~의 의견에 대해 어떻게 생각하나요?	
	질문 유형	후속 질문 유형
	① 해석적 질문	③ 입증화 질문 ④ 반응확인 질문

〈표 1-1〉을 보면, 학생 1의 해석적 질문(①)에 대한 학생 2의 반응(②)에 대해 입증화 질문(③), 반응확인 질문(④)과 같은 후속 질문을 할 수 있다. 물론 이것은 예시에 불과하다. 실제 교실 수업에서는 다양한 유형의 질문과 후속 질문이 가능할 것이다. 다음으로 2 모둠의 대화 장면에 나타난 질문과 후속 질문의 유형을 살펴보면 〈표 1-2〉와 같다.

〈표 1-2〉 2 모둠의 대화 장면에 나타난 질문과 후속 질문 유형

학생 1	① 아빠가 딸과 이별할 때에 안아 주고 싶은 생각을 억제한 까닭이 무엇일까요?	
학생 2	② 아빠는 딸을 사랑하지 않았고 아빠에게 딸은 그저 불편한 짐에 불과할 뿐입니다.	
후속 질문 1	③ 아빠가 딸을 사랑하지 않는다고 생각하는 근거는 무엇인가요?	
후속 질문 2	④ 아빠가 딸을 사랑하지 않는다는 말의 뜻을 좀 더 구체적으로 설명한다면?	
후속 질문 3	⑤ 딸을 짐으로 생각한다는 말은 무슨 뜻인가요?	
후속 질문 4	⑥ 만약 여러분이 이야기에 나오는 아빠라면, 어떻게 할 건가요?	
	질문 유형	후속 질문 유형
	① 해석적 질문	③ 입증화 질문 ④ 보충 · 심화 질문 ⑤ 명료화 질문 ⑥ 관계짓기 질문

〈표 1-2〉를 보면, 학생 1의 해석 질문(①)에 대한 학생 2의 반응(②)에 대해 입증화 질문(③), 보충 · 심화 질문(④), 명료화 질문(⑤), 관계짓기 질문(⑥)과 같은 후속 질문

이 가능하다. 이것 역시 예시에 불과하고 실제 교실 수업에서는 다양한 유형의 질문과 후속 질문이 전개될 것이다.

2. 소크라틱 세미나의 대화 유형

소크라틱 세미나를 원활하게 운영하기 위한 대화 유형은 박태호(2019)와 Walsh & Sattes(2015)를 참고할 수 있다. 박태호(2019)는 수업대화 관련 선행 연구(강병륜 · 박태호, 2003; 박태호, 2003, 2004; 박태호 · 이수진, 2003)를 기반으로, 수업대화 유형을 ① 작게 나누어 질문하기, ② 책임 공유하기, ③ 기다리기, ④ 맞장구치기, ⑤ 실마리 제공하기, ⑥ 칭찬하기, ⑦ 딴청부리기의 일곱 가지를 제안하였다. 여기에 Walsh & Sattes(2015)가 제시한, ① 추가하여 다듬기, ② 참여 독려하기, ③ 적극 반응하기, ④ 판단 유보하기, ⑤ 서로 다른 관점 수용하기, ⑥ 예의 바르게 반대하기의 다섯 가지와 AVID 소크라틱 세미나 지침에서 추천한 '화제 변환하기' 대화 유형을 추가하고자 한다.

① 추가하여 다듬기(이하 추가하기)는 동료의 생각을 기반으로 내 생각을 정교하게 다듬는 것이다. 여기에는 "~가 말한 내용에 제 생각을 덧붙이면" "~가 말한 내용에 따르면" "~로 인해서 떠오른 생각에 따르면~" "~의 의견에 찬성하면서 제 생각을 덧붙이면" "지금 ~가 말한 의견에 또 다른 해석을 추가한다면~" 등이 포함된다. ② 참여 독려하기(이하 참여하기)는 모둠 활동에 참여하지 않는 학생들의 참여를 독려하는 대화이다. 여기에는 "~는 이 부분에 대해서 어떻게 생각하는지 궁금합니다." "지금까지 제가 많은 이야기를 했는데, 앞으로는 다른 친구들의 생각도 듣고 싶습니다." 등이 여기에 포함한다. ③ 적극 반응하기(이하 반응하기)는 동료들의 질문과 반박에 열린 마음으로 반응을 하는 것이다. 여기에는 "아주 좋은 제안입니다. 그것이 바로 제가 기대하던 것입니다." "비록 ~는 제 생각에 동의하지 않지만, 제 생각을 충분히 말할 기회를 얻고 싶습니다" 등이 해당한다. ④ 판단 유보하기(이하 유보하기)는 나와 다른 생각을 성급하게 판단하지 않고 유보하는 것이다. 여기에는 "지금까지 이렇게 생각한 적은 없지만, ~의 생각을 더 듣고 싶습니다." "제 생각과는 다르

지만, ~의 주장을 더 들어 보고 제 입장을 정하겠습니다." "저는 지금까지 이러한 방식으로 생각하지 않았지만, 판단을 미루고 다른 사람들의 접근 방식도 적극적으로 알아보겠습니다." 등이 포함된다. ⑤ 서로 다른 관점 수용하기(이하 수용하기)는 관점의 차이를 이해하기 위해서 적극적으로 노력을 하는 대화이다. 여기에는 "~의 생각을 좀 더 들을 수 있을까요?" "이것은 제가 생각하는 방식과 다릅니다. ~의 생각을 더 잘 이해할 수 있도록 도와줄 수 있나요?" "~의 의견에 대해서 궁금한 것이 있습니다." 등이 포함된다. ⑥ 예의 바르게 반대하기(이하 반대하기)는 대화 예절을 지키면서 상대의 의견에 반대하는 것이다. 여기에는 "저는 ~가 왜 그렇게 생각하는지 충분히 이해합니다. 반면에 ~을 다른 관점에서 생각할 필요도 있습니다. 제 생각에는~" "~에 대한 ~의 논점은 타당합니다. 그러나 제 생각에는 ~" "저는 ~에 대해 일부 동의를 합니다. 그러나 다른 한편으로는~" "저는 이 문제에 대해서는 ~와 생각이 다르지만, ~의 생각도 일부 관련지어 이야기하려고 합니다." 등이 포함된다. ⑦ 화제 변환하기(이하 변환하기)는 특정 화제에 대해 구성원들이 충분히 대화하였거나 더 이상 대화를 진행하기 어려운 경우에 사용하는 대화 전략이다. 여기에는 "그동안 이 주제에 대해서 서로 충분히 이야기했습니다. 이제 다음 주제로 넘어갈까요?" "혹시 ~의 주제에 대해서 마지막으로 더 하고 싶은 말이 있나요?" "이제부터는 지금까지와는 다른 새로운 주제로 넘어갈까요?" 등이 해당된다.

지금까지 살펴본 소크라틱 세미나의 대화 유형을 앞에서 살펴본 소크라틱 질문 및 후속 질문 유형과 관련지어 단편 소설 『Gaston』에 적용하면 〈표 1-3〉과 같다. 〈표 1-3〉은 학생 1의 해석적 질문으로 시작되는 소집단 소크라틱 세미나의 대화 장면 일부를 제시한 것이다.

〈표 1-3〉 2 모둠의 대화장면에 나타난 질문 및 후속질문과 대화전략 유형

학생 1	① 아빠가 딸과 이별할 때에 딸을 안아 주고 싶은 충동을 자제한 까닭은 무엇일까요?
학생 2	② 아빠는 딸을 사랑하지 않았습니다. 아빠에게 딸은 그저 불편한 짐에 불과할 뿐입니다.
학생 3	③ 아빠가 딸을 사랑하지 않는다고 생각하는 근거는 무엇인가요?
학생 2	④ 딸을 사랑하는 많은 아빠들은 딸과 헤어지기 전에 안아 줍니다. 그런데 이 이야기에 나오는 아빠는 그렇게 하지 않았습니다.

〈계속〉

<table>
<tr><td>학생 4</td><td colspan="3">⑤ 저는 ~의 의견도 타당하다고 생각합니다. 그러나 이것을 조금 다른 관점에서 생각했습니다. 처음에 아빠는 다른 아빠들처럼 딸을 안아 준 후에 헤어지려고 했습니다. 그런데 갑자기 생각이 바뀌었습니다. 안아 주면서 이별을 하면, 딸이 상처를 받을까 봐 걱정했기 때문입니다</td></tr>
<tr><td>학생 2</td><td colspan="3">⑥ 아! 미처 생각하지 못했던 부분입니다. 참 좋은 의견입니다.</td></tr>
<tr><td>학생 5</td><td colspan="3">⑦ 안아 주면서 이별을 하면 딸이 상처를 받는다는 말의 뜻을 좀 더 구체적으로 설명해 줄 수 있나요?</td></tr>
<tr><td>학생 4</td><td colspan="3">⑧ 안아 주면서 이별을 하면 서로 슬픈 마음을 느끼고 표현하게 됩니다. 그러면 서로의 슬픔이 더욱 커지고 딸은 자기가 사랑하는 아빠를 두고 떠난다고 생각할 것입니다. 그러면 아빠에 대해서 아주 미안한 마음을 가질 것입니다.</td></tr>
<tr><td>학생 6</td><td colspan="3">⑨ 과연 딸을 안아 주면서 이별을 하면, 그렇지 않은 것에 비해서 상처를 덜 받을까요? 사랑한다고 말을 하면서 꼭 안아 주고 다음 만남을 약속하는 것이 더 좋지 않을까요? 다른 친구들은 이 부분에 대해서 어떻게 생각하나요?</td></tr>
<tr><td></td><td>질문 유형</td><td>후속 질문 유형</td><td>대화 전략 유형</td></tr>
<tr><td></td><td>① 해석적 질문</td><td>③ 입증화
⑦ 명료화
⑨ 반대하기/참여하기</td><td>⑤ 반대하기
⑥ 맞장구치기/반응하기</td></tr>
</table>

〈표 1-3〉을 보면, 학생 1의 해석적 질문(①)에 대한 학생 2의 반응(②)에 대해 텍스트 기반의 다양한 소통과 공감 및 폭넓고 심층적인 이해가 일어난다. 학생 3이 학생 2의 반응에 대한 후속 질문으로 그렇게 생각하는 까닭을 묻는 입증화 질문(③)을 하였다. 그러자 학생 2는 일반 가정의 아빠와 딸이 서로 안아 주면서 헤어지는 일상의 경험과 사례를 바탕으로 자신의 생각을 말하였다(④). 이에 학생 4가 대화 예절을 지키면서 상대방의 의견과 다른 의견(⑤)을 제시하였다. 그러자 학생 2가 학생 3의 의견에 대해서 맞장구를 치면서 자신이 미처 생각하지 못했던 부분을 인정하고 수용하였다(⑥). 이어서 학생 5가 학생 4에게 앞서 말한 내용의 뜻을 보다 구체적이고 명확하게 설명할 것을 요구하는 명료화 질문을 하였다(⑦). 이에 학생 4가 자신의 생각을 바탕으로 반응(⑧)을 하였고 학생 6은 학생 4의 주장을 예의 바르게 반대하면서 이에 대한 동료들의 의견 표명을 요청하고 있다(⑨). 물론 앞의 대화는 예시에 불과한 것이다. 실제 교실 수업 장면에서는 다양한 유형의 질문과 후속 질문 및 대화가 전개될 것이다.

지금까지 소크라틱 질문과 후속 질문 및 대화 유형에 대해서 살펴보았다. 이것을 제시하면 다음과 같고 '소크라틱 세미나의 질문 및 대화 유형 점검표'라고 명명하고자 한다.

대화수업	소크라틱 세미나의 질문 및 대화 유형 점검표																								
	질문하기			후속 질문하기								대화 전략													
	사실적	해석적	적용적	명료화	입증화	초점화	보충심화	관련짓기	반응확인	문제해결	일관성평가	추가하기	참여하기	반응하기	유보하기	수용하기	반대하기	변환하기	힌트주기	칭찬하기	기다리기	맞장구치기	딴청부리기	책임공유하기	작게 나누어 질문하기
①																									
②																									
③																									
④																									
⑤																									
⋮																									

참고문헌

강병륜, 박태호(2003). 초등학교 국어과 수업대화 분석 요소. **공주교대논총** 40(1).

경기도토론교육연구회(2019). **토론이 수업이 되려면**. 교육과 실천.

김희주(2016). 파이데이아 교육제안의 교육개혁안 연구. 영남대학교대학원교육학 박사학위 논문.

박태호, 이수진(2004). 김 교사의 읽기 교수화법 분석 연구. **교육과정평가연구** 6(1), 75-97.

박태호(2004). 좋은 국어 수업을 위한 수업 대화 전략과 수준. **어문교육연구** 13, 71-93.

박태호(2005). 수업대화 분석과 과정중심의 쓰기 수업 장학. **국어교육학 연구** 24, 5-28.

박태호(2019). 어느 한 교사의 읽기 수업에 나타난 질문 양상 관찰과 해석: 독해 전략과 수준 및 촉진 전략을 중심으로. **초등교육논총** 56(4), 85-98.

신의항(2009). 미국 대학의 고전 읽기 교육 세인트존대학과 노트르담대학 사례를 중심으로. https://s-space.snu.ac.kr/bitstream/10371/2876/1/OGE_no16_2009_02.pdf.

윤현진 외(2007). 미래 한국인의 핵심역량 증진을 위한 초·중등교육 교육과정 비전 연구(I), 연구보고 RRC 2007-1.

이은하, 최은정(2015). 핵심역량과 국어과 교육과정의 연계 가능성 탐색. **아시아교육연구** 16(2), 201-230.

조은순(2018). 미래 학생 역량의 수업설계 연구: 초등 국어과 사례. **한국콘텐츠학회논문지** 18(5).

한국교육개발원 역(2012). **21세기 핵심역량_이 시대가 요구하는 핵심스킬**. 학지사.

황치성 외(2014). **청소년의 미디어 이용과 21세기 핵심역량**. 한국언론진흥재단.

AVID Socratic Seminar Guidelines (2014). https://www.sac.edu/StudentServices/Counseling/TeacherEd /SiteAssets/Pages/Workshop-Powerpoints-and-Materials/SocraticSeminarHandoutsRTTC.pdf.

Billings & Roberts (2003). *The Paideia seminar: active thinking through dialogue*. Chapel Hill, NC: National Paideia Center.

Carter, V. (2013). *Let's talk: Using the Socratic seminar method to develop 21st century skills*. 125 Presented at the Virginia Association for the Gifted Conference: Williamsburg, VA.

Copeland(2005). *Socratic Circle: Forstering Critical and Creative Thinking in Middle and High School*. Porttland, StenHouse Publisher.

Custer, H., Donohue, J., Halel, L., Hall, C., Hiatt, E., Krosech., G., Krohn, B., Malik S., Muhammad, F., Quijano, V., Shapiro, D., & Valdez, S. (2011). *AVID postsecondary strategies for success: A guide for faculty and student affairs professionals*. San Diego, CA: AVID Press.

Fischer Charles Ames (2019). *The Power of The Socratic Classroom: Students*. Question. Dialogue. Learning, Sienna Books, USA.

Lambright, L. L. (1995). Creating a dialogue: Socratic seminars and educational reform. *Community College Journal, 65*(4), 30-34. Retrieved from http://www.eric.ed.gov/ERICWebPortal/detail?accno=EJ49994

Hunter, Jacqueline (2019). Thinking Beyond the Text: Examining Teachers' Dispositions of Critical Thinking in Elementary Social Studies Classrooms Through the Use of Socratic Seminars. *Kennesaw State University*. 7. https://digitalcommons.kennesaw.edu/teachleaddoc_etd/37

Keegan, N. (2013). Socratic seminar and creating prior knowledge. *Library Media Connection, 32*(3), 50-51.

Knezic, D., Wubbels, T., Elbers, E., & Hajer, M. (2009). The Socratic Dialogue and teacher education. *Teaching and Teacher Education, 26*(4), 1104-1111. http://10.1016/j.tate.2009.11.00

Knowles, M. S. (1975). *Self-directed learning: A guide for teachers and learners*. NY: Association Press.

Loretta E. Bernasconi (2010). Socratric Seminars: Fostering an environment of critical thinking and self-confidence in the classroom. *College of professional studies school of education*. california state university montery bay.

Moeller, V. J. & Moeller, M. V. (2015). Socratic Seminars in High School: Texts and Films *That Engage Students in Reflective Thinking and Close Reading*. NY: Routledge Taylor & Francis.

National Paideia Center (1988). *Paideia active learning*. Retrieved from https://www.paideia.org/socratic-questioning.

Pearson & Johnson (1978). *Teaching reading comprehension*. New York: Holt, Rinehart & Winston.

Richard Paul & Linda Elder (2007). *The Art of Socratic Questioning based on Critical Thinking Concept & Tools*. CA: Dillon Beach, The Foundation for Critical Thinking.

Ruddle, R. B. (2002). *Teaching children to read and write: becoming and effective literacy teacher*. Allyn & Bacon.

Ruth Aman (2018). *Socratic Seminar in the english communication college classroom*. Columbia University, Phd in Education.

Strong Michael (1996). *The habit of thought: From Socratic Seminars to Socratic Pratice*. Chapel Hill, NC: New View Publications.

The Great Book Foundation (2014). *Shared Inquiry Handbook for discussion leader & participants*. IL: Chicago. https://www.greatbooks.org/wp-content/uploads/2014/12/Shared-Inquiry-Handbook.pdf

Victor J. Moeller & Marc V. Moeller (2015). *Socratic Seminar in Middle School: Text and Films That Engage Students in Rdflective Thinking and Close Reading*. New York, Routledge.

Valdez, S., Carter, M., & Rodgers, J. (2013). *The write path english language arts: informing ourselves and others through writing and speaking*. San Diego, CA: AVID Press.

Walsh-Moorman, B. (2016). The Socratic seminar in the age of the common core: A search for text-dependent discourse. *English Journal, 105*(6), 72-77.

Walsh., J., A. & Sattes., B., D. (2015). *Questioning for Classroom Discussion: Purposeful Speaking, Engaged Listening, Deep Thinking*. VA: ASCD

Zemelman, S, Daniels, H., & Hyde A. (1998). *Best practice new standard for teaching and learning in America's school* (2nd edition), NH: Reed Elsevier, Inc.

논문 2

소크라틱 세미나의 절차와 사례*

-아낌없이 주는 나무를 중심으로-

Ⅰ. 여는 말

이 연구는 박태호(2021)의 후속 연구이다. 선행 연구에서는 2015 개정 교육과정에서 강조하였던 학생 참여형 수업, 핵심역량 기반의 미래형 수업과 연계된 소크라틱 세미나의 필요성과 목적, 질문 및 대화 유형을 제안하였다. 그러나 선행 연구는 주로 이론적 차원의 논의라는 점에서 한계를 지닌다. 때문에 소크라틱 세미나를 교실 수업에 효과적으로 적용하고 실천할 수 있는 실천적 차원의 사례가 필요하다. 대표적인 것 중의 하나가 소크라틱 세미나의 절차와 사례이다.

소크라틱 세미나의 절차는 Custer(2011), Fischer(2019) 등의 의견을 따라 소크라틱 세미나 준비하기(Pre-Seminar), 소크라틱 세미나 진행하기(During-Seminar), 소크라틱 세미나 평가 및 소감 말하기(Post-Seminar)로 구분하고자 한다. 그런 다음에 「아낌없이 주는 나무」를 활용하여 과정별 사례를 구체적으로 살펴보고자 한다.[1)]

---

* 박태호(2023). 소크라틱 세미나의 절차와 사례: 아낌 없이 주는 나무를 중심으로. 교육논총, 60(4), 111-126. 공주교대 초등교육연구원.

1) 이 연구는 전 · 중 · 후의 과정 중에서 소크라틱 세미나 준비하기(전)와 진행하기(중)까지만 진행하였다. 그러나 소크라틱 세미나에 대한 현장 교사들의 이해를 돕기 위해 소크라틱 세미나 평가 및 소감 말하기(후)에 대한 도구는 제시하였다.

Ⅱ. 소크라틱 세미나 절차와 사례

1. 소크라틱 세미나의 절차

소크라틱 세미나의 절차는 전 · 중 · 후의 과정으로 구분하여 살펴볼 수 있다(Custer, 2011; Fischer, 2019). 먼저, 소크라틱 세미나 준비하기 단계에서는 텍스트를 선정하고 자세히 읽은(비판적 읽기, 주석 달기, 메모 및 요약하기 등) 다음에 질문을 만들고 모둠별로 검토한다. 다음으로, 소크라틱 세미나 진행하기 단계에서는 함께 이야기하고 싶은 질문에 대해 집중적으로 대화하며 토론한다. 이때에 참여 인원 및 공간을 고려하여 One Circle, Two Circle, Multi Circle로 좌석을 배치하여 운영할 수 있다. 마지막으로, 소크라틱 세미나 평가 및 소감 말하기 단계에서는 소크라틱 세미나 전반에 대해서 평가하고 성찰하며 보완하는 활동을 한다. 이때에 점검표를 활용하여 리더와 참여자 및 관찰자의 역할, 세미나 과정 등을 점검하면서 개선 방안을 찾는다.

2. 소크라틱 세미나 사례

1) 세미나 준비하기(Pre-Seminar)

소크라틱 세미나 준비하기는 정해진 텍스트를 자세히 읽고 분석하기, 질문 만들기, 소크라틱 세미나 진행을 위한 최종 질문 선정하기로 구성된다. 이것을 「아낌없이 주는 나무」에 적용하면 다음과 같다.

(1) 「아낌없이 주는 나무」 텍스트 선정하기

소크라틱 세미나는 구성원이 상호협력의 분위기에서 특정 텍스트에 대한 열린 질문과 집단 지성을 기반으로 하는 지적이고 탐구적인 대화이다. 소크라틱 세미나를 성공적으로 수행하기 위해서는 다양한 해석과 대화 및 토론을 유발하는 열린 텍스트, 학생의 고등사고 활동을 촉진하는 텍스트를 선정해야 한다. 또한 옳고 그름을 판단하는 준거나 자료가 아닌 진정한 탐구와 해석 그리고 소통과 공감을 가능하게 하는 텍스트여야 한다.

소크라틱 세미나의 텍스트 유형에는 교과 및 범교과 자료가 모두 포함된다(Boldway, Carter, Compton, Gutierrez, Mullen, & Valdez, 2012). 교과 자료에는 수학(공식, 문제, 논증, 비판적 사고 퍼즐, 그래픽 자료 등), 과학(실험 설계와 프로토콜, 전문가 집단 공시 자료(FDA,WHO, CDC 등), 의료 시행 지침, 윤리 코드, 환경 문제, 과학 법칙, 온라인 과학 기사 등, 체육(전문가 집단 공시 자료(FDA,WHO, CDC 등), 영양소 층위, 운동 안내, 다이어트 자료, 체중 감량 프로그램 등, 사회과학(연설, 법률, 조약, 서사, 판례 등), 언어(연설, 시, 소설, 장편 소설 발췌본, 연극, 자서전 등), 시각 및 행위 예술(행위 예술, 예술 작품, 조소, 조각, 미술사, 화가 자서전, 사진, 감독 및 지휘자 노트) 등이 포함된다. 범교과 자료에는 인쇄 자료와 비인쇄 자료가 있다. 인쇄자료에는 철학, 노래, 수필, 기사, 사설, 풍자 문화, 정책 자료, 업무 지침, 공익 광고 자료 등이 해당된다. 비인쇄자료에는 사진과 예술품 및 명상 비디오 등이 해당된다.

Fischer(2019: 79)는 텍스트 선정기준 및 활용 방안을 다음과 같이 제시하였다. ① 초기에는 문단 단위의 비교적 짧은 텍스트를 선정하여 대화에 집중한다. 만약 소설이나 긴 텍스트를 활용할 때에는 특정 장면이나 상황에 초점을 맞춘다. ② 학생이 자세히 읽으면서 여백에 메모할 정도로 다소 복잡하거나 어려운 텍스트를 선정한다. ③ 학생 개인보다는 약간 수준 높은 텍스트를 선정해서 구성원 모두가 협력해서 텍스트의 의미를 해석하고 소통하게 한다. ④ 학생들에게 '큰 아이디어(Big Idea)를 제시할 수 있는 텍스트를 선정한다. ⑤ 사회적 현안, 모호성, 가치나 이념 충돌, 합리적인 해석 등을 허용하고 촉발할 수 있는 텍스트를 선정한다. ⑥ 초기에는 중요한 질문이나 큰 아이디어 및 주제 등을 소개하는 용도로 텍스트를 활용한다. ⑦ 중기에는 아이디어를 심화시키고 난해한 부분을 해석하고 복잡한 이슈를 조사하는 용도로 텍스트를 활용한다. ⑧ 후기에는 학생의 이해도를 측정하거나 정보를 종합하고 확장시킬 수 있는 텍스트를 활용한다.

이러한 관점을 반영하여 「아낌없이 주는 나무」를 소크라틱 세미나 자료로 선정하였다.

번호	내용
1	먼 옛날에 한 그루의 나무가 있었습니다. 그리고 그 나무에게는 사랑하는 한 소년이 있었습니다. 그 소년은 하루도 빠짐없이 나무에게 와서 떨어지는 나뭇잎을 한 잎 두 잎 주워 모았습니다.
2	그러고는 나뭇잎으로 왕관을 만들어 쓰고는 숲속의 왕자가 되어 놀았습니다. 소년은 나무에 기어 올라가서는 나뭇가지에 매달려 그네도 뛰고 사과도 따 먹고는 했습니다. 나무와 소년은 가끔 숨바꼭질도 했습니다. 그러다가 피곤해지면 소년은 나무 그늘에서 잠을 자기도 했습니다.
3	소년은 나무를 너무나 사랑했고 나무는 소년과 우정을 나누었습니다. 나무는 행복했습니다.
4	시간은 흘러갔습니다. 그리고 소년도 차차 나이가 들어갔습니다. 그래서 나무는 혼자 있을 때가 많아졌습니다.
5	그러던 어느 날 소년이 나무를 찾아갔을 때 나무가 말했습니다. "얘야, 우리 즐겁게 놀자" 소년이 말했습니다. "나는 돈이 필요해, 나에게 돈을 좀 줄 수 없겠니?" 나무가 말했습니다. "내 사과를 따다가 시장에서 팔면 돈이 생길 거고 너는 행복해질 거야." 그리하여 소년은 사과를 따 가지고 가 버렸습니다. 그래서 나무는 행복했습니다.
6	떠나간 소년은 오랜 세월이 지나도록 돌아오지 않았습니다. 그래서 나무는 슬펐습니다.
〈중략〉	

(2)「아낌없이 주는 나무」 자세히 읽고 분석하기

텍스트를 자세히 읽고 분석하는 방법은 Custer(2011), Fischer(2019)의 연구를 참고할 수 있다. 이들에 따르면, 텍스트를 자세히 읽고 분석하기 위해서는 먼저 텍스트를 여러 번 읽고 충분히 이해해야 한다. 그런 다음에 텍스트를 읽으면서 문장(문단)에 번호를 매기고 인상 깊은 내용, 더 주목해야 할 내용은 여백에 메모하거나 스티커를 붙이거나 형광펜을 사용하여 표시한다. 특히 이해가 가지 않는 부분에는 물음표(?)를 표시하거나 놀랍거나 특이한 부분은 느낌표(!)를 표시할 수 있다. 또한 가장 마음에 드는 부분에는 밑줄을 긋거나 강조하고 싶거나 중요하다고 생각하는 부분에는 별(*)이나 더하기(+) 표시를 할 수 있다. 이러한 관점을 반영한 자세히 읽고 분석하기 자료를 제시하면 다음과 같다.[2]

2) 이 자료는 공주교육대학교 3학년 학생들이 참여한 소크라틱 세미나 자료의 일부이다.

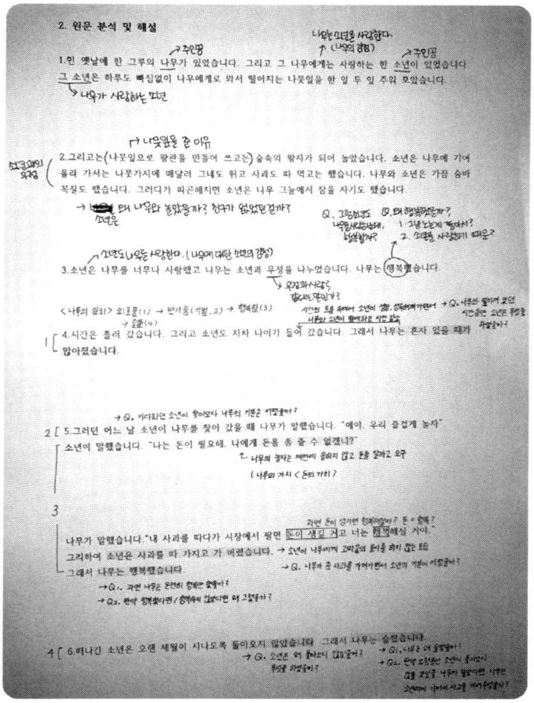

2. 원문 분석 및 해설

1.먼 옛날에 한 그루의 나무가 있었습니다. 그리고 그 나무에게는 사랑하는 한 소년이 있었습니다. 그 소년은 하루도 빠짐없이 나무에게로 와서 떨어지는 나뭇잎을 한 잎 두 잎 주워 모았습니다.

2.그리고는 나뭇잎으로 왕관을 만들어 쓰고는 숲속의 왕자가 되어 놀았습니다. 소년은 나무에 기어올라 가서는 나뭇가지에 매달려 그네도 뛰고 사과도 따 먹고는 했습니다. 나무와 소년은 가끔 숨바꼭질도 했습니다. 그러다가 피곤해지면 소년은 나무 그늘에서 잠을 자기도 했습니다.

3.소년은 나무를 너무나 사랑했고 나무는 소년과 우정을 나누었습니다. 나무는 행복했습니다.

4.시간은 흘러 갔습니다. 그리고 소년도 차차 나이가 들어 갔습니다. 그래서 나무는 혼자 있을 때가 많아졌습니다.

5.그러던 어느 날 소년이 나무를 찾아 갔을 때 나무가 말했습니다. "얘야, 우리 즐겁게 놀자" 소년이 말했습니다. "나는 돈이 필요해. 나에게 돈을 좀 줄 수 없겠니?"

나무가 말했습니다."내 사과를 따다가 시장에서 팔면 돈이 생길 거고 너는 행복해질 거야." 그리하여 소년은 사과를 따 가지고 가 버렸습니다. 그래서 나무는 행복했습니다.

6.떠나간 소년은 오랜 세월이 지나도록 돌아오지 않았습니다. 그래서 나무는 슬펐습니다.

(3)「아낌없이 주는 나무」 자세히 읽고 질문 만들기

소크라틱 세미나의 질문 유형에는 사실적 질문(Factual Question), 해석적 질문(Interpretation Question), 평가적 질문(Evaluation Question)이 있다(Copeland, 2005; The Great Book Foundation, 2014; Moeller & Moeller, 2015).

사실적 질문은 수렴적 질문이고 논란의 여지가 없는 오직 한 가지 정답만 존재한다. 사실적 질문에는, ① 주인공은 누구인가요? ② 언제, 어디에서 일어난 일인가요?, ③ 누가 무엇을 하였나요? 등이 있다. 해석적 질문은 텍스트에 대한 다양한 해석을 보장하기 때문에 복수의 정답이 허용된다. 독자는 텍스트에 제시된 정보를 바탕으로 자신의 생각을 추가할 수 있다. 해석적 질문에는, ① ~가 그렇게 행동한 까닭이 무엇이라고 생각하나요?, ② 다음에 어떤 일이 일어날까요?, ③ ~의 행동에 대해 ~가 그렇게 반응한 이유는 무엇일까요? 등이 있다. 평가적 질문은 독자 자신의 가치와 경험을 반영하여 답변하도록 요구하는 질문이다. 독자를 주인공으로 가정하고 그런 상황에 있다면 어떤 행동을 취할지를 물어보는 질문(공통의 경험)이나 실생활에서 그런 일이 발생하면 어떻게 할지를 물어보는 질문(가치) 등이 여기에 해당된다. 예를 들면, ① 만약 여러분이 ~라면, 어떻게 행동할 것인가요?, ② 이 이야기의 인물과 유사한 경험을 한 적이 있나요? 그때에 어떻게 행동했나요?, ③ 이 글을 읽으면서 특별히 생각하는 사람이나 장면이 있나요? 등이 해당된다(박태호, 2021).

앞에 내용을 참고하여「아낌없이 주는 나무」의 질문 유형을 제시하면 다음과 같다.

번호	개별 질문 만들기	질문 유형
2	소년은 나무에 기어 올라가 무엇을 했나?	사실적
3	나무에게 소년은 어떤 존재였을까?	사실적
	소년은 왜 아낌없이 주는 나무를 사랑했을까?	해석적
	나무의 우정과 소년의 사랑은 같은 것일까?	해석적
	소년은 왜 나무와 놀았을까? 친구가 없었던 걸까?	해석적
4	아낌없이 주는 나무는 왜 혼자 있는 시간이 많아졌을까?	해석적
	나무와 떨어져 있는 동안 소년은 무엇을 했을까?	해석적
5	나무는 소년을 뭐라고 불렀을까?	사실적
	기다리던 소년이 찾아오자 나무의 기분은 어떠했을까?	해석적
	만약 소년이 돈이 필요하지 않은 부자였다면 둘의 관계는 어떻게 되었을까?	평가적
	돈이 많으면 행복할까?	평가적
6	소년이 어른이 된 후, 오랜 세월 지나도록 돌아오지 않은 이유가 무엇일까?	해석적
	만약에 내가 소년이라면 나무에게 어떤 위로의 말을 할 수 있까?	평가적
7	소년이 자기 집을 짓기 위해 나뭇가지를 베어 가지고 갔을 때, 나무는 왜 행복했을까?	해석적

〈중략〉

(4) 최종 질문 선정하기

소크라틱 세미나 준비하기의 마지막 단계가 최종 질문을 선정하는 단계이다. 학생 개개인이 작성한 질문 목록 중에서 함께 이야기하고 토론할 질문을 상호 협의를 거쳐서 최종적으로 선정한다. 여기서 한 가지 유의할 점은, 사실적 질문과 해석적 질문 및 적용적 질문의 비율이다. 흔히 사실적 10%~20%, 해석적 60%~80%, 적용적 10%~20%를 권장한다. '특정 텍스트에 대한 열린 질문을 바탕으로 상호협력의 관계에서 진행되는 지적이고 탐구적인 학생 주도의 대화'라는 소크라틱 세미나의 개념

정의(박태호, 2021)를 생각하면, 텍스트 기반의 해석적 질문 비율이 사실적이나 적용적 질문에 비해 큰 비중을 차지해야 한다. 이러한 관점에 따라 선정된 소크라틱 세미나를 위한 최종 질문 목록은 다음과 같다.[3)]

번호	상호 점검 후 선정된 세미나 질문	질문 유형
1	〈3번〉, 〈5번〉, 〈8번〉, 〈10번〉에서 나무가 행복한 이유는 무엇일까?	해석적
2	〈10번〉에서 (소년이 모든 것을 가져가도) 나무는 행복했지만 정말 행복한 것이 아닌 이유는 무엇일까?	해석적
2	〈5번〉, 〈7번〉, 〈10번〉처럼 모든 것을 주는 나무에게 소년은 어떤 생각과 느낌을 가지고 있을까?	해석적
3	여러분도 '나무'처럼 누군가에게 조건 없는 사랑을 베풀었던 적이 있나요? 아니면 '소년'처럼 누군가에게서 조건 없는 사랑을 받은 적이 있나요? 그때에 어떤 생각과 느낌이 들었나요?	평가적

2) 세미나 하기(During-Seminar)

(1) 참여자와 관찰자 및 리더의 역할

- **참여자**

Custer(2011) 등은 참여자의 역할을 과정중심의 접근법에 따라 다음과 같이 제시하였다. 소크라틱 세미나 전에는 텍스트를 자세히 읽고 이해하면서 질문 목록을 만든다. 문장(문단)에 번호를 매기고 중요한 내용은 형광펜으로 표시하거나 여백에 메모하거나 붙임 종이를 활용한다. 이를 위해 텍스트에 제시된 저자의 선택, 인물의 동기, 상황에 대해서 의문을 제기하거나 제목이나 주제 및 최근의 사회적 이슈와 어떤 관계가 있는지 등을 면밀하게 검토한다. 또한 '그래서 무엇이 문제인데?' '~의 의미는?' '만약 저자가 지금까지 살아 있다면' 등의 질문을 활용하여 텍스트의 중요한 내용을 해석하고 탐구한다.

소크라틱 세미나 중에는 서로의 아이디어나 가치관을 존중하고 상대의 말에 빈정대거나 폄훼하지 않는다. 텍스트의 내용을 바탕으로 질문하고 토론하며 혼란스러운

3) 이 자료는 공주교육대학교 3학년 학생들이 참여한 소크라틱 세미나 자료의 일부이다.

부분에 대해서는 명확한 설명, 부연 설명, 반복 설명 등을 요청한다. 또한 손을 드는 대신에 교대로 말하기, 상대의 눈을 보면서 고개를 끄덕이기, 몸을 앞으로 숙이면서 대화하기, 상대의 말을 주의 깊게 듣고 피드백 제공하기 등과 같은 경청 전략을 활용하여 대화한다. 더불어 모두가 잘 알아들을 수 있도록 큰 소리로 분명하게 말하고 새로운 아이디어나 가능성을 열린 마음으로 수용하는 개방적인 태도를 유지한다.

소크라틱 세미나 후에는 세미나의 과정을 요약하고 성찰하며 다음 세미나를 위한 개선 방안을 설정한다. 이를 위해 먼저, 질문 목록을 작성하면서 세미나의 내용을 요약한다. 예를 들면, '세미나에서 얻은 가장 중요한 내용은 무엇인가?' '텍스트의 내용과 기존의 배경지식 혹은 경험을 연결시킨다면?' '이 세미나의 핵심 내용을 세 가지로 정리한다면?' 등이 여기에 해당한다. 다음으로 세미나의 전 과정을 성찰한다. 예를 들면, '내가 세미나에 기여한 정도는?' ' 세미나를 하고 드는 의문점은 무엇인가?' '올바른 대화 방향 설정과 효과적 진행에 도움을 준 친구는?' '대화가 아닌 논쟁으로 빠져든 지점은 어디인가?' '세미나 도중에 발생한 문제를 어떻게 극복하였는가?' '대화를 주로 주도한 친구는 누구이고 이 문제를 어떻게 처리하였는가?' '다음 세미나에서 참여자로서 해 보고 싶은 또 다른 역할이 있다면?' 등이 여기에 해당한다. 마지막으로 소크라틱 세미의 개선 방안을 제시한다. 예를 들면, '다음 세미나를 보다 더 잘하려면 무엇을 개선해야 할까?' '다음 세미나에서 보다 적극적인 청자의 역할을 수행하기 위한 두 가지 역할은 무엇인가?' '다음 세미나를 보다 더 잘 준비하려면, 비판적 텍스트 읽기 및 질문 만들기 분야에서 무엇을 개선해야 할까?' 등이 여기에 해당한다.

- **관찰자**

관찰자는 소크라틱 세미나 평가 도구를 활용하여 참여자의 텍스트 이해도 및 참여 태도 등에 대해서 관찰하고 평가한 다음에 피드백을 주어야 한다. 관찰자는 참여자가 동료들이 정확하게 알아들을 수 있도록 분명한 목소리로 말을 했는지, 함께 읽은 텍스트나 관련 자료를 바탕으로 자신의 주장을 펼쳤는지, 다른 사람의 말을 주의 깊게 듣고 공감하면서 소통했는지, 주제에 충실한 대화를 했는지, 궁금한 부분은 추가로 설명을 요청했는지, 대화 예절에 맞게 소통(공감/찬성/반대 등)을 했는지, 교사가 아닌 친구를 보면서 대화를 했는지 등에 대해 관찰하고 기록한 객관적 자료를 바탕으로 평가하고 피드백한다.

• **리더**

리더는 소크라틱 세미나를 진행하는 사람이다. 여기에는 교사와 유능한 학생이 모두 포함된다. 초기에는 주로 교사가 리더의 역할을 하지만 점차 학생이 리더의 역할을 한다. 리더는 소크라틱 세미나의 주제에 대해 간단히 언급하면서 세미나를 시작한다. 그러므로 사전에 소크라틱 세미나 주제와 관련 텍스트의 내용을 충분히 연구하고 숙지해야 한다. 리더는 소크라틱 세미나의 규칙을 적용할 때에는 엄격한 모습을, 질문과 토론 및 대화를 이끌 때에는 온화하고 개방적이며 허용적인 모습을 보여야 한다. 리더는 참여자들의 반응을 살피면서 질문하고 참여자들이 텍스트를 온전히 이해하도록 충분히 기다리며 텍스트의 내용을 입증의 근거로 사용하도록 유도하고 격려한다. 또한 텍스트 기반의 질문이나 토론 및 대화를 유도하고 대화 주제나 목적을 이탈한 경우에는 초점화하기 전략을 활용하여 원래의 대화 주제나 방향으로 되돌려놓는다.

(2) 좌석 배치

소크라틱 세미나는 인원에 따라 좌석을 다양한 방법으로 운영한다. 인원이 적을 경우에는 하나의 원(One Circle) 모양으로 좌석을 동그랗게 배치한다. 인원이 많을 경우에는 내부 원과 외부 원으로 구성된 두 개의 원(Two Circle) 모양으로 좌석을 배치하거나, 소집단 형태의 원(Multi Circle) 모양으로 좌석을 배치할 수 있다(Valdzes, Carter, & Rodgers, 2013).

• **One Circle**

학생들이 하나의 큰 원 모양으로 앉아서 소크라틱 세미나를 진행한다. 이때에 두 가지 유형의 여는 질문이 가능하다. 하나는 리더 스스로 정한 질문이고 다른 하나는 세미나 전에 참여자들이 정한 질문이다. 세미나가 시작되면 참여자들은 서로를 존중하면서 대화한다. 열린 대화가 어느 정도 마무리되면, 리더는 핵심 질문을 제시하면서 동료들의 반응을 유도한다(National Paideia Center, 1988). 그런 다음에 평가 및 성찰과 관련된 질문을 하면서 세미나를 마무리한다. 이것을 그림으로 제시하면 다음과 같다.

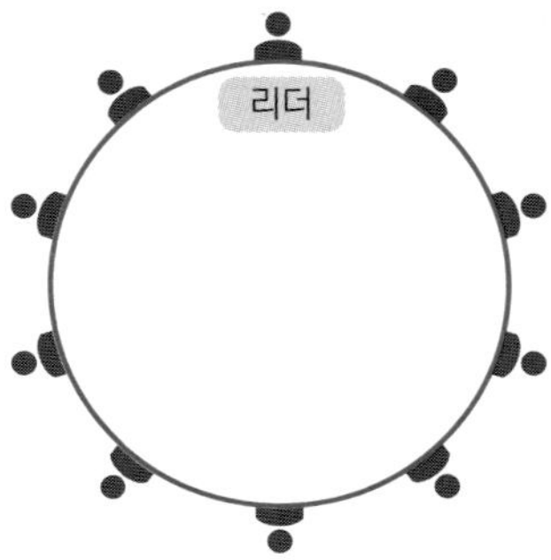

[그림 2-1] One Circle

- **Two Circle**

① 2인 1조 Two Circle

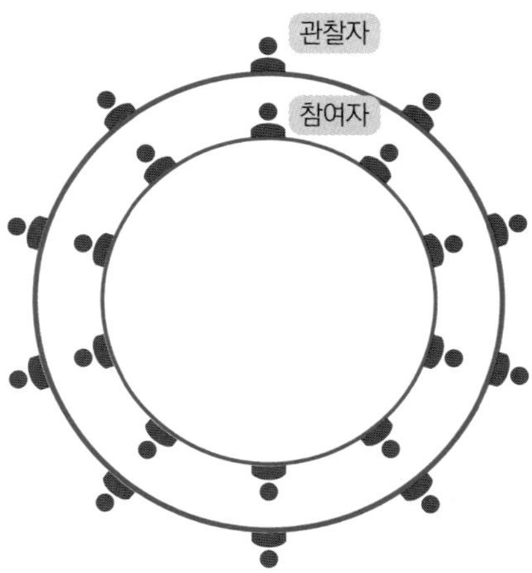

[그림 2-2] 2인 1조 Two Circle

일명 어항 서클(Fishbowl Circle)이라고도 한다. 학생은 두 개의 원(내부 원과 외부 원) 모양으로 앉는다. 내부 원에 앉은 학생들은 소크라틱 세미나의 대화에 참여하고 외부 원에 앉은 학생들은 참여자의 텍스트 이해도 및 참여 과정을 관찰하고 기록한다. 세미나는 2회차에 걸쳐 진행되고 통상적으로 5분~10분 내외를 진행한다. 1회차에서는 내부 원 학생들이 소크라틱 세미나에 참여하고 외부 원 학생들은 참여자를 관찰하고 평가한다. 2회차에서는 내부 원 학생과 외부 원 학생이 서로 자리를 바꾸어 동일한 방법으로 참여자 및 관찰자의 역할을 수행한다. 여기서 한 가지 유의할 점은 상호 역할을 바꾸어 2회차 세미나를 시작하기 전에 참여자에 대한 관찰자의 평가와 피드백을 진행하는 것이다. 관찰자는 사전에 배부된 관찰 도구나 노트를 활용하여 참여자의 텍스트 이해도 및 학습 태도를 평가한다. 이것을 그림으로 제시하면 다음과 같다.

② 3인 1조 Two Circle

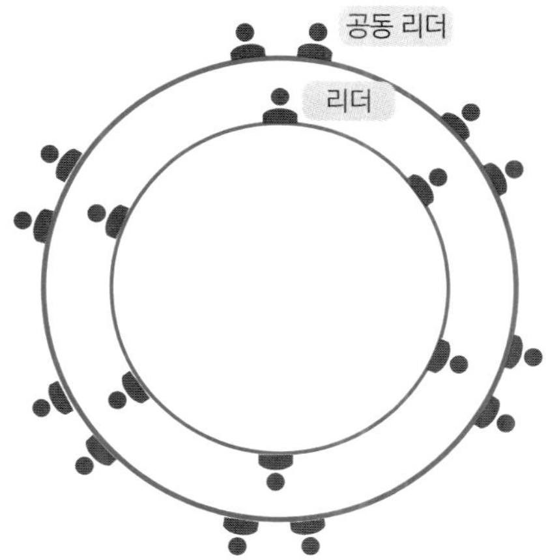

[그림 2-3] 3인 1조 Two Circle

학생을 3인 1조로 편성한 다음에 두 개의 원에 자리를 배치한다. 내부 원에는 한 명이 앉고(기장, pilot), 외부 원에는 두 명이 앉는다(부기장, Co-Pilot). 부기장은 기장의 뒤쪽에 좌우로 앉는다. 기장은 내부 원에서 대화에 참여하고 부기장 두 명은 외부 원에 앉아서 관찰하되 필요한 경우에 허용된 방법으로 기장에게 의견을 제시할 수 있다. 한편, 리더는 필요하다면 세미나 도중에 잠시 대화를 멈추게 하고 기장과 부기장이 함께 의논할 시간을 줄 수 있다. 이때에는 세미나 도중에 다루었던 내용, 리더가 제시한 질문, 새로운 질문에 대해서 의논할 수 있다. 상황에 따라서는 기장과 부기장이 서로 자리를 바꿀 수도 있다. 이때에는 사전에 협의된 방식과 절차에 따라 좌석을 변경할 수 있다.

- **Multi Circle**

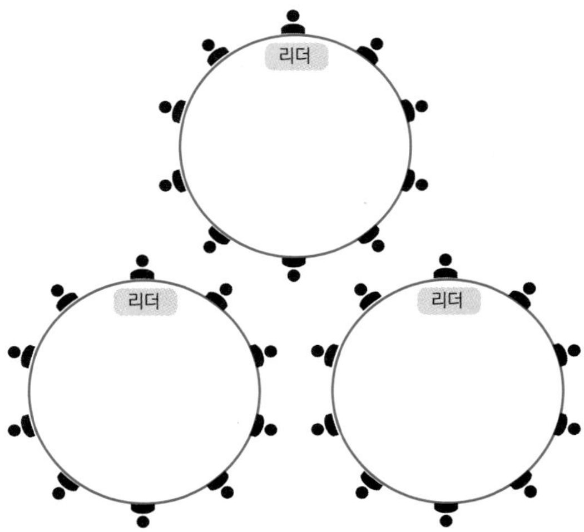

[그림 2-4] Multi Circle

소집단별로 소크라틱 세미나를 동시에 실시한다. 소집단과 소집단 간에는 일정한 거리를 두어 구성원들이 동시에 말을 할 때에 발생하는 소음을 최대한 줄인다. 각 모둠별로 소크라틱 세미나의 규칙과 절차를 준수한다. 소집단 소크라틱 세미나의 리더는 보다 경험이 풍부한 학생들이 주도를 하고 교사는 참관을 하다가 필요한 경우에만 도움을 준다. 소집단 소크라틱 세미나는 특정 개념이나 주제를 심층적으로 탐구하거나 다양한 개념이나 주제를 확장적으로 탐구할 때에 유용하다. 또한 각 소집단별 주제를 포괄적으로 엮어서 더 큰 소크라틱 세미나를 진행할 수 있다.

(3) 세미나 하기

「아낌없이 주는 나무」를 Multi Circle로 진행하였다. 그중에서 한 예를 제시하면 아래와 같다.[4)]

학생	대화 내용
A (리더)	〈10번〉에서 나무는 행복했지만 정말 행복한 것이 아니라고 말한 이유는 무엇일까?
B	〈5번〉과 〈9번〉을 보면, 나무가 소년에게 "얘야, 우리 즐겁게 놀자."라는 말을 하잖아. 이것을 보면 나무는 소년과 함께 있으면서 우정을 나누는 것 자체를 매우 소중하게 생각하는 것 같아. 이에 비해서 〈5번〉, 〈7번〉, 〈9번〉을 보면, 소년은 '사과'에서부터 시작하여 '나뭇가지'와 '몸통'에 이르기까지 나무가 가진 것을 조금씩 달라고 끊임없이 요구하고 있어. 이런 일방적인 관계 때문에 나무는 행복하지 않은 것 같아.
C	나도 그렇게 생각해. 더불어 〈6번〉, 〈9번〉, 〈11번〉을 보면, 소년은 나무에게서 원하는 것을 얻은 후에는 오랜 시간 나무를 찾지 않았어. 이 부분은 소년을 진심으로 사랑한 나무와 아주 비교가 되는 것 같아. 처음에는 나무도 소년에게 자신의 일부를 내어 주면서 행복했을 것 같아. 그러나 〈4번〉을 보면, 소년이 자라면서 함께 하는 시간이 점점 줄었어. 또한 소년은 나무에게 일방적인 요구만을 계속하면서 둘 사이는 우정 어린 관계가 아닌 물질을 요구하고 들어주는 일방적 관계가 되었어. 그래서 나무는 행복하지 않았을 것 같다는 생각이 들어.
D	나도 동의해. 덧붙이자면 거기에는 두 가지 이유가 있는 것 같아. 첫 번째는 관계의 변화야. 〈3번〉을 보면 소년이 어렸을 때는 나무에게 자신의 마음을 잘 표현하잖아. 그로 인해 나무도 자신이 소년에게 사랑을 받고 있다고 생각했어. 하지만 시간이 흐르면서 소년은 자신이 필요할 때만 나무를 찾아왔고 더 이상 애정 어린 표현을 하지 않았어. 어쩌면 나무는 이런 관계의 변화를 느꼈을 것이고 그래서 행복하지 않았을 것 같아. 어쩌면 나무는 자신의 이익만을 위해 끊임없이 반복하여 요구하는 소년의 행동에 지쳤을지도 몰라.
A (리더)	다들 의견이 비슷하네. 지금까지의 의견을 정리하면, 〈1번〉, 〈2번〉, 〈3번〉에서 나무와 소년이 교감을 나누는 모습이 보이잖아. 하지만 〈5번〉 이후로 소년은 한동안 요구만을 하고 나무는 이 요구를 들어주기만 해. 그리고 소년은 교감을 하거나 고마움을 표현하지 않고 떠나지. 때문에 나무는 행복하지 않았던 것 같아.
B	D에게 질문이 있어. 나무가 원했던 관계를 좀 더 구체적으로 설명해 줄 수 있을까?
D	나무는 주기만 하는 관계보다는 마음을 주고받는 관계를 통해 행복을 얻고자 했던 것 같아. 자신이 희생하고 주는 만큼 소년도 자신을 찾아와 주기를 바라는 마음이 있었을 거야.

〈계속〉

4) 이 자료는 공주교대 학생들이 참여한 소크라틱 세미나 자료의 일부이다.

C	나도 그 의견에 동의하면서 조금 보충하면, 나무는 소년과 함께 있는 것 자체만으로도 행복해 보였어. 또한 나무가 소년의 행복을 위해 자신의 일부를 내어 줄 정도로 희생정신을 발휘하기도 해. 그러나 소년은 나무에게 아무런 고마움도 표시하지 않아. 이를 통해 나무는 소년은 상호 평등한 상태의 감정 교류가 아닌 일방적 관계라는 것을 알 수 있어. 나무는 완전히 평등의 관계는 아니더라도 일방적 관계가 아닌 상호 교류가 어느 정도는 이루어지는 관계를 원했던 것 같아.

〈중략〉

3) 평가 및 소감 말하기(Post-Seminar)

소크라틱 세미나 후에는 성찰(평가)하기와 소감 말하기 시간을 갖는다. 학생들은 자기 성찰 질문을 활용하여 스스로 평가할 수 있다. 예를 들면, ① 나는 친구들이 잘 들을 수 있도록 똑똑한 목소리로 말을 했나요? , ② 나는 친구들에게 새로운 아이디어(창의적인 아이디어)를 제공했나요?, ③ 나는 나에게 주어진 역할(리더나 참여자 및 관찰자)을 잘 수행하였나요?, ④ 나는 헷갈린 내용이나 궁금한 내용에 대해서 친구들에게 질문을 하였나요?, ⑤ 나는 내 생각을 말할 때에 텍스트 내용을 인용하거나 근거를 제시하였나요?, ⑥ 나는 친구들의 말을 대화 예절을 지키면서 끝까지 경청하였나요?, ⑦ 친구들의 의견을 지하거나 내 생각을 덧붙이면서 의견을 제시했나요? 등이 여기에 해당한다. 이것을 표로 제시하면 다음과 같다.

소크라틱 세미나 자기 점검표

학년/반		날짜	
참여자		관찰자	

번호	관찰 요소	평가		
1	큰 소리로 분명하게 말을 하였나요?			
2	텍스트나 문서를 주장의 근거로 활용하였나요?			
3	다른 사람의 말을 주의 깊게 들었나요?			
4	주제에 충실한 대화를 하였나요?			
5	교사가 아닌 동료와 대화를 하였나요?			
6	궁금한 부분은 추가 설명을 요청하였나요?			
7	잘 모르는 부분은 서로 도우면서 해결했나요?			

〈계속〉

8	상대의 생각(의견)에 대해 서로 지지했나요?			
9	상대에게 예를 갖추며 질문을 했나요?			
10	소크라틱 세미나를 철저하게 준비했나요?			
총평				

한편, 소크라틱 세미나에 전반에 대한 소감을 간단하게 말할 수 있다. 예를 들면, ① 세미나에서 가장 인상 깊었던 내용은 무엇인가요?, ② 여러분이 동의했던 아이디어는 무엇인가요?, ③ 여러분이 반대했던 아이디어는 무엇인가요?, ④ 아직도 해결되지 않은 질문들은 무엇인가요?, ⑤ 여러분은 오늘 세미나에 기여한 점은 무엇인가요?, ⑥ 오늘 세미나서 말하고 싶었던 내용은 무엇인가요?, ⑦ 오늘 세미나에서 가장 적극적으로 참여한 친구는 누구인가요?, ⑧ 오늘 세미나에 대한 여러분의 평가는 무엇인가요? 등이 여기에 해당한다. 이것을 표로 제시하면 다음과 같다.

소크라틱 세미나 소감

학년/반		이름		날짜	

번호	질문	의견
1	오늘 세미나에서 가장 인상 깊었던 내용은?	
2	오늘 세미나에서 여러분이 동의했던 아이디어는?	
3	오늘 세미나에서 여러분이 반대했던 아이디어는?	
4	오늘 세미나에서 아직도 해결하지 못한 질문들은?	
5	오늘 세미나에 기여한 것은 무엇인가요?	
6	오늘 세미나서 말하고 싶었던 내용은?	
7	오늘 세미나에서 가장 적극적으로 참여한 친구는?	
8	오늘 세미나에 대한 여러분의 평가는?	
총평		

참고문헌

박태호(2021). 소크라틱 세미나의 질문과 대화 유형. 한국초등국어교육 71집.

AVID Socratic Seminar Guidelines (2014). https://www.sac.edu/StudentServices/Counseling/TeacherEd/Site-ssets/Pages/Workshop-Powerpoints-and-Materials/SocraticSeminarHandoutsRTTC.pdf.

Billings & Roberts (2003). *The Paideia seminar: active thinking through dialogue*. Chapel Hill, NC: National Paideia Center.

Boldway, Carter, Compton, Gutierrez, Mullen, Valdez (2012). *The write path English language arts: Exploring texts with strategic reading: San Diego*. CA: AVID Press.

Carter, V. (2013). *Let's talk: Using the Socratic seminar method to develop 21st century skills*. 125 Presented at the Virginia Association for the Gifted Conference: Williamsburg, VA.

Copeland (2005). *Socratic Circle: Forstering Critical and Creative Thinking in Middle and High School*. Portland, StenHouse Publisher.

Custer, H., Donohue, J., Halel, L., Hall, C., Hiatt, E., Krosech., G., Krohn, B., Malik, S., Muhammad, F., Quijano, V., Shapiro, D., & Valdez, S. (2011). *AVID post secondary strategies for success: A guide for faculty and student affairs professionals*. San Diego, CA: AVID Press.

Denise M. W. & Alisa H. B. (2017). *Ready-to-Go Instructional Strategies That Build Collaboration, Communication, and Critical Thinking*. Corwin SAGE Company, CA: Thousand Oaks.

Fischer Charles Ames (2019). *The Power of The Socratic Classroom: Students. Question. Dialogue*. Learning. Sienna Books, USA.

Moeller, V. J & Moeller, M, V. (2015). *Socratic Seminars in High School: Texts and Films That Engage Students in Reflective Thinking and Close Reading*. NY: Routledge Taylor & Francis.

National Paideia Center. (1988). *Paideia active learning*. Retrieved from https://www.paideia.org/socratic-questioning.

The Great Book Foundation (2014). *Shared Inquiry Handbook for discussion leader & participants*. IL: Chicago. https://www.greatbooks.org/wp-content/uploads/2014/12/Shared-Inquiry-Handbook.pdf.

Valdzes, Carter, & Rodgers (2013). The write path English language arts: informing ourselves and others through writing and speaking. San Diego, CA: AVID Press.

찾아보기

저자 소개

■ **박태호**(Park Tae Ho)

공주교육대학교 국어교육과 교수로 재직 중이며, 현재 공주교육대학교 대학원장을 맡고 있다. 아울러 공주교육대학교 · 국립공주대학교 · 충남대학교가 공동 운영하는 IBEC 컨소시엄 의장으로 활동하고 있으며, 공주교육대학교 수업코칭연구소 소장, 수업 코칭 대학원, 에듀 크리에이터 전공 주임으로서 교사 전문성 개발과 수업 혁신을 위한 다양한 연구와 실천을 이끌고 있다. 과거에는 한국교육과정평가원 연구원으로 근무하면서 국가 교육과정 및 교과서와 수업 평가 관련 연구를 수행한 바 있다.

지난 20여 년간 초등 교실 수업을 가까이에서 관찰하고 탐구하며, '좋은 수업이란 무엇인가'라는 물음을 중심에 두고 교육 실천을 성찰해 왔다. 수업을 '과학성과 예술성이 조화를 이루는 전문적 실천'으로 정의하며, 과학성은 누구나 공유할 수 있는 원리와 구조를, 예술성은 교사 개인의 감각과 맥락 그리고 학생과의 관계 속에서 드러나는 살아 있는 실천으로 보았다.

이러한 철학을 바탕으로 저자는 점진적 책임 이양(GRR) 모형, 근접 발달 영역(ZPD)과 비계 설정, 성장 마인드셋, CoRe 질문, 블룸(Bloom)의 질문 유형, DOK 질문 수준 분석, 소크라틱 세미나 등 다양한 이론을 교실 수업에 실천적으로 연결하고자 노력해 왔다. 그의 연구는 단순한 이론 제시에 그치지 않고, 교사들이 수업을 성찰하고 새롭게 설계할 수 있도록 돕는 실천적 도구와 전략 개발로 이어지고 있다.

대표 저서로는 다음과 같은 책들이 있다.

『성격 유형과 수업』(아카데미프레스, 2022), 『효과적인 교실 수업 관찰』(아카데미프레스, 2019), 『CoRe 질문을 활용한 배움중심 과학수업』(아카데미프레스, 2017), 『4C 핵심역량에 기초한 미래형 교실수업』(아카데미프레스, 2017), 『CoRe 질문을 활용한 배움중심: 사회 수업』(아카데미프레스, 2016), 『아하! 학생배움중심의 PCK 수업 설계 I · II』(아카데미프레스, 2015), 『아하! 학생배움중심의 수업 코칭 전략』(아카데미프레스, 2014), 『교실 수업 전문가를 위한 초등 국어 수업 관찰과 분석』(정인출판사, 2009)

현재도 저자는 '교실 수업의 본질은 무엇인가'를 끊임없이 묻고 실천하는 교육자이자, 교사와 함께 성장하는 길 위의 동반자이다. 그의 연구와 글은 수업의 힘을 믿는 교사들에게 깊은 울림과 실천의 용기를 전해 줄 것이다.

과학성으로 수업의 기본을 다지고 예술성으로 꽃 피우기

– 58개의 탐구 과제로 풀어 가는 교실 수업 실천 전략

The Science and Art of Teaching

2025년 9월 1일 1판 1쇄 인쇄
2025년 9월 10일 1판 1쇄 발행

지은이 • 박태호
펴낸이 • 김진환
펴낸곳 • ㈜학지사
04031 서울특별시 마포구 양화로 15길 20 마인드월드빌딩
대표전화 • 02-330-5114 팩스 • 02-324-2345
등록번호 • 제313-2006-000265호

홈페이지 • http://www.hakjisa.co.kr
인스타그램 • https://www.instagram.com/hakjisabook

ISBN 978-89-997-3524-0 93370

정가 22,000원